suhrkamp taschenbuch
wissenschaft 952

W0035245

Die Verfasser dieses Bandes haben zwei ungewöhnliche Entscheidungen getroffen: Sie befassen sich mit dem Leben eines jungen Durchschnittsdeutschen, und sie wenden eine Forschungsmethode an, die, über ihren gewählten Forschungsgegenstand hinausgehend, allgemeine Aussagen über das Denken und Handeln der jungen Generation vor dem Zweiten Weltkrieg ermöglicht.

Dank einer Kombination der Oral History mit Verfahren der soziologischen Biographieforschung und der Methode der Objektiven Hermeneutik bringen sie ihre Daten zum Sprechen, das heißt, persönliche Zeugnisse, Briefe, Fotos, Interviewaussagen selbst zu anscheinend banalen, nebensächlichen Details reden nun die Sprache der Zeit und der Welt, aus der sie stammen. Der Blick des Betrachters taucht in sie ein, er zieht die Banalität der Oberfläche weg und stößt zum Typischen vor. So gelingt es den Verfassern, einleuchtend darzulegen, warum Josef Schäfer, der Bauernjunge, Panzersoldat werden wollte; warum er aus der dörflichen Gebundenheit, der Familientradition ausbrach, obwohl er ihr gemütsmäßig verbunden blieb. Es wird deutlich, warum der junge Mensch dieses Milieus ohne Reflexion über Politik und Weltanschauung im Koordinatensystem Familie-Dorf-Kirche-Schule-Berufsausbildung-NS-Jugendorganisationen-Wehrmacht gerade diese »Entscheidung« traf, eine »Entscheidung«, die er – ohne Nazi zu sein – infolge der Macht übergeordneter Kräfte und Autoritäten eher als ein Geschobener denn als autonomes Individuum traf, obwohl er mit dem Ausbruch aus der dörflichen Tradition ein persönliches Autonomiebedürfnis zu befriedigen suchte.

Bernhard Haupert, geb. 1952 in Ottweiler/Saar. Studium der Soziologie und Geschichte an den Universitäten Saarbrücken und Bielefeld. 1987 Promotion in Soziologie an der Universität Oldenburg. Zur Zeit Oberassistent am Lehrstuhl für Sozialarbeit der Universität Freiburg (Schweiz).
Franz Josef Schäfer, geb. 1953 in Illingen/Saar. Studium der Germanistik und Geschichte an der Universität Saarbrücken. Studienrat an der Geschwister-Scholl-Schule Bensheim.

Bernhard Haupert
Franz Josef Schäfer

# Jugend zwischen Kreuz und Hakenkreuz

Biographische Rekonstruktion
als Alltagsgeschichte des Faschismus

Mit einem Vorwort
von Manfred Messerschmidt

Suhrkamp

Die Deutsche Bibliothek – CIP-Einheitsaufnahme
*Haupert, Bernhard:*
Jugend zwischen Kreuz und Hakenkreuz :
biographische Rekonstruktion als Alltagsgeschichte
des Faschismus / Bernhard Haupert ; Franz Josef Schäfer.
Mit einem Vorw. von Manfred Messerschmidt. –
2. Aufl. – Frankfurt am Main : Suhrkamp, 1992
(Suhrkamp-Taschenbuch Wissenschaft ; 952)
ISBN 3-518-28552-1
NE: Schäfer, Franz Josef:; GT

suhrkamp taschenbuch wissenschaft 952
Erste Auflage 1991
© Suhrkamp Verlag Frankfurt am Main 1991
Suhrkamp Taschenbuch Verlag
Satz und Druck: Wagner GmbH, Nördlingen
Printed in Germany
Umschlag nach Entwürfen von
Willy Fleckhaus und Rolf Staudt

2 3 4 5 6 7 – 97 96 95 94 93 92

# Inhalt

*Josefs Brüdern Paul und Viktor*
*gewidmet*

# Vorwort

Die Verfasser dieses Bandes haben zwei ungewöhnliche Entscheidungen getroffen: Sie befassen sich mit dem Leben eines jungen »Durchschnittsdeutschen«, und sie wenden eine Forschungsmethode an, die, über ihren gewählten »Forschungsgegenstand« hinausgehend, allgemeine Aussagen über das Denken und Handeln der jungen Generation einer deutschen Landschaft vor dem Zweiten Weltkrieg ermöglicht.

Der junge Mann, mit dem sich diese Studie beschäftigt, ist im Grunde so normal und unauffällig gewesen, daß kaum ein Historiker eine reizvolle Aufgabe darin gesehen hätte, sein Leben zu beschreiben, weil ja Millionen anderer junger Menschen in ähnlicher Weise gesehen werden können.

Gerade diese »Normalität« hat Bernhard Haupert und Franz Josef Schäfer zu ihrer Studie veranlaßt. Das Normale ist gerade das, was idealtypische Aussagen möglich macht. Es verbirgt hinter der Unattraktivität einen hohen Erkenntniswert. Allerdings ist dieser mit bloßer Beschreibung nicht darstellbar. Welcher Weg ist darüber hinaus möglich? Die Verfasser haben sich für eine Kombination der Oral History mit Verfahren der soziologischen Biographieforschung und der Methode der Objektiven Hermeneutik entschieden. Ohne hier näher auf diese Verfahren einzugehen, soll gesagt sein, daß sie eminent arbeitsintensiv sind. Sie bedienen sich Fakten unterschiedlichster Herkunft, biographische, historische, soziale, ökonomische u. a., sie verlangen die Erarbeitung der wichtigsten Rahmenbedingungen einer Biographie. In diesem Fall waren es Familie, Dorf, das Zusammentreffen kleinbäuerlicher und industrieller Lebens- und Arbeitsbedingungen, die Auswirkungen solcher Entwicklungen auf Denkweisen und persönliche Einstellungen der Menschen verschiedener Generationen, hier vor allem der Eltern-Lehrer-Pfarrer-Generation auf der einen und der Kinder-Schüler-Gemeindejugend-Generation auf der anderen Seite. Hinzu kam die Einbeziehung der besonderen politischen Situation des Saarlandes nach dem Ersten Weltkrieg, die Auswirkung seiner »Heimkehr« ins Reich im Jahre 1935. Vor diesem Hintergrund bringen die genannten Verfahren die

»Daten« zum Sprechen, d. h., persönliche Zeugnisse, Briefe, Fotos, Interviewaussagen selbst zu anscheinend banalen, nebensächlichen Details reden nun die Sprache der Zeit und der Welt, aus der sie stammen. Der Blick des Betrachters taucht in sie ein, er zieht die Banalität der Oberfläche weg und stößt zum Typischen vor. Ein Vorgang, der – anders als die »phänomenologische Reduktion« der Husserlschen Philosophie – gerade einen Sinnzusammenhang des Tatsächlichen, nicht nur von Bewußtseinsinhalten, produzieren hilft. In ihm wird die »Gleichzeitigkeit des Ungleichzeitigen« erfahrbar, die Ernst Bloch als Schlüssel für die Erklärung des Faschismus benutzt hat. Und in der Tat gelingt es den Verfassern, einleuchtend darzulegen, warum Josef Schäfer, der Bauernjunge, Panzersoldat werden wollte. Warum er aus der dörflichen Gebundenheit, der Familientradition ausbrach, obwohl er ihr gemütsmäßig verbunden blieb. Es wird deutlich, warum der junge Mensch dieses Milieus ohne Reflexion über Politik und Weltanschauung im Koordinatensystem Familie–Dorf–Kirche–Schule–Berufsausbildung–NS-Jugendorganisationen–Wehrmacht gerade diese »Entscheidung« traf, eine »Entscheidung«, die er – ohne Nazi zu sein – infolge der Macht übergeordneter Kräfte und Autoritäten eher als ein Geschobener denn als autonomes Individuum traf, obwohl er mit dem Ausbruch aus der dörflichen Tradition ein persönliches Autonomiebedürfnis zu befriedigen suchte.

Die Objektive Hermeneutik geht gerade an bekannte, an »Allerweltsphänomene« besonders subtil heran. So können »Erinnerungsfotos« zum Sprechen gebracht werden – Fotos, die vielleicht noch zu Hunderttausenden in Schubladen verstauben. Mit der Anwendung der Methode auf den *Bauernjungen und Panzersoldaten* haben Haupert und Schäfer die Fruchtbarkeit dieser Frageweise exemplarisch bewiesen. Sie haben zugleich einen Typus herausgearbeitet – der mutatis mutandis in ganz ähnlicher Weise in den anderen Industrierevieren Deutschlands vorfindbar sein dürfte – exemplarisch für Millionen junger Deutscher vieler Jahrgänge zwischen etwa 1910 und 1928.

Damit ist etwas gelungen, was die Soziologie die »Sinnrekonstruktion der sozialen Realität« nennt. Das Buch läßt sich aber auch als Geschichte des Einzelfalles lesen. Es ist die Geschichte eines Opfers übermächtiger Autoritäten, die das spezielle Interesse des jungen Menschen raffiniert zu manipulieren wußten. Der junge Mensch verschwindet nicht hinter der wissenschaftlichen Methode. Haupert/Schäfer haben damit eines der seltenen Beispiele dafür geliefert, daß eine wissenschaftliche Studie eine aufregende Geschichte sein kann.

Manfred Messerschmidt

# 1 Einleitung*

»Diese Jugend, die lernt ja nichts anderes als deutsch denken, deutsch handeln. Und wenn nun dieser Knabe und dieses Mädchen mit ihren zehn Jahren in unsere Organisationen hineinkommen und dort nun so oft zum erstenmal überhaupt eine frische Luft bekommen und fühlen, dann kommen sie vier Jahre später vom Jungvolk in die Hitler-Jugend, und dort behalten wir sie wieder vier Jahre, und dann geben wir sie erst recht nicht zurück in die Hände unserer alten Klassen- und Standeserzeuger, sondern dann nehmen wir sie sofort in die Partei oder in die Arbeitsfront, in die SA oder in die SS, in das NSKK und so weiter. Und wenn sie dort noch nicht ganz Nationalsozialisten geworden sein sollten, dann kommen sie in den Arbeitsdienst und werden dort wieder sechs bis sieben Monate geschliffen. Und was dann noch an Klassenbewußtsein oder Standesdünkel da oder da noch vorhanden sein sollte, das übernimmt die Wehrmacht zur weiteren Behandlung. Und sie werden nicht mehr frei, ihr ganzes Leben.«
(Adolf Hitler, 1938[1])

Über die Organisation des Alltags in der nationalsozialistischen Periode der deutschen Geschichte sind in den vergangenen Jahren einige wichtige Studien[2] vorgelegt worden. Wir haben von Details erfahren, die alltägliche Verrichtungen begleiteten und die uns verstehen lassen, wie die Umstände der Etablierung des faschistischen Machtsystems waren. Diese (historisch ausgerichteten) Studien, die retrospektiv angelegt sind, haben stets ausgewählte Ausschnitte der (zeitgeschichtlichen) Wirklichkeit in den Blick gerückt. Wir wählen ein anderes Vorgehen, woran sich auch eine weitergehende theoretische Absicht bindet. In all seinen Facetten soll das Leben *eines* Menschen, der 1924 im mittleren, ländlichen Saarland geboren wurde und 1944 als Panzerfahrer in der Wehrmacht in den Invasionskämpfen in der Normandie fiel, im Mittelpunkt der Darstellung stehen.

* Die Anmerkungen finden sich am Ende des Textes, S. 271 ff.

Ausgangspunkt unseres Rekonstruktionsprojektes war das Auffinden eines Kalenders des Unteroffiziers und Panzerfahrers Josef Schäfer aus dem Jahre 1943, der neben einem ausführlichen Adressenteil auch persönliche Notizen[3] über Ereignisse aus dem Jahre 1943 enthält. Zu Beginn der Recherchen war es lediglich unsere Absicht, die genauen Umstände in Erfahrung zu bringen, unter denen Josef Schäfer zu Tode kam. Hierüber kursierten zwei Versionen: Zum einen war bekannt, daß Josefs Mutter bis zu ihrem Tode im Dezember 1954 davon ausging, daß ihr Sohn im Panzer verbrannt sei. In diesem Sinne interpretierte sie die offizielle Benachrichtigung über den Tod ihres Sohnes seitens der Kompanie. Zum anderen erinnert sich der jüngste Bruder an den Brief[4] eines Kriegskameraden seines Bruders, in dem dieser der Familie mitteilte, daß Josef schwer verwundet aus dem brennenden Panzer aussteigen und sich in den angrenzenden Weizenfeldern verbergen konnte, wo er Stunden später von diesem Kameraden aufgefunden wurde und in dessen Armen er verstorben sein soll.

Es ist uns im Verlauf unserer Recherchen gelungen, *eine Kopie der Benachrichtigung* von seiten der Kompanie an die Familie über den Tod von Josef Schäfer zu beschaffen.[5] Diese Kopie wurde vom damaligen stellvertretenden NSDAP-Zellenleiter von Wustweiler, Peter Klein (1901-1975), angefertigt, zu dessen Aufgaben es gehörte, die Kompaniebenachrichtigung über den Tod eines Angehörigen an die Familien weiterzuleiten. Der Brief wird im Schlußkapitel wiedergegeben und ausgewertet.

Die anfänglichen Recherchen, etwa über die ideologischen Komponenten des Nationalsozialismus, die Mechanismen der Vermittlung »NS-typischer« Werte, gestalteten sich derart interessant und aufschlußreich, daß wir beschlossen, den Versuch zu unternehmen, die gesamte »Lebensgeschichte« von Josef Schäfer bis zu seinem gewaltsamen Tod zu rekonstruieren. Wir werden nicht bei der Darstellung der Lebensgeschichte stehenbleiben, sondern diese verwenden, um einen zeit-, sozial- und ideologiegeschichtlichen Beitrag über den Zeitraum der Jahre 1924-1944 einer ländlichen Region des Saarlandes zu verfassen. Die Biographie des Josef Schäfer soll stellvertretend für die vielen seiner Altersgruppe stehen, die in der Zeit des Nationalsozialismus auf den Schlachtfeldern des von den Nationalsozialisten provozierten Krieges ihr Leben verloren bzw. in den Strudel der Kriegswirren hineingeraten sind.

Wir begannen unsere rekonstruktive Arbeit damit, die Adressen im Anhangteil des Kalenders von Josef Schäfer zu prüfen, um herauszufinden, welche der dort aufgeführten Personen Josefs Brüdern bekannt sind. Sodann bemühten wir uns, die heute noch lebenden Personen[6] aufzuspüren und sie als Informanten heranzuziehen. Die ersten Informationen erhielten wir von seinen beiden Brüdern. Der 1928 geborene Bruder Viktor verfügt noch über ein sehr gutes Detailwissen, weil er die Geschehnisse zu Hause aufmerksam verfolgen konnte, da er, im Gegensatz zu seinem 1926 geborenen Bruder Paul, nicht mehr zur Wehrmacht eingezogen wurde. In der Folge wird es unser Ziel sein, anhand von Fotos, Interviews mit Zeitzeugen, Bearbeitung von Archivmaterialien und der Analyse anderer Quellen, Josef und sein sozio-kulturelles Milieu kennenzulernen und die entscheidenden biographiekonstituierenden Faktoren zu rekonstruieren.

Um die Biographie des Josef Schäfer so lückenlos wie heute möglich zu rekonstruieren, interviewten wir alle erreichbaren Personen, die mit Josef in näherem Kontakt gestanden hatten, zudem Milieuexperten aus Josefs Dorf und seiner Ausbildungsstätte und zuletzt Überlebende seiner Wehrmachtseinheit. Die Interviews führten wir jeweils im heimatlichen Dialekt unserer Interviewpartner durch. Bei der Verschriftung erfolgte eine behutsame Angleichung an die deutsche Standardsprache, die Syntax blieb weitgehend unverändert.

Die biographische Rekonstruktion ist in Darstellungen zu historischen Ereignissen, die Josefs persönliche Geschichte rahmen, eingebettet. Mit den uns zur Verfügung stehenden biographischen Materialien, welche die vielfältigen Dimensionen von Josefs Lebens wiedergeben, waren wir in der Lage, seine Biographie (inkl. biographischer Verlaufsformen) zu rekonstruieren. Wir wollten zudem anhand von *Fotos* aus den Jahren 1942 und 1943 die »Lebenskonstruktion«[7] von Josef Schäfer bestimmen. Dabei war es unser Ziel, den Menschen Josef in seiner psychischen Verfaßtheit, so weit dies im nachhinein möglich ist, darzustellen. Bei diesem Unternehmen handelt es sich nach unserer Kenntnis[8] um die erstmalige Anwendung des Verfahrens der Objektiven Hermeneutik auf fotografisches Textmaterial.

Josefs Wissensfundamente[9] zur Bewältigung der Militärzeit wurden in den späten zwanziger und frühen dreißiger Jahren gelegt. Er wurde in einem Schulmilieu sozialisiert, dessen Lehrer im Ersten Weltkrieg als Offiziere oder Unteroffiziere in der Armee des deutschen Kaiserreiches dienten und die dem nationalsozialistischen Staat gegenüber in einem ambivalenten Verhältnis gefangen waren. Als Katholiken lehnten sie die »antichristlichen« Tendenzen der NS-Ideologie ab. Als Staatsbeamte fühlten sie sich jedoch den autoritären Zügen der Nationalsozialisten verbunden. Einig waren sie sich in der Ablehnung des Status quo[10] und in einer kompromißlosen »Heim-ins-Reich«-Haltung. Josefs Berufsausbildung (ab 1939) bei der Deutschen Reichsbahn wurde ideologisch von Parteimitgliedern der NSDAP bestimmt.

Die nationalsozialistische Propaganda verstand es, wie wir zeigen werden, *Vorstellungen* und *Wünsche* zu wecken und dann systematisch für ihre Zwecke zu verwenden. Es vermischen sich in der Biographie des Josef Schäfer, wie bei seinen Altersgenossen, nationale Ideen, persönliche Wünsche und Träume mit ideologischen Gehalten.

Durch die individuelle biographische Rekonstruktion gewinnt zugleich jene historische Periode Kontur, die Josefs Leben rahmte. Die Rekonstruktion kombiniert subjektive Darstellungen mit objektiver historischer Analyse und Beschreibung zeittypischer Ereignisse. Der Rahmen individueller Lebensgeschichte ist eingelassen in den Rahmen objektiver Bedingungen, die im vorliegenden Fall die nationalsozialistische Epoche bestimmen. Individuelles Leben bringt uns den Menschen dieser Zeit näher und bildet den Hintergrund zum Verständnis geschichtlicher Abläufe, mit denen die Bevölkerung sich konfrontiert sah. Wir werden sehen, daß die Menschen auch in solch »schweren Zeiten« immer noch ihre Geschichte selber machen, ihre Entscheidungen nur auf »Folien geprägt« sind, deren Wirkweise sich individueller Sicht entzieht. Von zentraler Bedeutung ist hierbei der Sozialisationsprozeß. Ansätze zu einer Theorie der Sozialisation im Nationalsozialismus werden wir hier vorlegen. Wir erweitern den üblichen engeren soziologischen Begriff, indem wir die Breite der Sozialisationserfahrungen – von der familialen bis zur militärischen – in den Blick unserer Darstellung nehmen, mit der Absicht, dem Alltag[11] in der faschistischen Zeit Kontur und Tiefenschärfe zu verleihen.

Unsere Studie stellt eines der wenigen sozio-historischen Projekte dar, welches die Alltagsgeschichte des Faschismus, das Auftauchen des Nationalsozialismus und die allmähliche Etablierung des Führerstaates am Beispiel eines kleinen Dorfes (Arbeiterbau-erndorf) rekonstruiert. Die Erforschung des nationalsozialisti-schen Phänomens hat bislang weitgehend den dörflich-ländlichen Bereich[12] ausgeklammert und sich auf Städte und größere ländli-che Siedlungen bezogen.

Zur exakteren Rahmung wurde zudem die Geschichte des Arbei-terbauerndorfes Wustweiler (Kreis Ottweiler, heute Kreis Neun-kirchen) in den zwanziger und dreißiger Jahren aufgearbeitet. Über die Geschichte dieser Gemeinde liegen nur bruchstückhafte Aufzeichnungen in Zeit- und Festschriften vor. Die Zeit des Na-tionalsozialismus ist bislang noch *nicht* dokumentiert worden. Aus diesem Grunde haben wir Protokollbücher von Wustweiler Vereinen, die Beschlußbücher des Gemeinderates, die Schulchro-nik, den Bestand »Depositum Illingen« im Landesarchiv Saar-brücken, welcher Material bis zum Jahr 1935 enthält, Akten des Bistumsarchivs Trier sowie Tages- und Wochenzeitungen dieser Zeit, die im Kreis Ottweiler gelesen wurden, vollständig ausge-wertet.[13]

Wir gehen davon aus, daß mit den uns vorliegenden Daten *bio-graphische Deutungsmuster, individuelle Typisierungen und milieuspezifische Strukturmuster* unter Zuhilfenahme des Verfah-rens der Objektiven Hermeneutik[14], der Biographieforschung[15] und Vorgehensweisen aus dem Bereich der Oral History[16] rekon-struiert werden können. Mit unserem methodischen Vorgehen bewegen wir uns im Spannungsfeld zwischen soziologisch-her-meneutischer Rekonstruktion (Oevermann, Schütze), dem An-satz der Oral History (Niethammer)[17] und neueren Ansätzen der historischen Spurensuche.[18] Im Bereich der Sozialgeschichte und der sozialhistorischen Biographieforschung[19] sind vergleichbare Forschungsansätze zu finden, wie wir sie hier anwenden.

Wie Oevermann feststellt, sind für den zeitdiagnostisch auf das Material blickenden Wissenschaftler solche Daten von »besonde-rer Bedeutung, die jeweils Trends in der Formation der sozial verbindlichen Normalitätsentwürfe von Persönlichkeitsstruktu-ren erkennen lassen«.[20] Die verinnerlichten Normalitätsentwürfe sind deshalb besonders wichtig, »weil in ihnen sich, den jeweili-gen kodifizierten sozialen Normen vorgelagert, der für die gegen-wartstypischen Problemstellungen einer gesellschaftlichen Lage geeignete und geschätzte Habitus als eine zeitgeistgebende latente Sinnlogik am ehesten fassen läßt. Wenn es gelingt, von diesen

Habitusformationen auch nur einige typische Knotenpunkte zu identifizieren, erhält man sogleich Einblick in gesamtgesellschaftlich bedeutsame Entwicklungstrends«[21], die sich erst später präzise ausformulieren. In unserem Projekt werden Normalitätsformationen rekonstruiert, die den Alltag in der faschistischen Periode bestimmten. Die Rekonstruktion von Josefs Lebenswelt kann als idealtypische Geschichte eines Lebens in seiner Zeit verstanden werden. Sie bewegt sich auf zwei Ebenen, die bei der Lektüre aufmerksam getrennt werden müssen. Einmal die Ebene *deskriptiver Rekonstruktion*, die versucht, den Selbstdefinitionen des Josef Schäfer im historischen Sinne gerecht zu werden. Auf dieser Ebene soll Josefs Welt rekonstruiert werden, so wie er sie selbst aller Wahrscheinlichkeit nach gesehen und beurteilt hat. Sodann begeben wir uns auf die Ebene der *interpretativen Rekonstruktion*, die Josefs Milieu und seine Lebensumstände mit historischer Distanz fokussiert und bewertet. Hierdurch werden Motive, Beweggründe, Meinungen, Ideen und Wünsche deutlich, die damals das Leben vieler, insbesondere junger Menschen entscheidend prägten.

Unser theoretisches Interesse zielt auf die Beantwortung der Frage, inwiefern das Leben des Josef Schäfer »typische biographische Verlaufsformen« für einen Jugendlichen aus einem kleinbäuerlich-proletarischen Milieu aufweist. Über die Beantwortung dieser Frage nähern wir uns dem Problem, wieso sich dieses Milieu der dreißiger Jahre so wenig resistent gegenüber dem Nationalsozialismus erwiesen hat, bzw. wieso sich in den dreißiger Jahren das »subalterne Partei-Kleinbürgertum, das jetzt in Deutschland den Ton anzugeben begann«[22], auch im kleinbäuerlich-proletarischen Milieu von Josefs Heimatdorf durchsetzen konnte.

Die so durchscheinende Charakterisierung seines Herkunftsmilieus läßt die Haltung der Menschen, die in diesem Milieu lebten, dem Nationalsozialismus gegenüber *verständlich werden*. Somit erschließt die Studie zum einen das Phänomen, wie NS-typische Denkschemata, die für die Entfaltung einer nationalsozialistischen Geisteshaltung charakteristisch sind, gestaltet waren und untersucht des weiteren den Vorgang der »schleichenden« Implementation dieser Denkfiguren bei Jugendlichen während des Sozialisationsprozesses.[23] Diesen Produktions- und Implementationsprozeß werden wir anhand der Biographie Josef Schäfers aufzeichnen. Zu diesem Zweck werden wir seinen genauen Lebensweg nachzeichnen und insbesondere die ideologischen Faktoren aufspüren, die auf Jugendliche in den zwanziger und dreißiger Jahren dieses Jahrhunderts einwirkten.[24] Durch diese Rekonstruktion wird ein Stück verdrängter und verborgener sozialer Realität freigelegt. Die Gestalt Josefs gewinnt damit generationentypischen Charakter. Wir vermuten, daß die Rekonstruktion einen Idealtypus der Generation der in den Jahren 1910 bis 1928 Geborenen generieren kann. Diese Jahrgänge wurden in ihrer Jugend mit nationalsozialistischen Ideen konfrontiert; sie blieben nicht unbeeinflußt von dieser Ideologie. Zudem repräsentieren sie die erste »nachwilhelminische« Generation. Die Rekonstruktion der Biographie des Josef Schäfer hilft, jene kollektiven Denkfiguren zu finden, welche die damalige Jugend entscheidend formten.

## Kurzbiographie[25] von Josef Schäfer

Josef Schäfer wurde am 4. März 1924 in Wustweiler, Kreis Ottweiler, einem saarländischen Arbeiterbauerndorf[26], als erster Sohn des Bergmannsbauern Johann Schäfer und seiner Ehefrau Anna (geb. Rodner) geboren. Von 1930 bis 1938 besuchte er die *Volksschule in Wustweiler*, die zunächst katholische Bekenntnisschule war und 1937 in eine *Gemeinschaftsschule*[27] umgewandelt wurde.

Josef war wie die meisten männlichen Jugendlichen des Dorfes Mitglied der HJ. Er spielte zudem aktiv Fußball als rechter Verteidiger in der Jugendmannschaft des SV »Germania« Wustweiler und war Meßdiener in der katholischen Pfarrgemeinde. Im Anschluß an seine Schulzeit begann Josef eine Lehre als Maschinenschlosser bei der Deutschen Reichsbahn. Während seiner Lehrzeit im Reichsbahn-Ausbesserungswerk Saarbrücken-Burbach war er Mitglied in der dortigen Motor-HJ. Kurz nach Abschluß der Lehre wurde Josef zur Wehrmacht eingezogen. Seine sportlichen Aktivitäten (Hand- und Fußball) setzte er während seiner Berufsausbildung und während der anschließenden Militärzeit fort. Gegen Ende der Grundausbildung wurde er zur Panzertruppe versetzt. Dort bewährte sich Josef und wurde Panzerfahrer. Seit Oktober 1942 war er in Frankreich als Soldat im Panzer-regiment 100 (22) stationiert und hat Ereignisse aus dieser Zeit in seinem Kalender stichwortartig festgehalten. 1944 wurde Josef zum Unteroffizier befördert. Er fiel während der Invasionskämpfe am 8. Juli 1944 bei Epron[28], in der Nähe von Caen/Normandie.

*Bild 1:* Porträtfoto Josef Schäfers (1924-1944).

# 2 Das dörfliche und regionale Umfeld

> »Die alltäglichen Menschenerlebnisse sind
> die tiefsten, wenn man sie von der Gewohn-
> heit befreit.«                    (Robert Musil)

Um Josef Schäfers Leben zu verstehen, ist es zunächst notwendig,
die sozio-kulturellen und sozio-historischen Faktoren, die sein
Leben bestimmten, zu skizzieren. Erst auf dieser Verständnisfolie
gewinnt Josefs Leben Kontur, die ihn aus seiner Altersgruppe
heraushebt, ihn zugleich jedoch darin verortet, auch als typisch
erscheinen läßt. In diesem Kapitel werden wir zunächst das dörfliche Umfeld in seinen historischen, soziographischen und soziologischen Ausprägungen beschreiben, bevor wir uns der Biographie des Josef Schäfer direkt zuwenden.

## Soziographische Besonderheiten des Saargebietes

Die industrielle Entwicklung des Saargebietes wurde seit den
Gründerjahren weitgehend von Familien[29] bestimmt (Boch, Bök-
king, Gouvy, Karcher, Krämer, Röchling, Schmidtborn, Stumm,
Villeroy, Vopelius), die an der Saar ihre industriellen (Stahl-)Im-
perien gründeten. Die Saargruben unterstanden der preußischen
oder bayerischen Grubenverwaltung.

Rund 800 000 Menschen lebten 1935 im Saargebiet und machten
damit das Saargebiet zu einem der dichtestbesiedelten Gebiete
Europas. Seine soziographische Struktur[30] wurde durch folgende
Faktoren entscheidend geprägt und unterschied sich hierdurch
erheblich von der Struktur anderer Ballungs- und Industriezonen
in Deutschland:

1. Die historisch gewachsene Abhängigkeit von der Montanindustrie mit
   den daraus resultierenden infrastrukturellen Problemen (Monostruk-
   tur).
2. Industrielle Produktionsweise in der saarländischen Industrieregion,
   jedoch traditionell geprägte Lebensweisen in kleinen ländlich struk-
   turierten Dörfern, dem Wohnumfeld vieler Industriearbeiter. Das
   Saarland ist »weder ganz Stadt, noch mehr ganz Land, weder reines
   Industrierevier, noch rein agrarische Region«.[31]

3. Das Saargebiet war und ist eine traditionelle Arbeiterregion[32] mit einer kleinen kaufmännischen und handwerklichen Mittelschicht. In den kleineren Dörfern (bis ca. 3000 Einw.) existierte so gut wie keine Mittelschicht.

4. Die sozialen und politischen Vorstellungswelten, Denkmuster und Welterklärungsformeln des Arbeiterbauern – die traditionelle ökonomisch-kulturelle Existenzform – bestimmen im wesentlichen auch heute noch die Denkweisen eines Großteils der saarländischen Bevölkerung. Dabei handelt es sich um »kleinbürgerlich-individualistische Bewußtseinsformen«[33], die sich erhalten haben.

5. Im Saarland gilt und galt »die überschaubare Gemeinde mit der Möglichkeit zur kleinbäuerlichen Nebenerwerbslandwirtschaft und der Existenz von nachbarschaftlichen Solidarbeziehungen« als bevorzugtes Wohnquartier. In der Gruppe der Arbeiterbauern haben sich bis heute »Reste agrarischer Existenzsicherung in Gartenbewirtschaftung und Kleintierhaltung erhalten«.[34]

6. Die Existenzform des Arbeiterbauern und des Industriearbeiters lassen sich bewußtseinsmäßig nur schwer miteinander vereinbaren. Hier der abhängige Arbeiter und dort der scheinbar freie Bauer. So kann kaum von einer Durchkapitalisierung der Region gesprochen werden. »Haus und Boden, agrarische Produktion und (dörfliches) Vereinsleben (stehen) als Elemente vorkapitalistischer Gesellschaft quer und widersprüchlich zum kapitalistischen Heute. Sie wirken als Erfahrungen und Bindungen der Kraft des gleichzeitigen Widerspruchs entgegen. Sie prägen den halbproletarischen Charakter der Region.«[35]

7. »Geringe räumliche Mobilität durch die materielle und emotionale Bindung an Haus und kleinen Grundbesitz schufen Abhängigkeiten und förderten Kompromißbereitschaften in sozialen Auseinandersetzungen. Garten, Haus und Acker waren (sind) durch Arbeit angeeignete Natur. Sie um einer politischen oder sozialen Überzeugung willen zu gefährden war kaum zu erwarten«.[36]

Ein Großteil der saarländischen Bevölkerung lebte und lebt in Dörfern[37] außerhalb der urbanen Achse Völklingen–Saarbrücken–Neunkirchen, fand jedoch industrielle Arbeitsplätze vorwiegend in den saarländischen Kohlengruben, in den Eisenhütten in Dillingen und Völklingen, Saarbrücken, Neunkirchen und in den eisenverarbeitenden Betrieben der urbanen Großräume. Die Mentalität der Dorfbewohner des Saargebiets wird entscheidend durch das *bäuerlich-traditionelle Dorfmilieu* geprägt, welches durch das *industriell-fortschrittlichere Bergarbeitermilieu* überformt wird. Als *Übergangsmilieu* steht das Bergarbeitermilieu weiterhin in der agrarisch-ländlichen Tradition. Die bergmännische Arbeit stützt sich weitgehend auf ungelernte Arbeiter, die in der Grube ihre dörflich-soziale Organisation[38] beibehalten. Der Einfluß der noch stärker industrialisierten Hüttenarbeit ist in den saarländischen Dörfern – wie z. B. Wustweiler – kaum zu spüren. Die Heimat der Bergarbeiter ist und bleibt das Dorf, der Ort der sozialen Verankerung und der Geborgenheit.[39]

Wir werden im Anschluß die Typik des Dorfes und seine saarländische Ausprägung näher bestimmen, da dieses Milieu den »Normalitätsrahmen« von Josefs Leben entscheidend prägte. Bezüglich der Bedeutung des Dorfes und seiner Bewohner hilft uns die Studie »Leben auf dem Dorf« von Albert Ilien und Utz Jeggle[40], die Eigenarten eines Dorfes näher zu bestimmen. Prägend für das dörfliche Leben war die permanente Not der Bewohner. Durch die unmittelbare Abhängigkeit von den Produkten ihrer landwirtschaftlichen Tätigkeit stand die bäuerliche Arbeit im Vordergrund des Bewußtseins der Dorfbewohner. Natur und Religiosität[41] verschmolzen zum Volksglauben des bäuerlichen Menschen, der seine landwirtschaftlichen Erfolge in engem Zusammenhang mit dem Gottgewollten interpretierte. Von daher war, wie Ilien/Jeggle feststellen, »bäuerliche Arbeit« natürlich, denn biographisch gesehen »wurde man nicht Bauer, sondern man war es«.[42]

Das Dorf etablierte einen Typus des Zwangskollektivs, in dem jeder auf den anderen angewiesen war. In dieser Welt war Landbesitz entscheidendes Merkmal zur Bestimmung des sozialen Status einer Person, verwies doch der Landbesitz unmittelbar auf die materielle Grundlage der jeweiligen Familie. Dazu schreibt Bekker, unter explizitem Bezug auf Ilien/Jeggle: »Die Familie war als Besitz-, Arbeits- und Versorgungseinheit nahezu autonom; das Dorf galt gewissermaßen als ›Zwangskollektiv‹, in dem jeder die ihm zugewiesene Aufgabe zu erfüllen hatte, wollte er nicht seine Lebensgrundlage und die des Dorfes zerstören. Entscheidend war in der dörflichen Lebenswelt der Besitz, der gehörte zur Persönlichkeitsstruktur, so gut wie bei Bürgern die Intelligenz oder der Charme. Er entschied über die Schichtzugehörigkeit und bestimmte die Ehepartner (…) Der Familienbesitz forderte von sämtlichen Familienmitgliedern Kooperationsfähigkeit, Solidarität, Hilfsbereitschaft, führte aber auch zu Spannungen zwischen dem Vater und dem ältesten Sohn, der nicht nur als Stammhalter, sondern auch als direkter Konkurrent angesehen wurde. Dieser

Besitz führte auch zu Mißtrauen unter den Kindern, die jedes um das größte und beste Erbteil buhlten.«[43] Der aus dem saarländischen Rissenthal stammende und an der Universität Münster lehrende christliche Existenzphilosoph Peter Wust (1884-1940) veranschaulicht in seinen Erinnerungen die dörfliche Klassengliederung und die soziale Ordnung des bäuerlichen Lebens im nordwestlichen Saarland:

»Unter den Bauern unseres Dörfchens ließ sich leicht eine gewisse plutokratische Ständegliederung erkennen. (...) Das Kennzeichen der Herrenklasse war das Pferdefuhrwerk. (...) Aus ihrer Mitte ging allemal der Dorfvorsteher durch die Wahl hervor, und auch die Mitglieder des Gemeinderates wurden nur ganz selten aus der zweiten Klasse gewählt. Dieser zweiten Klasse gehörten die Bauern an, die nur ein Kuhgespann hatten. Man sah natürlich mit einer leisen Geringschätzung von seiten der reicheren Pferdebauern auf die Vertreter dieser Klasse herab. (...) Die unterste Klasse bildeten diejenigen Leute, die etwa noch zwei oder drei Äcker hatten, denen jedoch das Ackergerät und das Zugvieh fehlten, um diese Äcker selbst zu bestellen.«[44]

Diese hier angedeutete sozialstrukturelle Besonderheit des Dorfes muß im Falle eines Arbeiterbauerndorfes dessen Typologie angeglichen werden. Bis Ende der vierziger Jahre des 20. Jahrhunderts bildete die bäuerliche Arbeit die materielle Basis der Subsistenzökonomie des Dorfes, die durch Grubenarbeit ergänzt wurde. Der bäuerliche Arbeitstyp unterscheidet sich grundsätzlich von industrieller Arbeit. Die industrielle Normierung von Arbeitszeit und -ablauf ist in bäuerlichen Tätigkeitsformen nicht vorhanden. In diesem Sinne ist bäuerliche Arbeit, chronologisch betrachtet, nie zu Ende, denn es »wartet immer« noch Arbeit. Zum anderen gehört die Verfügbarkeit über die Verwendung seiner Zeit (Arbeits- wie Freizeit) dem ländlichen Menschen, wohingegen der industrielle Arbeiter die Verfügungsgewalt über die Arbeitszeit (durch Schichtarbeit wird die Freizeit determiniert) dem Unternehmer abtritt.

Somit *pendelt* der *Arbeiterbauer* im tatsächlichen und im übertragenen Sinne zwischen der bäuerlichen und der industriellen Welt, zwischen Dorf und Grube/Industriebetrieb im städtischen Umfeld, der ungleichzeitigen dörflichen und der gleichzeitigen industriellen Welt, und steht dadurch in fortdauerndem Konflikt zwischen dem Hier des Dorfes und dem Draußen. Dieser Konflikt wurde und wird in der Regel dadurch gelöst, daß das Arbeiterdasein als Transitionszustand zurück in die bäuerliche Welt betrachtet wird, der mit der Pensionierung und der Rückkehr zur ungleichzeitigen Lebensform abgeschlossen ist.

In diesem sozialen und personalen Spannungsfeld wächst Josef heran: Sein Vater pendelt zur Grube, die Männer des Dorfes sind nur partiell im Dorf anwesend, darüber hinaus wußte er selbst auch durch seine eigene Existenz als Lehrling in Burbach, was tägliches Pendeln und die Konfrontation mit dem prinzipiell anderen Lebensentwurf bedeuteten.

*Bild 2:* Bergleute vor der Grube Reden (um 1900).

## Die politische Sonderentwicklung des Saargebietes[45]
### (1920-1935)

Die Mentalität der Bewohner des Saargebietes wurde neben der skizzierten Industriestruktur nachhaltig durch die politische Sonderentwicklung mitgeprägt, die zu einer spezifischen saarländischen Identitätsformation beitrug. Nach dem Ersten Weltkrieg wurden im Vertrag von Versailles preußische und bayerische Ge-

*Bild 3:* Bergarbeiterhaus und -familie in Wustweiler um 1920.

biete vom Reichsverband abgetrennt und unter der Bezeichnung »Saargebiet« dem Genfer Völkerbund zur Verwaltung unterstellt. Eine internationale Regierungskommission bildete die Saarregierung. In dieser Zeit wurde Josef geboren.

Erst nach einer Volksabstimmung[46] 1935 kam das Saarland »heim ins Reich« und wurde in den nationalsozialistischen Machtbereich integriert. Am 13. Januar 1935 stimmten die Wahlberechtigten in dem Ort ab, in dem sie am 28. Juni 1919 ihren Wohnsitz gehabt hatten. Stimmberechtigt war jede Person, die zum Zeitpunkt der Abstimmung 20 Jahre alt war[47] und am 28. Juni 1919 »die Eigenschaft eines Einwohners des Saargebietes besessen« hatte.[48]

Josefs Mutter reiste deshalb nach Bettingen (heute: Gemeinde Schmelz), um ihre Stimme abzugeben, Josefs Vater stimmte in Illingen ab. Vor der Abfahrt erklärte sie ihrer Familie, daß sie für den Anschluß des Saargebiets an Deutschland stimmen werde.

Diese Periode der saarländischen Geschichte war von einer tiefen antifranzösischen Stimmung geprägt. Der Vertrag von Versailles und der Status quo für das Saargebiet wurden als »Franzosenherr-

*Bild 4:* Giebelinschrift an einem Haus in Wustweiler
anläßlich des Abstimmungskampfes 1934.

schaft« gesehen. Diese Grundstimmung beherrschte den Abstimmungskampf in den Jahren 1934 und 1935. Die politischen Entscheidungen, die in Josefs Familie bezüglich des Anschlusses an Deutschland getroffen wurden, spiegeln die Haltung eines Großteils der Saarländer wider. Zum besseren Verständnis muß zusätzlich die Rolle der katholischen Kirche im Saarland allgemein

27

und speziell während des Abstimmungskampfes in Betracht gezogen werden.

»Zunächst aber verhielt sich der überwiegende Teil des Saarklerus der neuen Reichsregierung gegenüber eher ablehnend, reserviert und besorgt. (...) Besonders scheint sich in den ersten Monaten des Dritten Reiches die katholische Jugendbewegung der ›nationalen Revolution‹ verweigert zu haben. (...) Trotz der Auflösung des saarländischen Zentrums im Herbst 1933 und der Bildung[49] der DF, in der katholische Geistliche und Politiker gemeinsam mit Nationalsozialisten zusammenarbeiteten und durch welche die NSDAP im Saargebiet zunehmend hoffähig wurde, verhielt sich die Mehrheit der katholischen Geistlichkeit zunächst weiterhin abwartend, ja zum Teil ablehnend. Der Trierer Bischof Bornewasser, der aus seiner Parteinahme für den Anschluß und aus seiner Kooperation mit der neuen Regierung keinen Hehl machte, wenngleich auch er gelegentlich gegen nationalsozialistische Exzesse protestierte, begab sich daher in der ersten Märzhälfte 1934 persönlich ins Saargebiet, um – wie es in einem Bericht an das Auswärtige Amt hieß – ›auf die hiesige Geistlichkeit im Sinne des Beitritts zur DF einzuwirken. Dieser Besuch soll stellenweise sehr heilsam gewesen sein‹.«[50]

Durch das »Gesetz über die vorläufige Verwaltung des Saarlandes« blieb das Saargebiet in seinen 1919 geschaffenen Grenzen unter dem Namen »Saarland« erhalten. Das Territorium wurde reichsunmittelbar und dem pfälzischen Gauleiter Josef Bürckel als Reichskommissar unterstellt. Im April 1940 wurden die Dienststellen des Reichsstatthalters für das Saarland und des Regierungspräsidenten der Pfalz zusammengelegt. Im Mai 1941, nach der Eroberung Frankreichs, erfolgte dann die Vereinigung der Saarpfalz mit Lothringen zum Gau Westmark.

Viele unserer Interviewpartner erinnern sich an die Ereignisse, die den Zeitraum um den 13. Januar 1935 kennzeichneten, Geschehnisse, die einen entscheidenden Abschnitt ihrer Jugendzeit beeinflußten und die sicherlich auch ihre spätere politische Entwicklung mitbestimmten. Sie erinnern sich, daß es damals, wie sie sagen, weniger um das »Politische«, sondern um das »Vaterländische« ging.

»Die politischen Dinge, die (interessierten) damals wenig, nur das Vaterländische. Ich hatte da im Garten, als Bub, 1935 auf die längste Bohnenstange eine schwarz-weiß-rote Fahne hochgezogen, eine Standarte. Die hatte meine Schwester mir genäht, schwarz-weiß-rot, als der Sieg errungen war.«(Mei)

Noch heute, fünfzig Jahre später, wird vom damaligen »Sieg«

gesprochen, womit deutlich zu erkennen ist, wie die Wahl im Bewußtsein der Menschen davon losgelöst wurde, daß ein Anschluß an Deutschland einer Angliederung an Hitler-Deutschland gleichkam. Die Nationalsozialisten sahen in der hohen positiven Stimmabgabe (90,73 %) für die Rückgliederung an Deutschland eine Bestätigung nationalsozialistischer Politik und betrachteten im Gegensatz zu vielen Saarländern die Wahl für das Deutsche Reich auch als eine Entscheidung für ihr Herrschaftssystem. Die Machthaber im Dritten Reich wollten den »Saargebietsbewohner als lebendes Bollwerk an der Grenze, als eine Art Westwall des Deutschtums gegen ein angeblich jüdisch-kapitalistisch verseuchtes Frankreich. Es konnte dabei auf Traditionen des Selbstverständnisses zurückgreifen, deren Wurzeln weit in die Zeit vor dem Abstimmungskampf zurückreichen.«[51] Die politische Situation damals und die dadurch implizierten Entscheidungen im politischen Feld werden von den Interviewpartnern heute u. a. auf die miserable ökonomische Situation zurückgeführt, womit zwar, wie wir sehen werden, ein objektiver Tatbestand beschrieben wird. Diese Begründung läßt jedoch die wesentlich bedeutsameren ideologisch-mentalen Faktoren, wie sie etwa Gerhard Paul beschrieben hat, außer acht. Ein Brief des damaligen Illinger Bürgermeisters Doppler vom 11. September 1931 an den Ottweiler Landrat Rech verweist auf die damalige ökonomische Lage in der Bürgermeisterei Uchtelfangen. Er teilt dem Landrat mit, daß er sich trotz der Beschwerde des Oberlehrers Otto Brück aus Hosterhof an die Abteilung Kultus und Schulwesen der Regierungskommission des Saargebietes genötigt sah, die Mittel für Lehr- und Lernmittel drastisch zu kürzen. So wird die Bestellung von Scherenschnittbildern, die den Flur des neuen Schulhauses schmücken sollen, abgelehnt. »Nun frage ich, gehört dies auch zu den Lehr- und Lernmitteln. Auf der anderen Seite hat ein Teil der Bürgerschaft kein Brot zu essen. (...) Ich darf diese Angelegenheit allerdings nicht vor die Gemeindevertretung bringen, sonst würde es gegen die Schulleiter nur noch so Schimpfworte hageln, wie man so mit dem Gelde umspringen kann.«[52]

Am 5. Oktober 1930 fand in Wustweiler eine Veranstaltung[53] der KPD statt. Ziel dieser Veranstaltung war es, auf die schlechte wirtschaftliche Lage hinzuweisen.

»Der Redner wies darauf hin, daß die Unternehmer ihre Betriebe rationalisieren. Dadurch würden viele Arbeiter brotlos werden und gleichzeitig würden sie darauf ausgehen, die Arbeitszeit zu verlängern und die Löhne noch mehr abzubauen.«[54]

Als weiterer Beleg für die ökonomische Mangelsituation vieler Familien im Raum Illingen mag der Bericht der Armenverwaltung vom 21. November 1931 dienen:

»Die Zahl der unterstützten Ortsarmen innerhalb der hiesigen Bürgermeisterei betrug bis Ende Oktober d. J. 209. Hierhin kommen noch 43 ausgesteuerte Erwerbslose, zusammen 252. Voraussichtlich wird sich diese Zahl bis Ende des Rechnungsjahres noch erhöhen auf etwa 400 Personen, davon 215 Ortsarme und 180 Ausgesteuerte. Die letzteren Zahlen sind jedoch nur geschätzt. Es kann also jetzt schon klar ersehen werden, daß die Wohlfahrtskosten für 1931 gewaltig den Haushaltsplan überstiegen. Es wäre dringend zu wünschen, daß diese Kosten auf breitere Schultern übernommen würden.«[55]

Die Zentrumsfraktion im Gemeinderat Wustweiler brachte in der Gemeinderatssitzung vom 11. Mai 1931 eine Resolution ein, die verdeutlicht, daß sie den Gemeindehaushalt wegen der »schweren wirtschaftlichen Notlage« nur unter Protest angenommen hat.[56] In den Jahren 1931-1934 gab es zahlreiche Resolutionen, die auf die wirtschaftliche Notlage verwiesen. So wurden auch die Haushaltspläne der Jahre 1932 und 1933 jeweils einstimmig abgelehnt.

Am 17. Januar 1933 brachte die kommunistische Fraktion Anträge ein, Kartoffeln und Brennmaterial für Erwerbslose und Schuhe für die Kinder der Hilfsbedürftigen zu beschaffen. Dieser Antrag sollte auch der Regierungskommission vorgelegt werden. Ähnlich verhielten sich die Mitglieder des Gemeinderates der benachbarten Gemeinde Uchtelfangen, die unter Berücksichtigung der prekären finanziellen Situation 1932 geschlossen ihr Mandat niederlegten, nachdem sie einen Gemeindeetat verabschieden sollten, der die Umlagen für Uchtelfangen um 285 % erhöht hätte, und die Regierungskommission für das Saargebiet sich geweigert hatte, einen Zuschuß zu gewähren.[57] Für die Arbeitslosen im Saargebiet, wie übrigens auch im Deutschen Reich, war die ökonomische Lage äußerst schlecht. Die mit der Angliederung verbundenen ökonomischen Fragen wurden (und werden) von den Menschen häufig nicht gesehen. Denn nach 1935 verbesserte sich die ökonomische Lage der Saarbevölkerung nicht, im Gegenteil: Die von den Interviewpartnern skizzierte schlechte ökonomische

Situation während der »Völkerbundszeit« erstreckte sich über den März 1935 hinaus. Die Angliederung an das Deutsche Reich war mit einer Währungsreform verbunden, die für die Bewohner des Saargebiets finanzielle Nachteile nach sich zog, da sie nun die militärische Hochrüstung des Reiches mitzufinanzieren hatten. Sie mußten feststellen, daß die Mark gegenüber dem französischen Franc weniger wert war. Vor der Rückgliederung war infolge der niedrigeren Lebenshaltungskosten der Lebensstandard der Saarländer durchschnittlich besser gewesen als der der Reichsdeutschen. Die Eingliederung verlangte nun von den proletarischen und agrarisch-ländlichen Familien eine bescheidenere Lebenshaltung. Die in den ersten Jahren nach der Rückgliederung gezahlten Löhne waren unzureichend und lagen unter denen im rheinisch-westfälischen Industrierevier. Ein Zitat aus dem Protokoll der Generalversammlung des Sterbe-Unterstützungs-Vereins[58] Wustweiler vom 9. Januar 1938 belegt dies:

»Bei Wirt Glatz fand die jährliche Gen. Vers. um 4 Uhr statt. Sie war leider nur von 13 Mitgliedern besucht. Sie wurde eröffnet durch den Vorsitzenden mit dem deutschen Gruß Heil Hitler. Gleich zu Beginn wurde der Antrag gestellt, wegen der schlechten Geldverhältnisse 3 Glas Bier für jeden Teilnehmer aus der Kasse zu bezahlen, was auch genehmigt wurde. (...) Unter Punkt 4 Verschiedenes wurde beschlossen, nächstes Jahr bei der General. Vers. ein Faß Bier aus der Kasse zu trinken, damit die Mitglieder die Versammlung besser besuchen.«[59]

»Im April 1935 kamen im Saarland auf 1000 Einwohner 65 Arbeitslose, im übrigen Reichsgebiet nur 34. Ein Arbeitsbeschaffungsprogramm, dessen Finanzvolumen allerdings hinter den vor der Volksabstimmung propagierten Versprechungen um ein gutes Stück zurückblieb, die Verlegung von saarländischen Arbeitnehmern in andere Gegenden des Reiches und andere arbeitspolitische Maßnahmen bewirkten, daß im Juli 1938 die saarländische Arbeitslosenquote (3,1 pro 1000 Einwohner) unter dem Reichsdurchschnitt (3,3) lag.«[60] Mit den ökonomischen Zwängen, die nach 1935 weiter bestanden, wird heute die damalige Entscheidung für Hitler-Deutschland begründet, was eines der gängigen Erklärungsmuster für den deutschen Faschismus ist: »Der Hitler hat ja Arbeit gegeben.« Dieses Deutungsmuster ist noch heute zentraler Bestandteil vieler Rechtfertigungen, um Entscheidungen während der Nazizeit zu begründen.[61] Zwei Interviewpartner erläutern uns die dörflichen Einstellungen und Deutungsmuster. Ein Mann berichtet:

»Was waren damals Arbeitslose. Wir hatten zu der Zeit so viele Arbeitslose wie heute: 12%, 13% oder 14%. Und dann haben oft ledige Arbeitslose nichts bekommen, ich auch nichts. Ich habe 3 Monate etwas bekommen. Das war das Einkommen, alles was da war. Die haben sogar von meinem Vater, der war Schießmann auf der Grube, der hatte immer Nachtschichtzulage, alles mitgerechnet. (…) Schau mal, da war der Nichtangriffspakt zwischen Hitler und Stalin, Hitler hat ihn gebrochen. Da hat doch kein Mensch gemeint, daß der in Polen einfallen würde.« (Mei)

Eine Frau berichtet von den unterschiedlichen Bedingungen im Dorf für Männer und Frauen:

»Frauen beschäftigten sich ja weniger mit Politik. (…) Ich weiß nur, daß der Krieg ausgebrochen ist. Vorher war alles immer so ein ›Hitler-Gedings‹. Wissen Sie, der hat den Leuten geholfen, hat ihnen Stellen verschafft, da hingen die Leute ihm alle an, nicht wahr, ist ja klar! Die Leute waren ja alle arbeitslos. Ich kenne einen, der war damals elf Jahre lang arbeitslos.« (Reu)

Eindrücklich bleibt der Tag der Abstimmung, der 13. Januar 1935, in der Erinnerung derjenigen haften, die jenes denkwürdige Datum miterlebten. Die emotionale Verfassung der Eltern färbte auf die Kinder ab. Sie verfolgten die Ereignisse mit großen Augen. Eine Interviewpartnerin erzählt:

»Ich war gerade aus der Schule gekommen. Ich hatte schwarz-weiß-rote Bändchen in den Haaren und mußte ein Gedicht vor der alten Höfer Schule aufsagen. Da war der Bürgermeister, und all die standen da und hatten schwarz-weiß-rote Fähnchen gehabt: ›Zur Mutter fand wieder zurück ihr Kind.‹ Ich kann es nicht mehr ganz. Aber so lautete es im Lied. Wir bekamen einen Wurstweck. Der Lehrer Schorr stand noch dabei, auch die anderen Lehrer, alle. Das hatte aber mit dem Hitler nichts zu tun gehabt, gar nichts, das war rein deutsch.« (FMei)

Am Dienstag (15.1.) nach der Saarabstimmung wurde auf dem Sportplatz der Gemeinde Wustweiler symbolisch der Status quo unter Absingen von Liedern, Abspielen von Trauerliedern und Aufsagen von Parolen »beerdigt«. Symbolisiert wurde der Status quo durch eine Strohpuppe, die eine mit Blut gefüllte Schweinsblase enthielt. Die Einstellung der Bevölkerung zum Status quo vermittelt ein Spottlied aus der Zeit:

> »Status quo, bist so faul wie Bohnenstroh,
> Lebst Du auch von Frankreichs Geldern,
> Wirst Du trotzdem nicht älter,
> Oh Du armer Status quo!«

*Bild 5:* Der Status quo wird aufgehängt (Illingen).

*Bild 6:* Die Illinger Bevölkerung grüßt mit dem Hitlergruß am
15. Januar 1935 in Illingen gegenüber dem Hotel zur Post
und dem Café Schirra (Aufnahme: Foto Lorenz, Illingen).

Der Ortsteil Hosterhof führte eine eigene »Aktion« durch. Ein
Augenzeuge berichtet von der »symbolischen« Beerdigung des
gehaßten Status quo auf dem Sportplatz von Wustweiler:

»Ich kann mich erinnern. Damals hat eine ziemliche Schneedecke gelegen.
Als 16jährige sind wir mit den Schlittschuhen hinterher gefahren. Da
waren 4, 5 Musikanten im Dorf, u. a. der Schäfer Valentin, der das (Imita-
tion von Trompetenklängen, d. Verf.) gespielt hat und dann ein ganzer
Zug hinterher, dann haben sie eine Strohpuppe, die durchs Dorf trans-
portiert wurde, am Sportplatz verbrannt. Kleine Gerne-Große, die dann
noch Reden geschwungen haben.« (Bi)

Mit einem Festumzug am 1. März 1935 feierten Lehrer und Schüler der Volksschule Wustweiler die Rückkehr des Saargebiets ins
Deutsche Reich.
Die Schulkinder erhielten bei dieser Gelegenheit von Lehrer
Schorr, der im Ersten Weltkrieg als Leutnant gedient hatte, einen
»Wurstweck« ausgehändigt[62], wie einstmals zu den Geburtstagsfeiern des Kaisers. Eines der Fotos von diesem Umzug zeigt den
betreffenden Lehrer in Frack und Zylinder, die Kinder schwenken Hakenkreuzfähnchen oder Fähnchen mit den Farben
schwarz-weiß-rot.

*Bild 7:* Festumzug am 15. Januar 1935 durch die Schulstraße in Wustweiler. 2. Haus von rechts: Josefs Elternhaus.

Auf derselben Fotografie, die vor dem Schultor aufgenommen wurde, ist neben dem Lehrer und dem Wustweiler Gemeindevorsteher ein uniformierter SA-Mann[63] zu erkennen. Am Abend des 1. März 1935, dem Tag der Rückgabe des Saargebietes an das Deutsche Reich, wurde in Wustweiler ein Fackelzug veranstaltet, um die Rückkehr ins Reich zu würdigen. Auch Josefs Vater nahm mit seinem jüngsten Sohn an diesem Fackelzug teil.

In Josefs Familie war der Wunsch nach einer Rückkehr ins Deutsche Reich größer als die Angst vor den Auswirkungen des Nationalsozialismus. Josefs Familie gehörte zum Dorf und unter-

*Bild 8:* Lehrer Schorr verteilt Wurstwecken an Schülerinnen.
Im Hintergrund der Wustweiler Gemeindevorsteher
Nikolaus Weirich.
Rechts ein uniformierter Dorfbewohner (1. März 1935).

schied sich in nichts von den anderen bäuerlichen Familien. Ein markantes Ereignis verdeutlicht, daß die Familie sich während der Nazizeit nicht aus dem dörflichen Normalitätsrahmen löste, sondern im Gegenteil diesen antizipierte und in familiäre Orientierungen übernahm. So stellten beispielsweise Josefs Vater und Max Ney 1938 eine Ackerfläche von 9400 qm zur Anlage einer Baumschule als Beispielobstanlage zur Verfügung. 97 Apfel- und Süßkirschenhochstämme wurden unter Anleitung des Kreisobstbauinspektors Koreth von den Familienmitgliedern gepflanzt. In der Anlage wurden unter der Regie des örtlichen Obst- und Gartenbauvereins Baumschnittkurse durchgeführt. Die Ernteerträge fielen den Grundbesitzern zu.[64]

Bei einer Wahlbeteiligung von 97,89% votierten im Saargebiet 90,73% für die Rückkehr nach Deutschland, 8,86% für den Status quo und lediglich 0,40% für die Angliederung an Frankreich. 92,0% der Bevölkerung in der Bürgermeisterei Uchtelfangen stimmten für die Rückgliederung. Damit lagen die Prozentpunkte leicht über dem landesweiten Durchschnitt.

*Bild 9:* 1. März 1935: Das Lehrerkollegium (Schorr, Recktenwald, Buch, Müller, Marx) von Wustweiler mit Gemeindevorsteher Nikolaus Weirich, rechts.

Mehr als 4000 saarländische Status quoler emigrierten nach Frankreich, als am 1. März 1935 das Saargebiet offiziell vom Völkerbund dem Deutschen Reich übergeben wurde.[65] Obwohl sich die KPD- und SPD-Mitglieder des Dorfes entschieden für den Status quo exponierten, ist uns kein Emigrant aus Wustweiler bekannt[66], abgesehen von Hugo Brück, dem früheren SPD-Fraktionsvorsitzenden, der aber bereits 1930 nach Völklingen verzogen war.

In seiner Festschrift zur »Volksabstimmung 1935 in Illingen-Saar« berichtet Bürgermeister Doppler, daß »kein Wirt oder Saalbesitzer diesen Vaterlandsgegnern«, gemeint ist die Einheitsfront, »für Kundgebungen einen Saal vermieten«[67] wollte. Für Kundgebungen der Einheitsfront von SPD und KPD mußten Säle von der Abstimmungskommission beschlagnahmt werden.

Die ehemaligen KPDler und SPDler blieben im Dorf und mußten sich »klein halten«; zeitweise wurden sie in den dörflichen Gasthäusern von den Nationalsozialisten gezwungen, gegen ihre Gesinnung zu handeln, weigerten sie sich, so wurden sie verprügelt. Schon vor der Rückgliederung wurde ihnen mit »Arbeitslagern« gedroht.

»Doch, es hat immer viele Diskussionen gegeben, hauptsächlich beim ›Bäcker‹ in der Wirtschaft. Da waren viele gewesen, die schon gesagt haben: ›Wir schaffen Euch hin, wo ihr hingehört!‹ Da waren schon welche gewesen! Und da war der, der wo den Lastwagen gefahren hat, der G.! Das war ein Frecher. Ach, war der frech gewesen, der war brutal. Der hat doch mal den Ed[68] verhauen. Das war manchmal kurios! Die waren ja so kurios gewesen. Da haben die Leute Karten gespielt, die Partei hat Karten gespielt und dies und jenes. Plötzlich ist jemand aufgesprungen auf den Tisch: ›Heil Hitler! Sieg Heil! Sieg Heil!‹ Und die, die nicht aufgestanden sind, mit denen hat's Krawall gegeben. So haben die gefuhrwerkt damals in der Wirtschaft! Die hatten's ja gut, die Macht war ja schon erkämpft.« (Pit)

In dieser politisch brisanten Situation wächst Josef heran. Die Erfahrungen der frühen dreißiger Jahre prägen sein politisches Weltbild. Im Anschluß werden wir nun seinen Heimatort soziohistorisch und sozio-kulturell verorten.


## Das Dorf Wustweiler[69]

### Geschichte, Geologie und regionaler Dialekt

Wustweiler wird 1160 erstmals urkundlich erwähnt. Erzbischof Arnold von Mainz bestätigt folgenden Gütertausch: Die Äbtissin Walburgis von Neumünster tritt die Kapelle von Rothenkirchen samt dem Zehnten an den Probst Stephan von Bolanden ab und erhält dafür dessen Besitzungen in Wilre.[70]

In einer Bestätigungsurkunde des Papstes Lucius III.[71] aus dem Jahre 1182 für die Güter des Klosters Neumünster wird Wilre erneut genannt. Im Jahre »1186 wird Graf Simon II. von Saarbrücken erstmals als Obervogt über das Kloster Neumünster genannt. Die Vogtei umfaßte u. a. den Klosterbezirk in Neumünster, Hosterhof (Honscheid), Wustweiler (Ober- und Niederweiler).«[72]

Der Ursprung des heutigen Namens Wustweiler geht auf die Zeit des Dreißigjährigen Krieges zurück, als Wilre (der Weiler) wüst geworden war. Das heutige Wustweiler ist die Nachfolgesiedlung der Wüstungen[73] Buschweiler, Hochschied, Niederweiler und Oberweiler. Oberweiler lag an der Stelle oder nahe des ehemaligen Wustweilerhofes, Niederweiler talabwärts in der Nähe der

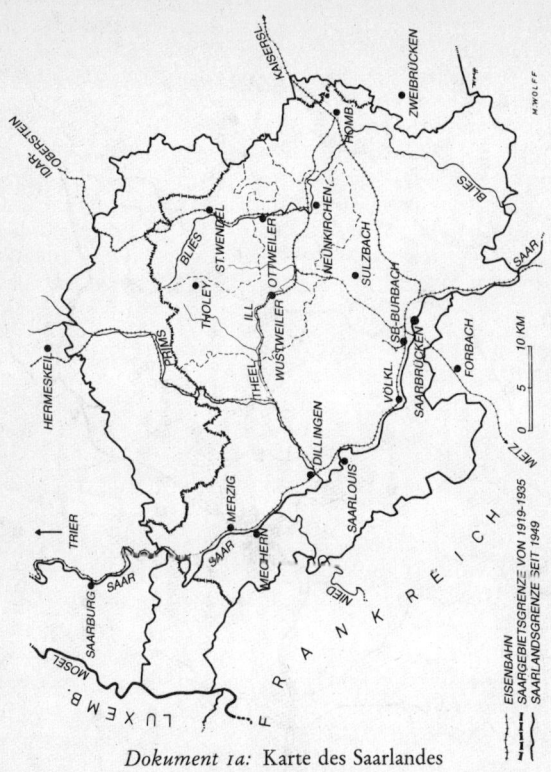

*Dokument 1a:* Karte des Saarlandes

Mühle und Buschweiler, das schon vor 1300 verlassen wurde, vermutlich nahe der Einmündung des Düsterbaches.

Nach dem Dreißigjährigen Krieg blieben große Teile des ehemaligen Weiler Bannes unbebaut. Auf einem geometrischen Grundriß[74] von 1770 sind in Wustweiler nur wenige Gebäude verzeichnet. Erst Ende des 17. Jahrhunderts ließ Graf Friedrich Ludwig von Nassau-Saarbrücken-Ottweiler auf der linken Seite der Ill, gegenüber dem Weilerhof, ein Dorf gründen. Die Höfe Höchster Hof und Weilerhof wurden als Temporalbestandshöfe an zahlungskräftige Untertanen verpachtet.[75]

1707 bemächtigte sich der Amtmann von Schaumburg (lothringisch) des Dorfes Wustweiler. Dieser Vorgang wurde 1710 durch

39

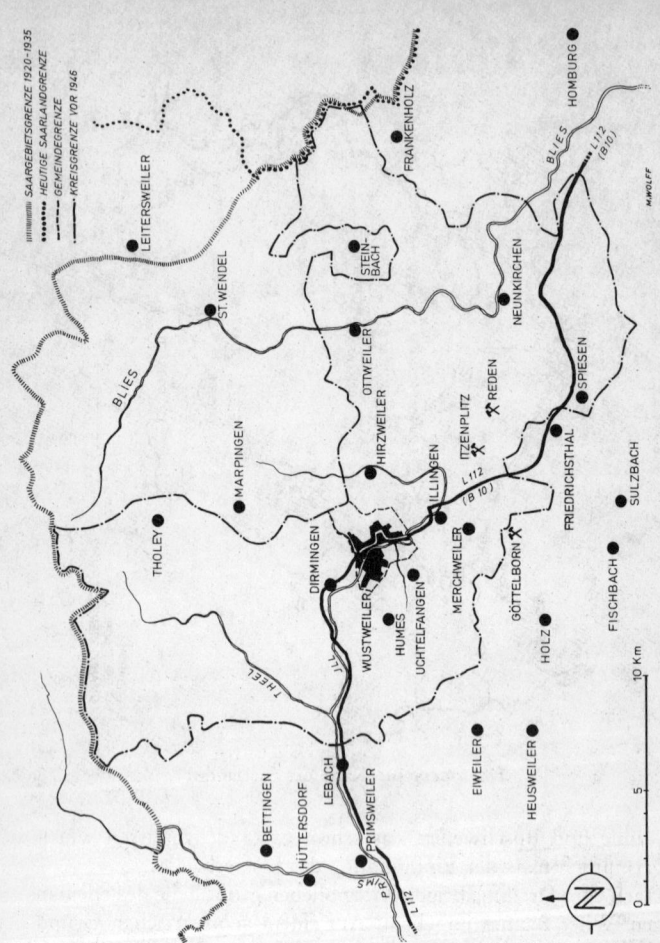

*Dokument 1b:* Karte des Kreises Ottweiler

einen Vertrag besiegelt.[76] Im Vertrag von Bockenheim vom 15. Februar 1766 verzichtete Frankreich, das 1737 in die Rechte des Herzogs von Lothringen eingetreten war, auf alle Rechte an Wustweiler. Frankreich trat die beiden Höfe Hochstadt und Weiler und den Steilerswald an Nassau-Saarbrücken ohne Gegenleistung ab. Den Einwohnern wurde es freigestellt, binnen Jahresfrist ihre Güter ohne irgendeine Abgabe zu verkaufen und in französisches Gebiet zu ziehen (Art. XVII).[77] 1785 schlossen sich Bauern aus Berschweiler, Dirmingen und Wustweiler genossenschaftlich zusammen, um die Fruchtbarkeit ihrer Wiesen im Illgrund durch eine günstigere Bewässerung zu verbessern. Ihr Gebiet wurde in vier Sektoren eingeteilt, die je nach vorhandenem Wasser ein bis zwei Tage wöchentlich durch den Wassermeister mit Wasser versorgt wurden.[78] Am 15. Oktober 1789 forderten Wustweiler Antragssteller in einem Gesuch an das nassau-saarbrückische Oberamt Ottweiler eine Reduzierung der Höhe ihrer Abgaben.[79]

Als Folge der Französischen Revolution wurde im Frieden von Campo Formio vom 11. Oktober 1797 das linke Rheinufer an Frankreich abgetreten; am 23. Januar 1798 wurde dieses Gebiet in vier Departements eingeteilt. Wustweiler gehörte zum Kanton Ottweiler im Departement Saar. An der Spitze der 1798 gebildeten Gemeinde Wustweiler[80] stand als erster Gemeindevorsteher (Agent Municipal) Jakob Schäfer. Die Agences municipales (Gemeindeagenturen) unterstanden als niedrigste Verwaltungsbehörden den Kantonalverwaltungen. 1799 wurden die Kantonalverwaltungen umorganisiert und neben Präfekturen und Arrondissements auch Mairien (Bürgermeistereien) eingerichtet. Durch Gesetz vom 17. Februar 1801 wurde die gesamte Verwaltungsorganisation nach französischem Muster neu aufgebaut. Die Orte Uchtelfangen, Kaisen, Illingen, Merchweiler, Wemmetsweiler, Hüttigweiler, Raßweiler, Höchst und das Dorf Wustweiler im nassau-saarbrückschen Oberamt Ottweiler waren der Mairie d'Uchtelfangen im Arrondissement Saarbrücken zugeteilt.[81] 1816 wurden Teile des linken Rheinufers – auch die Bürgermeisterei Uchtelfangen – dem Königreich Preußen einverleibt. Die neue Rheinprovinz war in Regierungsbezirke und diese in Kreise aufgeteilt. Die Gemeinde Wustweiler mit den Ortsteilen Wustweiler, Wustweilerhof und Hosterhof gehörte seit dem 1. Juli 1816 zum Regierungsbezirk Trier (Kreis Ottweiler) der preußischen Rheinprovinz.[82] Die Rheinische Landgemeindeordnung vom 23. Juli 1845 und das Gemeinde-Verfassungsgesetz vom 15. Mai 1856 beseitigten die alte Municipalverfassung und ermöglichten der Gemeindevertretung und dem Gemeindevorsteher, als Organe der Gemeinde und nicht der Obrigkeit zu fungieren. Die Mitglieder der Gemeindevertretung wurden nach dem Drei-Klassen-Wahlrecht für die Dauer von sechs Jahren gewählt. Alle drei Jahre schied die Hälfte der Mitglieder aus, und es fanden Ersatzwahlen statt. Der erste Gemeinderat, der aus sechs Mitgliedern bestand, wurde am 11. Juli 1846 gewählt, in der III. Klasse auch ein Vorfahr von Josef: Peter Ney, Ackerer. Weil die Gemeinde Wustweiler 1898 mehr als 1000 Einwohner hatte, wurde »die Zahl der Gemeinderatsmitglieder von sechs auf zwölf erhöht. Die neuen Mitglieder Nikolaus Schäfer, Karl Bickelmann, Johann Ziegler, Peter Dörr, Johann Spaniol und Matthias Bick wurden am 17. Januar 1899 in ihr Amt eingeführt.«[83] Josefs Großvater, der Bauer und Bergmann Nikolaus Schäfer (1845-1914), war zunächst als Vertreter der I. und bis 1913 der II. Steuerklasse im Gemeinde- und Bürgermeistereirat. An ihn erinnert sich noch ein Bürger der Gemeinde:

»Ja, der war sogar im Bürgermeistereirat. Ja, die hatten ja auch Kinder genug, nicht wahr! Dein Urgroßvater, mein lieber Freund, das war so ein Eisenmann. Der ist jeden Tag auf die Grube, auf die Höh (Grube Göttelborn, d. Verf.) gegangen und wieder retour. (...) Ja. Und acht Tage haben sie gesoffen. Da haben sie einen Schacht angehauen auf der Höhe (1887, d. Verf.). Hat die Was Marei da, von Drehersch, deine Urgroßmutter, mir erzählt. Da haben sie acht Tage gesoffen, und da ist sie rüber, wie dann acht Tage vorüber waren. Das hat sie mir erzählt: ›Was meinst du, haben die mich verspottet, verspottet, verspottet! Ich gehe in meinem Leben keinen mehr rufen.‹ Ei ja! ja! Die konnten auch trinken, die!« (Mo)

In geologischer Hinsicht ragt das Gebiet des Kreises Ottweiler (seit 1974 Kreis Neunkirchen) im Südosten in den Raum des Buntsandsteins hinein. Das Gebiet westlich von Neunkirchen (hierzu ist Wustweiler zu zählen) gehört bereits zum »Kohlesattel« und wird von den Saarbrücker Schichten (»Westfal«) eingenommen. Der größte Teil des Kreisgebietes, somit auch Wustweiler[84], gehört den Ottweiler Schichten (»Stephan«) an, die am Nordrand des Kohlesattels (Karbon) liegen. Diese sind durch das Holzer Konglomerat von den Saarbrücker Schichten getrennt. Der Raum um Dirmingen und Humes, zwei unmittelbare Nachbardörfer von Wustweiler, Eppelborn und Bubach gehört den Kuseler und Lebacher Schichten an, die in der unteren Rotliegendenzeit des Perm entstanden sind. Die Ottweiler Schichten bergen keine wirtschaftlich abbauwürdigen Kohleflöze, folglich ist dieser Raum auch nicht in die Bergbauzone integriert und industriearm. Lediglich geringe Kalkvorkommen und grauer Kohlensandstein wurden als Bodenschätze abgebaut.[85] Ein »Höhenzug, der in Tholey beginnt, verzweigt sich in allmählicher Abdachung nach den Ortschaften Dirmingen, Wustweiler, Illingen und Wemmetsweiler. Der östliche Abhang dieses Zugs wird von der Ill begrenzt, die auch durch Wustweiler fließt.«[86]

Agrarwissenschaftler ordnen das Gebiet um Wustweiler der agrarräumlichen Übergangszone[87] zwischen dem Industrieraum des Saarlandes und dem Hunsrückvorland zu. Die Böden dieses Gebietes sind mäßig bis gut für die Landwirtschaft geeignet. Die Landschaft ist hier offener als im Industrierevier, Wald tritt nur inselartig auf.[88] Wustweiler liegt im Bereich des unproduktiven Karbons. In den Niederungen zeigt der magere Kohleschieferboden gute Wiesen, auf denen in Josefs Jugendzeit insbesondere Pferde und Rinder weideten. Der ab dem Jahre 1810 einsetzende Kleeanbau sicherte deren Ernährung.[89]

Der Sprachwissenschaftler Klaus Scholl[90] konstatiert, daß das Temperament der Eingesessenen im Sprachgebiet von Illingen nach Norden und Nordwesten zu, im Vergleich zu den östlichen Teilen des Kreises Ottweiler an Beweglichkeit und Aufgeregtheit verliert. Im Illinger Raum, so Scholl, herrsche die phlegmatische Gemütsart vor, durchsetzt von sanguinischen Merkmalen. Die Sprache sei breiter und gemütlicher, mehr bedächtig und langsam, ziemlich ruhig und von angenehmem Klang. Die Dialekte der Gegend gehören zum Südmittelfränkischen, einer Abart der mittelfränkischen Mundarten. Ein linguistisches Charakteristikum ist die sogenannte »das/dat-Grenze«. Sie verläuft »zwischen Wustweiler (dat) und Hirzweiler-Welschbach (das); Hüttigweiler-Raßweiler (dat) und Stennweiler (das); Wemmetsweiler-Michelsberg (dat) und Schiffweiler-Leopoldsthal (das); Merchweiler-Glashütte (dat) und Landsweiler-Heiligenwald (das).«[91]

Das Dorf Wustweiler[92] besteht aus drei Ortsteilen: Wustweiler, Wustweilerhof und Hosterhof; es umfaßte eine Gesamtfläche von 5,72 km² (heute: 5,84 km²). Die Bewohner des Ortsteils Hosterhof orientierten sich an der Gemeinde Illingen und hatten wenig persönlichen Kontakt zu den Bewohnern der übrigen Ortsteile von Wustweiler. Anträge der Bewohner von Hosterhof an die Gemeinde Wustweiler aus den Jahren 1924 und 1954, nach Illingen eingemeindet zu werden, blieben erfolglos.

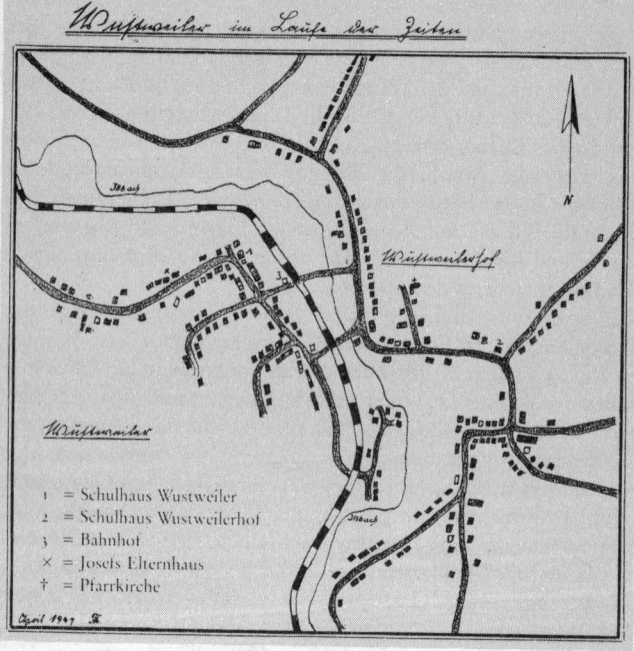

*Dokument 2:* Plan des Dorfes Wustweiler (ohne Hosterhof), 1947.

Josef wuchs im Ortsteil Wustweiler auf, der im Volksmund »Im Eck« genannt wird. Dieser Ortsteil wurde in Josefs Jugend ausschließlich von alteingesessenen katholischen und bäuerlichen Familien bewohnt. Diese Tatsache wird für die spätere Darstellung noch bedeutsam, wenn wir das Verhältnis der Bewohner zur nationalsozialistischen Bewegung und Partei bestimmen. Zur Schule ging Josef zunächst in seinem Ortsteil und später in Wustweilerhof.

In der Folge werden wir einige ausgewählte soziographische Fakten Wustweilers näher bestimmen, die uns das Dorfmilieu der dreißiger Jahre nahebringen. Die nachfolgende Graphik[93] verdeutlicht den Anstieg der Bevölkerungszahlen von Wustweiler (mit Weilerhof und Hosterhof) im 19. und beginnenden 20. Jahrhundert. Der starke Bevölkerungsanstieg[94] zu Beginn des 19. Jahrhunderts erklärt sich aus einer Vielzahl von Faktoren, wor-

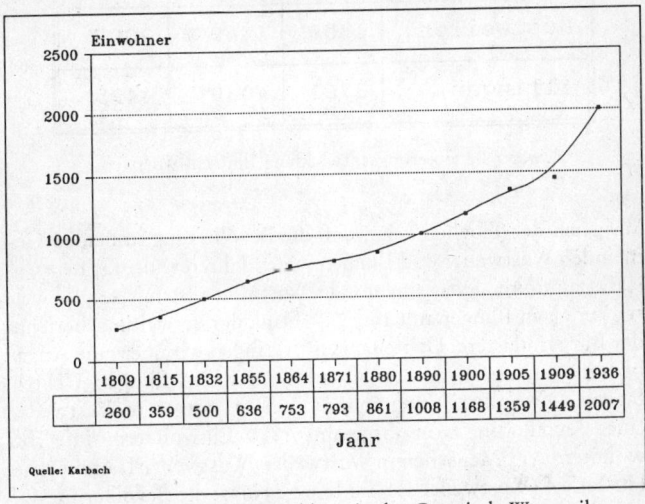

| Einwohner | | | | | | | | | | | |
|---|---|---|---|---|---|---|---|---|---|---|---|
| 1809 | 1815 | 1832 | 1855 | 1864 | 1871 | 1880 | 1890 | 1900 | 1905 | 1909 | 1936 |
| 260 | 359 | 500 | 636 | 753 | 793 | 861 | 1008 | 1168 | 1359 | 1449 | 2007 |

**Jahr**

Quelle: Karbach

*Abb. 1:* Bevölkerungsentwicklung in der Gemeinde Wustweiler
1809-1936

unter besonders die ökonomische Prosperität unter der napoleonischen Verwaltung, Zuwanderungen, der Zustrom von Kaufleuten und die Intensivierung des Kohleabbaus von Bedeutung sind. Die Bevölkerungsentwicklung und die demographischen Strukturen Wustweilers im Vergleich mit Illingen im beginnenden zwanzigsten Jahrhundert zeigt die folgende Tabelle. Hierbei fällt der Sprung von rund 1400 Einwohnern um 1910 auf 2000 Einwohner im Jahr 1936 ins Auge. Dieser ist durch den Rationalisierungssprung in der industriellen Entwicklung im Saargebiet bedingt.

Hierdurch wurden viele arbeitslose und verarmte Bewohner des nördlichen Saarlandes, des Hunsrücks und der Pfalz veranlaßt, sich näher an den industriellen Zentren anzusiedeln, wo sie zunächst als Tagelöhner arbeiteten und später feste Arbeit fanden. Wustweiler, am nördlichen Rande der industriellen Zone gelegen, verzeichnete dadurch ein starkes Bevölkerungswachstum. Der

| Jahr | 1905 | 1909 | 1936 |
|------|------|------|------|
| Wustweiler | 1359 | 1449 | 2007 |
| Illingen | 3761 | 4039 | 4495 |

*Abb. 2:* Bevölkerungsentwicklung Illingen–Wustweiler

Vergleich der Tabellen zeigt, daß die Bevölkerung in beiden Gemeinden Wustweiler und Illingen in den Jahren von 1905 bis 1936 stark zunimmt. Die Zunahme in Wustweiler ist mit 44,7% weit stärker als in Illingen mit 19,5%.[95] Dank der Verwaltungsberichte der Bürgermeisterei Uchtelfangen[96] verfügen wir über gute Angaben zur sozialstatistischen Situation im Raum Illingen–Uchtelfangen. Die Volkszählung vom 19. Juli 1927 ergab in Wustweiler eine Bevölkerung von insgesamt 1858 Einwohnern. Hiervon wohnten 1353 Menschen in Wustweiler (Wustweiler I) und 532 in Hosterhof (Wustweiler II). Im Jahre 1936 ist die Bevölkerung auf 2007 Einwohner angewachsen.

Die dörfliche Sozialstruktur, die wir im folgenden näher bestimmen werden, hat Josefs Charakter entscheidend geprägt. Sein späterer Lebensweg muß vor dem Hintergrund dieser sozio-kulturellen Struktur gesehen werden. Wustweiler war ein typisches saarländisches Bergarbeiterdorf[97] mit wesentlich kleinbäuerlich-proletarischem Charakter.

Aus dem Landesadreßbuch für Industrie, Handel, Handwerk und Gewerbe des Saargebiets (1930) geht hervor, daß in Wustweiler (inkl. Hosterhof) folgende Kleinbetriebe und »Dienstleistungsbetriebe« vorhanden waren: Eine Lebensmittelhandlung, sieben Kolonialwarenhandlungen, eine Schreinerei, drei Bäcke-

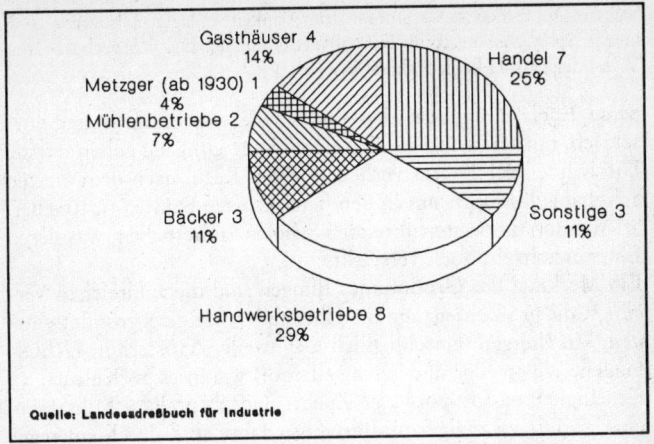

Quelle: Landesadreßbuch für Industrie

*Abb. 3:* Typ der um 1930 in der Gemeinde Wustweiler
ansässigen Gewerbebetriebe

reien, zwei Mühlenbetriebe, zwei Schuhmacherwerkstätten, fünf
Gastwirtschaften, zwei Zimmergeschäfte, eine Eisenwarenhand-
lung und Schlosserei, ein Taxameterbetrieb, eine Hebamme, eine
Fahrradhandlung, ein Lastautobetrieb, ein Friseur, eine Kurz-,
Weiß- und Wollwarenhandlung und ein Spar- und Darlehenskas-
senverein. In den drei Ortsteilen existierte zusätzlich je ein Konsumverein. Wustweiler war, was die Versorgung betraf, folglich
fast in jeder Hinsicht autonom. Lediglich ein Arzt und eine Apo-
theke fehlten. Die benannten Gewerbe, zu denen sich noch bäuerliche Betriebe gesellten, waren ohne Ausnahme kleine Fami-
lienbetriebe. Sie ernährten in der Regel nicht die davon abhängi-
gen Familien. Nebenher wurde zusätzlich eine kleine Landwirtschaft betrieben; oftmals arbeiteten die männlichen Familienmit-
glieder darüber hinaus im Bergwerk.
Was in Wustweiler völlig fehlte, war ein kaufmännischer oder
gewerblicher Mittelstand. Die dörfliche Mittelschicht in den dreißiger und vierziger Jahren setzte sich aus den drei Lehrerfamilien
und dem Pfarrer zusammen. Das Bewußtsein der »elitären« Stellung der Lehrerfamilien schildert der Sohn eines ehemaligen
Wustweiler Lehrers einprägsam:
»Ich war in der Klasse eigentlich ein Außenseiter. Unser Vater verbot uns
in der Schule die genagelten Schuhe zu tragen, die alle anderen Jungen

trugen. Die Buben, die konnten damit Funken schlagen. Ich durfte auch keinen Sport treiben, so im Fußballverein oder so. Das war verboten, der Vater, der gab da keine Erlaubnis zu.« (WR)

Seine Ehefrau ergänzt, daß ihr Schwiegervater ihr sogar vorschrieb, mit welchen Familien sie im Dorf Umgang haben durfte. Die Kinder der Lehrer verließen in der Regel nach dem vierten Schuljahr das Dorf, um in den benachbarten Städten (Ottweiler, St. Wendel) die weiterführenden Schulen zu besuchen, was deren Elitebewußtsein noch verstärkte.

Ein Merkmal des Großraumes Illingen sind die zahlreichen Vereine[98], die größtenteils um die Jahrhundertwende gegründet wurden. »In Illingen (einschließlich Gennweiler, Hosterhof, Uchtelfangen, Wustweiler und Wustweilerhof) waren es 20 Kultur-, 15 Gesellligkeits-, 16 Sport-, 11 Zucht- und ebenfalls 6 Militärvereine.«[99] Die zwanziger und dreißiger Jahre sind durch ein reges Vereinsleben gekennzeichnet. In Wustweiler gab es u. a. den Kriegerverein von 1875, den Waffenbrüderverein von 1907 und die Vereinigung ehemaliger deutscher Soldaten Wustweiler-Hosterhof von 1926, die Kyffhäuser. Nicht nur bei den letzteren waren auch spätere Nationalsozialisten aktiv. Auf den persönlichen Einfluß früher Nationalsozialisten bzw. deutsch-nationaler Bürger auf Wustweiler Vereine werden wir an späterer Stelle noch detaillierter eingehen.

Erster Vorsitzender der Vereinigung ehemaliger deutscher Soldaten Wustweiler-Hosterhof war der Förster Christmann, sein Stellvertreter der Lehrer Gustav Schorr, Schriftführer der nationalsozialistische Bürgermeister Peter Hansen, sein Stellvertreter Eduard Schmitt, der in den Jahren 1935 und 1936 die Stellung des Amtsältesten einnahm. Laut Satzung bezweckte diese Vereinigung: »a) die Liebe und Treue fürs Vaterland bei seinen Mitgliedern zu pflegen, zu betätigen und zu stärken; sowie die Anhänglichkeit an die Kriegs- und Soldatenzeit im Sinne kameradschaftlicher Treue und nationaler Gesinnung aufrechtzuerhalten;
b) die Leiche verstorbener Mitglieder nach den alten Traditionen zur Gruft zu geleiten; (...)«[100]

»Ja, da waren Kyffhäuserbund, und wie die sich nannten, dann die alten Kriegsveteranen, die haben sich, wenn einer beerdigt wurde, hier getroffen. Mehr kann ich nicht sagen, ob die jetzt ausschließlich bei uns (Busch) waren, die waren auch beim ›Bäcker‹ gewesen und beim ›Glatz‹.«[101] (Kes)

*Bild 10:* Wustweiler Mitglieder der »Kyffhäuser« bei einem Treffen des NS-Reichskriegerbundes in Kassel im Jahre 1934.

Die Freiwillige Feuerwehr (1907)[102] durfte im Reigen der Vereine nicht fehlen. 1927 zählte sie in Wustweiler 29 Mitglieder und stellte einen Löschzug.[103] Daneben gab es in den zwanziger und dreißiger Jahren in Wustweiler insgesamt 52 Vereine. U. a. den Ortsverein (Bürgerverein) (1878), einen Männergesangsverein (1881), den Deutschen Jünglingsverein Cäcilia (1893), den Deutschen Jünglingsverein Concordia (1891), einen Kartenklub (1903), einen Musikverein (1919), einen Obst- und Gartenbauverein (1902), einen Gewerkverein christlicher Bergarbeiter, einen katholischen Arbeiterverein (1908), einen Pensionärsverein (1906), einen Unterhaltungsverein (1920), einen Radfahrverein (1922), einen Brieftaubenverein (1925), einen Motorsportclub (1929), einen Kraftsportverein (1933) und einen Sportverein, der, 1929 als DJK gegründet, 1935 seinen religiösen Bezug aufgab und sich in SV »Germania« Wustweiler umbenannte.[104] Als Ort der Verbreitung nazistischen Gedankengutes ist neben dem bereits erwähnten Kyffhäuser-Kriegerverein insbesondere der am 29. Dezember 1929 gegründete Motorsportclub (MSC) zu erwähnen, der als Vorläufer des späteren NSKK anzusehen ist. Schriftführer war Alois Meiser, vor 1935 Leiter des NSDAP-Stützpunktes Wustweiler, nach 1935 Leiter der Zelle V der Ortsgruppe Uchtelfangen der NSDAP. Josef Leising, Gemeinderatsmitglied von 1935 bis 1939, gehörte gleichfalls dem Vorstand des MSC an.

*Bild 11:* Motorsportclub (MSC) Wustweiler in den 30er Jahren.

Erst in den frühen zwanziger Jahren erhielt die Gemeinde Wustweiler moderne Infrastruktureinrichtungen. So war seit 1911 eine externe Energieversorgung[105] des Dorfes durch das Gaswerk Illingen gewährleistet. In den Jahren 1922 und 1923 wurde die Stromversorgung der Illtalgemeinden Uchtelfangen, Hüttigweiler, Eppelborn und Merchweiler in Angriff genommen. In der Folge wurden elektrische Ortsnetze in den Dörfern des Illtals installiert.

Schon Ende des 19. Jahrhunderts war die Industriearbeit in den Dörfern die zentrale Existenzquelle. Abgesichert wurde die ökonomische Existenz durch kleine landwirtschaftliche Nebenerwerbsbetriebe. Ein Gemeinderatsbeschluß[106] vom 25. März 1896 belegt diese Tatsache. Dort heißt es:

»In Anbetracht der geringen Zahl der Landwirte, die wir noch in der Gemeinde haben, beschließt der Gemeinderath eine landwirtschaftliche Fortbildungsschule, die Gründung derselben abzulehnen.«

Im Jahre 1907 lebten in der Bürgermeisterei Uchtelfangen nur noch 2% der Haushaltungen ausschließlich von der Landwirtschaft. Die Regel war Nebenerwerbslandwirtschaft; 1910 betrieben in der Gemeinde Wustweiler von insgesamt 249 Haushaltungen 211 eine Nebenerwerbslandwirtschaft.[107] Interviews mit den

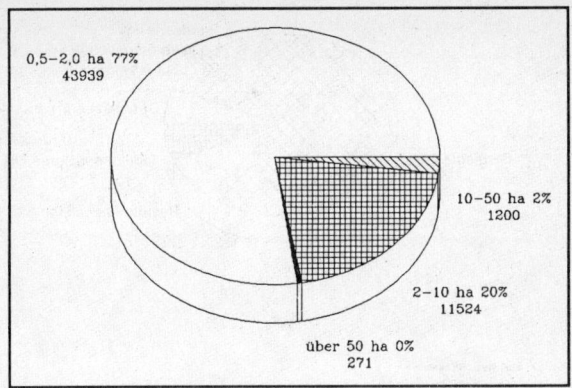

*Abb. 4:* Größenklassen der landwirtschaftlichen Betriebe
im Saarland 1934

älteren Bewohnern des Dorfes belegen, wie außerordentlich stark
die Grubenarbeit bereits deren Jugend (also die Zeit um die Jahrhundertwende) festlegte:

»Die meisten Leute waren Bergleute, und wenn sie heimkamen, haben sie
auf dem Land geschafft. Da hatte jeder Land und jeder Geißen und jeder
Vieh und alles. Oh je! Was haben da die Leute geschafft! Da haben die
Frauen geschafft und bekamen Kinder. Da gab es Ferien, und dann mußten die Kinder schaffen. Da mußte man vom kleinem Kind an schaffen.
Man mußte mähen, Futter machen; von sieben, acht Jahre an. Die Leute,
die mußten Tag und Nacht schaffen!« (BirKe)

Die traditionelle bäuerliche Dorfstruktur wird einmal durch die
Zuwanderung von »Bergarbeitern«, die Mitte des 19. Jahrhunderts einsetzt, aufgelöst. Zum zweiten finden von diesem Zeitpunkt an immer mehr männliche Dorfbewohner in den Saargruben (weniger in den Stahlhütten) Arbeit, die um 1907 für über
85% der Familien den Haupterwerb darstellte.[108] Die Wustweiler
Bergleute arbeiteten hauptsächlich »auf den Gruben« Göttelborn,
Itzenplitz, Maybach und Reden. Den Weg zur Grube in Göttelborn legten die Wustweiler Bergleute[109] bis zum Bau der Eisenbahn 1897 jeden Tag zu Fuß zurück. Auch nach dem Bau der
Eisenbahn gingen viele täglich bei Wind und Wetter, Tag und
Nacht noch große Wegstrecken[110] zu Fuß. Josefs Großvater Nikolaus Schäfer wurde im Dorf *»de Bärenbacher«* genannt, da er
den Weg zur Grube »durch die Bärenbach« zurücklegte. In den

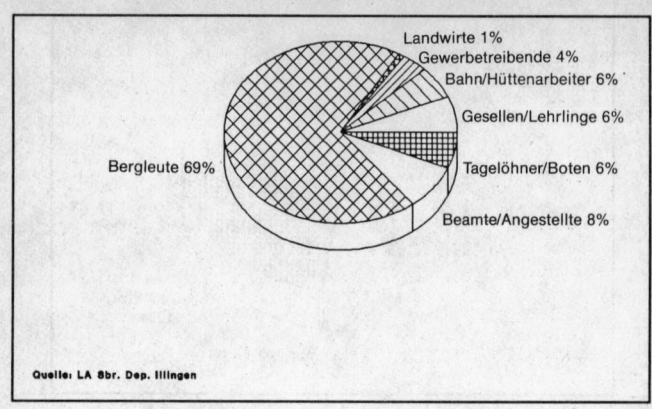

Landwirte 1%
Gewerbetreibende 4%
Bahn/Hüttenarbeiter 6%
Gesellen/Lehrlinge 6%
Tagelöhner/Boten 6%
Beamte/Angestellte 8%
Bergleute 69%

Quelle: LA Sbr. Dep. Illingen

*Abb. 5:* Haupterwerbsquellen der Bewohner
von Wustweiler im Jahre 1928

Kriegsjahren 1944/45 wurden die alten »Bergmannspfade«[111] abermals benutzt, da die »Bergmannszüge« nicht mehr oder nur noch recht unregelmäßig verkehrten.

In den Anfangsjahrzehnten dieses Jahrhunderts änderte sich die ökonomische Situation in den saarländischen Dörfern nicht grundlegend. Noch um 1930 war der Haupterwerb der Wustweiler Familien die Arbeit in der Grube, ergänzt durch Subsistenzlandwirtschaft. Die Graphik in Abb. 5 informiert uns über die Haupterwerbsquellen der Bewohner von Wustweiler im Jahre 1928. 69% der arbeitenden Bewohner verdienten ihren Lebensunterhalt als Bergleute, nur 6% als Bahn- oder Hüttenarbeiter. Lediglich einige kleinere Handwerksbetriebe wurden in den dreißiger Jahren neu gegründet.

Die Arbeit »unter Tage«[112] war hart. Zu Hause mußte davor und danach die kleine Subsistenzlandwirtschaft besorgt werden. Einen Großteil dieser Arbeit erledigten, während der Mann abwesend war, die Ehefrau, die älteren Kinder und die Alten neben Hausarbeit und Schule.[113]

»Es ist schon hart gewesen, aber ich habe mich nicht beschwert, so wie manche, die haben sich über die Arbeit beschwert. Ich war ja morgse[114] gewöhnt, schon von klein auf. Wir haben ja ansonsten nichts gekannt, nicht wahr!

Morgens vor der Schule mußten wir schon füttern, der Vater ist in die Grube gefahren, der hat morgens Kohlen gefahren, und mittags hat er seine Arbeit auf dem Feld geschafft. Und ich und der Josef, wir mußten morgens füttern, ehe wir zur Schule gingen.« (Mo)

Ein dreiundneunzigjähriger Bewohner des Dorfes Wustweiler schildert uns seine Jugendzeit, die geprägt war von der bäuerlichen Arbeit im Dorf und der mühsamen Arbeit in der Grube. Mit seinem Vater transportierte er Kohlen von der Grube Göttelborn ins Dorf, um sich ein Zubrot zu sichern.

»Dort mußten wir immer schon halten und man mußte immer vorrücken mit den Pferden und im Winter, da sagte mein Vater: ›Schaff dir eine Pfeife an!‹ Da war ich 16 Jahre alt. Da fuhr ich, bis ich 18 1/2 Jahre alt war. Danach bin ich auf die Grube gegangen. Ich habe ja auch gesehen, vom Bauer allein, da kannst du nicht leben, nicht wahr. Da bin ich in die Grube gegangen.« (Mo)

Der relativ kleine Landbesitz der meisten Dorfbewohner ist zum Betrieb einer Vollerwerbslandwirtschaft, die eine vielköpfige Familie ernähren muß, nicht ausreichend.

»Wir pflanzen ja heute noch. Meine Mutter war von Wahlschied. Der Vater war von Wustweiler. Wir hatten 14 Kinder. Das kann sich auch nicht jeder vorstellen. Also, zu essen hatten wir genug, aber wenn es ein Paar Schuhe hat geben sollen, war der Teufel los. Ich habe mir immer so das Beste herausgezogen, was etwas war.« (Mo)

*Bild 12:* Arbeiterbauer mit seinen Produktionsmitteln.
»Auf der Gaß«. Aufnahme aus den 40er Jahren.

*Bild 13:* Einbringen der Heuernte. Aufnahme aus den 40er Jahren
vor Haus Eisenbeis, Bahnhofstraße.

Zur statistischen Untermauerung der Aussage dient die Graphik
in Abb. 4, welche die Größenklassen[115] der landwirtschaftlichen
Betriebe im Saarland aufzeigt. Der durchschnittliche landwirtschaftliche Betrieb kann nur Subsistenzbedürfnisse befriedigen.
Von den 56 934 Betrieben im Saargebiet waren weniger als 12,3%
(7000) Vollerwerbsbetriebe. Nur 1471 Betriebe (2%) verfügten
über eine Anbaufläche von mehr als 10 Hektar.
Um das Jahr 1920 war die Arbeit in den Saargruben für über 85%
der Haushaltungen in der Gemeinde Wustweiler die Hauptein-
nahmequelle.[116] Die Zahl sinkt dann auf 69% im Jahre 1928. Ein
Gespräch mit einem der ältesten Bewohner (93 Jahre) des Dorfes
läßt die Denkmuster und Lebensweisen des Milieus eines bäuer-
lich geprägten Bergarbeiterdorfes hervortreten. Er erzählt von
einem Grubenunglück 1930:

»Sicher weiß ich noch alles. Ich war ja auch auf der Abteilung, wo das
Unglück war. Damals hatte ich Nachtschicht, da gab es 101 Tote. Das war
am 25. Oktober 1930. Da hat es nachher ausgesehen, oh, ich mußte auf-
räumen dort nachher. (...) Ja! Ja! Auf der Grube!« (Mo)

Das folgende Interviewzitat markiert die »doppelte Identität« des
Arbeiterbauern, der als »Bergmann« stolz auf seine industriellen

Leistungen ist, sich auf der anderen Seite im ländlichen Milieu situiert, der wenig verdient, jedoch den Ehrgeiz hat weiterzukommen. Hier entfaltet sich ein Deutungsmuster, welches auch bei Josef Schäfers biographischen Entscheidungen eine Rolle gespielt hat.

»Wie ich nachher aus dem Krieg (1918) kam, da bin ich in den Querschlag[117] gekommen. Und ich hatte ja bloß 8/10, und in zwei Jahren wäre ich erst Hauer geworden, weil ich so spät angefangen habe und ich in den Querschlag gekommen bin. Da waren dort lauter Leute, die auch aus dem Krieg gekommen sind. (...) Der Abteilungssteiger kommt zu uns und sagt: ›Ihr seid ja lauter Raimonde!‹ Artilleriehauptmann war der gewesen, der Steiger. ›Wer gibt denn bei euch die Anleitung?‹ – ›Ei, der Mohr!‹, haben sie gesagt. ›Ei, wo ist denn der?‹ – ›Ei, der ist den Bauer abholen.‹ Da haben wir immer müssen dem Bauer abpassen, da hast du zehn Wagen bekommen, leere und dann hat der zehn gerade mitgenommen. Und dann kommt er bei mich: ›Bist du der Mohr?‹, fragt er. ›Ihr habt ja herrliche Verhältnisse!‹, sagt er. Da denke ich immer dran. ›Du hast 8/10, und du mußt die anderen anweisen! Du gehst am Montag in die Hauerschule!‹ Na ja, so bin ich in die Hauerschule gegangen. Na ja, wie das herum war, da habe ich meine Papiere geholt, und da war ein Fahrsteiger, der das gemacht hat, hast dein Büchelchen genommen, das ist eingeschrieben worden, und da hat der nachgeschaut: ›Mach, daß du hinauskommst!‹, sagt der, ›Bist noch lange, lange nicht an der Reihe.‹ Auf einmal, wie ich an der Tür war, sagt er: ›Wer hat dich denn in die Hauerschule geschickt?‹ – ›Ei, der Steiger Rink.‹ – ›Ei, ruf mir den mal her!‹ Ich ging den rufen, die Steiger saßen in einem großen Saal. Die da saßen alleine in einem engen Ding, und da ist der mit mir gegangen, der Rink, und da sagte er: ›Bleib du mal draußen!‹, sagte er zu mir. Inwendig ist das Gedimmels losgegangen. Auf einmal macht er die Türe auf: ›Rückwirkend ab 1. Hauer.‹ Ja, da bin ich von 8/10 auf 10/10 gesprungen. Nachher war ich mit 24 Jahren Partiemann und bin Partiemann geblieben bis zum Schluß.« (Mo)

Man arbeitete im Dorf in der Landwirtschaft und mußte, sobald die finanziellen Mittel nicht mehr ausreichten, »in die Grub« oder auf die »Hitt«, um sich und der Familie das Überleben zu sichern. Die Arbeit in den industriellen Revieren bot für die Landbewohner hierzu die einzige Möglichkeit.

»Auf der Maybach.[118] Neulich war in der Humes[119] eine Hochzeit, da war auch ein Steiger. Da hat er gefragt, wie ich heiße. Ich war schon lange in Pension, ›Mohr, Mohr‹, sagt er. ›Mein lieber Mann! Dein Vater, der Mann wäre durch Wände gegangen‹, sagt er. Und so wie mein Vater bin ich auch. Ich habe für den Lohn gearbeitet. Ich war zweimal beim Divisionär wegen dem Lohn, verstehst du? Na ja! Oh, was hat man alles erlebt! (...)

Ich bin zum Divisionär wegen dem Lohn gegangen. Na ja, ich habe es ja nicht für mich allein gemacht, ich habe es für die Leute gemacht, und da sagt er: ›Du kommst aus der Partie da raus. Du kommst da unten hin, da gehen die Wagen nicht mehr durch, weil's zu niedrig war.‹ Da habe ich einen Mann bekommen, ich habe den nicht gekannt, der kam aus einer anderen Abteilung. Jetzt am ersten Abend, da haben wir so ein bißchen geschaut und alles besichtigt, was zu machen ist, und am anderen Abend sagt er: ›Du gehst mal in die Werkstatt und holst zwei dreimetrige Bohrer!‹ Der Kerl hat nichts geschwätzt so. Bohrer, weißt du, für ins Gestein zu bohren. Der war dem Bick sein Patent holen, verstehst du. Und da haben wir Geld verdient, mein lieber Freund! Ein fünfmetriges Rohr, oben am Dach festgemacht, und dann ist der Bohrer da dran gehängt worden und das Patent, das hat selbst vorgedrückt, hat selbst gebohrt. Einer hat aufgepaßt, wenn der Steiger kam, haben wir schnell abgestellt.« (Mo)

Die zitierte Passage zeigt eindringlich, mit welchen (erlaubten und unerlaubten) Mitteln die Bergleute arbeiten mußten, um ihren knappen Lohn aufzubessern. Die »Bauernschläue«, die sie mitbrachten, verhalf ihnen zu einem Auskommen. Notwendig war, und der Interviewte deutet diese Tatsache an, die unbedingte Solidarität der Bergleute untereinander. Mit dieser engen Verwobenheit zwischen persönlichen und beruflichen Bereichen sieht sich auch Josef Schäfer konfrontiert. Diese Dichotomie bestimmt auch seine frühe Erziehung und sein Weltbild.


### Ergebnisse von Gemeinderats-, Kreistags- und Landesratswahlen (1928-1932)

Die politische Gesamtsituation von Wustweiler läßt sich recht anschaulich anhand der Wahlergebnisse zu den Gemeinderats-, Kreistags- und Landesratswahlen skizzieren. Zunächst werden die Ergebnisse der Gemeinderatswahlen von 1929 und 1932 dargestellt.[120] Diese werden dann um die Ergebnisse von Kreistags- und Landesratswahlen ergänzt. Allgemein kann festgehalten werden, daß die Wahlergebnisse der zwanziger Jahre in der Gemeinde Wustweiler ein deutliches Übergewicht der katholischen Zentrumspartei zeigen. 1929 vereinigten Sozialdemokraten und Kommunisten ein Viertel und 1932 ein Drittel der abgegebenen Stimmen auf sich.

Bedingt durch die schwere Wirtschaftsdepression, durch innerparteiliche Probleme der SPD und durch die Radikalisierung der politischen Auseinandersetzung fand eine starke Wählerwanderung von der SPD zur KPD statt, die ihren Sitzanteil im Gemeinderat von einem auf vier Sitze erhöhen konnte, wohingegen der SPD von bislang drei Mandaten nur eines verblieb. Der bemerkenswerte Trend zur KPD setzt sich auch in den Kreistags- und Landesratswahlen fort. Nach den letzten Gemeinderatswahlen vom 13. November 1932 vor der Machtübernahme der Nationalsozialisten im Deutschen Reich setzte sich der Gemeinderat Wustweiler aus folgenden Mitgliedern zusammen:

Zentrum Wustweiler:
Ferdinand Engel, Edmund Kuhn,
Wilhelm Jene, Jakob Maas,
Peter Krämer, Nikolaus Weirich,
Jakob Meiser (alle Bergleute),
Heinrich Pink, Holzhauermeister,
Josef Maas, Rendant,
Johann Eckert, Schreiner.

KPD Wustweiler:
Eduard Maas, Eisenbahner,
Peter Bertram, Bergmann,
Johann Lahr, Metallarbeiter,
Anton Ziegler, Bergmann,
Nikolaus Schorr, Bergmann,
(ab 11. 8. 1933 für Ziegler).

Zentrum Hosterhof:
Reinhard Welle, Zimmermann.

SPD Wustweiler:
Willi Schmidt, Bergmann.

Die Resultate der Landesratswahlen[121] von 1928 und 1932 und der Kreistagswahlen von 1929 und 1932 belegen ebenfalls den

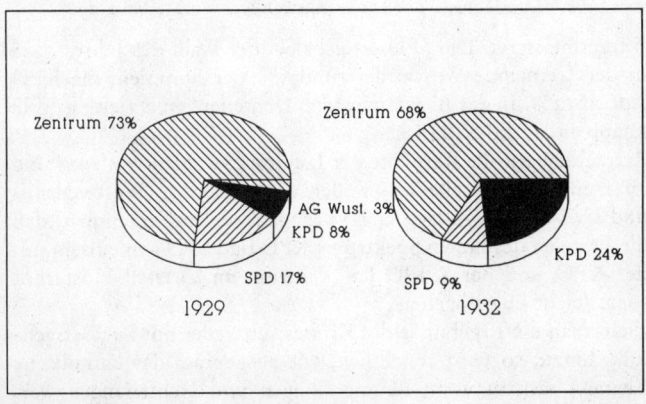

*Abb. 6:* Gemeinderatswahlen in Wustweiler 1929 und 1932 im Vergleich

Trend zur politischen Blockbildung und deuten zugleich eine Radikalisierung an.

Das Zentrum erhält bei den Landesratswahlen 1928 mehr als 73% der abgegebenen gültigen Stimmen in der Gemeinde Wustweiler, auf Bürgermeistereiebene lediglich 64%. Diese Differenz von 9% ist signifikant und verdeutlicht das starke katholische Element in Wustweiler im Verhältnis zur ebenfalls mehrheitlich katholischen

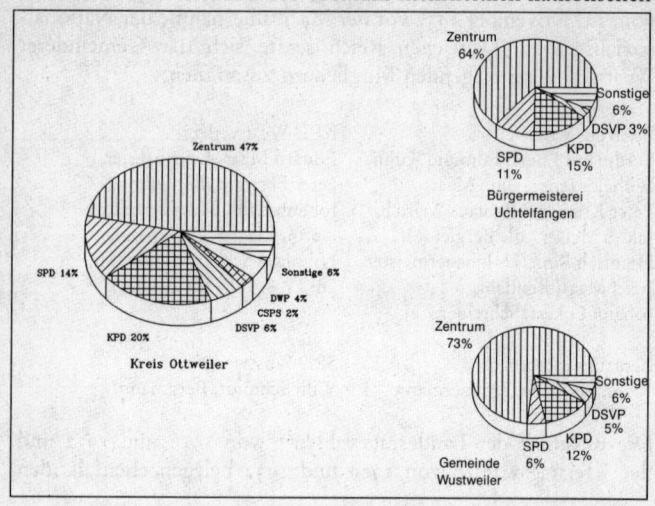

*Abb. 7:* Ergebnisse der Landesratswahlen vom 25. März 1928

Bürgermeisterei. Die SPD erreicht bei der Wahl des Jahres 1928 in der Gemeinde Wustweiler rund 5% der Stimmen, die KPD jedoch 12%. In der Bürgermeisterei Uchtelfangen erzielt die SPD knapp 11%, die KPD fast 15%.

Betrachten wir die Resultate der Landesratswahlen von 1928 und 1932 auf die Ortsteile Wustweiler/Wustweilerhof (Wustweiler I) und Hosterhof (Wustweiler II) bezogen, so wird erkennbar, daß die Parteien des linken Spektrums KPD und SPD gemeinsam mit der KPO und der ABPD das Zentrum im Ortsteil Hosterhof sogar leicht überflügelten.

Zieht man die Ergebnisse des Kreises Ottweiler mit zur Betrachtung hinzu, so wird ersichtlich, wie ausgeprägt das katholische Element insgesamt im Raume Illingen und Uchtelfangen war. Beim bisherigen Vergleich haben wir die NSDAP, die zur Lan-

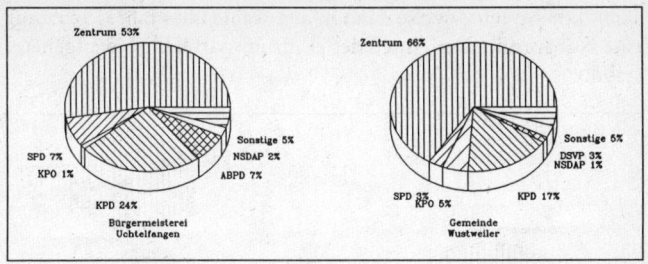

*Abb. 8:* Ergebnisse der Landesratswahlen vom 13. März 1932

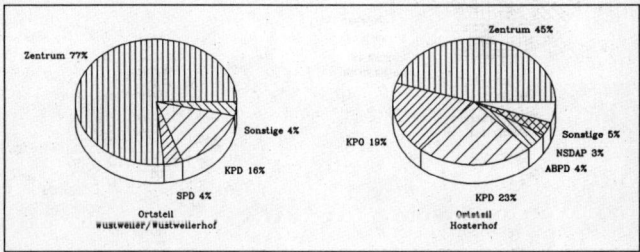

*Abb. 9:* Gemeinde Wustweiler – Vergleich der Landesratswahlergebnisse
1932, auf die Ortsteile bezogen

desratswahl 1932 zum ersten Mal kandidierte, unberücksichtigt
gelassen. Sowohl in der Bürgermeisterei Uchtelfangen (2,4%) als
auch in der Gemeinde Wustweiler (1,5%) blieb sie deutlich unter
ihrem landesweiten Ergebnis von 6,7%. Lediglich im Ortsteil
Hosterhof ergeben die Stimmen einen prozentualen Anteil von
3,2%.
Die reinen Bergarbeiterdörfer bzw. -kolonien, wie Wemmetsweiler (KPD 26,1%), Schiffweiler (KPD 24,4%), Spiesen (KPD
15,4%) und Wiebelskirchen (KPD 27,5%), die in direkter Nachbarschaft zum Hüttenstandort Neunkirchen liegen, verändern
das Wahlergebnis des Kreises Ottweiler entscheidend zu Ungun-
sten der katholischen Partei, die jedoch immer noch 46,5% der
gültigen abgegebenen Stimmen auf sich vereinigen kann. Im Zuge
der Weltwirtschaftskrise sympathisierten in den Arbeiterdörfern
vor allem Jugendliche und Arbeitslose mit der KPD, so daß die
ehemals sozialdemokratischen Wählerstimmen in den katholischen Gebieten fast ausschließlich der KPD zufielen.[122] Die SPD

spielt konsequenterweise dann in den Wahlen des Jahres 1932 nur eine Nebenrolle. Der Anteil der Zentrumspartei blieb weitgehend stabil.

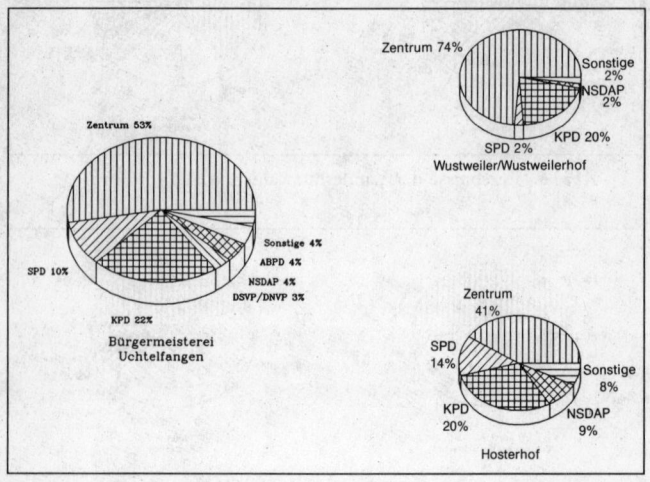

*Abb. 10:* Ergebnisse der Kreistagswahlen vom 13. November 1932

Vergleichen wir die Ergebnisse[123] der beiden Landesratswahlen von 1928 und von 1932 mit den Ergebnissen der Kreistagswahlen des Jahres 1932, so fällt insbesondere auf, daß die NSDAP in Wustweiler, wie auch in der Bürgermeisterei Uchtelfangen im Vergleich zu den Landesratswahlen einen leichten Stimmenzuwachs zu verzeichnen hatte, jedoch nur knapp 4% in der Bürgermeisterei Uchtelfangen und 3% in Wustweiler erzielte. Die Zunahme ist sicherlich auf die verstärkte politische Auseinandersetzung in Deutschland zurückzuführen, die sich auch auf das Saargebiet auswirkte. Zum anderen konnte der linke Block Stimmen dazugewinnen, was damit zu erklären ist, daß weniger Parteien zur Wahl standen und die stärkere Aufsplitterung des linken Spektrums unterblieb, obwohl sich die KPD 1929 spaltete. Diese Spaltung ließ auch die Landesratsfraktion der KPD in zwei Lager zerfallen. Repräsentant und Sprecher der KPO war der Ludweiler Kommunist Philipp Reinhard, der sich den Moskauer Direktiven nicht beugte und für eine national unabhängige KPD eintrat. Die KPO konnte 1932 kein Mandat im Landesrat erringen. In

Hosterhof erreichte sie bei den Landesratswahlen jedoch 17,1%. Interessant, daß die NSDAP bei der Kreistagswahl 1932 trotz massiver Propaganda in Wustweiler (10) und Hosterhof (19) nur insgesamt 29 Stimmen erhielt und mit 3,4% der abgegebenen gültigen Stimmen in der Gemeinde Wustweiler deutlich unter 5% blieb. In Hosterhof selbst erzielte die NSDAP immerhin 9%, in Wustweiler nur 1,5%. Bemerkenswert sind die Wahlergebnisse, wenn wir sie miteinander in Bezug setzen, denn erkennbar wird in dem kleinen Dorf eine Verschiebung in Richtung einer Blockbildung.

Eine starke katholische Front, vom Zentrum repräsentiert, stand einem recht beachtlichen linken Block gegenüber. Die NSDAP bekam in Wustweiler auffallend weniger Stimmen als im Ortsteil Hosterhof und in der Bürgermeisterei Uchtelfangen. Zu erklären ist diese doch signifikante Differenz mit der unterschiedlichen religiösen Zugehörigkeit der Bürger in Wustweiler, Hosterhof und Uchtelfangen. Der Anteil von Bürgern protestantischen Bekenntnisses war im Ortsteil Hosterhof wie auch in Uchtelfangen ungleich höher als in den Ortsteilen Wustweiler und Wustweilerhof. In den genannten Orten bzw. Ortsteilen waren die aktiven NSDAP-Funktionäre fast alle protestantisch. Insgesamt führte der hohe protestantische Anteil zu einer positiveren Haltung dem Nationalsozialismus gegenüber, zumal der evangelische Pfarrer von Uchtelfangen als eifriger Nationalsozialist und Aktivist im NSKK den Nationalsozialismus aktiv förderte. Die religiösen Barrieren des Katholizismus fehlten und erleichterten ein Engagement für den Nationalsozialismus. Insgesamt dominierte bei den Wahlen in Wustweiler und Wustweilerhof der katholische Block, der in Hosterhof weit schwächer war. Im Ortsteil Hosterhof sahen die politischen Kräfteverhältnisse unmittelbar vor der Machtübernahme der Nationalsozialisten im Deutschen Reich so aus, daß das katholische Zentrum und der linke Block sich ungefähr die Waage hielten.

Bei der Reichstagswahl am 29. März 1936 waren in Wustweiler (ohne Hosterhof: dort 306 von 306 für die NSDAP) 852 Bürger stimmberechtigt. Alle 852 gingen zur Wahl und stimmten, bei einer ungültigen Stimme, für die NSDAP. Auch bei der Volksabstimmung und den Wahlen zum Großdeutschen Reichstag am 10. April 1938 gab es eine ungültige Stimme.

## Veränderungen der sozio-kulturellen Dorfstruktur
## in der nationalsozialistischen Zeit

Mit dem großen Bergarbeiterstreik[124] des Jahres 1923 versucht die
saarländische Bergarbeiterschaft, unterstützt von der gesamten
industriellen Arbeiterschaft, ihr Lohnniveau zu halten und gegenüber dem »französischen Arbeitgeber« soziale und technische
Verbesserungen unter Tage zu erkämpfen. Während dieses
Streiks sind innerhalb der saarländischen Arbeiterschaft auch
»deutsch-nationale Töne«[125] zu vernehmen. Während der Völkerbundszeit – die Saargruben unterstanden einer französischen
Verwaltung und wurden 15 Jahre als Reparationsobjekte vom
französischen Staat ausgebeutet[126] – wurden die Investitionen auf
relativ niedrigem Niveau gehalten, wohl auch bedingt durch die
Wirtschaftskrise der zwanziger Jahre. Entsprechend mühsam war
die Arbeit. Die Technisierung setzt im Saarbergbau erst 1935 mit
der Rückgliederung an das Deutsche Reich verstärkt ein.

»Ja, ei paß einmal auf! Schau mal, wir haben früher noch geschafft mit
Schlegel und Keil, große – wie soll ich sagen – große Meißel. Und nachher
sind Pickhämmer gekommen, verstehst du? Ganz kleine Pickhämmer.
Nachher sind die schweren Pickhämmer gekommen. Aber Schrämma-
schinen hatten wir schon. Wie ich angefahren bin, das will ich euch erzählen. Ich glaube, ich hatte ca. 14 Tage geschafft, da hatte ich einen Hauer,
einen Kameraden, und da hat die Frühschicht gesagt: ›Ihr müßt schrä-
men!‹ Der Stoß war hart. Und der Michel da, der Schaum-Michel, der
Mann, der hätte schon längst in Pension sein sollen, der hat so gezittert.
Da sagt der: ›Ich schräme nicht.‹ Jetzt kamen wir wieder da hin, ja, jetzt
stehst du da am nackten Ding und bringst nichts ab. Da sagte ich: ›Michel,
komm, wir stellen zuerst mal die Maschine auf, die Schrämmaschine.‹
Und dann habe ich geschrämt.
Auf einmal kommt der Steiger, der hat mich nicht gekannt, da sagt der:
›Was machst du denn da? Wo ist der Schaum?‹ – ›Ei, der ist vorne hinaus
an dem Wagen.‹ Der geht vorne hinaus und hat den verpetzt. Da habe ich
dem Michel am Lappen geholt: ›Laß ihn nur schwätzen! Wenn der weg
ist, dann schräme ich weiter.‹ Es ist nicht alles Bergmann, was sich für
einen Bergmann hält. Da sind viele, die wollen mitgeschleift werden,
weißt du. Einen guten Kameraden hatte ich, den Edmund. Da will ich
euch gerade erzählen, wie es mir erging mit dem. Wir hatten ca. sieben,
acht Jahre zusammen geschafft. Auf einmal kommt der Steiger, sagt der:
›Mohr, ihr hockt immer am höchsten im Schacht, ich hole den Kuhn weg,
der kommt da oben hin, da verdienen die Leute ihren Lohn nicht!‹ Da
habe ich gesagt: ›Mach nur keine Dinger.‹ Er hat sich nicht stören lassen.

Er hat ihn weggetan. Jetzt geht ca. 2-3 Monate später das Kathche mit mir in die Kirche, und da fängt das an und sagt: ›Seit der Edmund nicht mehr bei dir ist, bringt er nicht mehr soviel Geld heim!‹ (Mo)

Die aus der materiellen Not geborene »Solidarität«[127] der katholischen Dorfbewohner, die auch das Grubenmilieu bestimmte, war charakteristisch für das Saargebiet. Diese »Solidarität« richtete sich auch gegen die »preußischen« und/oder »französischen« Bergbeamten. Die Solidarität schirmte gegen außen ab, die Konflikte wurden im Dorf ausgetragen, sie blieben »dehemm«.[128] Die Nationalsozialisten beschädigten tendenziell diese Dorfsolidarität, denn nun wurden Spitzel aus dem Dorf gewonnen, die dann Druck auf die nicht-nationalsozialistisch eingestellten Dorfbewohner ausübten, wie Zeitzeugen berichten:

»Und da war ich 1938 auf die Post gekommen. 1942 bin ich auf der Post vom H. gefragt worden, der war bei uns auch in Saarbrücken auf der Post, der war nicht ohne. Ich kann dir nur sagen, der war, ich möchte sagen, der Radikalste bald, den wir hatten, der Radikalste. Und dann hat der zu mir gesagt: ›Warum bist du nicht in der Partei?‹, im Zug. Ich brauche euch nur zu sagen, der H. hat zu mir mal im Zug gesagt, da war da unten dem Elektro Schmitt sein Vater dabei gewesen: ›In zwei Jahren halten wir Kundgebungen in eurer Kirche ab.‹ Der H., der war evangelisch, das war zwischen Wemmetsweiler und Merchweiler im Tunnel. Das vergesse ich in meinem Leben nicht!« (Mei)

Über den hier erwähnten »aktiven und korrupten Nationalsozialisten« wird im Epurationsbescheid vom 15. Februar 1947 festgestellt: »Die Personalakten weisen aus, daß der Betreffende sich sehr stark in Partei und SA betätigt hat, sein Anteil an der Errichtung der Terrorherrschaft und der Aufrechterhaltung des Terrorsystems also groß ist.«[129] Dorfspitzel, Zuträger und örtliche »Parteigrößen« sorgten dafür, daß unbequeme Dorfbewohner in die Konzentrationslager oder Gefängnisse eingeliefert oder unverzüglich in die Wehrmacht einberufen wurden.

»Und dann der A., der war NSKK, Kraftfahrerkorps, und der hat auch mit den Jüngeren Wehrübungen so provisorisch gemacht. Aber da hat man sich als noch nichts dabei gedacht, wie das sich würde auswirken. (...) Also, Konzentrationslager, da hatten wir von Wustweiler einen, den Grereliese-Ed[130], der war Bürgermeister nach dem Krieg. Und der war wegen seiner politischen Einstellung, der war Kommunist, war der in Dachau, und der Ed hat in seinem Leben nie etwas erzählt von Dachau. Er hat ja gewußt, daß er als Kommunist hineingekommen war. Der war

Eisenbahner. Und der war nachher heimgekommen ohne ›äußere‹ Beschwerden. Wenn einer innen drin kaputt war, das sieht man ja nicht.« (Mei)

Selbst unbequeme ältere Mitbewohner wurden so abgeschoben. Die Nationalsozialisten selbst blieben im Dorf und verteidigten die »Heimatfront«.

»Und schau mal, der Peter, der ist kein Soldat geworden, der H. auch nicht. Da haben sie auch oft Leute, die unbequem waren, gemeldet, und da hat es gar nicht lange gedauert, bis die einen Stellungsbefehl bekamen. Dem Sch. Maria sein Mann, der Felix, das war das einzige Kind aus dem Haus, der war mindestens 38-40 Jahre alt, ist Soldat geworden, gefallen. Das waren alles Leute, die vier Wochen ausgebildet wurden. (...) Der war auch Eisenbahner. Ich weiß, mein Onkel da unten, der war auch in der Partei, und der hat immer noch versucht, human in jeder Art zu sein. Wenn die dann Parteiversammlung hatten, hat der immer gesagt: ›Wir halten sie Samstag abends ab, dann kann jeder sonntags tun und lassen, was er will.‹ Der hat nicht gesagt: ›Dann kann jeder sonntags in die Kirche gehen!‹ Das kann man sich denken.« (Mei)

Die Trennungslinie zwischen den Nationalsozialisten und den Nicht-Nationalsozialisten machte sich in der Regel am Verhältnis zur katholischen Kirche fest. Ein richtiger Nazi stand der Kirche fern und distanzierte sich damit von den strenggläubigen Dorfbewohnern. Viele Interviewpartner verweisen auf die gespannte Situation zwischen beiden Gruppierungen, die bis heute im Dorf der älteren Bevölkerung bewußt geblieben ist. Die damaligen Nationalsozialisten, »die, die damals nicht sauber waren«, so die überwiegende Meinung, würden sich heute nur »zurückhaltend äußern«.

»Ich weiß z. B. dem Maria ihr Vater, der hat die Fahne nicht gegrüßt. Da ist die SA vorbeigefahren auf einem Lastwagen, hatte Bänke da stehen, und da mußtest du die Fahne grüßen. Das war für die ein kleines Heiligtum. Und der hat die Fahne nicht gegrüßt. Dann haben sie den mitgeholt auf die Polizei wegen Mißachtung in ›Richtung Regierung‹. Das waren Wustweiler Leute. Wustweiler SA! Also das war schon eine Diktatur. Du hast schon müssen! Viele von den Alten: wenn die SA kam, die haben immer Sturmlieder gesungen, vor allen Dingen gegen die Juden und so. Dann sind die Alten hineingegangen, die blieben gar nicht an der Haustüre stehen, damit sie nicht grüßen mußten, vor allem die alten Leute. Und der da, der hat das gesehen und hat die Fahne nicht gegrüßt, und da machten sie halt und haben ihn mitgeholt, mit Gewalt. Und der hat gewußt, daß er die Fahne hätte grüßen müssen. Dann hat er bei der

Polizei gesagt: ›Vor lauter lauter, ich habe die Leute kommen sehen, ich habe daran nicht gedacht.‹ Kann man glauben, weil das ein ganz unbescholtener Bürger war; treuer, braver Ehemann, fünf, sechs Kinder.« (Mei)

Ähnliche »Zusammenstöße« wurden uns von weiteren Interviewpartnern als direkt Betroffene mitgeteilt, auch der junge Josef machte diesbezüglich seine Erfahrungen, wie wir an anderer Stelle noch detaillierter zeigen werden.
Eine andere Bewohnerin, die aus einer Metzgerei stammt, erzählt, daß ihre Familie angezeigt wurde, weil sie weiterhin bei einem jüdischen Händler Vieh einkaufte.

»Ja, von dem Salm[131] bekamen wir Vieh, das ist angezeigt worden, da sind die gekommen. (...) Das waren die 100%igen!« (Bir)

Mehrere Interviewpartner können sich an ein markantes Ereignis aus der Frühphase der Biographie Josef Schäfers erinnern: Während eines SA-Umzuges[132], der an seinem Elternhaus vorbeiführte, blieb der vierzehnjährige Josef trotz Mahnungen seines Bruders Paul, sich ins Haus zu begeben, weil ansonsten die mitgeführte SA-Fahne gegrüßt werden müßte, dennoch auf der Haustreppe stehen, die Hände in den Hosentaschen. Josef verweigerte den Fahnengruß, woraufhin ein heute noch namentlich bekanntes SA-Mitglied ihm zurief: »Kannst du die Fahne nicht grüßen! Wir holen dir noch die Hände aus den Taschen. Wir werden dich noch dorthin bringen, wo du hingehörst!« In dieser Episode wird die Ambivalenz der Kinder deutlich; sie sind neugierig, wollen wissen, was auf der Straße vor sich geht. Sie können sich die Konsequenzen ihres Handelns nicht vollständig vorstellen. Der Widerspruchsgeist Josefs siegt über diese Ängste. Er bleibt stehen und riskiert Konflikte mit den dörflichen nationalsozialistischen Machthabern. Zugleich vermittelt uns diese Episode einen Einblick in den eigensinnigen Charakter von Josef. In ihm ist ein »Geist des Widerspruchs« lebendig, der den Verlauf seiner Biographie entscheidend bestimmt.
Deutlich wurde, daß sich die traditionelle Dorfsolidarität zugunsten von partikularen Interessen in der nationalsozialistischen Zeit auflöst. Diese Tendenz wird noch durch den Umstand verstärkt, daß die Nationalsozialisten zunächst räumlich im neueren und von protestantischen Familien bewohnten Teil (Wustweilerhof) des Dorfes und (räumlich übergreifend) im Beamtenmilieu

Zulauf fanden. Erst nach und nach konnten sie auch in den älteren (Wustweiler) und zugleich ganz und gar katholischen Teil des Dorfes vordringen.

Vorbereitung zur »Rückkehr ins Reich«
und Ausweitung der nationalsozialistischen Aktivitäten
(1930-1934)

Bereits in den Jahren 1933 und 1934 nahmen Wustweiler Bürger an den Saarkundgebungen, die von der NSDAP und der SA veranstaltet wurden, in Rüdesheim (Niederwalddenkmal: Kundgebung am 27. August 1933) und in Koblenz (Ehrenbreitstein: Kundgebung am 26. August 1934) teil.

*Bild 14:* Wustweiler Bürger bei der Saarkundgebung in Rüdesheim
(Niederwalddenkmal) am 27. August 1933.

Die Mehrheit der Kundgebungsteilnehmer waren frühere Mitglieder der Zentrumspartei. Ein damals dreizehnjähriges Mädchen, das mit ihrem Vater nach Rüdesheim und nach Koblenz gefahren war, bestätigt, daß bereits vor 1935 in Wustweiler konspirative Sitzungen von Nationalsozialisten stattfanden und wesentlich mehr Teilnehmer an den Treffen im Deutschen Reich teilnahmen, als im Dorf gemeinhin erzählt wird.

»1933 waren wir ja schon ins Reich, nicht nur wir, da waren Sonderzüge
sind da gefahren. Da waren wir ans Niederwalddenkmal, am Rhein. Und
34 waren wir in Koblenz auf dem Ehrenbreitstein.«»Waren Sie da persönlich auch dabei gewesen?«»Ei sicher, ja!«»War das auch von Wustweiler
Leuten stark besucht?« »Ach du lieber Gott! Also, am Niederwalddenkmal, das war noch nicht so schlimm, damals im ersten Jahr 1933. Aber 34,
Jesses, also 34 auf dem Ehrenbreitstein. Also, so wie Heringe in der
Tonne sind wir da hinauf. (…) Da waren viele Leute von Wustweiler hin
gewesen.« (Hil)

Sie erzählt unter anderem sehr detailliert, wie bei der Ehrenbreit-
steinkundgebung eine ältere Teilnehmerin aus Wustweiler einen
Schwächeanfall erlitt und von Sanitätern versorgt werden mußte.
Sie erinnert sich, daß der damalige Sonderzug auch in Wustweiler
anhielt.
Diese deutsch-nationale Stimmung beeinflußt die politische Ge-
samtlage, so daß es auch in Wustweiler nach Gründung der Deut-
schen Front (DF) durch bürgerliche Parteien zur Gründung einer
DF-Ortsgruppe kam, die zunächst maßgeblich von katholischen
Persönlichkeiten bestimmt wurde. Nach Gründung der ersten
Deutschen Front (am 15. Juli 1933) bestanden die Parteien noch
weiter. Der Führer dieser Front, Alois Spaniol, war NSDAP-
Landesleiter. Nachdem sich die bürgerlichen Parteien Anfang
Oktober 1933 aufgelöst hatten, kam es am 21. Oktober 1933 zur
Gründung der zweiten Deutschen Front, die von dem National-
sozialisten Peter Baltes, Merchweiler, geführt wurde.
Nach Gründung der zweiten Deutschen Front ist im Saargebiet
ein politisch äußerst interessantes Phänomen zu beobachten. Am
26. Februar 1934 löste sich auch die NSDAP/Saar auf.[133] Auf
Betreiben von Gauleiter Bürckel wurde die dritte Deutsche Front
am 1. März 1934 von dem Nationalsozialisten Jakob Pirro gegründet. Die ehemalige NSDAP ging nun ebenfalls in der DF auf.
Die DF übernahm weitgehend die Organisationsstruktur (Kreisleiter, Ortsgruppenleiter, Zellenleiter, Blockwart) der NSDAP
und verfügte analog zur SA über einen »Ordnungsdienst«. Das
NSDAP-Landesratmitglied Peter Baltes aus Merchweiler kom-
mentiert die Aufgaben der ehemaligen NSDAP-Mitglieder in der
DF wie folgt: »So, wie die alte Garde, solange die Partei bestand,
nichts kannte wie Pflichterfüllung bis zum letzten, so kämpft sie
heute in der einheitlichen Zusammenfassung aller deutschen
Volksgenossen in der ›Deutschen Front‹.«[134] Durch dieses poli-

tisch geschickte Manöver gelingt es den Nationalsozialisten bereits frühzeitig, auf die regionale und dörfliche Politik Einfluß zu nehmen. Nationalsozialisten bestimmen auch in Wustweiler aktiv die Politik der Deutschen Front.

»Das waren die ersten gewesen! Die sind schon damals, da war bei Kaiserslautern der Parteitag, das SA-Treffen, da hinter Kaiserslautern, da sind die schon damals hin! Da war der P., der F. Franz, der L. und der Sch. Karl, die sind dort schon mit der SA-Uniform herumgelaufen. Und der Pink Henrich, der alte Pink Henrich hat 1933 noch die Deutsche Front auf dem Hosterhof beim Honacker gegründet. Dort war die Versammlung gewesen. Dort hat der die Wustweiler Deutsche Front gegründet, die hat der als Vorsitzender dort geführt, hat der das erste Wort gesprochen. Der alte Pink Henrich. Der war Zentrumsmann gewesen, ja,ja!, und dann der Lehrer Marx!« (Pit)

Nach Gründung einer DF-Ortsgruppe wurde in der Gemeinderatssitzung in Illingen vom 28. November 1933 folgende Erklärung vom Gemeindevertreter Georg Geib, der zugleich Vorsitzender des Männergesangvereins Wustweiler war, abgegeben:

»Die Mitglieder der hiesigen Zentrumspartei, die Vertreter der Pensionärsvereinigung und ein Teil der Vereinigten Bürgerlichen haben sich unter Ausschaltung ihres parteipolitischen Charakters zur Deutschen Front vereinigt.«[135]

In der Gemeinderatssitzung[136] vom 27. Dezember 1933 kam es in Wustweiler zu Tumulten, als dem Sprecher der KPD das Wort entzogen wurde, der sich gegen die Bildung der Deutschen Front in Wustweiler geäußert hatte. Anlaß war eine Erklärung der Zentrumsfraktion, die über die Gründung der Deutschen Front informierte.

»Vor Eintritt in die Tagesordnung gab der Vertreter Pink die Erklärung ab, daß die Mitglieder der Zentrumspartei sich der deutschen Front angeschlossen haben. Hierauf gab der Vertreter Lahr die Erklärung ab, daß sich die Kommunisten der deutschen Front nicht anschließen. Als sich Lahr in politischen Ausführungen verliert, wird ihm vom Vorsitzenden nach dreimaligem Ordnungsruf das Wort entzogen. Als hierauf der Vertreter Maas ohne Genehmigung des Vorsitzenden das Wort ergreifen wollte, wird vom Vorsitzenden die Sitzung für geschlossen erklärt.«[137]

Wir verfügen über ein Schriftstück[138] vom 2. Januar 1934, in dem Bürgermeister Johann Doppler (Bürgermeisterei Uchtelfangen) von dem einzigen SPD-Gemeinderatsmitglied Willi Schmidt, der an der fraglichen Sitzung am 27. Dezember 1933 nicht teilgenommen hatte, mitgeteilt wird, daß die Zentrumsfraktion Wustweiler in der Gemeinderatssitzung vom 27. 12. 1933 eine Erklärung zur Bildung der »Deutschen Front« abgegeben hat und dem Sprecher der KPD während der Abgabe einer Gegenerklärung das Wort entzogen wurde. Der SPD-Sprecher fordert den Bürgermeister auf, dafür Sorge zu tragen, daß er von seiten der SPD »ungestört eine Erklärung« abgeben könne. Einen vergleichbaren Konflikt[139] gab es auch in der Nachbargemeinde Hirzweiler, als der NSDAP-Ortsgruppenleiter nach der Gründung der Deutschen Front (November 1933) an Gemeinderatssitzungen nicht als Zuschauer erkenntlich teilnahm. In vielen Gemeinden kam es zur offenen Zusammenarbeit mit der NSDAP, wie etwa das folgende Beispiel aus Hirzweiler zeigt:

»In der Gemeinde Hirzweiler haben sich wie auch in allen anderen Orten die Mitglieder der bürgerlichen Parteien des Gemeinderates zur Deutschen Front zusammengeschlossen. Bei der Bildung dieser Fraktion wurde vereinbart, daß der Ortsgruppenleiter der NSDAP zu allen Fraktionsbesprechungen zugezogen wird.«[140]

Der besagte Ortsgruppenleiter der NSDAP, Jakob S., erhielt damit (quasi) »Fraktionsstatus«. Bereits im Mai 1933 wurde in Hirzweiler eine NSDAP-Ortsgruppe gebildet.[141]

Die Saar- und Blies-Zeitung notiert am 8. Oktober 1934: »Die Deutsche Front im Kreis Ottweiler im Angriff.« Eingeladen wird zu einer Kundgebung am 12. Oktober 1934 in Wustweiler, »zu der alle Mitglieder zu erscheinen haben«.

Das Ziel der Angliederung an das Deutsche Reich wurde von diesen Personen mitverfolgt, obwohl viele erklärte Hitlergegner waren.

»Die DF, das waren Idealisten. Aber der Pink Henrich; was war das ein Gegner von Hitler! Er hat auch so geduldet, ja, aber vor allen Dingen, wenn es an die Religion ging, dann hätte er können explodieren.« (Mei)

»Das war ›Heim ins Reich!‹ und hat ja mit Parteipolitik nichts zu tun gehabt«, wie ein Interviewpartner erläuterte.

»Ohne Deutsche Front hätte die Sache mit dem Status quo, die hätte dann ja ganz anders ausgesehen. Aber so ist jetzt, die Christlichen und die SPD, nein die SPD nicht, aber dadurch hat die SPD ja viel verloren damals. Der Max Braun[142] und so weiter, der wollte den Status quo haben aber. In Illingen waren es auch nur ein paar wenige, die mehr oder weniger auf Weisung (der NSDAP, d. Verf.) geschafft haben.« (Mei)

In Wustweiler nahm der SPD-Vertreter am 31. Oktober 1934 zum letzten Mal an einer Gemeinderatssitzung teil. Die KPD Wustweiler löste sich nach der Saarabstimmung vom 13. Januar 1935 auf, da ihr in der Folge die Arbeitsgrundlage entzogen wurde. Die Kommunisten nahmen an der Sitzung vom 11. Februar 1935 nicht mehr teil.

»Die kommunistische Gemeinderatsfraktion (von Wustweiler, d. Verf.) hat in Anbetracht der veränderten politischen Verhältnisse ihre Mandate als Gemeindevertreter niedergelegt.«[143]

Am 4. Juli 1935 nahm erstmals der NSDAP-Zellenleiter Alois Meiser an einer Gemeinderatssitzung teil, im Beschlußbuch bezeichnet als »Hoheitsträger der NSDAP«. »Mit der Rückgliederung an das Reich wurde die Deutsche Gemeindeordnung eingeführt, die auch in den Gemeinden das den Nazis verhaßte parlamentarische System zugunsten der Verantwortlichkeit eines Führers beseitigte. Die Gemeinderäte wurden nicht mehr gewählt, sondern vom Kreisleiter der NSDAP berufen, sie durften nicht mehr bestimmen, sondern nur noch den Bürgermeister beraten, der selbst die Beschlüsse faßte nach Anhörung bzw. Beratung mit den Gemeinderäten. Die Sitzungen dieses fast bedeutungslosen Gremiums (...) wurden so selten, daß sie vereinzelt als ›besondere Vorkommnisse‹ in den Verwaltungsberichten dieser Jahre auftauchten.«[144] Am 27. August 1935 wurde der gleichgeschaltete Gemeinderat vom Kreisleiter Weber in Illingen eingesetzt. Er bestand aus vier Gemeinderäten. Gleichzeitig wurde ein neuer Bürgermeister ernannt. Der Gemeinderat Wustweiler in der Zeit von 1935 bis 1945 setzte sich aus folgenden Personen zusammen:

| | |
|---|---|
| Bürgermeister: | Peter Hansen, Postsekretär |
| Gemeinderäte: | Karl Kremp, Rohrmeister |
| (1935-1939) | Josef Leising, Holzhauer |
| | Oskar Persch, Knappschaftsbeamter |
| | Ferdinand Pink, Holzhauer |
| Gemeinderäte: | Hugo Grob, Postsekretär |
| (1939-1945) | Karl Kremp, Rohrmeister |
| | Oskar Persch, Knappschaftsbeamter |
| | Max Schell, Förster |
| Beigeordnete: | Peter Biehler, Malermeister |
| | Eduard Heintz, Bergmann |

| Amtsältester: | Eduard Schmidt (1935-1936), Bergmann |
| | Josef Schlicker (1937-1945), Bergmann |

Folgende Personen übten von 1935 bis 1945 die Funktion eines NSDAP-Zellenleiters aus:

| NSDAP-Zellenleiter in Wustweiler: | Alois Meiser (1935-1942), Amtssekretär |
| | Erwin Dörr (1942-1945), |
| | Knappschaftsinspektor |
| | Peter Klein (1943-1945), |
| | Reichsbahnsekretär |
| | (Stellvertreter von Erwin Dörr) |
| NSDAP-Zellenleiter in Hosterhof: | Helmut Rübel (1935-1939), Amtssekretär |
| | Karl Kremp (1939-1942 und 1945), |
| | Rohrmeister |
| | Albert Zimmer (1942-1944), Bergmann. |

Am 4. Mai 1939 wurden zwei »gemäßigte« Gemeinderatsmitglieder gegen radikalere Nationalsozialisten ausgewechselt. Diese »Auswechslung« ist bemerkenswert, da die Ernennung nach der Deutschen Gemeindeordnung von 1935 für die Dauer von sechs Jahren erfolgte und die »Gemäßigten« bereits nach vier Jahren ausgetauscht wurden. An den Sitzungen des Gemeinderates nahmen in der Regel der Bürgermeister als Vorsitzender, die vier Gemeinderäte, die beiden Beigeordneten, der Zellenleiter der NSDAP und der Amtsälteste teil. Der Gemeinderat von Wustweiler trat in der Zeit von 1935 bis 1938 jeweils viermal und von 1939 bis 1944 ein bzw. zweimal pro Jahr zusammen.[145] Die relevanten Beschlüsse wurden vom Bürgermeister – in Absprache, aber ohne regelmäßige formelle Sitzungen – gefaßt.

Verdeckt, ohne das braune Hemd zu zeigen, engagierten sich bereits früh überzeugte Nationalsozialisten[146] in örtlichen Vereinen, die eine wichtige soziale Bedeutung im Dorf hatten. Hier wurde die spätere Integration in den faschistischen Machtbereich ideologisch vorbereitet. Gerhard Paul[147] weist nach, daß sich die Vorstände der bürgerlichen Vereine der DF anschlossen, sich somit ohne formellen Zwang gleichschalteten und politische Inhalte in die alltägliche Vereinsarbeit integrierten. Durch die Einsetzung sogenannter *Dietwarte* (Volkswarte) in der Deutschen Turnerschaft, aber auch in anderen Sportvereinen, wurde die Verbindung von sportlicher Tätigkeit und »völkischer Bildung« hergestellt. Auch der 1929 gegründete Motorsport-Club »Illtal« Wustweiler e. V. rekrutierte sich, wie wir bereits erwähnt haben, teilweise aus späteren aktiven Nationalsozialisten.

Wir wissen, daß gleichfalls im Männergesangverein und im Sportverein[148] Nationalsozialisten führende Positionen innehatten. Im Protokollbuch des »Männergesangvereins« Wustweiler wird anläßlich der Teilnahme an einem Sängerwettstreit am 1. Juli 1928 in Oberwesel am Rhein festgehalten:

»Mit frohem Gesang marschierten wir dem Bahnhof zu. Dorten angekommen, kommandierte der Vorsitzende ›links und rechts schwenken, das Gesicht zum Niederwald-Denkmal!‹ In traurigen Worten zog er einen Rückblick auf die ehemaligen Zeiten, mit dem Wunsche baldiger Wiedervereinigung mit unserem Mutterlande. Ein dreifach Hoch galt dem deutschen Volke, dem deutschen Rhein, dem deutschen Lied. Die momentane Situation hat jeden von uns sowie die umstehenden Freunde so mitgerissen, daß mehrere von den Augen die Tränen wischen mußten.«

In der Abstimmungszeit engagierte sich der Männergesangverein aktiv für die Angliederung.

*Bild 15:* Der Männergesangverein Wustweiler am Niederwalddenkmal. Aufnahme von 1928.

Im Protokollbuch[149] wird anläßlich der Sitzung vom 15. März

1936 notiert, daß der Führer Edmund Eckert ein Schreiben des Herrn Landrats darüber verlas,

»daß eine Überprüfung unseres Vereins stattgefunden habe und gegen das Weiterbestehen keine Bedenken bestehen. Zum Schluß sprach noch Sangesbruder Peter Biehler. Er betonte, daß der Verein ebenso wie in der Abstimmungszeit auch heute der N.S.Bewegung zur Verfügung stehe, um an Kundgebungen oder ähnlichen Veranstaltungen durch gesangliche Darbietungen mitzuwirken und die Ziele der neuen Regierung auf jede Art unterstützen werde.«

Der Sangesbruder Peter Biehler war Vorstandsmitglied des Männergesangvereins, Vorsitzender des Kriegervereins sowie Beigeordneter der Gemeinde Wustweiler. Am 6. Februar 1938 wurde der spätere NSDAP-Zellenleiter Erwin Dörr vom Vereinsführer Edmund Eckert zum Schriftführer ernannt. Ein Gaststättenbesitzer erzählt von Parteigenossen, die sich nach 1935 so »richtig entpuppten«.

»Oh ja, da war der R., ein großer Mann, der R., das war ein Gefährlicher, der war ein ganz schlimmer. Kurz vor dem Krieg, da hatten die Bildvorträge gemacht, drüben im Saal, von der Partei aus. (...) Da hab ich opponiert, da hat der R., der hat da zu mir gesagt, ›Wenn Sie damit nicht einverstanden sind, machen wir das Lokal zu‹. So war der damals, so weit war das!« (J. und O. Gu.)

»Unmittelbar nach der Rückgliederung begann die Umgestaltung und Ausrichtung des alltäglichen Lebens nach den Grundsätzen des ›nationalsozialistischen Führerstaates‹. Die braune Diktatur (...) nahm nun auch das Land an der Saar und seine Menschen in ihren Griff, erfaßte und bestimmte alle Lebensbereiche.«[150] Die Integration in den faschistischen Machtbereich konnte nun mit großen Schritten in Angriff genommen werden. Der noch amtierende demokratisch gewählte Gemeinderat bekundete seine Loyalität gegenüber dem NS-Regime, indem er im März 1935 eine Straßenumbenennung beschloß. Die Hauptstraße und die Lebacher Straße erhielten die neue Bezeichnung »Straße des 13. Januar«. Somit wurde ein Gemeinderatsbeschluß vom August 1934 hinfällig, die Lebacher Straße nach ihrem Ausbau vom Feuerwehrgerätehaus bis zum Ortsende in Richtung Dirmingen in Hindenburgstraße umzubenennen.

Der gesamte Ort reagierte schnell auf die neue politische Situation. Das Dorf wurde, zumindest nach außen, ideologisch jedoch auch nach innen, nach den nationalsozialistischen Vorstellungen formiert.

»Sofort nach 35 hat man sich müssen als Nazi bekennen, sonst hattest du keine Arbeit mehr. (...) Da war gleich eine Partei da, und die hatten dann alle sofort ihre Uniform an. (...) Da ist zackig gegrüßt worden, mein lieber Mann! Das war nicht so! Als hätten sie die Schuhe ausgetan, so haben die die Hacken zusammengehauen!« (Sche)

Es entwickelte sich, wie wir rekonstruieren können, ein reges »nationalsozialistisches Leben«.

»Was ich an Versammlungen erlebt hatte, das war, das waren keine Versammlungen, das war, wenn die Gau-Filmstelle gekommen ist, das waren unsere Versammlungen, dann sind Filme gespielt worden in der Wirtschaft. Die sind ja dann dahingekommen mit dem Auto. Da waren unsere Versammlungen also von den jungen Leuten. Da hatte man ja mehr Interesse als an einer politischen Versammlung. Beim Bäcker war die Gau-Filmstelle. (...) Im Monat vielleicht einmal oder was. Das war aber schon vor'm Krieg gewesen. Das war schon, das kann 37, 38 herum, 38 gewesen sein.« (Hil)

Die verschiedenen Gliederungen der nationalsozialistischen Partei wurden unmittelbar nach dem 1. März 1935 ins Leben gerufen oder reaktiviert: So die SA, die HJ (inkl. Jungvolk, Motor-HJ und BDM), das NSKK und die NSF. Viele Wustweiler Bürger traten als Mitglieder in NS-Organisationen ein. Daneben wurden die angeschlossenen Verbände DAF und die NSV gegründet sowie der NS-Reichsbund für Leibesübungen und der Reichsbund der Kinderreichen, die von der NSDAP betreut wurden. In Illingen gab es außerdem noch den RAD. Dieser begann Ende der dreißiger Jahre in Wustweiler gegenüber dem Forsthaus am Ende der Jägerstraße mit dem Bau eines Schwimmbades.

»Ja, das war als mal, das kann man nicht so sagen, jeden Sonntag. Die sind gekommen, wenn die sonstwo waren, das war ja dann immer in Illingen und dann, die dann im NSKK oder sonstwo waren, sind dann mal in der Woche gekommen. Die haben dann vor oder nach dem Dienst sich als mal hier getroffen, das NSKK. Dann sind die mal mit ihren Motorrädern da hergekommen, mit den Autos und haben sich da mal getroffen. Und gingen dann von da aus nach Neunkirchen oder wo sie Treffpunkt hatten.« (Kes)

Im Juni 1937[151] wurde in der Trägerschaft der NSV ein Kindergarten eröffnet, der ursprünglich nur als Erntekindergarten für das Sommerhalbjahr geplant war. Er befand sich im Hause des Kolonialwarengeschäfts Müller in der damaligen Straße des 13. Januar und heutigen Illinger Straße.

In der Abstimmungszeit brachte man an diesem Haus[152] folgende Giebelinschrift an: »Deutschland, Deutschland, nimm uns auf!«

»Damals waren vielleicht so um die 30 Kinder dort. Ich meine, es sind ja nicht alle Kinder reingegangen. Es können auch ein paar mehr gewesen sein. Ich weiß nicht mehr ganz genau. (...) Wenn ich mich richtig erinnere, so mußten die zahlen, ich meine 2,50 Mark pro Woche oder so.« (Hil)

Der Kindergarten wurde professionell betrieben. Die Kinder blieben den ganzen Tag unter Aufsicht der Kindergärtnerinnen. Unter der Kontrolle der NSF versuchte das nationalsozialistische Regime bereits Kleinkinder ideologisch zu erfassen, um sie dem Einfluß des Elternhauses zu entziehen.

»Die bleiben von morgens acht bis mittags um zwölf. Und mittags, so um zwei haben wir sie abgeholt und dann bis fünf Uhr. Da war eine Kindergärtnerin, das andere waren Helferinnen. Wir waren zusammen zwei, drei Stück. Also ich bin ja direkt, da war ich 16 Jahre alt, wie der Vater, mein Vater war ja damals Bürgermeister gewesen, ich war ja daheim gewesen, dann durfte ich dorthin gehen. Gleich waren wir nur zu zweit. Und

*Bild 16:* Kindergartengruppe mit den beiden Kindergärtnerinnen in den späten 30er Jahren.

nachher sind als Praktikantinnen dorthin gekommen, und eine Kindergärtnerin war da, die war von der Maybach, das war die Schwester vom
Pfarrer Mees aus Uchtelfangen.« (Hil)

Die »Saar- und Blies-Zeitung« notierte am 22. Juli 1936: »Die
NS-Kulturgemeinde hat auch in Wustweiler ihre Arbeit aufge-
nommen.« Die Volksgenossen wurden aufgefordert, sich in der
neugegründeten Spielschar und Theatergruppe zu beteiligen.
Meldungen nahmen die Zellenleiter und Blockwarte entgegen.
»Mit den NS-Kulturgemeinden war ein weitverzweigtes Netz zur
Verbreitung ›arteigener‹ deutscher Kultur geschaffen worden, in

*Bild 17:* Umzug anläßlich des Erntedankfestes.

deren Programme insbesondere die Lehrerschaft stark herange-
zogen wurde.«[153] In Wustweiler waren 66 Einwohner in der NS-
Kulturgemeinde[154] organisiert; in der Laienspielschar insgesamt
16. Am 28. Februar 1937 führte die Laienspielschar der NS-Kulturgemeinde um 20.00 h das Drama »Der Dorfrebell« auf. Insgesamt 230 Zuschauer verfolgten die Aufführung. Die NS-Kulturgemeinde veranstaltete außerdem regelmäßig Tanzveranstaltun-
gen, an denen bis zu 100 Personen teilnahmen. Noch im Januar
1942 meldete die Saarbrücker Zeitung: »Wustweiler: Am 30. Januar findet im NSKK-Heim eine Feier statt. Am gleichen Tag
werden die Vorprüfungen für die Klasse 4 bei der Motor-HJ
abgenommen.«

An solchen Veranstaltungen, welche die nationalsozialistischen Organisationen ausrichteten, beteiligten sich stets auch aktiv die nationalsozialistischen Jugendorganisationen.

Ein Höhepunkt im kulturellen Leben war das Erntedankfest am ersten Sonntag im Oktober.

»Damals hatten viele in Wustweiler, mein Bruder, der Älteste, die hatten alle die SA-Uniform gehabt. Da ist marschiert worden sonntags morgens (…) durchs Dorf. Da ist angetreten worden, da wurde gesungen! Erntedankfest wurde anders gefeiert als jetzt. Da waren Aufmärsche gewesen. Und die Bauern haben ihre Wagen geschmückt. Da ging vorher ein Zug. Die Pferdebauern stellten die Wagen. Da saßen die Weibsleute an den Spinnrädern, wie man halt die Traditionszüge so sieht. Der L., der holte ein Fuhrunternehmen mit Stammholz. Der hat dann einen Wagen mit Stammholz durchs Dorf gefahren.« (Ger)

Morgens fand eine kirchliche Feier statt. Am Nachmittag folgte dann ein Festumzug, der am Hause des Ortsbauernführers begann. Mitgeführt wurden geschmückte Erntewagen. Der Ortsbauernführer nahm als Ritter, hoch zu Roß, daran teil. Dies sollte auf die Ritter von Kerpen, ehemalige Feudalherren zu Illingen, verweisen.

Die SA gestaltete aktiv das Trupp-Leben in Wustweiler. Aufmärsche und regelmäßiges Exerzieren gehörten zum Programm. Vorzugsweise wurde sonntagvormittags »Dienst gemacht«. Vor 1935 gab es in Wustweiler nach einstimmigen Aussagen ca. 10 SA-Mitglieder, die aber nur »inoffiziell in Erscheinung« traten, weil sie »so kühn damals noch nicht« (Wei) waren.

»Die SA, die ist immer sonntagsmorgens angetreten. Wir hatten eine kräftige SA in Wustweiler! Was haben da welche geschrien! Die wollten nachher gar nicht mehr geschrien haben. (…) Die haben auf der Straße exerziert, sind marschiert, haben Lieder gesungen, die sind auch mal fortgefahren mit dem LKW. Die haben geschrien, gesungen, daß einem die Ohren wehtaten. In Wustweiler waren das so ca. 30. Der G., der war von der Mot. Das war so eine vormilitärische Ausbildung. Die sind den Berg hinauf geklettert, haben Übungen gemacht. Wenn die Treffen hatten: Vorm Busch angetreten und dann: ›Heil Hitler! – Heil Hitler! Wegtreten!‹ Ein oder zweimal pro Woche sind die da rumgestanden.« (Her)

Die SA hielt auch im benachbarten Illingen Aufmärsche ab. Die Bürger wurden von den Dorf-SAlern gezwungen, sich in der SA zu engagieren. Für viele bot die SA jedoch auch die Gelegenheit, ihren militärischen Neigungen nachzugehen und Soldat zu »spielen«. Vorzugsweise hat man in geschlossenen »Verbänden« operiert, marschiert und gesungen. Ergänzt wurde die paramilitärische Ausrichtung der SA durch das NSKK oder andere nationalsozialistische Organisationen, die gleichfalls Übungen und Märsche mit paramilitärischem Charakter veranstalteten.

»Wenn die SA etwas hatte, die ging geschlossen hin (nach Illingen, d. Verf.), die Parteimitglieder nicht. Einer kam vielleicht von der Schicht, stieg dann in Illingen aus. Von der Partei ging jeder von sich aus. Die SA-Leute, die sind von Wustweiler aus mit dem Auto gefahren, immer mit den Lastwagen, hintendrauf mit Bänken. (...) Der Gerhard, der hatte einen Lastwagen, der war in der SA. Manchmal gingen sie auch.« (Mei)

Das Phänomen der stärkeren Integration der protestantischen Bürger Wustweilers, auf das wir oben bereits hingewiesen haben, wollen wir nun durch einige Bemerkungen zur Situation der saarländischen protestantischen Gemeinden ergänzen. Zenner[155] betont, daß im allgemeinen »die ländliche und bürgerliche evangelische Bevölkerung geringere Vorbehalte gegenüber dem Nationalsozialismus hatte und die radikale Arbeiterschaft, gleich welcher Konfession, eher zum Kommunismus als zum Nationalsozialismus neigte.« So lag auch der Stimmenanteil der NSDAP in den überwiegend evangelischen Dörfern Dirmingen und Berschweiler wesentlich höher als in den katholischen Dörfern der Bürgermeisterei Eppelborn. Die »Deutschen Christen« hatten in einigen saarländischen protestantischen Gemeinden und in der Synodenvertretung St. Johann, zu der Uchtelfangen und damit auch Wustweiler gehörte, die Mehrheit.[156] Herrmann stellt fest, »daß die nationale Komponente im saarländischen Protestantismus eher noch stärker ausgeprägt war als im Reich.«[157] Er fährt fort, daß jedoch unter den Pfarrern der beiden Saar-Synoden keine einhellige »Einstellung zur NSDAP« herrschte. »Einige Pfarrer waren Parteigenossen, einer sogar Träger des goldenen Parteiabzeichens. Die Mehrzahl der Pfarrer begrüßte wohl mit dem Saarbrücker Superintendenten Hubert Nold, der als ›Führer der Evangelischen an der Saar‹ galt, den vermeintlichen nationalen Aufbruch.«[158]

So hat der protestantische Pfarrer von Uchtelfangen, Eugen Roy[159] (1896-1963), schon mal sonntags die Kirche geschlossen und an die Tür ein Schild »Bin auf einer Sternfahrt, Kirche fällt aus!« gehängt.

»Und unser Parre in Uchtelfangen, der Roy, der war im NSKK, der war Motorradfahrer, leidenschaftlicher Motorradfahrer! Der hat gesagt: ›Kirche fällt aus, wegen einer Sternfahrt!‹ Da war ein Schild an der Kirche, da hat er keine Kirche gehalten.« (Joh)[160]

Das Evangelische Jugendwerk Saar berichtet in einer Broschüre über die evangelische Christuskirchengemeinde von Neunkirchen: »Zwei unserer damaligen Gemeindpfarrer waren Mitglieder der SA, wobei einer die SA-Uniform selbst bei Gottesdiensten nicht ablegte. Die Konfirmanden bekamen ihre Aufnahme als vollwertige Mitglieder der Gemeinde auf Urkunden bescheinigt, welche neben dem christlichen Zeichen des Kreuzes gleichberechtigt das Hakenkreuz zeigten. (...) Mitglieder der Bekennenden Kirche wurden systematisch durch physischen und viele auch durch psychischen Terror aus den Kirchengremien vertrieben.«[161]

## Die Parteien im Dorf

In Wustweiler bestanden in den zwanziger und dreißiger Jahren Ortsgruppen der Kommunisten, der Sozialdemokraten und des Zentrums. Vorsitz im Zentrum führte der Ortsgeistliche, Pastor Schulz. Es existierte eine sehr aktive Ortsgruppe der KPD, die in den dreißiger Jahren von Eduard Maas (1893-1950)[162] geleitet wurde, der als einziger Wustweiler Bürger später in einem Konzentrationslager inhaftiert war. Eduard Maas – Mitglied des Gemeinderats von Wustweiler, Vorsitzender der KPD und Antifaschistischer Widerstandskämpfer – wurde 1933 von der Reichsbahn, wo er als Schlosser angestellt war, mit der Begründung: »Zugehörigkeit zu einer revolutionären gewerkschaftlichen Organisation« entlassen. Hervorzuheben ist darüber hinaus die SPD-Ortsgruppe, deren Mitglied Hugo Brück (1897-1984)[163] u. a. Fraktionsvorsitzender im Gemeinderat von Wustweiler, erstes sozialdemokratisches Mitglied im Kreistag von Ottweiler und Mitglied im Landesvorstand der SPD war. Brück trat bereits 1919 der SPD bei. Er war Mitinitiator der SPD im Illinger Raum. Hugo Brück arbeitete gegen den Anschluß an das Deutsche Reich und emigrierte im August 1935 nach Frankreich, wo ihn die Gestapo 1941 verhaftete und ins Konzentrationslager Neckarelz einlieferte.[164] Er war vom 1. Oktober 1945 bis 30. November 1951 Amtsvorsteher des Amtes Illingen.[165]

Schon in den frühen dreißiger Jahren (1931-1935) wurde im Saargebiet das Fundament für den schnellen Aufbau der nationalsozialistischen Organisationen nach der Rückgliederung gelegt. Bereits seit Ende der zwanziger Jahre formierten sich in Wustweiler Gruppen, die sich an nationalsozialistischem Gedankengut orientierten und an NS-Veranstaltungen im »Reich« teilnahmen. Wie Interviewpartner übereinstimmend berichten, wurde in konspirativen Sitzungen in einem Privathaus[166] der »Fahrplan für die Umgestaltung« der politischen, sozialen und kulturellen Strukturen im nationalsozialistischen Sinne vereinbart.

Eine damals dreizehnjährige Zeugin, die mit ihrem Vater zu Großkundgebungen nach Koblenz und Rüdesheim gefahren war, bestätigt, daß bereits vor 1935 in Wustweiler solche Sitzungen von Nationalsozialisten stattfanden.

»Mein Vater war in der Partei, aber der war nicht von der Partei. Also der war in der Partei, also inoffiziell schon vor 35. Und jetzt, ich weiß, als Kinder, also das vergißt man nicht. Da haben die immer gesagt, da sind die da zusammen gekommen, ›Das dürft ihr nicht sagen, die können da irgendwas einbauen, Lauscher, wenn ihr dann schwätzt!‹ Und das hat man als Kind geglaubt. Da waren wir vielleicht 12, 13 Jahre. (...) Vor 1935 haben die sich hier im Haus getroffen. (...) Das war mindestens, 33 war das schon gewesen.« (Hil)

Entgegen der Behauptung von Gerhard Paul[167] existierte in Wustweiler im Jahre 1929 keine NSDAP-Ortsgruppe, sondern nur ein NSDAP-Stützpunkt. Erst nach der nationalsozialistischen Machtergreifung im Deutschen Reich gründeten sich in Wustweiler die nationalsozialistischen Organisationen. Interviewpartner berichten von der Gründung der SA und der HJ. Hieraus ist zu schließen, daß es ebenfalls zur Ausweitung des NSDAP-Stützpunktes kam, zumal wir aus dem NSDAP-Mitgliederverzeichnis wissen, daß bereits 1933 die ersten Wustweiler Bürger in die NSDAP eintraten. Im Verwaltungsbericht des Jahres 1933 der Bürgermeisterei Uchtelfangen[168] wird festgehalten, daß sich »in sämtlichen Orten des hiesigen Bezirks« Ortsgruppen der NSDAP gebildet haben, welchen sich zahlreiche Mitglieder anschlossen.

Laut Bericht der Polizeiverwaltung Illingen und laut Gründungsprotokoll[169] wurde die NSDAP-Ortsgruppe Merchweiler am 6. November 1927 auf Einladung von Willi Christmann[170] (Knappschaftssekretär, Wustweiler) gegründet. Etwa 100 Männer nahmen an der Gründungsversammlung teil. In der Folge tritt Willi Christmann noch des öfteren als Initiator von öffentlichen Versammlungen mit Themen wie »Die Schicksalsfrage des deutschen Arbeiters der Stirn und der Faust« in Merchweiler hervor.[171] Sein Vater, Wilhelm Christmann, von 1924 bis 1929 Förster in Wustweiler, war Ende der zwanziger Jahre erster Vorsitzender des Vereins ehemaliger deutscher Soldaten. In dieser Eigenschaft beantragte er mit Schreiben vom 22. August 1926 beim Bürgermeister in Illingen die polizeiliche Genehmigung zur Durchführung eines »Waldkonzerts im Steinertswald«, verbunden »mit einem Blumentag zwecks Gründung eines Fonds für die Errichtung eines Denkmals für die gefallenen Helden des Weltkriegs«. Der Bürgermeister soll im »Interesse der edlen Sache zustimmen und sie von der Lustbarkeitssteuer befreien«.[172] Für die Kreistagswahl 1926 kandidierte neben dem evangelischen Pfarrer von Uchtelfangen, Emil Debold (Nr. 4), auch Wilhelm Christmann (Nr. 18) auf der Liste der DNVP. Er versuchte auch Einfluß auf das Wustweiler Vereinsleben auszuüben. So war er Schriftführer des Brieftaubenvereins und Geschäftsführer eines 1926 gegründeten Sportvereins, der aber in Ermangelung eines Sportplatzes anscheinend nur ›auf dem Papier‹ existierte.

»Dieser Christmann, der Sohn des Försters, war einer von den ersten von Wustweiler mit der NSDAP. Über den ist sonst nichts Nachteiliges bekannt. (...) Der hat sich mal mit den Wustweiler Fußballspielern angelegt, politisch, und hat seine Schläge bekommen. Wir brauchen ja im Sportverein keine Politik, nicht wahr!« (Mei)

Ein damaliger Wustweiler Gaststättenbesitzer erinnert sich an Willi Christmann:

»Fanatisch war der, fanatisch für die Partei! Der hätte sich totschlagen lassen für die Partei. Der bekam viele Prügel, für die Partei. Sehr fanatisch war der!« (O. Gu.)

Frau Christmann bewertet in einem Gespräch das Engagement ihres Mannes für den Nationalsozialismus unter idealistischen Vorzeichen. Noch heute hat das goldene Parteiabzeichen ihres Mannes für sie einen hohen ideellen Wert.

Uniformen politischer Formationen wurden 1931 von der Regierungskommission des Saargebietes verboten, die NSDAP-Sympathisanten behalfen sich mit einheitlich weißen Hemden und schwarzen oder braunen Hosen.[173] Ein Interviewpartner erinnert sich, daß Willi Christmann Ende der zwanziger Jahre der erste Nationalsozialist im Dorf war, der sich mit einer SA-Uniform zeigte, und zwar immer, wenn er mit dem Zug von SA-Übungen nach Hause fuhr.

»Ich kann mich noch gut entsinnen, wie der mit Uniform gekommen ist. Die Uniform, die ist erst so 33 oder 34 verboten worden. Der ist vom Bahnhof gekommen mit Uniform, der war der erste, den ich in SA-Uniform gesehen habe.« (Wei)

Die Ereignisse vom Oktober 1931 bestätigen diese Beobachtung. Am 24. und 25. Oktober 1931 will Willi Christmann zusammen mit anderen Parteigenossen am Parteitag des Gaues Pfalz der NSDAP in Idar-Oberstein teilnehmen. Beim Grenzübertritt wird er im Zug festgenommen, da er »unter dem Zivilmantel das staatsgefährliche Braun«[174] trug. Er wird angeklagt. Das Schöffengericht St. Wendel spricht ihn im März 1932 von der Anklage der »Gefährdung der öffentlichen Ruhe und Sicherheit« frei.

Wir wissen von reger Propagandatätigkeit der NSDAP-Sympathisanten zu Beginn der dreißiger Jahre. Sie fuhren mit Lastwagen unter Absingen deutschnationaler Lieder durch die Dörfer, veranstalteten »Schulungsabende« und marschierten mit Bannern singend durch die Dörfer.

»Damals, da ist der (Christmann), ich weiß das heute noch, mit Auswärtigen durchs Dorf gezogen, mit der Hakenkreuzfahne. Da haben die durchs Dorf geschrien: ›Deutschland erwache, Sieg oder Rache‹. Das war vor 1933, 1931 oder 1932. Das war der Christmann hier aus dem Dorf, aber er als einziger aus dem Dorf! (...) Die anderen waren aus der Umgebung. Die hatten eine Fahne, so von ungefähr sechzig mal achtzig Zentimetern, mit dem Hakenkreuz. (...) Und in Uniform. Nur war das so eine halbierte Uniform, daß man nicht sagen konnte – verboten. Wir waren ja Saargebiet. Teiluniform. Die Leute haben gesagt: Die da Bekloppte!« (Mei)

Die Erinnerung trügt nicht. Die Polizeiverwaltung Illingen informiert den Landrat des Kreises Ottweiler, Maximilian Rech, mit Brief[175] vom 24. September 1930 über »Umzüge mit Lastkraftwagen der nationalsozialistischen Partei«:

»Am Sonntag nachmittag gegen 4 Uhr kamen aus Richtung Lebach 3 Lastkraftwagen und 2 Personenkraftwagen, besetzt mit rund 80 Mitgliedern der nationalsozialistischen Partei in Uniform nach Illingen. Vor 2 Wohnungen jüdischer Einwohner wurden alte Zeitungen hingelegt. Während der Durchfahrt soll von den Insassen der Autos in Chören gerufen worden sein: ›Deutschland erwache, Juda zerbreche oder verrecke.‹ In den Kraftwagen sollen große Fahnen mit dem Hakenkreuz mitgeführt worden sein.«[176]

Eine ähnliche Episode schildert auch der bereits erwähnte Peter Baltes[177], der sich »im Ehrenkleid Adolf Hitlers« in seinem Heimatort zeigte. Die Leute lachten über ihn, und ihre Gesichter »(...) ließen ihre Gedanken erraten. Im Zug von Merchweiler nach Saarbrücken befanden sich viele Bergmannsfrauen auf der Fahrt zu ihren verunglückten Männern im Knappschaftskrankenhaus Fischbach. Bei meinem Einsteigen in den Zug hörte ich eine alte Mutter sagen: ›Wat eß dat do vor eener, seit wann senn dann widder die Marokkaner[178] doo.‹ In Saarbrücken auf den Straßen ein ähnliches Bild.«[179]

Die Gründungsversammlung[180] der NSDAP in der Bürgermeisterei Uchtelfangen fand am 15. April 1935 im Saalbau Wirtz in Illingen statt. Hier fanden sich alle ehemaligen Ortsgruppen- oder Stützpunktmitglieder aus der Bürgermeisterei ein, um sich neu zu formieren. Wustweiler und Hosterhof wurden als je eine Zelle der NSDAP-Ortsgruppe Uchtelfangen angegliedert. Die Ortsgruppe Uchtelfangen der NSDAP zählte insgesamt 450 Mitglieder. In Wustweiler und Wustweilerhof gab es insgesamt acht Blöcke (Nr. 22 bis 29). Die Gemeinde Wustweiler wurde in zwei Zellen zu 11 Blocks[181] aufgeteilt. Eine vom letzten Zellenleiter der Zelle V der NSDAP-Ortsgruppe Uchtelfangen (Wustweiler und Wustweilerhof) erstellte NSDAP-Mitgliederliste[182] führt insgesamt 103 Parteimitglieder auf, darunter nur eine Frau. Von diesen Mitgliedern leisteten nur 27 den Wehrdienst ab. Am 1. August 1933 traten fünf Wustweiler Bürger der NSDAP bei. Im Jahr der Rückgliederung 1935 verzeichnete die Partei 17 Neuaufnahmen, ein Jahr später traten zehn Bürger der NSDAP bei. Für die Jahre 1937 bis 1942 sind Neuaufnahmen in der Größenordnung von eins bis sechs Mitglieder jeweils gesondert vermerkt. Im Jahre 1943 traten 16 Bürger in die NSDAP ein. Wie uns in Interviews versichert wurde, glaubten einige der Neumitglieder der Jahre 1943 und 1944, durch einen Parteieintritt die Einberufung zur Wehrmacht verschieben oder gar verhindern zu können. Für das Jahr 1944 sind schließlich noch vier Neuaufnahmen verzeichnet. Bei achtzehn Mitgliedern blieb die Spalte »Tag des Eintritts« unausgefüllt.

Wir gehen davon aus, daß die NSDAP-Kerngruppe in Wustweiler etwa 20 bis 30 Mitglieder umfaßte. Hinzu kamen noch Sympathisanten aus Parteiuntergliederungen und die Jugendlichen, die in der Hitler-Jugend organisiert waren.

Die ersten Mitglieder und Initiatoren wie auch die spätere Führung von Partei und Gliederungen (DAF, NSF, NSKK, NSV, SA) der NSDAP rekrutierten sich aus drei sich überschneidenden Dorfmilieus: Einmal aus dem zahlenmäßig schwachen protestantischen Milieu, dann aus dem Beamtenmilieu und zuletzt aus dem Kreis derer, die erst kürzere Zeit im Dorf wohnten. Es deutet sich an, daß zunächst die dörflichen »Außenseiter« in der NSDAP Fuß faßten, bevor dann sukzessive Mitglieder anderer Dorfmilieus eingebunden wurden.

Die Mitglieder des Beamtenmilieus waren traditionellerweise im Dorf wenig verankert, da sie aus den typischen dörflichen Berufen ausgestiegen waren und sich beruflich und ideologisch mobil verhielten. Ihre sozialen und politischen Orientierungen lagen außerhalb des Dorfes, so daß sie kaum noch an die traditionellen Strukturen angebunden waren. Sie hatten, wie die Mitglieder der beiden anderen Milieus, mehr Freiheit, sich wegen der verminderten sozialen Kontrolle der dörflichen Bindungen zu entledigen. Die Protestanten wiederum waren weniger religiös gebunden als die Katholiken, hatten also in geringerem Maße religiös motivierte Vorurteile gegenüber dem Nationalsozialismus. Die Akzeptanz war infolgedessen größer. Aus jeder protestantischen Familie des Dorfes kamen NSDAP-Mitglieder, die auch in der SA oder in anderen nationalsozialistischen Gliederungen vertreten waren.

Im »Eck«, wie das alte Zentrum Wustweilers im Volksmund genannt wurde, dem Ortsteil, in dem Josef Schäfer aufwuchs, wohnten nur katholische Familien. Von den ca. 400 Einwohnern waren genau zehn Mitglied in der NSDAP, diese zehn Parteigenossen stammten aus acht Familien. Aus den großen alteingesessenen Bauernfamilien kam nur ein NSDAP-Mitglied. Der gesamte »Eck« war also kaum von der nationalsozialistischen Bewegung beeinflußt. Kurt Bohr stellt fest, daß »das, was heute rückblickend als katholisches Milieu an der Saar bezeichnet wird, eng verbunden an Vereine und eine konfessionelle Schul- und Lehrerbildungspolitik, (...) auch die NS-Machthaber nicht aufbrechen«[183] konnten. Auch die Wallfahrten zur Bergkapelle in

Illingen erfuhren in der Zeit des Nationalsozialismus keine Unterbrechung. Wie Mallmann notiert, stellte der Bürgermeister von Quierschied in einem Bericht vom 1. Mai 1937 fest, daß »allein die Männerwallfahrt zur Illinger Bergkapelle (...) 15 000 Gläubige anzog, auch solche, die jahrelang keine Kirche gesehen haben und dem Kommunismus früher näher gestanden haben als der katholischen Geistlichkeit. Die Predigt voller ›Ausfälle und Hetzereien gegen den Staat‹ erntete Bravorufe, ›ganz wie in einer früheren Zentrumsversammlung. Man konnte sich fast nicht des Eindrucks erwehren, daß sich alle unzufriedenen Elemente ein Stelldichein gegeben haben, um einmal auf legale Weise ihr Vorhandensein zum Ausdruck zu bringen‹.«[184]

Dieses ganz und gar traditionell-katholische und antinationalsozialistische Milieu prägte die grundlegenden Sozialisationserfahrungen von Josef. In seiner frühen Kindheit und Jugend hatte er nur wenig Kontakt zu den protestantischen Familien des Dorfes, die – von Wustweiler aus gesehen – zwischen Wustweiler und Wustweilerhof um die Mühle herum wohnten. Wir wissen, daß katholische Kinder aus Wustweilerhof ins »Eck« zum Spielen kamen und daß sich so Freundschaften über die engen Dorfteilgrenzen hinweg ergaben. Zugleich schottete sich dieses traditionell-katholische Milieu gegen Modernisierungstendenzen ab, so daß dieser Ortsteil in der nationalsozialistischen Periode weitgehend seine Ursprünglichkeit und Identität bewahren konnte, was sich unter anderem in Resistenz gegenüber dem Nationalsozialismus äußerte.

Nach dem Zweiten Weltkrieg trat Josefs Mutter der CVP (Christliche Volkspartei des Saarlandes)[185] bei. Die letztlich damit auch nach außen dokumentierte religiöse Grundeinstellung färbte auf die Kinder ab, obwohl die politische Einstellung der Kinder sich erst in den Spätjahren des nationalsozialistischen Regimes entfalten konnte.

Am 19. März 1945 marschierten amerikanische Truppen in Wustweiler ein. Andreas Keßler, Metzgermeister und Gastwirt, wurde vom Ortskommandanten beauftragt, zunächst das Amt eines Bürgermeisters der Gemeinde Wustweiler auszuüben. Der Kommunist Eduard Maas löste ihn im August 1945 ab. Diesem stand ein achtköpfiges Gemeinderatskomitee[186] mit beratender Funktion zur Seite.

Am 15. September 1946 fanden Kommunalwahlen statt. Von

1118 Wahlberechtigten machten 1053 Bürger (94%) von ihrem Stimmrecht Gebrauch. Von den 1010 gültigen Stimmen erhielt die CVP 783 Stimmen (77,5%), die damit über dreizehn Sitze im Gemeinderat verfügte. Die übrigen 227 Stimmen (22,4%) entfielen auf die Freie Bürgerliste, die drei Sitze erhielt. Die zehn Jahre faschistischer Gewaltherrschaft hatten zur Folge, daß die sozialdemokratischen und kommunistischen Traditionen in Wustweiler völlig zerstört wurden. Erst im Verlaufe der politischen Auseinandersetzungen um die Volksbefragung über das Europäische Statut für das Saarland am 23. Oktober 1955 bildete sich in Wustweiler erneut ein an der Bundesrepublik Deutschland orientierter SPD-Ortsverein, der im Gemeinderat der Legislaturperiode 1956-1960 mit zwei Mitgliedern vertreten war.

## Die Pfarrei Wustweiler

Die Fundierung des Dorfmilieus im Katholizismus und damit eng verknüpft die Stellung der Amtskirche und ihres dörflichen Vertreters, des Dorfpfarrers, gewinnt für die Rekonstruktion von Josefs Biographie ebenfalls Wichtigkeit. Bis zur Gründung einer eigenständigen Pfarrei gehörten die Katholiken des Ortsteils Wustweiler zur Pfarrgemeinde Uchtelfangen[187], die Katholiken aus Wustweilerhof und Hosterhof[188] zur Pfarrgemeinde Illingen.[189] Bereits im September 1912 gründete sich in Wustweiler ein »Kirchbauverein« mit dem Ziel, »die Beschaffung von Geldmitteln zum Bau eines römisch-katholischen Gotteshauses zu Wustweiler-Wustweilerhof zu betreiben«.[190] Diese Bestrebungen wurden durch den Ausbruch des Ersten Weltkrieges erst einmal zunichte gemacht. Nach dem Krieg erwarb der Verein einen Wirtschaftssaal vom Hofbräuhaus Saarbrücken für 27500,- Mark und am 17. April 1920 sandte er einen Antrag an das Bischöfliche Generalvikariat, mit der Bitte, diesen Wirtschaftssaal als »Notkirche« (Kapelle) zuzulassen. Im Juni 1920 erfolgte die feierliche Einweihung der Notkirche.[191] Dort »steht ein fein geschnitzter Altar aus der Mitte des 18. Jahrhunderts mit schönem Schnörkelwerk an den Seiten der Tabernakelnische und als Bekrönung«.[192] Dieser Altar war 1803 von der Pfarrei Illingen in Trier aufgekauft worden.[193] Er stammte aus einem Dominikanerkloster, das abgebrochen wurde und dessen Prior Pfarrer in Illingen wurde.

*Bild 18:* Innenaufnahme der Notkirche Wustweiler.

Von der Pfarrei Uchtelfangen wurde eine kupfervergoldete Sonnenmonstranz aus dem 18. Jahrhundert nach Wustweiler entliehen. In dieser Kirche wurden Josefs Eltern getraut und Josef am 9. März 1924 getauft. Im Dezember 1922 wurde der Ort Expositur (eigener Seelsorgebereich). Am 7. Januar 1923 erfolgte die Einführung des Illinger Kaplans Hermann Schulz als Expositus. Die kirchlich noch getrennten Ortsteile Wustweiler und Wustweilerhof waren seit dem 7. März 1923 der Pfarrei Uchtelfangen unterstellt. Am 1. Januar 1925 wurde Wustweiler zur Kapellengemeinde erhoben, der bisherige Kaplan Schulz zum Pfarrvikar ernannt. Bis zur endgültigen Errichtung einer eigenen Pfarrei unterstand die Kapellengemeinde der Pfarrgemeinde Uchtelfangen. Jedoch wählte man bereits zum 18. November 1925 alle kirchlichen Gremien, da die Kapellengemeinde in finanziellen Fragen unabhängig agierte.[194]

Die Kapellengemeinde Wustweiler wurde am 12. Juli 1928 zur Pfarrei »Herz-Jesu« Wustweiler erhoben.[195] Am 6. November 1932 erfolgte die Grundsteinlegung für die Pfarrkirche.[196] Die katholische Kirchengemeinde sollte laut Beschluß der Gemeinderatssitzung vom 24. März 1924 bei ihrer offiziellen Gründung unentgeltlich einen Kirchbauplatz in unmittelbarer Nähe des Friedhofs übereignet bekommen.[197]

*Bild 19:* Der Wustweiler Pastor Hermann Schulz (Mitte der 30er Jahre).

Einem längst überfälligen »Bedürfnis hat die Gemeinde Wustweiler im Jahre 1923 in Bezug auf die Totenbestattung Rechnung getragen, indem in Wustweilerhof durch Geländeaustausch ein neuer Friedhof angelegt wurde. Bis dahin wurden die Toten aus dem Ortsteil Wustweiler auf dem Friedhof in Uchtelfangen und die von Wustweilerhof und Hosterhof in Illingen beerdigt. Die Verstorbenen aus Hosterhof werden weiterhin auf dem Illinger Friedhof beerdigt. Die Kosten des neuen Friedhofs beliefen sich auf rund 2300 Fr., die in der Hauptsache durch die Einfriedung (eiserner Staketenzaun) entstanden sind.«[198]

Bei Kirchbaubeginn pachtete man in unmittelbarer Nähe des Bauplatzes einen Steinbruch. Der Bau der Pfarrkirche wurde durch hohe Eigenleistungen der Gemeindemitglieder (Arbeitsleistungen ohne Entgelt, Sach- und Geldspenden)[199] ermöglicht.

»Jahrelang haben die Männer und Jünglinge um Gotteslohn im Steinbruch gearbeitet und die Steine an den Bauplatz angefahren. Weiterhin haben die Pfarrangehörigen alle Hand- und Spanndienste sowie alle Ausschachtungsarbeiten unentgeltlich geleistet. Die Pfarrei hat jahrelang nicht nur gearbeitet, sondern auch geldliche Opfer gebracht, nicht von ihrem Überfluß, denn Wustweiler hat keine wohlhabenden Leute. (...) Nun sieht die Pfarrei ihre große Mühe reich belohnt.«[200]

Josefs Freund Alfons erzählt, daß er mit Josef und anderen Jungen sonntagnachmittags in diesem Steinbruch spielte, anstatt die Andacht zu besuchen. Sie wurden von einem Jungen beim Pastor verpetzt und dann im Religionsunterricht vom Pastor zur Rede gestellt.

»Da waren wir im 3. oder 4. Schuljahr, wir mußten sonntagnachmittags in die Kirche. (...) Die Steine für die Kirche wurden direkt unterhalb gebrochen. Die Steine wurden dort gebrochen und gehauen und dann auf Schienen mit einem Pferd hochgezogen.
Da sind wir sonntagmittags, da war der Josef auch dabei und zwei, drei vom Jahrgang. Wir sind dann nicht in die Kirche, wir mußten da auf den Hof, in die Notkirche, wir sind in den Steinbruch und haben ›Rollwägelchen‹ gefahren. Wir haben das Ding leer hochgedrückt, haben uns draufgesetzt und dann haben wir's sausenlassen. Wir hatten Spaß daran, es war etwas Herrliches. Unten war ein Prellbock. Da daneben war ein Griff, da konnte man bremsen. Oh, das war herrlich! (...) Das hat einen unheimlichen Spaß gemacht.
Dienstags hatten wir dann Katechismus, und Pastor, der ist hereingekommen: ›Grüß Gott‹ – ›Grüß Gott!‹ Dann wurde gebetet! ›Setzen!‹ – ›Gib mir mal einer einen Katechismus!‹ Und dann ist gesagt worden: ›Die

Leute stehen auf, die am Sonntagnachmittag Rollwägelchen gefahren haben!‹ (...) Da hat alles sich geduckt, und es ist kein Mensch aufgestanden. Und da hat er angefangen zu drohen. (...) Auf einmal ist einer aufgestanden, der ist auch gefahren. (...) Na ja, mit der Zeit haben sie alle gestanden.« (Rie)

»Bereits am 2. April 1934 wurde das Allerheiligste in feierlicher Prozession von der Notkirche in das neue Gotteshaus geleitet, wo das erste hl. Meßopfer gefeiert wurde.«[201] Architekt war der Trierer Dombaumeister Julius Wirtz.

Die neue Pfarrkirche wurde am 14. Mai 1934 vom Trierer Weih-

*Bild 20:* Die Pfarrkirche »Herz-Jesu« Wustweiler im Rohbau.

bischof Antonius Mönch feierlich konsekriert.[202] Der Innenausbau[203] konnte jedoch erst nach dem Zweiten Weltkrieg vollendet werden,[204] da die finanziellen Mittel in den dreißiger Jahren immer knapper wurden und der Ausbruch des Krieges einen weiteren Ausbau verhinderte. 1955 wurden aus Anlaß des 40jährigen Priesterjubiläums von Pfarrer Schulz vier Glocken im Gesamtgewicht von ca. sechs Tonnen feierlich geweiht und der Glockenturm erst jetzt seiner endgültigen Bestimmung übergeben.

Der Visitationsbericht[205] des Dechanten Johannes Knauf (Uchtelfangen) vom 14. März 1934 weist aus, daß es zu diesem Zeitpunkt in der Pfarrei Wustweiler 1450 Katholiken, 50 nichtkatholische

Christen und zwei Dissidenten gab. Laut Visitationsbericht[206] vom 17. März 1939 steigt die Zahl der Dissidenten 1939 auf vier. Weiterhin werden für die Pfarrei Wustweiler acht kirchliche Vereine aufgezählt: der Jungfrauenverein, der Kindlein-Jesu- und Schutzengelverein, der Franziskus-Xaverius-Missionsverein, der Bonifatiusverein, der Borromäusverein, der kirchliche Paramentenverein und der Verein »Lebendiger Rosenkranz«. Zu bedenken ist, daß nicht alle diese Vereine sich regelmäßig trafen, sondern zu bestimmten Gelegenheiten zusammenkamen. Im Vergleich zu den vorherigen Berichten fällt auf, daß einige kirchliche Vereine inzwischen von den Nationalsozialisten verboten wurden (z. B. die St. Barbara-Bruderschaft) und keine Erwähnung mehr finden.

Um das kirchliche Milieu, das entscheidend vom ersten Pastor Wustweilers, Hermann Schulz, geprägt wurde, nachzuvollziehen, werden ausschnittartig Interviewzitate angeführt. Pastor Schulz kann als Prototyp eines Dorfpriesters seiner Zeit gelten. Es waren herrische Menschen, Respektspersonen in ihrer Gemeinde, die keine Opposition duldeten. Neben ihrer primär seelsorgerischen Tätigkeit engagierten sie sich im Kampf gegen Unmoral und sexuelle Ausschweifungen sowie im Kampf gegen Sozialismus und Kommunismus.[207]

Von Paul Reuter[208], dem Pastor Schulz – damals noch Kaplan in Illingen – Lateinunterricht erteilte, erhalten wir zwei charakteristische Schilderungen einiger Wesenszüge des Pastors. Zunächst geht er in seinen 1974 begonnenen, unveröffentlichten Memoiren auf den jungen Kaplan Schulz ein:

»Am meisten Schwierigkeiten bereitete mir das Lateinische. Ich fand nur einen, der bereit war, mir zu helfen. Das war Kaplan Schulz aus Illingen, später Pfarrer in Wustweiler. Aber was war das für ein Unterricht! Der gute Kaplan war immer müde, er schlief oft während des Unterrichts ein. Oft war er auch böse, er schrie mich an, wenn es nicht klappte. Der Unterricht wurde mit der Zeit eine Qual.«[209]

Vor seiner Abreise zum Studium nach Paris verabschiedet sich Paul Reuter von seinem »alten« Lateinlehrer. Er berichtet:

»Pastor Schulz aus Wustweiler, bei dem ich mich vor meiner Abreise nach Paris verabschiedete, bezeichnete diese Stadt als ein modernes Babylon. Ich müsse mich in der Weltstadt Paris sehr in Acht nehmen, denn mein Seelenheil sei dort in Gefahr. Das waren sicher gutgemeinte Ratschläge, aber konnten doch nur einem Hirn eines engen Klerikers entspringen.«[210]

Vergleichbar beschreibt Wittenbrock die Situation im Religionsunterricht. »In den Volksschulen erhielten die Schüler (...) Religionsunterricht, der zum Teil von den Pfarrern des Ortes und des Stadtteils erteilt wurde. Zahlreiche Berichte belegen, daß diese Geistlichen oft gefürchteter waren als die Lehrer. Da sie in der Regel keine pädagogische Ausbildung hatten und de facto weniger der Aufsicht der Schulräte unterstanden als die Lehrer, griffen sie oft härter durch als die Erlasse des Kultusministeriums es erlaubten, und sie benutzten häufiger den Rohrstock als pädagogisches Mittel, um die Kinder zu disziplinieren.«[211]

Hermann Schulz[212] wurde am 3. November 1887 in Kappel (Kreis St. Goar, Hunsrück) als Sohn des preußischen Oberförsters Otto Schulz geboren. Seine Kindheit verbrachte er im Hunsrückdorf Kappel und in der Kleinstadt Kastellaun. Seine in Trier lebende Schwägerin Erlafriede Schulz teilte uns mit, daß der Vater aus einer evangelischen Pastorenfamilie, die Mutter aus einer Saarburger Hotelier- und Weinhändlerfamilie stammte. Die Mutter, die bereits 1904 verstarb, erzog die Kinder in ihrem katholischen Glauben. Der Vater untersagte seinem Sohn Hermann ein katholisches Theologiestudium. Dieser studierte deshalb nach seiner Gymnasialzeit in Trier zunächst Jura in Bonn. Erst 1911, nach dem Tod seines Vaters, wechselte er zum Priesterseminar nach Trier, wo er 1915 zum Priester geweiht wurde. Hermann Schulz starb am 15. April 1969 und wurde in »seiner« Pfarrkirche beerdigt.[213]

Von 1923 bis 1968 wirkte Pastor Schulz in Wustweiler und prägte in diesen Jahren nicht nur das kirchliche und politische Leben, sondern in ganz entscheidendem Maße auch die sozio-kulturelle[214] Atmosphäre. In seiner Person kristallisieren sich entscheidende Punkte, die uns bei der biographischen Rekonstruktion von Josefs Leben immer wieder begegnen. Pastor Schulz repräsentierte die konservativen Wertvorstellungen der damaligen katholischen Priesterschaft in hervorragender Weise. Bedingt durch seine regionale (randständige, ländliche Hunsrückregion) und schichtspezifische (preußisches Beamtenmilieu) Herkunft hatte er Schwierigkeiten, sich auf die Mentalität der saarländischen Arbeiterbauern, Bergleute und Industriearbeiter einzustellen. Er führte seine Pfarrei im patriarchalisch-autoritären Stil und duldete keinen Widerspruch.

Auch den Verfassern ist er präsent; »da sind die Erinnerungen an einen großen, schwarzen Pastor und seine grausame Art und Weise, uns Knaben zu mißhandeln.«[215] Auch im Projekt »Zeitzeugen« wird von einem Priester vom Typus des Pastor Schulz berichtet: »An meine Schulzeit erinnere ich mich ungern, vor allem an die Zeit mit Pastor Zilligen. Wenn man den Katechismus gut gelernt hatte, nützte das alles nichts, ein Blick des Pastors, und wir wußten gar nichts mehr. Seine Prügel waren sehr gefürchtet.«[216]

Ein älterer (80 Jahre) Interviewpartner kann sich an eine Episode mit Pastor Schulz erinnern, die einiges über seinen Charakter und seine Methoden aussagt, zugleich aber das damalige katholische Dorfmilieu beschreibt, denn die beschriebenen Methoden waren bischöflicherseits angeordnet und wurden von den Dorfpriestern durchgesetzt.

Bi. war Mitglied im Alten Verband.[217] Mitglieder des Alten Verbands waren vom aktiven kirchlichen Leben ausgeschlossen. »Bischof Bornewasser nutzte die Krise des BAV, um den Mitgliedern der freien Gewerkschaften in einem am 16. Dezember 1923 verlesenen Hirtenbrief die Verweigerung der Absolution anzudrohen. (...) Der Beichtstuhl – Ort der durch den Priester personal vermittelten Entlastung von Schuldgefühlen – wurde zur Kampfstätte der Organisationszugehörigkeit.«[218] Bi. will heiraten, und er möchte dies mit kirchlichem Segen vollziehen:

»Als ich 1929 heiratete, da hat der Schulz zu mir gesagt: ›Ich kann Sie nicht trauen, Sie sind im Alten Verband.‹ Da habe ich gesagt: ›Momentan nicht!‹ Da hatte ich gerade einen Krankenschein. Wer einen Krankenschein hatte, mußte nicht bezahlen. Da habe ich gesagt: ›Ich bin momentan draußen, ich bin nicht drin.‹ Ja, da hat er mich getraut nachher. (...) Die (Mitglieder im Alten Verband, d. Verf.) waren bekannt. Die da drin waren, die waren bekannt.« (Bi)

Auch Richard Kirn (1902-1988), Arbeitsminister in der Regierung Johannes Hoffmann, dessen Tochter mit dem Wustweiler Gemeinderatsmitglied Ferdinand Pink verheiratet war, erlebte das gespannte Verhältnis zwischen katholischer Kirche und sozialistischer Gewerkschaftsbewegung. Im Beichtstuhl hatte er auf die Frage des Schiffweiler Pfarrers, ob er Christ sei, geantwortet: »Ich bin ein Mitglied der freien Gewerkschaften.« Nach einem lautstarken Disput verließ Richard Kirn demonstrativ die Kirche. Jener Pfarrer hatte von der Kanzel herab die Frauen der Gemeinde aufgefordert, ihren Männern den ehelichen Beischlaf zu verweigern, wenn sie nicht aus der freien Gewerkschaft austräten.[219]

Pastor Schulz leitete in den zwanziger und frühen dreißiger Jahren die Zentrumspartei im Dorf. Während der faschistischen Zeit hielt er sich mit öffentlichen Äußerungen zurück, sicherlich nicht, weil er mit den Nationalsozialisten sympathisierte, sondern eher, um nicht in persönliche Schwierigkeiten zu geraten. Pastor Schulz hatte nur einmal mit den Nationalsozialisten einen offenen Streit, als im Juli 1938 »eine Strafanzeige durch die Gestapo Neunkirchen sowie zwei Verhöre durch Schul- und Kreisschulrat (erfolgten), weil Pfarrer Schulz im Religionsunterricht einen Jungen geohrfeigt hatte«.[220] Interviewpartner berichten, daß sich der Wustweiler Pastor nicht in die Politik einmischte, sich insgesamt bedeckt hielt, so daß seine politische Meinung nicht bekannt wurde. Die Gemeinde war auf Vermutungen angewiesen.

»Von der Kanzel (hat sich der Pastor) vor allen Dingen mal nicht (eingemischt). Der Pastor war immer auf der Kanzel, wenn der z.B. gesagt hätte: ›Daß ihr deutsch seid, brauche ich euch nicht zu sagen!‹, hätte jeder gewußt, was er wollte sagen. So ähnlich, solches, das ist schon mal passiert.« (Mei)

Dieses extrem zurückhaltende Auftreten bestätigt auch seine in Triest lebende Nichte, die berichtet, daß er einem Gemeindemitglied gegenüber, das in der Beichte von Haßgefühlen gegen das »Hitlervolk« erzählte, seine Meinung nicht zu erkennen gab und sich aus Angst vor Repressionen sogar im Beichtstuhl bedeckt hielt. Wie eine Interviewpartnerin, deren Großvater Heinrich Pink aktiv in der Zentrumspartei tätig war, mitteilt, war Pastor Schulz nicht zu bewegen, aus politischem Kalkül heraus evangelische Mitbürger in die Zentrumspartei aufzunehmen. Pinks Absicht war es, auch die evangelischen Wähler fürs Zentrum zu mobilisieren. Für Pink war der Pastor »politisch zu engstirnig«. Ein anderer Interviewpartner erinnert sich an Pastor Schulz und bestätigt die beschriebene politische Abstinenz:

»Der hat sich an nichts gestört. Er konnte die nicht leiden, die Hitler. Aber er hat sich an nichts gestört und hat auch an nichts teilgenommen.« (Sche)

Während des Krieges versammeln sich Ehefrauen, Mütter und Anverwandte von Soldaten an einem alten Wegkreuz[221] im Ortsteil Wustweiler, um für den baldigen Frieden und die sichere

Rückkehr ihrer Männer, Söhne und Verwandten zu beten. Diese offene, stille Demonstration des Glaubens wird vom Pastor nicht akzeptiert. Er verbietet den Frauen ihr Gebet:

»Die Leute haben sich am Kreuz versammelt und haben gebetet für den Frieden, daß alle aus dem Krieg heil heimkommen. Da ist der Pastor dorthin gegangen und hat gesagt: ›Es ist verboten, öffentliche Gebete zu veranstalten. Dafür ist die Kirche da.‹ Da hat die Hebamme (Katharina Buschauer, d. Verf.) gründlich geschimpft über den Pastor, die hat ja hier noch gewohnt, die war auch da dabei. Die hat immer gesagt: ›Der da Buchsensch...!‹ Die hat wortwörtlich gesagt: ›Der da (dieser) Buchsensch...! Der ist nicht so kühn, um das Maul aufzutun‹.« (Vik)

Die folgenden Interviewpassagen vermitteln uns einen weiteren Einblick in Vorstellungswelt und Denkfiguren des Pastors Schulz; daneben schildern sie aber auch die Freuden und Nöte der Dorfbewohner, die nicht immer mit diesem Priester übereinstimmten. Da sie die religiöse Autorität nicht in Frage stellen konnten und wollten, wurden »lebenspraktische« Aus- und Umwege gesucht, den Alltag jenseits der kirchlichen Obrigkeit zu gestalten.

»Paß auf, das war so: Ich war schon 29, da hatten wir schon Fußball gespielt mit den Schülern mit 12 Jahren. Wir hatten die DJK, Deutsche Jugendkraft. Das war sporttreibend; von der religiösen Sicht aus. Heute gibt es die DJK noch. Die Kapläne waren oft die Präses, die Vereinsführer.
Unser Pastor war sehr, sehr altmodisch, das stimmt! Oh lieber leider, wenn der, z. B. hätte es das nie gegeben, daß du in die Kirche gekommen wärest als Bub mit Halbstrümpfen und mit Hosen bis dahin (= kurze Hosen). Unsere Kommunionkleider waren ja kurze Hosen. Ich hatte Bleyle, die waren nur bis auf die Knie. Und dann hatten wir Strümpfe an bis unter die Hose, Halbstrümpfe. Das war schon anstößig, gegen den Herrgott. Von wegen, daß ein Mädchen oder eine Frau, hat sich keine gewagt, ärmellos an die Kommunionbank zu gehen, unmöglich, die hätte er glatt übergangen, seine alte Einstellung! Und durch den Sport hatte er Angst gehabt, die Jugend würde weniger in die Christenlehre gehen. Wir hatten sonntagmittags immer Christenlehre. Und wenn wir Fußball gespielt haben, dann haben wir immer müssen schreiben, die waren dann ›geduldet entschuldigt‹. Und das war wirklich so, der hat fast 80% Christenlehre gehalten wie in der Schule Religion.« (Mei)

Der Satz »Sport ist des Teufels« gibt wohl die Einstellung des Pastors zu sporttreibenden Vereinen am prägnantesten wieder. Wir wissen, daß er die Bildung eines Sportvereins lange Zeit abblockte und die Anlage eines Sportplatzes in Nachbarschaft von Kirche und Friedhof zu verhindern wußte. Andererseits scheute er sich nicht, den Vereinsvorsitzenden um Gelder aus der Vereinskasse für den Bau und Unterhalt der Pfarrkirche anzugehen. Ein Interviewpartner erzählt vom damaligen Konflikt zwischen den sportbegeisterten Jugendlichen und dem sportfeindlichen Pastor:

»Und, stellt euch mal vor, auf dem Sportplatz haben wir gespielt mit kurzen Hosen. Dann hätten ja die Mädchen vielleicht gesehen, das da ist ein strammer Kerl! Also, da sollte der Sportplatz da oben hinkommen. Da waren wir noch DJK.« (Mei)

Zu Beginn der fünfziger Jahre versuchte Pastor Schulz energisch, den Neubau einer katholischen Volksschule in unmittelbarer Nachbarschaft der Kirche zu verhindern: »Ich will die Schreihälse nicht hier oben haben.« Eine Episode verweist deutlich auf die Herkunft von Pastor Schulz aus dem ländlichen Milieu. Der Pfarrer mußte sich während des Krieges von den Produkten seiner »Pfarrkinder« ernähren, denn allzu viel war nicht käuflich zu erwerben. Er wußte, daß die »Bauern« Nahrungsmittel zu verstecken pflegten, damit diese nicht in die Hände der Soldaten (oder in unserem Fall der Nazis) fielen. Er nutzte also das Beichtgeheimnis aus, um Bezugsquellen zu erfahren.

»Ah, das Hehlloch[222] in der Scheune! Paß auf! Dort (über dem Hühnerstall, d. Verf.) war immer so ein kleines Loch, es lagen immer Bretter drin, und das war dann so ein Loch, um einen zu verstecken. Als der Krieg kam, da durfte man nicht mehr alles haben. Wir haben doch immer ›schwarz‹ geschlachtet. Da wurde das Loch damit gefüllt.
Man ging zum Müller, ließ Mehl mahlen, und wir bekamen das Loch nicht voll. Wir hatten mit Schmitz (Nachbarn, d. Verf.) immer ein gutes Verhältnis. Da ist das Loch dann in der Nacht gefüllt worden. Da war dann von denen und von uns drin.
Auf einmal ist das Schmitz Kathchen sonntagmorgens vor der Frühmesse noch zur Beichte. Und als das Kathchen mit seiner Beichte fertig war, da hat der Pastor den Vorhang vorgezogen und hat gesagt: ›Kathchen, ich habe gehört, ihr hättet in Schäfers Haus so ein schönes Hehlloch in der Scheune.‹ Das Kathchen hat's dann an den Mann gebracht, hat es ja müssen, damit der seine Ruhe hatte! Es war ja auch gut, daß er es gesagt hat, damit wir gewußt haben, es ist kein Hehlloch mehr, es ist nicht mehr geheim. Der Pastor hat es gewußt, woher er es wußte, das wissen wir bis heute noch nicht.« (Vik)

Des weiteren erfuhren wir im Verlauf unserer Recherchen, daß er die Bildung einer katholischen Jugend[223] (Sturmschar) verhinderte, ohne daß wir dafür Gründe finden konnten. Spekulativ können wir vermuten, daß ihm jede Initiative aus den Reihen der Gemeindemitglieder widerstrebte, zumal, wenn sie mit zusätzlicher Arbeit für ihn verbunden war. Es bietet sich auch die Interpretation an, daß er Konflikte mit Nationalsozialisten, die die Ortsgruppe Wustweiler der DF mitbestimmten, vermeiden wollte. Die interessierten Jungen traten dann kurz darauf der HJ bei. Eine »katholische Jugendverbandssozialisation« unterblieb! Die Jungen haben damals noch nicht ans »Politische« gedacht, sie wollten Spaß haben.

»Ich kann mich erinnern, wir hatten zuerst, bevor das überhaupt Jungvolk und HJ wurde, haben wir in Wustweiler den Versuch gemacht, unter der Leitung vom Jene Alex[224] eine Sturmschar zu gründen. Wir waren so ca. 20-30 Buben. Das war vor 35! Wir hatten Gruppenabende gemacht, sehr interessant. Und dann ist der Alex zum Pastor gegangen und hat zu ihm gesagt: ›Herr Pastor, wir wollen eine Sturmscharabteilung gründen.‹ Und da hat der Pastor gesagt: ›So was brauchen wir in Wustweiler nicht.‹ Wir Jungen fühlten uns wie vor den Kopf gestoßen, der Alex auch. Der konnte das nur nicht so sagen, jedenfalls! Und dann kam das 35 mit der Hitler-Jugend, und da sind die Jungen, die sich da so organisiert hatten, sind dann geschlossen in die HJ gegangen.
Da war schon eine Gruppe organisiert, und dann hätten sie gerne – weiß Gott – Sturmschar oder sonst was, aber dann war das vorbei. Da war der Zug abgefahren! Der Schulz hat gesagt: ›Das kommt nicht in Frage!‹« (Bi)

Die Mitgliedschaft in der HJ[225] und intensive nationalsozialistische Propaganda konnten nicht verhindern, daß noch gegen Ende der dreißiger Jahre von den Jugendlichen des Dorfes religiöse Traditionen, wie etwa die jährliche Wallfahrt zur Illinger Bergkapelle im Anschluß an die Schulentlassung gepflegt wurden:[226]

»Wie wir aus der Schule kamen, sind wir auf die Kapelle gegangen zum Beten, das war Tradition. Anschließend haben wir uns beim Pastor verabschiedet vor dem Pfarrhaus.« (Rie)

Im Verlauf unserer Nachforschungen erfuhren wir, daß »NS-Spitzel« sonntags den Gottesdienst zu beobachten pflegten und auffälligerweise stets nach der Predigt die Kirche verließen.

»Und dann hatten wir in Wustweiler einen noch ganz Gefährlichen, das war der Förster Sch. Der kam nachher nach Fischbach, und der war oder stand in der Kirche und hat aufgepaßt, was der Pastor predigt. Der war evangelisch und stand in der Kirche und hat aufgepaßt. Und unser Pastor, der Schulz, der war so schlau, in Wustweiler hatten alle Leute einander gekannt, und der hat auch gleich gewußt, dem da ist nicht zu trauen, und da hat der auch so indirekt darauf hingewiesen, man konnte ihn aber nicht festnageln.« (Mei)

Die antikirchlichen Nationalsozialisten setzten auch Mitbürger und »unsichere« Parteigenossen mit Drohungen unter Druck. Ein Interviewpartner berichtet, wie er daran gehindert wurde, damit aufzuhören, den Schmuck für die Fronleichnamsprozession anzubringen.

»Also, ich bin 71 Jahre alt und habe eine Menge vergessen! Aber das Jahr weiß ich jetzt nicht mehr, aber es war im Krieg, da habe ich an der Kirchenstraße die Maien gesteckt für Fronleichnam, da hat der H. zu mir gesagt: ›Daß du's weißt, als Parteimitglied steckst du keine Maien mehr!‹ Da habe ich gesagt: ›Gut, dann lasse ich es.‹« (Mei)

Bei anderer Gelegenheit erklärte ihm derselbe Parteigenosse, daß »sie binnen Jahresfrist ihre Versammlungen in der Kirche abhalten werden.« Die Menschen von Wustweiler kannten andere Priester, die dem Nationalsozialismus in offener Feindschaft gegenüberstanden. Insbesondere die unmittelbaren Nachbarn von Josef hatten regen Kontakt zu den Einwohnern von Humes, einem Nachbardorf, denn der Bahnhof von Wustweiler war auch zugleich Abfahrtsort für die Arbeiter und Bergleute aus Humes, die täglich in die Industrie- und Kohlenreviere im Fischbach-,

*Bild 21:* Prozession anläßlich der Einweihung der Pfarrkirche 1934.

Sulzbachtal, im Raume Neunkirchen und nach Saarbrücken pendelten. Josefs Tante Maria Dörr, geb. Schäfer (1885-1974), war zudem nach Humes verheiratet. Die Gaststätte Glatz, in der Nähe des Wustweiler Bahnhofs in der damaligen Schulstraße gelegen, war Anlaufstelle für viele Humeser Hütten- und Bergarbeiter, die vor dem etwa vierzigminütigen Heimmarsch den Humeser Berg hinauf sich mit einem Glas Bier oder Schnaps stärkten und Neuigkeiten austauschten.[227] Auch Pastor Hugo Pfeil (1885-1967) pflegte, auf seinem Weg zum Conveniat[228] in eine der anderen Pfarreien des 1924 gegründeten Dekanats Illingen beim »Glatz« einzukehren, ebenso wie seine Haushälterin auf dem Weg zum Einkauf.

Pastor Pfeil wurde am 20. September 1939 verhaftet[229], nachdem er durch seine Predigten aufgefallen (»Der Antichrist ist auf dem Vormarsch und hat bereits die ersten Stellungen überrannt.«) und von einem seiner Pfarrkinder denunziert worden war.[230] »In Humes an der Saar erlebte er seit dem Jahre 1933 den Kampf der Kirche, die mit brennender Sorge um Wahrheit, Recht und Gerechtigkeit ringen mußte. Hier wurde er zum Zeugen der Wahrheit, hier warnte und mahnte er. (...) Kein Wunder, daß die Gestapo in ihm eine Bedrohung des ›Dritten Reiches‹ sah, ihn am 20. September 1939 verhaftete und als einen der ersten Priester unserer Diözese in Schutzhaft nahm.«[231] Bis zum 7. Februar 1940 wurde er im Amtsgerichtsgefängnis von St. Wendel festgehalten, dann ins KZ Oranienburg-Sachsenhausen abtransportiert, wo er am 15. Februar 1940 eingeliefert wurde. Am 15. Dezember 1940 kam er ins KZ Dachau, wo er am 9. April 1945 noch von der SS entlassen wurde, nachdem er gegenüber den SS-Schergen eine Verzichtserklärung auf etwaige spätere Regreßansprüche unterschrieben hatte. Pastor Pfeil berichtet, wie schlecht die Diözese Trier für ihre gefangenen Priester im KZ sorgte.[232]

Pastor Pfeil stand nach seiner Entlassung aus dem KZ Dachau vom 1. Juli 1945 bis zum 20. April 1951 erneut der Pfarrei Humes vor. Er verließ die Pfarrei auf eigenen Wunsch mit Zustimmung des Bischofs[233], da sein Verhältnis zu den Pfarrkindern wie auch zum Kirchenvorstand wegen der Ereignisse der Vergangenheit getrübt war und übernahm eine kleinere Pfarrei (Monzel/Mosel). Hugo Pfeil verfaßte unter dem Titel »Das Leben, Leiden und Sterben der Priester in Dachau« einen unveröffentlichten Bericht über die unbeschreiblichen Demütigungen der Häftlinge.[234]

Während in der Gemeinde Wustweiler in den siebziger Jahren die Kirchenstraße in Pastor-Schulz-Straße umbenannt wurde, sucht man in Humes eine Pastor-Pfeil-Straße vergebens. Pastor Pfeil wurde vom Trierer Bischof zum Geistlichen Rat ernannt. Er erhielt das Bundesverdienstkreuz, eine Auszeichnung, die 1965 auch der Haushälterin des Pastors Schulz, Helena Nickels (im Volksmund »Pastors Lenchen« genannt), verliehen wurde.

Es scheint plausibel, daß die engen Kontakte zwischen den Menschen aus Wustweiler und Humes zu Gesprächen über die politische Lage und das Schicksal des Pfarrers Pfeil geführt haben. In der Tat wissen wir, daß die Verhaftung von Pfarrer Pfeil auch in Wustweiler vereinzelt zu Besorgnis Anlaß gab und Menschen noch vorsichtiger agieren ließ.

Nicht verborgen bleiben konnte den Einwohnern von Wustweiler in gleicher Weise das Schicksal des Pfarrers von Arzfeld, Johannes Ries, der 1945 im KZ Dachau starb. Ries war von 1916-1919 Kaplan in Uchtelfangen und somit auch für den Ortsteil Wustweiler zuständig gewesen.

Wir haben in diesem Kapitel das regionale und dörfliche Milieu umschrieben, in welchem Josef aufwuchs. Vor diesem Hintergrund werden wir nun zunächst drei biographische Rekonstruktionen vornehmen: den Dorfjungen, den Maschinenschlosserlehrling und den Panzersoldaten, bevor wir in zwei abschließenden Kapiteln die Person Josef Schäfers aus der Sicht der objektiven Hermeneutik und in ihren Milieueinbettungen betrachten.

# 3 Biographische Rekonstruktion I
## Leben im dörflichen Milieu – Der Bauernbub

>»In diesem Haus können Kreuz und Haken-
>kreuz nicht miteinander harmonieren.«
>(Heinrich Pink, Führer der DF Wustweiler)

## Das Bergmannsbauernmilieu –
## Die Familie von Josef Schäfer

*Bild 22:* Josefs Elternhaus (Mitte der 50er Jahre).

Josef wuchs also in der ländlichen Region des nördlichen Saarlandes, am Rande des industriellen Saarreviers, auf. Sein bäuerlich-
katholisches Herkunftsmilieu (Arbeiterbauernmilieu) geriet zu
Beginn des 20. Jahrhunderts verstärkt in den Sog der Industrialisierung. Zugleich behielt es jedoch seine Verankerung in traditionell ländlich-proletarischen Grundmustern bei. Der »Reichtum«
des Arbeiterbauern manifestierte sich in seinem Landbesitz und
seinem Viehbestand. Die westrheinische Erbteilung (Realerbtei-
lung) hatte im 19. Jahrhundert dazu geführt, daß der bebaubare
Landbesitz der kleinen, unabhängigen Bauern immer geringer

wurde. Diese Erbteilung war im Code Civil (in Wustweiler seit dem 23. Januar 1798) verbindlich fixiert. Der Code Civil galt seit dem Jahre 1815 als »Rheinisches Zivilrecht«, bis zum Inkrafttreten des Bürgerlichen Gesetzbuches am 1. Januar 1900 auch im linksrheinischen Deutschland.[235]

Charakteristisch für das Arbeiterbauernmilieu war die auf einfacher Haus- und Landwirtschaft beruhende, lediglich auf die Sicherung des unmittelbaren Lebensunterhalts ausgerichtete wirtschaftliche Tätigkeit (Subsistenzlandwirtschaft). Man brauchte nicht zu hungern, da man sich in der Regel mit den notwendigen Lebensmitteln (im umfassenden Sinn) selbst versorgte bzw. im Dorf über Tausch versorgen konnte; die Familien verfügten jedoch kaum über Bargeld. Der zusätzlich über industrielle Arbeit erwirtschaftete geringe Lohn (etwa eines Bergmanns) war ausreichend, um Bargeld für notwendige Anschaffungen in Haus und Hof (Hausgeräte, Saat- und Futtermittel, Maschinen etc.) und für zusätzliche sonstige Ausgaben (z. B. Kleider) bereitzustellen.

Der insgesamt nur kleine Landbesitz der saarländischen Kleinbauern stellte die Lebensmittelselbstversorgung nur im Sinne einer Grundversorgung[236] sicher, so daß die industrielle Arbeit gegen Ende des 19. Jahrhunderts notwendig wurde, um die materiellen Grundlagen des Lebens über das Existenzminimum hinaus zu gewährleisten. Berthold Meiser schreibt diesbezüglich:

»Der Landbesitz verteilt sich ausschließlich auf Kleinbetriebe (Bergmannsbauernwirtschaft). Die Industrialisierung drängt allmählich, jedoch unaufhaltsam, auch die nebenberuflichen Kleinbetriebe zurück. Der gesamte Landbesitz ist durch fortwährende Erbteilung an Kinder und Kindeskinder im Laufe von vier Generationen bis heute (ca. 1951) so verzettelt und parzelliert worden, daß für die heutigen ›Quetschbauern‹ höchstens noch Besitztümer von fünfzehn bis zwanzig Morgen verfügbar sind. Anderen Nachfahren aus Bauernwirtschaften, die um die Jahrhundertwende bis zum Ersten Weltkrieg schon Kleinbetriebe waren, blieben nur noch einige Parzellen an Wiesen und Ackerland übrig, welche allenfalls noch erlaubten, eine Bergmannskuh zu halten oder ein paar Zentner Kartoffeln oder Korn zu ernten, um so einen Zuschuß für die Lebenshaltung zu erhalten.«[237]

Josefs Familie weist durchgängig die typischen Merkmale dieses Milieus auf. Man bewirtschaftet das eigene Land, ist weitgehend Selbstversorger, die Männer ›schaffe uff de Grub‹ oder ›uff de Hitt‹. Beide Großväter arbeiteten im Steinkohlenbergbau und bewirtschafteten nebenbei eine kleine »Nebenerwerbslandwirtschaft« mit wenigen Hektar Gesamtbetriebsfläche, wohingegen die Urgroßväter noch ausschließlich von der Landwirtschaft, teilweise ergänzt durch eine handwerkliche Tätigkeit (z. B. Schuhmacher) gelebt hatten. Ländlich-bäuerliche Orientierungsmuster dominierten die Weltsicht von Eltern und Großeltern.

Die Familie Schäfer bewohnte ein sogenanntes Südwestdeutsches Einhaus.[238] Wohnhaus, Stall und Scheune befanden sich unter einem Dach. Dieses Haus war 1895 erbaut worden, nachdem das alte Bauernhaus[239] in der damaligen Dorfstraße, unweit des Ortskerns, an der heutigen Straße ›Im Linnegarten‹ gelegen, der neuen Bahntrasse (Wemmetsweiler–Hermeskeil)[240] weichen mußte. Josefs Bruder Viktor erzählt von seinem Eltern- und jetzigen Wohnhaus:

»Wenn du jetzt reinkommst, da war ein Wandschrank, wenn du die Treppe runterkommst, wo jetzt die Tür ist. Dann war dort die Brandmauer, und dahinter war der Heustall. (...) Dort, was wir jetzt Eßzimmer nennen, das war damals die Küche. Wir hatten ja keine Kochküche und keinen Klo, kein Bad im Haus. Dort in der Wand war eine Nische, und dort war ein Wasserstein. Und da waren zwei Fenster und ein Balkon. Und da waren ja drei Fenster. Und das da waren ja zwei Zimmer. Und das da (wo wir saßen, d. Verf.) war die gute Stube, drei Fenster und zwei Zimmer. Das Zimmer hier, das war wie da geteilt. Jetzt mußt du dir die Wand noch etwas (versetzt) zurückdenken.« (Vik)

Das Elternhaus verfügte im Erdgeschoß über eine große Wohnküche, eine gute Stube, das Elternschlafzimmer sowie eine kleine Kammer. Unter dem ausgebauten Dach befanden sich die zwei Zimmer für die Kinder und zwei kleinere Zimmer (Kammern) für die Dienstboten und Gehilfen. Die sogenannte gute Stube wurde nur zu besonderen Anlässen (Weihnachten, Ostern, bei Besuchen und zu Geburtstagsfeiern) benutzt. Darin befand sich ein Eßtisch mit vier Stühlen, ein Sofa, ein oder zwei Sessel, eine Kommode und ein Geschirrschrank oder eine Anrichte. Die gute Stube war der Ort der Heiligenverehrung, der Ort der Hausaltäre. So auch bei Schäfers:

»Da stand ein Verteiler, so ein Schränkchen mit zwei Schubladen. Darauf standen die Stülpgläser mit der Mutter Gottes, das Herz-Jesu und das Kreuz, so ein Stellkreuz. Das kam immer auf die Fenster an Fronleichnam. Dann so große schwarze Bilder, die Schmerzensmutter und der Christus. Da stand nachher das Bett. Zwischen den zwei Fenstern hingen die Bilder nebeneinander, das weiß ich. Das rote Sofa noch. Das Haus voller Heiligen, Zimmer voller Heiligen. Und dann, da waren noch zwei Zimmer. Da war dann das Bild von der Heiligen Familie.« (Vik)

Josefs Mutter wies den Heiligen und den Erinnerungsfotos ihren Platz an bevorzugter Stelle in der guten Stube zu. Gleichsam entrückt vom Alltag werden diese an Feiertagen ihrer Bestimmung zugeführt. In der Küche hing *nur* das Kruzifix, ein Bild der Heiligen Familie und nach Josefs Tod sein Porträt, ein nach Vorlage eines Paßfotos handgemaltes koloriertes Bild, welches Josef während seiner Dienstzeit in Versailles hatte anfertigen lassen.

»Das Buntbild von Josef, das hing in der Küche. Da zwischen den zwei Fenstern, da hing noch eines nebendran. Die hingen unter dem Bild von der Heiligen Familie, die zwei, zwischen den zwei Fenstern.« (Vik)

Bei Schäfers wurden drei Kühe, ein Jungrind und zwei Schweine im Stall gehalten.

»Also es war so, wir hatten im Schnitt drei Kühe und hatten immer ein Rind, so daß wir immer mit zwei Gespannen gefahren haben. Zwei Kühe, die haben immer den Weg gewußt, wie man so sagt, und da hatten wir als mit vier Kühen Mist gefahren, also drei Kühe und so ein junges dabei, das haben wir angelernt, und da hatten wir zwei Wagen, da ging es rund. Da wurde geladen, und wir haben gefahren. Da war ich dabei, die vordersten Kühe gefahren, und auf dem Heimweg die anderen zwei, die wurden hinten dran gebunden und dann geschraubt (gebremst, d. Verf.). Da hast du dich hinten auf den Schraubzug gesetzt, geschaut, daß du nicht laufen mußtest, das mußte ja sein, auf dem Wagen hocken und ab und zu schrauben. Also, drei Kühe waren das schon, und da wurde jedes Jahr eine verkauft und immer eine gute. Die sollte ja Geld bringen. Das brachten die.« (Vik)

Den Hof bevölkerten Hühner, Gänse und Katzen. Die Familie produzierte Fleisch, Milch, Butter und Obst im Überschuß. Das überschüssige Fleisch wurde nach der Schlachtung direkt vermarktet. Die Familie Schäfer, wie die anderen Bauernfamilien im Dorf, waren Mitglied in der Molkereigenossenschaft[241], die für die Vermarktung der überschüssigen Milch zuständig war. Die Milch wurde jeden Morgen abgeholt und in der Eppelborner Molkerei verarbeitet, da Wustweiler nur über eine Milchsammelstelle verfügte. Einmal im Monat wurde der Verdienst an die Bauern ausbezahlt. Diese Aufgabe übernahm in der nationalsozialistischen Periode der Ortsbauernführer. Grundnahrungsmittel wurden zweimal in der Woche vom Konsumverein eingekauft und an die Mitglieder verteilt. Mit dem überschüssigen Obst aus dem Obstgarten, in der Regel Äpfel, Birnen und Kirschen, belieferte man im Herbst die Kunden in Illingen. Wöchentlich zweimal wurde »gebuttert«. Die Schäfers waren in der ganzen Umgebung für ihre gute Butter bekannt. Die überschüssige Butter verkaufte man dienstags und freitags an die Kaufhäuser Kiefer und Bremerich in Illingen, was der unter notorischem Geldmangel leidenden Familie Bargeld einbrachte.

»Die Butter, die ist immer verkauft worden. Die (Familie Schäfer, d. Verf.) haben doch das Geld gebraucht. Der Mann hat ja nicht viel Pension gehabt. (...) Wir hatten immer gute Butter gehabt. Die Kühe gaben gute Milch. Da haben wir immer die Butter, das war immer Saure-Rahm-Butter. Da war hinterm Haus ein Brunnen, da haben wir immer den Eimer hineingehängt. Und dann war der immer schön kühl. Die Kühe waren auch gut, es kommt auf die Milch an!« (Hol)

Josefs Bruder Viktor ergänzt die Geschichte von der »guten Butter« durch Ausführungen von anderen Dorfbewohnern, die von seiner Mutter stets das »Butterrezept« haben wollten. Dabei war alles ganz einfach:

»›Anna, zeigst du mir mal, wie du die Butter machst! du wirst ja nur gerühmt mit der guten Butter.‹ ›Jetzt paß auf, du weißt ja noch, daß wir den Pütz hinter'm Haus hatten, das Häuschen, und das war ja unser Kühlschrank, da hing ja immer der Rahm drin, im Wasser, so in einem Eimer, der kaputt war, das Wasser so, und da stand der Rahm drin. Und wenn du gebudscht hast am Samstag, wie jetzt war es doch so heiß, da hat die immer in einem frischen Töpfchen ihren Rahm gebudscht, ließ ihn kalt werden, gut gekühlt und hat ihn dann erst zusammengeschüttet. Das war der ihr Rezept, so war das, und dann wurde gebuttert, und dann ist der Hannes, der Jäb, der ist dann gekommen und hatte auch die Buttermilch gerne getrunken. Die hat ja nichts gekostet damals.‹« (Vik)

Viele Anschaffungen für Haushalt, Familie und täglichen Bedarf wurden im direkten Naturalientausch (agrarisches Produkt gegen Ware) mit den Kaufleuten abgewickelt.

»Ich bekam mal einen Hut gekauft. Ich ging ins Geschäft. Ja, sie (Frau Schäfer, d. Verf.) mußte ja ihre Ware loswerden. Sie hat ja Geld gebraucht, und da habe ich, sie hat Äpfel gehabt, ah, so schöne Äpfel! Wir haben sie schön blank gerieben. Da haben wir die Äpfel verhökert, damit ich einen Hut bekam. Dann haben wir Butter mitgenommen, Eier mitgenommen. Dann sind wir da nach Illingen, sind wir einkaufen gegangen.« (Hol)

Bei größeren Anschaffungen, die über den kurzfristigen Bedarf hinausgingen, wurde mal ein Schwein oder eine Kuh verkauft. Erst in allergrößter Geldnot dachte man daran, auch ein Stück Land zu veräußern.[242] Der Viehhandel lag in den Händen von jüdischen Händlern aus Illingen oder Ottweiler, die den wirtschaftlichen Austausch zwischen den einzelnen Bauerndörfern in Gang hielten. Josefs Mutter Anna hat mit den Viehhändlern um den Verkaufspreis gehandelt. Sie erzielte höhere Verkaufspreise als ihr Mann, denn sie konnte geschickter feilschen als er. So erzählt die ehemalige Hausangestellte:

»Auch der Johann war ein guter Mann, war in Ordnung. Aber sie hat so alles geregelt, alles was so, hat sie alles gemacht. So hat die dann Tauschgeschäfte gemacht. Früher hat man das. Für die Butter hat sie so viel bekommen, und da konnte sie so viel kaufen. Und wenn sie ein Möbelstück sich angeschafft haben, dann haben sie die Kuh verkauft. So haben die müssen schaffen. (...) Die Küche wurde gekauft, wie der Josef zur Kommunion ging.« (Hol)

In den zwanziger Jahren versuchte die Familie Schäfer, neben der Landwirtschaft ihren Unterhalt durch ein Kolonialwarengeschäft zu verbessern.

»Ich weiß nur, daß die ein Geschäft hatten, und das ist nicht gegangen.« (Vik)

Dieses Geschäft warf jedoch keinen Gewinn ab, so daß nach kurzer Zeit beschlossen wurde aufzugeben.

»Und sie hat ja nachher für die Kinder, die Anzüge, alles hat die genäht. Im Winter wurde genäht und gestopft. Wenn ich als hinüberkam, dann lag da ein Haufen Strümpfe, und dann habe ich sie ihm gestopft. Ja, im Sommer kamen sie ja nicht dazu. Sie haben ja Landwirtschaft dann betrieben, sonst hätten sie nicht können existieren.« (Hol)

Größere Anschaffungen für den Haushalt wurden auf dem Markt im benachbarten Illingen oder im fünfzehn Kilometer entfernten Lebach getätigt; Kleider für den Alltag, Strümpfe und dergleichen wurden während des Winters selbst hergestellt. Gelegenheit, größere Anschaffungen zu machen, boten in der Regel besondere Familienanlässe (etwa die Kommunion des Ältesten, die Hochzeit eines Verwandten, die Beerdigung eines Familienmitglieds). Die erworbenen Gegenstände wurden dann in der Regel ein Leben lang benutzt. Erst in den fünfziger Jahren setzte die moderne Konsumgesellschaft der weitgehenden Selbstversorgungsökonomie ein Ende.

Von 1929 bis 1932 arbeitete Gretel H. aus Spiesen als Hilfe[243] im Haushalt der Anna Schäfer. Gretel H. verließ den Haushalt, da man ihr in der »Stadt« einen höheren Lohn geboten hatte und sie dieses Geld zur Gründung einer eigenen Familie benötigte. Der Kontakt zur Familie Schäfer riß auch nach ihrem Weggang nicht ab. Sie erzählt aus den Kriegsjahren:

»Ja, und dann im Krieg, da war ich auch dort zu Besuch, und da bekam ich Kopfschmerzen, und da sagte es Anna: ›Gretel, bleib da, kannst mit deinen Kindern da bleiben!‹ Da war mein Mann eingezogen worden. Da war ich 14 Tage dort.« (Hol)

Noch in den fünfziger Jahren verbringen ihre beiden Töchter die Sommerferien in Wustweiler bei der Familie Schäfer. Sie erzählt, daß sie sich sehr gut mit Anna Schäfer verstand und von ihr als Gleichrangige behandelt wurde:

»(...) wie ein Familienmitglied. Ich bin wie ein Familienmitglied geführt worden. Es Anna hat mir meine Schuhe gemacht, es hat mir genäht, und dann hab ich ein paar Mark gekriegt. Ich hab mein Essen alles gehabt.« (Hol)

Gretel H. kann sich noch heute sehr gut an das Dorf, die Familie, den Haushalt und an den jungen Josef erinnern. Josef war sechs Jahre alt, als sie nach Wustweiler kam, er wurde zehn, als sie den Haushalt der Familie Schäfer verließ. Ihre Schilderungen beschreiben das frühe familiäre und dörfliche Umfeld des Bauernjungen Josef. Sie half Anna Schäfer bei der Erledigung der anfallenden Hausarbeiten, arbeitete auf dem Feld und betreute insbesondere die Kinder. Gretel H. erzählt von der Feldarbeit und ihren Aufgaben:

»Ja, im Haushalt, Mädchen für alles. Die Buben mußte ich morgens versorgen, mußte ich morgens in die Schule schaffen. Und dann habe ich sie gewaschen, habe sie gebadet und sie ins Bett geschafft. Das war so meine Arbeit. (...)
Und da habe ich die Kühe geführt, und er (Johann Schäfer, d. Verf.) ist mit der Maschine dann durch. Und zum Schluß, da hat er die Kartoffeln ausgefahren. (...) Aber er hat sein Vieh gefüttert und alles. Das Anna hat gemolken. Und dann das Futter immer gemacht, das Gras, das hat es Anna alles gemacht.« (Hol)

Johann Schäfer, Josefs Vater, war zu dieser Zeit schon kränklich, so daß die Frauen auch schwere Arbeit erledigen mußten. Im Sommer wurde zum Mähen eine Hilfe aus dem Dorf eingestellt.

»Der Johann war ja nicht so handfest, nicht wahr, wie man so sagt, der war krank, und er (Josef, d. Verf.) war ja der Älteste und mußte mit dem Gespann fahren, wenn er da war, pflügen, mähen, usw. Dazu hatte der Johann immer den Hahne Matz (sein Schwager aus Hüttersdorf, d. Verf.) und den alten Grimm, ein hervorragender Mäher von Hand. Dem Grimm sein Großvater hat drüben gewohnt, wo heute Auto Schmitt ist, das war ein Eisenbahnerhaus, der war Eisenbahner, der hatte Geißen. Von der gesamten Eisenbahnböschung blieb kein Halm stehen. Das Heu wurde in Tüchern heimgetragen. Der Grimm hat gemäht wie eine Maschine. Die haben beim Schäfer Johann geholfen mähen, und der Josef, wie er ins Alter gekommen ist, mußte er auch helfen. Wenn er heimkam von der Lehre, dann mußte er in der Landwirtschaft helfen ›anzugreifen‹, abends mußte er helfen füttern, denn im Sommer war es noch lange hell. Einmal, weiß ich, das vergesse ich nie, da ist der Schäfer Johann, der Josef war auch dabei, abends um neun Uhr rausgefahren, um Heu zu holen. Scheinbar hatten sie vorher keine Aussichten oder so irgendwas.« (Rie)

Die Krankheit des Vaters zwang die Familie dazu, sich für die Feldarbeit Hilfen aus dem Dorf anzustellen, da die Söhne noch nicht kräftig genug waren, um anzupacken. Männer aus dem Dorf und Verwandte, die selbst nur über wenig Ackerland verfügten, wurden als Aushilfskräfte hinzugezogen. Die Bezahlung erfolgte in der Regel über Naturalien, seltener durch Geld. Später war es Josefs Aufgabe, schwere Feldarbeiten zu erledigen.

Während die beiden ältesten Söhne bei der Wehrmacht waren, wurde der Familie Schäfer ein ukrainischer (1943) und später ein polnischer (1944) Kriegsgefangener als Arbeitskraft für die Landwirtschaft zugewiesen. Der Name des polnischen Gefangenen war Stephan, der des ukrainischen Rusiak. Stephan besorgte noch nach der Kapitulation für die Familie aus einer benachbarten Fabrik dort gelagerte Marketenderwaren, die von den Alliierten für die Bevölkerung freigegeben worden waren. Auch bei den Bauern in der Nachbarschaft arbeiteten polnische, russische und französische Kriegsgefangene, um die Arbeitskraft der eingezogenen Männer zu ersetzen. Generell wird von einem guten Verhältnis zwischen den Kriegsgefangenen und den einheimischen Bauern berichtet. Zu den ehemaligen französischen Kriegsgefangenen bestehen teilweise noch Kontakte bis zum heutigen Tag.[244]

# Die Eltern

Josefs Eltern, beide im Jahre 1887 geboren, heirateten erst 1923, also im Alter von 36 Jahren, was für die damalige Zeit ein recht hohes Heiratsalter war.

Sein Vater Johann, achtes von zwölf Kindern, von denen zwei früh verstorben waren, zog sich durch diese späte Heirat den beträchtlichen Unmut seiner zahlreichen Geschwister zu, da diese zum Zeitpunkt seiner Heirat bereits auf sein Erbe (Haus- und Grundbesitz) spekuliert hatten. Die Auswirkungen dieses »Familienzwists« sind den Nachkommen bis zum heutigen Tag bewußt. Josef beispielsweise hatte im Adreßteil seines Kalenders keine Anschriften von Verwandten der väterlichen Linie notiert, es finden sich jedoch Adressen von Cousinen, Onkeln und Tanten aus der mütterlichen Linie. Johann wurde im Jahre 1909 zusammen mit einer Schwester Eigentümer seines Elternhauses. In einem Ehevertrag aus dem Jahre 1909 wird das Vermögen der Eheleute Nikolaus und Anna Maria Schäfer, geb. Ney, mit 10 000,- RM angegeben. Die Eltern sowie zwei weitere Geschwister behielten das Wohnrecht, darunter Johanns Bruder Joseph (*1894), der am 26. Juni 1941 in Hadamar/Westerwald den nazistischen Euthanasieverbrechen zum Opfer fiel.[245] Mit einer Schenkung übertrug die Mutter in den Jahren 1918 und 1920 einen großen Teil ihres Landbesitzes an zwei unverheiratete Kinder, darunter Josefs Vater Johann, mit der Absicht, diesen Kindern eine Altersversorgung zu sichern. Die übrigen verheirateten Geschwister waren mit dieser Regelung einverstanden, da beim Tode der Unverheirateten deren Erbe ihnen wieder zufallen würde. 1919 erwarb Johann Schäfer von drei Geschwistern deren ererbte Grundstücke. Im November des Jahres 1922 kaufte Johann für 6000,- Francs von der oben genannten, inzwischen verheirateten Schwester deren Anteil am Elternhaus. Vierzehn Tage vor seiner Heirat verstarb seine ledige Schwester Margarethe, die im Elternhaus Wohnrecht hatte. Kurz vor ihrem Tod hatte diese ihr gesamtes Erbe ihrem Bruder Johann übertragen. Nach dem Tod seiner Mutter (Februar 1922) und der Erkrankung und dem frühen Tod seiner unverheirateten Schwester (April 1923) sah sich Johann veranlaßt, doch noch zu heiraten. Durch die Vermittlung von Arbeitskollegen lernte er seine zukünftige Frau Anna kennen.

»Wie haben die sich überhaupt kennengelernt? Hüttersdorf und Wustweiler sind weit weg?« – »Das war ja eine Vermittlung von den Bergleuten, ist uns erzählt worden. Auf jeden Fall hieß es, das will ich dir noch sagen. Mein Vater hatte eine Haushälterin, die hatte unserem Vater den Haushalt geführt, seine Mutter war ja tot, und auf einmal war er die Sache leid. Irgendwann muß er sich entscheiden, entweder ich heirate oder nicht. Da muß er gesagt haben: ›Jetzt muß ich zusehen, daß ich unterkomme.‹ Die Bergleute hätten das so irgendwie vermittelt. Wie das ging, weiß ich nicht. Und wie sie ›gewandert‹ hat, da hat der Neise Raimund sie gewandert mit den Pferden.« (Vik)

Josefs Vater wird als humorvoller, rücksichtsvoller und nachsichtiger Mensch beschrieben. Da er sich nicht mit dem Nationalsozialismus identifizierte, sich aber auch nicht in offene Konflikte mit dessen Vertretern begeben wollte, fand er einen ganz persönlichen Ausweg aus der Notwendigkeit, die dörflichen Parteigenossen mit dem »Deutschen Gruß« zu begrüßen. Es wird erzählt, daß er mit »Guten Tag, Heil Hitler!« zu grüßen pflegte. Dies führte dazu, daß ein örtlicher Parteigenosse fortan den Spitznamen »Heil Hitler« erhielt.

*Bild 23:* Die Familie Schäfer 1938 (Josef in der Mitte)
(Aufnahme: Foto Steinmetz, Neunkirchen).

Als Josef nachträglich eine Siegernadel aus einem HJ-Wettkampf überbracht wurde, waren er und sein Vater gerade damit beschäftigt, die Mähmaschine zu reparieren. Weil ihre Hände mit Öl und Fett beschmiert waren, sagte Johann Schäfer zum NS-Funktionär: »Steck die Nadel an den Hut!«

»Auf einmal ist der K. (NSKK-Führer in Wustweiler, d. Verf.) gekommen. Und der K. hat da eine Siegernadel vom Sport gebracht. Da war vorher ein Sportfest, wie das ja heute noch ist, und um eine Siegernadel zu bekommen, mußtest du 180 Punkte bekommen. Und die zehn ersten bekamen eine Nadel. Und die hat sich unser Vater an den Hut gesteckt. Die Nadel war für den Josef. Der hatte ja schmutzige Hände. Der hat nicht gesagt: ›Oh, komm mal da her!‹ Da hat der Vater sie jedenfalls in Empfang genommen und hat die Siegernadel, das vergesse ich im Leben nicht, an den Hut gesteckt. Der K., der hat dann noch ein bißchen dumm rumgestanden und hat geredet, und dann ging der. Jedenfalls ist der K. gekommen und hat die gebracht und wollte die dem (Josef, d. Verf.) stolz überreichen.« (Vik)

Josefs Mutter Anna, viertes von sechs Kindern, stammte aus dem zwanzig Kilometer von Wustweiler entfernten Hüttersdorf.[246] Ihr Heimatdorf war in den zwanziger Jahren noch weit stärker von agrarischen Elementen geprägt als Wustweiler. Durch den Ausbau der Dillinger Hütte und die Verkehrsanbindung infolge des Baus der Eisenbahnlinie war die Integration in den Industrialisierungsprozeß jedoch bereits eingeleitet. Die Bahnlinie Dillingen–Wadern schuf für die Hüttersdorfer Arbeiter die Voraussetzung, zu den Hüttenwerken in Dillingen und in Völklingen zu pendeln; die Eisenbahnlinie Lebach–Neunkirchen ermöglichte die Arbeit in den Kohlegruben des saarländischen Kohlenreviers.

Von 1914-1918 lebte Josefs Mutter in einem von katholischen Schwestern (Borromäerinnen) geleiteten Internat in Trier[247] und erlernte dort das Schneiderhandwerk. Ihre Absicht, in die Kongregation einzutreten, wurde durch eine schwere Erkrankung vereitelt, was in ihrer Familie zu beträchtlichen Spannungen führte, weil man sie nun wieder mitversorgen mußte. Da sie als Schneiderin Lehrmädchen ausbildete, konnte sie sich in späteren Jahren ein Zubrot sichern.

»Davon hat sie sehr gerne erzählt, von der Näherei. Das war damals so. Sie hat ja keine Prüfung gemacht. Sie hat keinen Meisterbrief. Die mußte nur nachweisen, daß sie so und so viele Jahre selbständig näht. Dann ist das von der Handwerkskammer anerkannt worden. Das hat die sehr gerne erzählt, von den Schulmädchen. Und sie hat auch erzählt, daß sie im Dorf die Näherin Nr. 1 war. ›Wenn du ein Kleid willst haben, dann gehst du zu Rodnersch Anna.‹ Und dann hat sie erzählt, wenn da nicht so ein

Haufen Arbeit lag, was gemacht werden sollte, das hat dazugehört. (...)
Sie ist immer empfohlen worden. ›Wenn du ein schönes Kleid willst
gemacht haben, geh bei Rodnersch Anna!‹ So hat sie gesagt. Und dann
hatte sie nachher, sie war immer sehr stolz, sie hatte viel Arbeit und vor
allem vor Fronleichnam. Da kam sie die letzten zwei Tage nicht ins Bett,
wenn da die Mädchen für die Prozession ihre Kleider brauchten. Die
Kleider mußten fertig sein, das Essen fertig sein, und da ist dann über
Nacht gearbeitet worden. (...) Die Nähmaschine, die war keine versenk-
bare. Da hatte die ihren eigenen Stolz. Da war ein Holzkasten drüber.«
(Vik)

Nach der Heirat konnte sie jedoch ihren Beruf nicht mehr voll
ausüben, da nun die Landwirtschaft all ihre Kräfte beanspruchte.
Die beiden Töchter der Hausangestellten Gretel H., die während
des Krieges sehr oft Tage, manchmal Wochen im Elternhaus von
Josef weilten, erinnern sich an Josefs Mutter als eine warmher-
zige, nachsichtige und großzügige Frau, die für die Kinder stets
viel Verständnis aufbrachte:

»Sie hat jeden angehört. Wir konnten ruhig mal ›den Teufel anstellen‹.
›Lisbethchen, was hast du denn wieder gemacht? Was hast du denn schon
wieder gemacht?‹ Ihr Hüttersdorfer Dialekt war für uns fast eine Fremdsprache. Sie hat immer gesagt: ›Du mußt mal mit dem Kind zum Ohren-
arzt gehen. Das hört nicht gut.‹ Weil ich immer gesagt habe: ›Was hast du
gesagt?‹ Weil ich die Sprache nicht verstanden habe.
Man hat auch so kein hartes Wort gehört von ihr. Auch wenn man ›den
Teufel angestellt‹ hat. Die hat die Kinder ermahnt, ja das war immer
schön, da hat es keinen Klaps gegeben oder so. Wir waren ja immer in
Ferien dort, war schön, war eine schöne Zeit!« (Hol)

Anna Schäfers Einstellung anderen Menschen gegenüber war geprägt von ihrer katholischen Erziehung und tiefverwurzelten Religiosität. Vor allem blieb in der Erinnerung haften, daß Anna
Schäfer sehr oft in die Kirche ging, daß Josef ihr Lieblingskind
war und daß die Arbeit in der Landwirtschaft äußerst hart war.


## Elternhaus und Religiosität

Josefs beide Elternteile hatten eine starke Bindung an die katholische Kirche. Die Mutter überwies monatlich einen festen Betrag
für die Missionsarbeit und zur Sicherung des Lebensunterhalts
für ein Waisenkind. Sie besuchte, soweit es ihre Arbeit zuließ, die
tägliche Frühmesse. Die Mahlzeiten der Familie Schäfer waren

von Gebeten begleitet, das Tagwerk wurde stets mit dem Abendgebet beschlossen.

»Wir knieten abends und beteten unser Abendgebet. Alle vor dem Abendessen, überhaupt vor dem Essen, und dann vor dem Schlafengehen und vor den Mahlzeiten auch. Vor den Stühlen haben wir gekniet. Und wenn es ihr gutging, ist sie jeden Morgen trotz aller Arbeit in die Kirche gegangen. Und in der Kirche hatte sie einen Stammplatz. Da durfte sich kein anderer hinsetzen. Es wäre auch kein anderer dazu gekommen, sich draufzusetzen, weil es Anna immer beizeiten in der Kirche war. Danach gingen wir alle auf den Friedhof mit ihr.« (Hol)

Als Pastor Schulz von der Verlobung Johann Schäfers mit einer Frau aus Hüttersdorf erfuhr, bemerkte er, daß aus »Hüttersdorf nicht viel Gutes herkommen kann«. Für ihn war Hüttersdorf das »sündige Dorf«, da die damalige Köchin oder Haushälterin des Hüttersdorfer Pastors Nikolaus Pieper (1846-1911), Pfarrer in Hüttersdorf von 1890 bis 1910, von diesem ein Kind hatte. Trotzdem vermied Anna Schäfer, die von dieser Äußerung erfuhr, nicht den persönlichen Kontakt mit Pastor Schulz, der sich in der Folgezeit vertiefte und bis zu ihrem Tod nicht mehr abreißen sollte.

»Das ging ja schon los, wie die geheiratet haben. Da hieß es, der Schäfer Johann geht jetzt auch heiraten, haben sie dem Pastor erzählt in der alten Kirche. ›Ei, wo hat er denn eine her?‹ – ›Ei, von Hüttersdorf.‹ – ›Ach, von Hüttersdorf, da kann doch nicht viel Gutes herkommen.‹ Und deswegen war, unsere Mutter, die hatte einen guten katholischen Kern in sich, den haben wir geerbt. Und auf jeden Fall war die nicht so eingestellt, daß sie jetzt gesagt hätte: ›Den da schaue ich nicht mehr an.‹ Die hat ja gewußt, warum der Pastor das gesagt hat. Ein ernster Grund. Die hat immer gesagt: ›Ich glaube es nicht. Ich glaube es nicht.‹ Nachher, wie ich auf der Grube war, da saßen die Hüttersdorfer Bergleute beisammen, und da haben die Bergleute erzählt, daß die Köchin ein Kind bekam vom Pastor. (...) ›Auf einmal hat ein Kind im Pfarrhaus geschrien.‹ So war das gewesen. Und deswegen kann ja von Hüttersdorf nichts Gutes kommen. Weißt du, es muß etwas dran gewesen sein. Von nichts kommt nichts. Die können nicht einfach so was in die Welt setzen. (...) Ich bekam bestätigt, das sündige Dorf, heißt es. So ging es los. Das ist bekannt. Hüttersdorf ist das sündige Dorf. Da habe ich gefragt: ›Wieso heißt das das sündige Dorf?‹ Auf einmal haben sie es herausgelassen. So war das.« (Vik)

Mutter wie Vater waren »antinationalsozialistisch« eingestellt, weniger aus politischen denn aus religiösen Gründen. So ist es nicht verwunderlich, daß im engeren Familienumfeld kein

NSDAP-Mitglied zu finden ist. Als junger Bergmann war Johann Schäfer allerdings Mitglied im Alten Verband gewesen und hatte damit die kirchliche Ächtung in Kauf genommen. Erst vor seiner Verheiratung verließ er diese sozialdemokratisch geprägte Bergarbeitergewerkschaft. Markiert wird die spätere tiefreligiöse Grundeinstellung des Elternhauses zusätzlich durch die Tatsache, daß Josef als Meßdiener diente, was im dörflichen Umfeld einem Statusgewinn gleichkam, wie wir im folgenden detailliert aufzeigen. Sicherlich spielte die religiöse Einstellung der Mutter dabei eine wesentliche Rolle; sie erleichterte zumindest Josefs Entscheidung bzw. räumte etwaige Bedenken frühzeitig aus. Die Familie hatte die »Neunkirchener Zeitung«, das Organ der Zentrumspartei, und bis zum Verbot durch die Nationalsozialisten im Juli 1938 das Trierer Bistumsblatt »Paulinus« abonniert. Eifrig gelesen wurde auch in einem Sammelband[248] mit Geschichten aus dem Leben der Heiligen, der aus dem Nachlaß der Familie Nikolaus Schäfer stammte. Josefs Familie verfügte frühzeitig über einen Volksempfänger. Wir wissen, daß die Hebamme, eine bereits erwähnte Nachbarin, regelmäßig den Wunsch äußerte, sich »die Führerreden« anzuhören. Der jüngere Bruder kann sich erinnern, daß sie sich dann über Hitler und seine Aussagen abfällig äußerte.

Eine Tante väterlicherseits, Elisabeth Schäfer[249] (Schwester Honoria), war Mitglied der Gemeinschaft der »Heiligenstädter Schulschwestern«. Zur Verdeutlichung des »religiösen« Familienklimas sei folgende Episode erwähnt, die von Josefs Brüdern erzählt wird: Bei einem Besuch der Schwester in ihrem Elternhaus fragten die Jungen ihre Tante, ob Schwestern unter ihrem Schleier Haare trügen. Sie erhielten zur Antwort, daß der Kopf in »normalen Zeiten« glatt geschoren sei. Aber in den heutigen »schweren Zeiten« sei das anders, weil man nicht genau ahnen könne, was noch alles auf die Kirche zukommen wird.

Sie spielte damit darauf an, daß von Leitungen katholischer Orden bzw. Gemeinschaften die Weisung ausgegeben worden war, sich darauf vorzubereiten, im Zivilleben »unterzutauchen«. 1933 wallfahrtete die gesamte Familie Schäfer nach Trier. In diesem Jahr wurde die Reliquie des »Heiligen Rocks« öffentlich gezeigt. Die Familie fuhr nicht mit einem Pilgersonderzug, sondern mit einem Auto (eines der ersten im Dorf) nach Trier. Dieser Wagen gehörte dem örtlichen Taxameterunternehmer, einem Verwandten von Johann Schäfer.

Die Wallfahrt zum »Heiligen Rock« fiel mit dem Kampf um die Rückgliederung des Saargebietes zusammen. Von den Nationalsozialisten wurden diese Wallfahrten der saarländischen Bevölkerung nach Trier (im Deutschen Reich) propagandistisch geschickt dazu benutzt, den Saarländern ein »gottesfürchtiges« Hitlerdeutschland zu präsentieren. Der Schriftsteller Gustav Regler (1898-1963)[250] vermutete, daß das Zusammentreffen von Katholiken und SA-Leuten auf den Bahnhöfen (Saarburg und Trier) kein Zufall war, denn

»... das Gift wirkte genau so, wie es gedacht war. Die SA-Leute salutierten vor einer Standarte, die das Bild der Madonna trug. Ich hörte einen Mann der Gestapo zu unserem Kaplan sagen: ›Gelobt sei Jesus Christus‹.«

Bereits im Jahr 1933 war es das Ziel der Nationalsozialisten, die Saarbevölkerung propagandistisch zu beeinflussen, um die Grundlage einer späteren günstigen Stimmung für Hitlerdeutschland zu schaffen.


## Der Dorfjunge

Ein entscheidendes Charakteristikum dörflicher Jugend ist der frühe Beitrag von Kindern und Jugendlichen zur familiären Reproduktion und damit u. a. die frühzeitige Integration in den landwirtschaftlichen Produktionsprozeß. Die andauernde Krankheit von Josefs Vater verstärkt in Josefs Familie diesen Vorgang nicht unwesentlich, so daß Josef schon früh Tätigkeiten von Erwachsenen ausüben mußte.
Kinder und Jugendliche trugen durch ihre Arbeit zum Unterhalt der Familie mit bei. Die Eltern konnten keine Rücksicht auf die Freizeitbedürfnisse ihrer Kinder nehmen. Die landwirtschaftliche Arbeit hatte Vorrang. Wir müssen uns vergegenwärtigen, daß die Bergleute in der Regel im wöchentlichen Wechsel in drei Schichten[251] sechs Tage auf der Grube arbeiteten und die notwendigen Stall- und Feldarbeiten von den Familienmitgliedern zu Hause (den Alten, den Frauen und Kindern) erledigt werden mußten. Viele Konflikte waren in dieser Konstellation angelegt. Die Hausangestellte Gretel H. erzählt:

»Der Josef, wie er nachher größer und älter war, die Buben haben mir als leid getan, wenn ich nachher hinging, dann mußten sie Heu machen, und

*Bild 24:* Josef und seine Brüder Viktor und Paul im Jahre
1931 (von rechts).

sie wären ja so gerne schwimmen gegangen. Das Heu mußte rein, und sie durften nicht schwimmen gehen. Sie haben nicht die Freiheit gehabt wie andere Kinder, sie haben ja immer schaffen müssen.« (Hol)

Josefs Freund Alfons erinnert sich heute noch daran, daß sie in ihrer Jugend ziemliche Rüpel waren, die sich von niemandem etwas vorschreiben ließen. Auch untereinander gab es bisweilen Streitereien, die aber immer recht schnell beigelegt werden konnten. Er erzählt von Episoden aus seiner Jugend:

»Das (Pinke, d. Verf.) Haus[252], das mindestens fünfzehn Jahre in Schutt und Asche lag, das war dann schon ganz verwachsen. Das war dann für uns der schönste Spielplatz, um Räuberisches zu spielen, ja, so war das. Wir hatten auch ab und zu Streit miteinander. Das ist auch vorgekommen, aber am anderen Tag war es wieder gut. (...) Da ist es halt gegangen, daß wir Klicker (Murmeln) gespielt haben, und da hat der eine gesagt: ›Du hast gefaudelt‹. Wie das halt so gegangen ist, und da war man halt schon aneinander, und einer wollte stärker sein als der andere, das weiß ich noch, da haben wir dann im Heustall immer Ringkämpfe[253] gemacht.« (Rie)

Das rüpelhafte Auftreten machte auch vor den Eltern nicht halt. So schildert der Freund:

»Ah, eine Episode weiß ich noch ganz genau. Da hatte es Schäfer Anna eine neue Küche bekommen, das kann man nicht so sagen wie heute, es hatte einen neuen Küchenschrank bekommen. Ich und der Josef, wie's so war, entweder haben wir's aus Spaß gemacht, oder war's Ernst, das kann ich heute nicht mehr sagen, auf jeden Fall, wir hatten in der Küche, da hatten wir uns einander gegriffen, und auf jeden Fall – wir hatten ja nur genagelte Schuhe, hinten war noch ein Schuheisen drauf – und durch die Rangelei hat einer mit den Genagelten am Schrank vorbeigehauen. – Ach, du liebe Zeit, da war aber was los! Da hat's was gesetzt, nicht wahr, da hat's Schäfer Anna draufgehauen.« (Rie)

Die beiden waren das, was man im Volksmund als Rabauken zu bezeichnen pflegt. Die »bäuerlichen« Manieren von Josef finden in vielen überlieferten Geschichten ihren Niederschlag. So wird erzählt, daß Josef von seinem Vater aufgefordert wurde, Herrn Grimm, der im »Eisenbahnerhaus« in der Lebacher Straße wohnte, zu benachrichtigen, daß dieser »zum Mähen kommen soll«. Ohne anzuklopfen betrat Josef dessen Wohnung mit den Worten: »Grimm, du sollst mähen kommen!« Er erhielt zur Antwort: »Raus! Komm erst einmal richtig herein!« Während Josefs Jugendzeit gab es in seinem Heimatdorf nur wenige Möglichkeiten, sich am Wochenende zu zerstreuen. Die Jungen spielten sonntags Fußball; nach dem Spiel traf man sich in einer Gaststätte zum Kartenspielen; man ging ins Kino nach Illingen oder besuchte Verwandte.

»Den Mädchen sind wir ein bißchen nachgelaufen in Hüttersdorf. Nach Hüttersdorf fuhren wir zum Poussieren. (...) Der Josef war dort in Ferien gewesen. Da sind wir eines Tages da hinausgefahren. Wir sind in Primsweiler ausgestiegen. Ich habe noch meine Fahrkarte verloren. (...)
Damals war es nicht so gewesen, daß du mit fünfzehn Jahren schon ›volljährig‹ warst. Da mußtest du schwer aufpassen. In Wirtschaften hat die Polizei kontrolliert. (...)
Ab zehn Uhr war Sense. Da mußtest du dir immer einen aussuchen, wenn dein Vater nicht da war. Wenn die Polizei kam, hat man gesagt: ›Ich bin bei dem!‹ So genau war das gewesen. Da mußte man vorsichtig sein.« (Ger)

Die Führungsrolle von Josef in seiner Gruppe mit Gleichaltrigen wird deutlich, wenn wir erfahren, daß die Freunde öfters sonntags mit der Bahn nach Hüttersdorf fuhren, um Cousinen von Josef zu besuchen.

»Sonntags, da sind wir irgendwohin gefahren. Mal ins Kino gefahren, mit der Bahn nach Hüttersdorf gefahren oder nach Illingen zu Fuß ins Kino gegangen, dann gingen wir mal einen trinken. (...)
Oh ja, wir sind schon ein paarmal nach Hüttersdorf hingefahren. Da hatte der Josef, glaube ich, Cousinen gehabt. Da waren wir hingefahren.
Ja, er hatte zu seinen Cousinen Kontakt gehabt, und da gingen wir auch einen trinken oder gingen spazieren oder schwimmen, usw.« (Kes)

Drei Faktoren bestimmten Josefs Stellung in seiner Familie und im Dorfmilieu:

*1. Die Position in der Geschwisterfolge: Josef war der Älteste.*
*2. Die schlechte körperliche Konstitution des Vaters.*
*3. Seine Funktion als Führer einer dörflichen Gruppe von Gleichaltrigen.*

*1. Die Position in der Geschwisterfolge: Josef, der Älteste*
Als Ältester – des weiteren auch bedingt durch die Krankheit des Vaters – war Josef von klein an gewöhnt, den jüngeren Brüdern Anweisungen zu geben. Zugleich implizierte diese Position häufige Konflikte mit den Eltern. Josef war ordentlich und folgsam, woran sich seine jüngeren Brüder orientieren mußten.

»Auf jeden Fall hatte der Ordnung. Der kam nicht heim und hat seine Hose da hingeschmissen. Die wurde exakt über den Stuhl gehängt oder über das Kleiderholz, etwas anderes gab es nicht, der hatte Ordnung, was ich ja nicht hatte. Das war unser Vorbild. Unsere Mutter hat uns nie gerühmt. Wenn wir nicht spurten, hat sie gesagt: ›Die da Faulenzer, die faule Faulenzer!‹.« (Vikpl)

## 2. Die schlechte körperliche Konstitution des Vaters

Da der Vater früh kränkelte, mußte Josef bereits in jungen Jahren viele der anfallenden Feld- und Hausarbeiten erledigen, was ihm einen beträchtlichen Unabhängigkeitsspielraum, vor allem dem Vater gegenüber, sicherte. Zugleich blieb Josef wenig Zeit für eine jugendgemäße Lebensgestaltung. Diese Erfahrung teilt er mit anderen gleichaltrigen Jugendlichen.

»Der Sepp hat schwer schaffen müssen. Wenn der Feierabend hatte, konnte er nicht wie ich der Hitler-Jugend nachlaufen. Das konnte der nicht machen. Der mußte in den Stall, um das Vieh zu versorgen. (...) Ja, er hat sich nicht beschwert darüber, aber er hat mir mal gesagt, daß sein Vater krank ist.« (Moh)

Josef mußte kein Zimmer mit einem seiner beiden jüngeren Brüder teilen, als Ältester verfügte er bereits früh über ein eigenes Zimmer. Sein Raum war der schönste, keine von diesen Kammern mit schrägen Wänden, wie sich seine Brüder erinnern:

»Der hatte das schönste Zimmer. Das war in der Mitte, mit geraden Wänden, die anderen waren schief. Morgens schien die Sonne schon früh dort hinein. Der Josef konnte sein Zimmer abschließen mit einem Riegel. Das hat er gemacht, damit es keinen Streit gab.« (Vikpl)

Die beiden jüngeren Brüder teilten sich ein Zimmer unterm Dach. Die Einrichtung bestand aus ausrangierten hohen Kastenbetten der Großeltern. Gegenüber dem Ältesten hielten die jüngeren Brüder zusammen. Da kam es schon zu »Kämpfen« zwischen den Brüdern. Gegenüber den Eltern jedoch hielten die drei zusammen:

»Der hatte sein eigenes Zimmer und hatte auch sein Bett. Und einmal morgens, als wir wach wurden, da sind wir eines Sonntag morgens, weiß ich, dann sind wir zu dem ins Bett. Da haben wir ›gerolzt‹. Da hat der Josef sich gewehrt. Er hat sich mit den Füßen an der Wand abgestützt und wollte uns herausdrücken, und auf einmal waren die vier Beine vom Bett ab; da lag das Bett. Das waren gedrechselte Füße, und da waren so Zapfen, wo die eingesetzt waren. Wir waren uns direkt einig. Wir waren uns sofort einig. Wir haben das Bett aufgestellt, etwas schräg zur Wand.« (Vikpl)

Aus der beschriebenen Familienkonstellation können wir schließen, daß Josef sich in der pubertären Phase die fehlende Identifikation, die ihm sein Vater nicht bieten konnte, anderswo suchte und sich an anderen Vorbildern (im Sport, im Betrieb, im Militär) orientierte und »abreagierte«.

### 3. Seine Funktion als Führer einer dörflichen Gleichaltrigengruppe

Als weiterer entscheidender Faktor für Josefs Eingliederung ins Dorfmilieu ist seine Funktion als einer der dominierenden Jugendlichen in der Gruppe der Gleichaltrigen zu sehen. Bezeichnend ist, daß Streiche in der Regel von Josef ausgingen und auch eher in dessen familiärem Umfeld angesiedelt waren. Markant ist auch die Tatsache, daß Josef als Sechzehnjähriger über einen Flobert (4,5 mm) verfügte. 1937 wurde das Kleinkaliberschießen »im Rahmen der sportlichen Ertüchtigung in den Lehrplan des RAW aufgenommen. Den Schießstand hatten die Lehrlinge selbst gebaut.«[254] Josef hatte sein knappes Lehrlingsgeld gespart, um sich diese Kleinkaliberwaffe zu kaufen.

»Der Josef, der hat sein Geld gespart und hat sein erstes verdientes Geld dazugelegt, der hat nicht viel bekommen als Lehrbub, auf jeden Fall von seinem gesparten Geld, den Flobert hat der sich selbst gekauft, das weiß ich. Ich meine, ich durfte auch mal damit schießen, aber der war sein Eigentum. Och, war der so stolz mit dem Ding!« (Vik)

Mit dieser Waffe führten er und seine Freunde regelmäßig Schießübungen durch. In Erinnerung geblieben sind zwei Episoden:
*1. Episode:*
Beeindruckend blieb für viele Bekannte, wie Josef mit seinem Flobert einen Habicht erlegte, den er präparieren ließ. Noch lange nach seinem Tode schmückte der ausgestopfte Vogel den Hausflur seines Elternhauses.

»Wie wir den Habicht geschossen haben oder den Greifvogel, das war dann noch, bevor wir Soldaten wurden. Das war im Winter. Da sind wir die Bornstücker rauf und haben uns eine Beute gesucht, nicht wahr. Wenn's ein Hase gewesen wäre, wäre es ein Hase gewesen. Da am Hirtenberg hat der Bursche gesessen, und der Josef hat geschossen und hat ihn so getroffen, daß er heruntergefallen ist, war aber nicht tot, und ich habe mit Handschuhen den Habicht gegriffen, und er biß zu und hat mich nicht losgelassen, bis wir daheim waren. Dann haben wir uns irgendwie herausgeschafft. Er hat ihn dann ausstopfen lassen. Er hing dann lange Jahre im Hausgang.« (Rie)

## 2. Episode:

Der Hund eines Nachbarn stellte auf dem Hofterrain den Hühnern nach. Mit seinem Flobert schoß Josef den Hund an, der kurz darauf verendete. Dieser Vorfall hatte zur Folge, daß Josef Wochen später vom Besitzer des Hundes zur Rede gestellt und anschließend verprügelt wurde.

»Unser Josef hat sonntagmittags hinterm Haus, der hatte den Flobert gehabt, und hat auf Scheiben geschossen. Auf einmal haben die Hühner gequietscht, und da hat unser Vater hinausgeschaut, da lief der Hund. Da hat er gesagt: ›Schieß auf ihn‹ Er hat angelegt und den Hund getroffen. Der Vater hat doch nicht gemeint, daß der den Hund kaputtschießt. Damit hat der nicht gerechnet. Und der Josef schießt, und der Hund hat gejault und ist in die Wiese gelaufen, da fiel er um und blieb liegen. Und da ist unser Josef rauf und hat sich eingesperrt. Das hat dann eine Zeitlang gedauert. Auf einmal ist der August dann gekommen, und da hat unser Vater, ehe der August etwas gesagt hat, gesagt: ›Der Hund ist kaputt. Ich habe ihn angewiesen. Alles andere regle ich.‹ Und der Paul hat den Hund da unten begraben, dort unten, wo er lag. Es war ein Hund, so groß, etwas rötlich, so genau weiß ich das.« (Vik)

Josef erhielt zu Weihnachten ein Fahrrad der Marke »Durkopp«, was von den Geschwistern und anderen Interviewpartnern übereinstimmend als herausragendes Ereignis erzählt wird.

»Wir waren der erste Jahrgang, der mit Marx (damaliger Schulleiter, d. Verf.) mit dem Fahrrad einen Ausflug gemacht hat, und da war der Josef derjenige, der ein Fahrrad hatte, ich nicht, mein Bruder Peter, der hatte ein neues Fahrrad, das stand im Schlafzimmer am Waschtisch. Das durfte keiner berühren. Das war ein Heiligtum. Das war 1937. (...) Der Josef, der hatte ein Fahrrad, der war ältester Sohn.« (Rie)

In den dreißiger Jahren gab es im Dorf wenig Jugendliche, die über ein eigenes Fahrrad verfügten. Die geschilderten Indizien verweisen auf den Rang, den Josef in seiner Familie und darüber hinaus im dörflichen Umfeld einnahm. Diese Position wird durch sein Auftreten dem Vater gegenüber noch verstärkt. Josef konnte sich gegenüber seinem Vater schon früh einen großen persönlichen Unabhängigkeitsraum und individuelle Freiräume schaffen und von daher auch gegenüber der Mutter eine besondere Stellung einnehmen. Man erzählt, daß Josef wegen dieser Position in der Familienkonstellation der Liebling der Mutter gewesen sei. Diese besondere Beziehung zwischen dem Ältesten und der Mutter beruhte auf Gegenseitigkeit. So berichtet ein Bruder, daß Josef den Schlüssel zu seinem Schnitzelkasten, in welchem er seine Wertsachen (Briefe etc.) aufbewahrte, seiner Mutter überreicht und sie gebeten hatte, den Schlüssel niemandem auszuhändigen. Einhellig berichten denn auch Interviewpartner von Josefs selbstsicherem und selbstbewußtem Auftreten in und außerhalb der Familie.

»Die Tante Anna, die hat immer gesagt, der Josef war ja ihr Liebling, die hat immer viel erzählt von dem. Nur was, das weiß ich heute auch nicht mehr. Damals waren wir ja noch so klein, aber erzählt hat sie von ihm! Er war ein stolzer Bub, er war der Älteste, er hat das gefühlt, ein stolzer Bub! Er ging an alles, alles hat er probiert, dann war er stolz, wenn er das fertigbrachte und die anderen noch nicht! Er war wirklich so, er ist gerne daran gegangen an die Arbeit, wirklich. Er war noch ein Kind und war stolz, daß er es fertiggebracht hat.« (Hol)

Die Brüder teilen mit, daß Josef ihnen immer als Beispiel an Strebsamkeit und Ordnungsliebe empfohlen wurde. Diese Charakterzüge werden auch von Interviewpersonen, die über die Militärzeit berichten, hervorgehoben.
Neben der Familie war es zweifellos das schulische Milieu, wo kulturelle, politische und soziale Prägungen, die in der Familie fundiert wurden, ihre endgültige Form fanden.

## Der Schüler

Die Schüler der Wustweiler Ortsteile Weilerhof und Wustweiler wurden bis zur Fertigstellung der ersten Schulgebäude im Jahre 1867 in einem größeren Raum eines Privathauses[255] unterrichtet. Die Schulchronik[256] berichtet aus dem Jahre 1818 von einer kleinen und feuchten Schule. Die Zunahme der Schülerzahlen zwang die Gemeindeverwaltung, den Bau eines Schulgebäudes zu planen. Da sich die Vertreter der beiden Ortsteile nicht auf einen gemeinsamen Platz für die neue Schule einigen konnten, wurde 1865 in beiden Ortsteilen mit dem Bau eines einklassigen Schulgebäudes nebst einer Lehrerwohnung begonnen.[257] Die ansteigenden Schülerzahlen führten 1891 zur Aufstockung der Schule in Weilerhof, so daß fortan zwei Klassen unterrichtet werden konnten.
Auch die Schülerinnen und Schüler des Ortsteils Hosterhof, die bis 1868 in Illingen unterrichtet wurden, wies man nun der Schule

in Weilerhof zu. Die Wustweiler Schüler und Schülerinnen protestantischen Bekenntnisses besuchten bis zum Neubau einer protestantischen Schule 1873 in Hosterhof die Schulen in Uchtelfangen bzw. in Dirmingen. Ab Herbst 1908 gingen auch die katholischen Schüler und Schülerinnen aus Hosterhof in einer neu eingerichteten katholischen Klasse in Hosterhof zur Schule.

Die protestantischen Schüler besuchten bis 1937 gemeinsam mit Schülern der Nachbargemeinden die Volksschule in Hosterhof. Im selben Gebäude wurden nach dem Schulneubau im Jahre 1928 zwei Klassen mit katholischen Schülern des Hosterhofes unterrichtet (Saal 1: Klasse 1-4; Saal 2: 5-8), so daß für die nächsten Jahre der Kontakt zwischen den beiden Ortsteilen Wustweiler und Wustweilerhof mit dem Ortsteil Hosterhof immer weiter abnahm. Der spätere Leiter des Aufbaugymnasiums Ottweiler, Dr. Paul Reuter[258], der von 1915 bis 1937 in Wustweiler lebte, schreibt in seinen Memoiren über die Volksschule in Wustweiler: »Da gab es zunächst einmal zwei Gebäude, eines in Wustweiler, das andere in Wustweilerhof oder ›im Hof‹, wie die Ortsbevölkerung sagte. (...) Jedenfalls machten beide Schulhäuser auf mich den Eindruck, daß sie nicht sehr gepflegt waren. (...) Herr Marx (...) hat mich im Unterricht sehr gefördert. Ihm verdanke ich, daß ich das Rüstzeug erhielt, in der höheren Schule als Kind vom Lande mich gut zu behaupten!«[259]

Für die Dorfteile Wustweiler und Wustweilerhof lagen die Schulgebäude zentral. Einmal in der Nähe des Bahnhofs, am westlichen Rand von Wustweiler, an der Verbindungsstraße nach Wustweilerhof, zum anderen in der Nähe der Kirche, an der Hauptstraße. Die Schüler/innen aus den Kernteilen des Dorfes besuchten diese Schulen, wobei die älteren Schüler/innen (Oberklasse Knaben; Oberklasse Mädchen) die Schule im Ortsteil Wustweilerhof, die jüngeren (Unter- und Mittelklasse) die Schule im Ortsteil Wustweiler besuchten. Frau Mayenfels, die von 1936 bis 1951 in Wustweiler unterrichtete, erinnert sich:

»Also, ich kam dann 1936, am 20. April 1936. (...) Das war der Jahrgang 1930, und Wustweiler hatte damals sechs Klassen. Fräulein Müller hatte das zweite Schuljahr, Lehrer Schorr das dritte, Herr Recktenwald das vierte und fünfte. Und dann, vom sechsten an, waren Buben und Mädchen getrennt. Der Herr Marx sechstes, siebtes, achtes: Buben. Fräulein Buch, die war aber nicht mehr so lange nachher da (bis 1938, d. Verf.), sechstes bis achtes: Mädchen. Den Klassen standen aber nur vier Schulsäle zur Verfügung. Da mußte der Unterricht abwechselnd gehalten werden. Da war morgens und nachmittags Schule.« (May)

Für das Jahr 1928 weist der Verwaltungsbericht der Bürgermeisterei Uchtelfangen[260] nach, daß in den drei getrennten Schulgebäuden in den einzelnen Ortsteilen in sechs Unterrichtsräumen[261] insgesamt 349 Schüler unterrichtet wurden.

| Ortsteil/Konfession | Klassen | Lehrer | Säle |
|---------------------|---------|--------|------|
| Hosterhof, ev. | 1 | 1 | 1 |
| Hosterhof, kath. | 2 | 2 | 1 |
| Wustweiler, kath. | 5 | 5 | 4 |

Klassensäle und Lehrer 1926

Die beiden Tabellen zeigen die Verteilung der Schüler, Lehrer und Unterrichtssäle Ende der zwanziger Jahre. Bezüglich der Schülerzahlen und der Unterrichtssäle verändert sich die Situation nicht wesentlich bis 1956.

Lediglich die Lehrerzahlen sind, durch die Kriegsjahre bedingt, stärkeren Schwankungen unterworfen. Im politischen, sozialen und kulturellen Leben der Gemeinde übten neben dem Pastor die Volksschullehrer eine »Meinungsführerfunktion«[262] innerhalb des Dorfes aus. Die ersten Wustweiler Lehrer, die in den neuen Schulgebäuden unterrichteten, Matthias Schmitz und Jakob Mosmann, wirkten hier 32 bzw. 45 Jahre.

Auf drei Lehrer[263] wollen wir an dieser Stelle näher eingehen, da diese Personen das Schulleben in Wustweiler über Jahrzehnte hinweg bestimmten und zugleich jene Lehrer waren, die Josef unterrichteten.

| Ortsteil/Konfession | männlich | weiblich | insgesamt |
|---------------------|----------|----------|-----------|
| Hosterhof, ev. | 19 | 25 | 44 |
| Hosterhof, kath. | 31 | 34 | 65 |
| Wustweiler, kath. | 125 | 115 | 240 |

Schülerzahlen im Jahre 1928

Es handelt sich um die Lehrer Wendel Marx, Michael Recktenwald und Gustav Schorr.

»Wir waren die ersten vier Jahre beim Schorr in Wustweilerhof, dann ein
Jahr beim Recktenwald im fünften Schuljahr und dann die letzten drei
Jahre nur beim Marx hier in Wustweiler.« (Rie)

Diese drei Lehrpersonen, die nicht aus Wustweiler stammten,
integrierten sich ins Dorfgeschehen und engagierten sich fortan
auch intensiv im kirchlichen, sozialen und politischen Leben des
Dorfes.

*Wendel Marx* (1885-1974) wurde am 24. Februar 1885 in Urwei-
ler (bei St. Wendel) geboren, besuchte das Lehrerseminar in Witt-
lich und legte am 27. Juli 1905 dort seine erste Lehrerprüfung ab.
Im Ersten Weltkrieg diente Wendel Marx als Feldwebel. 1916
wurde er bei den Kämpfen vor Verdun verwundet und geriet mit
schweren Verletzungen in französische Kriegsgefangenschaft. Er
wurde im Fort Douaumont operiert. Seine Kopfwunde wurde
jedoch nicht hygienisch behandelt, so daß der Verband mit der
Kopfhaut verwuchs, was weitere Operationen notwendig werden
ließ. 1917 wurde er als Schwerverwundeter im Rahmen der Genfer Konvention über die Schweiz ausgetauscht und kehrte 1918
nach Deutschland zurück. Zeitlebens behielt er aus dieser Kriegs-
verwundung nicht nur körperliche Schäden, sondern sein Frankreichbild war von diesen Ereignissen entscheidend geprägt. Seinem Sohn erlaubte er z. B. nicht, seine Ferien in Frankreich zu
verbringen. Es ist davon auszugehen, daß Marx seinen Schülern
ein antifranzösisches Bild vermittelte.
Nach seiner ersten Unterrichtstätigkeit in Elcherath (Kreis Prüm)
wurde er am 16. Juli 1909 nach Wustweiler versetzt, wo er bis
zum 31. Juli 1950 wirkte. Neben seiner Unterrichtstätigkeit engagierte er sich in Wustweiler im Kirchbau-, im Obst- und Garten-
bau- und im Bienenzuchtverein. Von 1923 bis 1950 war er Leiter
der Volksschule Wustweiler. Wendel Marx war im Dorf respek-
tiert. U. a. gehörte er der Zentrumsfraktion des Gemeinderates
(1920-1923) an, war Schiedsmann und Heimat- und Kulturpfle-
ger. 1965 wurde ihm, wie auch Pastor Schulz anläßlich seines
goldenen Priesterjubiläums, die Ehrenbürgerschaft der Gemeinde
Wustweiler verliehen.
*Michael Recktenwald* (1889-1967) war 30 Jahre (von 1919 bis
1949) lang Lehrer in Wustweiler. Er wurde am 25. Dezember

1889 in Bildstock (heute Stadt Friedrichsthal) geboren. Er besuchte das Lehrerseminar in Münstermaifeld. Im Ersten Weltkrieg diente Michael Recktenwald im Infanterie-Regiment 68 als Unteroffizier. Nach seiner Lehrertätigkeit in Wehr wirkte er in Wustweiler. Von 1923 bis 1945 leitete er den von ihm gegründeten Kirchenchor und war als Organist und Küster in der katholischen Kirchengemeinde Wustweiler tätig. Zudem gehörte er 1923 bis 1929 der Zentrumsfraktion des Gemeinderates Wustweiler an. Er weigerte sich während der nationalsozialistischen Periode, die Leitung des Kirchenchores abzugeben. Seine Weigerung führte zu Auseinandersetzungen mit örtlichen[264] Parteifunktionären und Anzeigen wegen seiner »antinazistischen Gesinnung«. Der Schulrat und spätere saarländische Kultusminister (1977-1980) Josef Jochem würdigte in seiner Gedenkrede für den verstorbenen Michael Recktenwald am 20. September 1967 vor allem dessen mutige und aufrechte Haltung während der Zeit des Nationalsozialismus.[265] 33 Jahre lang (1930-1963) leitete Michael Recktenwald neben seiner Lehrertätigkeit die örtliche Geschäftsstelle[266] der Kreissparkasse Ottweiler.

*Gustav Schorr*[267] (1892-1971), geboren am 9. August 1892 in Dilsburg (heute Gemeinde Heusweiler), lehrte nach Absolvierung des Lehrerseminars in Prüm in Hasborn/Eifel und in Winterbach/Saar, bevor er am 1. September 1927 nach Wustweiler versetzt wurde. Im Ersten Weltkrieg diente Gustav Schorr als Leutnant in einem Infanterie-Regiment an der Westfront. Vom 26. August 1939 bis zum 20. August 1940 und vom 1. November 1940 bis zum 3. August 1943 war Schorr Hauptmann in der deutschen Wehrmacht. Er unterrichtete 30 Jahre lang (von 1927 bis 1957) in Wustweiler. Als Direktor leitete er die Schule von 1952 bis 1957. 1933 war er im Vorstand der Zentrumspartei, Vorsitzender des Reichsbundes der Kinderreichen sowie stellvertretender Vorsitzender des Reichsbundes der Krieger. Schorr trat (wahrscheinlich 1935) der NSDAP bei und soll sie noch vor Ausbruch des Krieges aus religiösen Gründen verlassen haben. Von 1946 bis 1960 gehörte Gustav Schorr als CVP-Mitglied dem Gemeinderat von Wustweiler an.

»Der Marx, der war ja Kriegsinvalide aus dem Ersten Weltkrieg, und der Recktenwald, der war auch Kriegsinvalide, der war gehbehindert, der Schorr ist nachher auch noch Soldat geworden, der war Hauptmann.« (Rie)

Wie in vielen anderen saarländischen Arbeiterbauerndörfern waren auch in Wustweiler die Lehrer fest im katholischen Milieu verankert. Sie erhielten ihre Ausbildung zu Beginn des Jahrhunderts in katholischen Lehrerseminaren. Die Lehreraspiranten hospitierten bei einem Lehrer, um sich für das Seminar vorzubereiten. Im Saargebiet wurde erst 1926 für Volksschullehrer eine akademische Ausbildung an einer Pädagogischen Ausbildungsstätte mit vier Semestern vorgeschrieben.[268]

Die damalige Lehrerausbildung soll exemplarisch am Lehrerseminar Münstermaifeld aufgezeigt werden, das Lehrer Recktenwald von 1905 bis 1911 besuchte. Wir können davon ausgehen, daß alle preußischen Lehrerseminare auf die gleiche Art organisiert waren.[269] In Anwesenheit von 30 Zöglingen aus verschiedenen Regionen der Rheinprovinz wurde das Lehrerseminar in Münstermaifeld am 7. November 1878 eröffnet. Die Zöglinge nahmen Quartier bei Bürgerfamilien. Sie zahlten durchschnittlich 30 Mark monatlich für Kost und Logis. Im Jahre 1883 wurde die Lehrerausbildung von zweijährigen Kursen auf einen Dreijahresrhythmus umgestellt. 1902 wurde die Genehmigung für eine ständige Praparandenschule erteilt.[270] Heinrich Dietrich (1843-1931), der von 1898 bis 1914 als Seminardirektor das Seminar in Münstermaifeld leitete, wird als ein »Schulmeister bis auf die Knochen und ein Katholik bis ins Mark«[271] charakterisiert. »Er war ein strenger Mensch, gegen sich und gegen andere, eisern und unbeugsam, von einer fanatischen Begeisterung für die Schule. (...) Schon seine große Gestalt, die von einer eisernen Gesundheit zeugte, und der wallende Bart wirkten furchterregend. Nichts entging seinem Adlerauge. Viele bewahrten gegen ihn einen lebenslangen Groll. Manche entdeckten in ihren späteren Jahren doch hinter seiner Strenge ein menschliches Herz und empfanden Dank für ihn. Pflichtgefühl, Pünktlichkeit, Genauigkeit, nie ermattender Fleiß, Unerbittlichkeit gegen Trägheit und Gleichmut, das waren die Eigenschaften, die ihn auszeichneten.«[272] Dietrich war besonders der Methodik des Faches Rechnen zugetan. Ein von ihm herausgegebenes Unterrichtswerk war jahrzehntelang Standardwerk in Mitteldeutschland. Heinrich Dietrich erhielt den Königlichen Kronorden, den roten Adlerorden und das päpstliche Kreuz »Pro Ecclesia et Pontifice«.[273] Am Seminar wirkten neben ihm Musiklehrer, die sich als Komponisten für Kirchenmusik einen Namen gemacht hatten, so u.a. Peter Eßer (1869-

1941), der von 1902 bis 1910 in Münstermaifeld tätig war. Er vermittelte seinen Schülern eine »handfeste« musikalische Bildung und versetzte sie in die Lage, ihre volksmusikalischen Aufgaben als Lehrer zu erfüllen. Eßer gab ein Chorliederbuch für Präparandenanstalten heraus und schrieb, wie bereits erwähnt, Kirchenmusik.[274]

Dr. Bernhard Krembs (1848-1924) unterrichtete von 1898 bis 1910 in Münstermaifeld Deutsch, Geschichte und Französisch. Seine Erlebnisse im Deutsch-Französischen Krieg, eine Verwundung am Daumen und die Schlacht bei Gravelotte prägten sein weiteres Leben. Am Erinnerungstag besprach er stets das Gedicht »Der Trompeter von Thionville« mit Tränen in den Augen. Am Staatsfeiertag trug er mit Stolz seine Orden, sonst ein kleines Ordensbändchen.[275]

Die Ausbildung der Präparanden und Seminaristen verlief nach strengem, preußischem Reglement: Mit einem Kirchgang begann der Tag um 6 Uhr. Von 7 bis 13 und von 15 bis 17 bzw. 18 Uhr war Unterricht. Von 20 bis 22 Silentium. Jeder Seminarist absolvierte wöchentlich mehrere Stunden musikalischen Instrumentalunterricht. Zu zweit bis fünft wohnten die Jungen in Privatquartieren in der Stadt. Rauchen, Wirtshausbesuche und Spaziergänge unterlagen strengsten Regeln. Zu jedem Quartier besaß die Schulleitung einen Schlüssel, so daß laufende Kontrollen leicht vorzunehmen waren. Besondere Strenge traf diejenigen, die Kontakte zu Mädchen unterhielten.[276]

Diese Ausbildung durchlief auch der Wustweiler Lehrer Michael Recktenwald. Die Liebe zur Musik prägte ihn weit über die Ausbildungszeit hinaus. Ehemalige Schüler heben ebenso seine mathematischen Fähigkeiten hervor.

Dem Nationalsozialismus standen die Wustweiler Lehrer mit Distanz gegenüber, da dessen antireligiöse Tendenzen zutiefst ihren katholischen Grundüberzeugungen widersprachen. Wir erfuhren jedoch, daß auch Wustweiler Lehrer aus Opportunitätsgründen im Jahre 1935 in die NSDAP eintraten. Nach Aussagen von Interviewten sollen sie die Partei jedoch in den Folgejahren verlassen haben. Eine Aussage belegt die auch heute noch teilweise vertuschte Wahrheit über die NSDAP-Mitgliedschaft ehemaliger Wustweiler Lehrer:

»Er hat sich öffentlich für die konfessionelle Schule eingesetzt. Er wurde deshalb 1937 vom Oberlandesparteigericht in Köln verurteilt, unwürdig in die Partei aufgenommen zu werden, lebenslang gesperrt, durfte also nie wieder, oder durfte nie in die Partei aufgenommen werden.« (W)

Dieses Zitat[277] zeigt die Widersprüchlichkeit, die sich heute noch einstellt, wenn über ehemalige NSDAP-Mitgliedschaft geredet wird. Der Versprecher »nie wieder« markiert zunächst einen Tatbestand, der anschließend geleugnet wird.

Selbstverständlich hatten die Schüler bei Begegnungen im Dorf mit »Heil Hitler!« zu grüßen. Zu offenen Protesten von seiten der Lehrer kam es nicht, sie verhielten sich politisch unauffällig, gerieten jedoch trotzdem das ein oder andere Mal in Konflikt mit örtlichen Parteifunktionären. Insbesondere der bereits erwähnte »radikale« Nationalsozialist soll Lehrer Marx mehrfach angezeigt haben. G. sagte: »Die drei schwarzen Hechte (gemeint sind Pfarrer Schulz und die Lehrer Marx und Recktenwald) haben in Wustweiler immer noch das Sagen.« Aufgrund ihrer Herkunft aus bäuerlichen, handwerklichen oder kleinbürgerlichen Milieus, ihrer sozialen Aufsteigermentalität und ihrer Ausbildung in streng konservativ orientierten Lehrerseminaren kann ihre politische Grundtendenz als obrigkeitsstaatlich beschrieben werden. Ihre unpolitische Haltung bestärkte sie generell darin, sich nicht auf Konflikte mit den jeweiligen politischen Machthabern einzulassen, zumal sie sich als preußische Beamte definierten, die sich jeglicher Einmischung in ›Staatssachen‹ zu enthalten hatten. So mußten die Kinder im Schulunterricht bei Lehrer Marx folgendes Lied der Hitler-Jugend lernen:

*Nun laß die Fahnen fliegen*
*in das große Morgenrot,*
*das uns zu neuen Siegen*
*leuchtet oder brennt zu Tod!*

*Denn mögen wir auch fallen,*
*wie ein Dom steht unser Staat!*

*Ein Volk hat hundert Ernten*
*und geht hundertmal zur Saat.*
*Deutschland, siehe uns,*
*wir weihen dir den Tod als kleinste Tat!*

*Grüßt er einst unsre Reihen*
*Werden wir zur großen Saat!*

*Drum laßt die Fahnen fliegen
in das große Morgenrot,
das uns zu neuen Siegen
leuchtet oder brennt zum Tod.
(Hans Baumann)[278]*

Josefs Bruder berichtet, daß Lehrer Marx diesem Lied einen sybillinischen Kommentar hinzufügte, der zwar seine Meinung hindurchscheinen ließ, ihn gleichzeitig jedoch nicht offen positionierte:

»Kommentar von Lehrer Marx: Wenn das die kleinste Tat ist, was ist für einen dann die größte Tat? Aber für den Dichter dieses Liedes ist es eben die kleinste Tat.« (Vik)

Ihre strenge obrigkeitsstaatliche Orientierung vermittelten diese Lehrer auch ihren Schülern.

»Wir hatten jede Woche zweimal Religionsunterricht, wir haben gesagt Kadissem[279], mit dem Pastor. 1936 oder 1937 ist dann die Gemeinschaftsschule gekommen, da sind die Evangelischen vom Hosterhof gekommen.« (Rie)

Im Visitationsbericht[280] vom 17. März 1939 des Dechanten Johannes Knauf, Pfarrer in Uchtelfangen, heißt es bezüglich des Dekanates Illingen, daß ein »großer Teil der Lehrpersonen nicht in den Verdacht kommen möchte, mit der Geistlichkeit gut zu stehen«. Von »besonderen Streitigkeiten« dagegen sei nichts bekannt.

Die Kollegialität der Wustweiler Lehrer[281] untereinander blieb auch während der nationalsozialistischen Periode bestehen und wurde nicht von einem Spitzel untergraben, wie dies an anderen Schulen üblich war.

»Also, das Kollegium in Wustweiler – wir waren uns alle einig. Es war keiner Nationalsozialist. Wir konnten in der Pause also ruhig einmal miteinander reden. Es hat keiner den anderen verraten. Wir hatten also keinen irgendwie dabei, einen Spitzel! (...) In den Nationalsozialistischen Lehrerbund (NSLB) mußten wir ja hinein. Das war Zwang.« (May)

Wie diese Lehrerin erzählt, wurden vom NSLB regelmäßig Schulungsabende in Neunkirchen veranstaltet. Die Lieder, die bei diesen Veranstaltungen gesungen wurden, amüsierten die alten Lehrer.

»Ich weiß das noch von den Schulungen. Das war meistens in Neunkirchen. Da haben wir gesungen: ›Es zittern die morschen Knochen der Welt vor dem roten Sieg‹. Da haben die alten Lehrer sich amüsiert. Es zittern die morschen Knochen.« (May)

Sie mußten sich nur hüten, allzu offen im Unterricht gegen das nationalsozialistische Regime Stellung zu beziehen, da sie sich ihrer Schüler nicht sicher sein konnten. Ein ehemaliger Fähnleinführer des Jungvolks in Wustweiler berichtet in einem Interview, daß die Wustweiler Lehrerschaft den Aktivitäten des Jungvolks und der Hitler-Jugend skeptisch gegenüberstand:

»Ich weiß nicht wie, komisch war das, verschiedene Leute, unter anderem auch der Lehrer Recktenwald, die hatten immer gemeint, es wäre an dieser Sache etwas Teuflisches dran. Obwohl, wir Jungen, wir haben gar nicht soweit gedacht.« (Bi)

Den Lehrern wurde es ab 1937 untersagt, das traditionelle Schulgebet vor Unterrichtsbeginn zu sprechen. Statt dessen sollte ein nationalistisches Gebet gesprochen werden. Wie besagte Lehrerin erzählt, gab es aber immer die Möglichkeit des inneren Widerstandes; sie sang statt dessen lieber kirchliche Lieder:

»Da wurde uns ein Gebet empfohlen. Ich hab's aber nicht gesungen, mir hat es nicht gefallen:

> *Schütze, Herr, mit starker Hand*
> *Unser liebes Vaterland!*
> *Gib zu seinem schweren Werke*
> *Unserem Führer Kraft und Stärke!*
> *Laß uns recht brav und rein (treu und rein)*
> *Deine deutschen Kinder sein!‹*

Das Gebet wurde empfohlen. Das sollten wir als Schulgebet sprechen. Ich hab dann lieber ein Lied gesungen, wie: ›Unter Deinem Schutz und Schirm‹ oder ›Heiliger Schutzengel mein‹, aber was wir vorher gebetet hatten, das mußte unterbleiben.« (May)

Den Schülern wurde also ein religiöses, politisch-konservatives Weltbild vermittelt; das Geschichtsbild war auf die deutsche Nationalgeschichte eingeengt. Historische Persönlichkeiten standen im Zentrum. Die Hälfte des Geschichtsteils des damals verwendeten Realienbuches behandelt die Geschichte des 19. und frühen 20. Jahrhunderts. Dominierend ist die Darstellung der Kriegsgeschichte. Der historische Teil des Realienbuches endet wie folgt:
»Die Geschichte und nicht zuletzt die Geschichte des Krieges erzählt uns von Männern und Frauen, die ihre ganze Persönlichkeit für das Vaterland einsetzten. Jeder Deutsche muß den Geset-

zen gehorsam sein, die Behörden achten, sein Vaterland lieb haben und ihm treu dienen in guten und bösen Tagen.

> *Laß Kraft mich erwerben*
> *in Herz und in Hand*
> *zu leben und zu sterben*
> *fürs heil'ge Vaterland.«*[282]

In den Oberklassen wurde auch noch nach Beginn der nationalsozialistischen Periode mit älterem Unterrichtsmaterial unterrichtet. Erst langsam hielten nationalsozialistische Machwerke
Einzug. Vor allem die jüngeren Schüler/innen wurden nach diesen Büchern unterrichtet.

»Wir hatten im ersten Schuljahr, als ich hinkam (1936, d. Verf.), in den
ersten beiden Jahren ein sehr schönes Lesebuch. Das fing mit Druckbuch-
staben an. Und das Lesen war wirklich, es war ein gutes Lesen. Und auf
einmal, es war im dritten Jahr, kam ein neues heraus. Das wurde so von
nationalsozialistischen Lehrern schnell zusammengestellt. Und man
mußte dann in der deutschen Schreibschrift anfangen. So war das damals,
die Deutschen hatten eine eigene Schrift. Diese deutsche Schrift mit diesen
langen S, das lange H.« (May)

Ein Gespräch mit einer ehemaligen Lehrerin informiert uns über
die Veränderungen im didaktischen Bereich, die nach 1935 im
Saargebiet einsetzten, und darüber, wie plump die Nationalsozialisten versuchten, national-politische Inhalte über triviale Elemente zu vermitteln.

»Und dann waren die Texte ausgerichtet auf den Nationalsozialismus. Da
war das Winterhilfswerk und die Wehrmacht und alles mögliche. Man hat
aber gemerkt, daß die Texte schnell zusammengebastelt wurden. Es
mußte was Neues geben, was Nationalsozialistisches, obwohl das Lesebuch, das vorher da war, ein sehr gutes Lesebuch war. Und dann an der
Hauptschule[283] in Illingen nachher. Da hatten wir dann Geschichts- und
Erdkundebücher. Da kann ich mich erinnern: ›Norwegen. Deutsches
Heldentum vor Narvik!‹ Das war die große Überschrift. Das war das
Wichtigste, was von Norwegen durchkam. Alles irgendwie auf den Nationalsozialismus ausgerichtet.
Es war Vorschrift, den Wehrmachtsbericht zu besprechen. Der war ja
jeden Tag in der Zeitung und kam im Radio durch. Und dann sollte man
in der Schule den Wehrmachtsbericht besprechen. Ich kann mich heute
noch erinnern, wie es hieß: ›Wann werden unsere Truppen in Stalingrad
einmarschieren?‹ Sie sind da nie einmarschiert, aber das wurde dann im
Wehrmachtsbericht so dargestellt, als ob sie in ein paar Tagen schon in
Stalingrad einmarschieren würden. Und das sollte man dann in der Schule

durchsprechen. Da waren wir ja immer am Siegen und am Vorwärtsgehen nach dem Wehrmachtsbericht.« (May)

Im April 1937 kamen die »Richtlinien für den Unterricht« in den vier unteren Jahrgängen der Volksschule heraus. Danach hatte die Volksschule mit den »außerschulischen Erziehungseinrichtungen, den Gliederungen der Partei, dem Arbeitsdienst und dem Heer« gemeinsam »die hohe Aufgabe, die deutsche Jugend zur Volksgemeinschaft und zum vollen Einsatz für Führer und Nation zu erziehen«.[284] Da nach Hitlers Auffassung in der Erziehung zuerst der Körper, dann der Charakter und zuletzt der Intellekt geschult werden sollte, wurden die intellektuellen Unterrichtsziele verändert. Im Vordergrund stand nun die »Vermittlung der grundlegenden Kenntnisse und Fertigkeiten zur Teilnahme am Arbeits- und Kulturleben unseres Volkes«.[285] Erst nach Ausbruch des Zweiten Weltkrieges im Dezember 1939 lagen die vollständigen »Richtlinien für Volksschulen« bis zur achten Klasse vor.[286] Im Mai 1938 erschien der erste Band eines neuen Reichslesebuches. Auswahl und Zusammenstellung übernahm das »Zentralinstitut für Erziehung und Unterricht«. Das neue Lesebuch sollte zu zwei Dritteln aus einem einheitlichen Kernteil und zu einem Drittel aus dem jeweiligen Heimatteil bestehen. Ostern 1939 war die endgültige Einführung dieses Buches abgeschlossen.[287] Mit zunehmenden Rückschlägen des nationalsozialistischen Angriffskrieges sollten militärische Niederlagen durch vermehrten Einsatz von Wehrpropaganda im Unterricht wettgemacht werden.

Die ehemalige Lehrerin, Frau Mayenfels, erzählt von ihrer Zeit in Wustweiler, kurz nach der nationalsozialistischen Machtübernahme an der Saar:

»Da war ja schon 1935, da war ja die Abstimmung. Und als ich hinkam, war schon die nationalsozialistische Zeit. Und in manchen Orten war es schlimm: Die Kreuze mußten entfernt werden in den Schulsälen, in Wustweiler nicht. Unser Kreuz durfte hängenbleiben. Die Wustweiler waren keine fanatischen Nationalsozialisten. Es waren so einige wenige da, z. B. der Förster, der galt als ziemlicher Nationalsozialist. Sch. hieß der damals. Aber sonst im allgemeinen (...) waren die Wustweiler keine Nationalsozialisten. (...) Und die Lehrer auch nicht!« (May)

Die Lehrer in Wustweiler paßten sich der neuen politischen Ordnung nach außen hin an, Unterricht und pädagogische Methoden blieben jedoch weitgehend unverändert.

Anders als in Frankenholz[288] und anderen saarländischen Orten, in denen es zu regelrechten Streiks kam, waren in Wustweiler auch keine Protestaktionen von seiten der Eltern und der Kirche notwendig, um die Kreuze in den Schulsälen verbleiben zu lassen. Die Nachwirkungen des Frankenholzer Schulstreiks führten dazu, daß auf Anordnung des Gauleiters Bürckel im Saarland keine Kreuze in Schulsälen mehr entfernt werden durften. Die NSDAP mußte sich den in dieser Hinsicht unbeugsamen saarländischen Katholiken fügen.[289]

Die NSDAP intensivierte allerdings auf anderen Gebieten ihren Schulkampf. Gauleiter Bürckel ordnete »in einem Überraschungscoup eine gauweite Abstimmung über die NS-Gemeinschaftsschule an, die aufgrund des praktizierten öffentlichen Abstimmungszwanges zu dem erwarteten Ergebnis führte«.[290] Der Gau Saarpfalz war der erste Gau, in dem die Gemeinschaftsschule eingeführt wurde. »In einem Festakt in Frankenholz feierte Bürckel demonstrativ seinen Sieg über die katholische Kirche.«[291]

Theo Schwinn berichtet, daß das Naziregime der Volksschule Schulhelfer mit einer »unzulänglichen Ausbildung« zuführte[292], um so seinen Einfluß zu verstärken. Der Widerstand des katholischen Milieus richtete sich nicht generell gegen den nationalsozialistischen Herrschaftsanspruch, sondern es ging um die Bewahrung äußerer Formen, um die »Verteidigung seiner Rechte und Symbole«.[293] Wustweiler blieb auch während der faschistischen Machtperiode ein von einem traditionell konservativ-katholischen Geist geprägtes Dorf, wie Frau Mayenfels berichtet:

»Als ich nach Wustweiler kam, war da noch eine Konfessionsschule. Wir waren katholische Schule und ungefähr – glaube ich – ein Jahr später, da wurde die Gemeinschaftsschule eingeführt. Da hat sich nicht viel geändert bei uns in Wustweiler. Da war ja alles katholisch. (...) Und dann durften wir kein Kreuzzeichen mehr machen. Eine ältere Kollegin, die hat sich mal irgendwie vertan oder so. Die hat's Kreuzzeichen gemacht, da kam gleich der Schulrat und hat sie gemaßregelt.« (May)

1937 wurden zehn protestantische Schüler[294] aus Wustweiler infolge der Beseitigung der Bekenntnisschule auch der Klasse[295] zugewiesen, die Josef besuchte. Über die aktive Mitgliedschaft im Sportverein hatte Josef bereits Kontakt zu einem späteren protestantischen Klassenkameraden. Dieser Mitschüler und Sportkamerad wird an erster Stelle im Adressenteil von Josefs Kalender aufgeführt. Er erzählte uns im Interview von der Zeit nach der

Integration des Saargebiets in den nationalsozialistischen Machtbereich, daß die Nationalsozialisten zwar die Bürger über die
Einführung der Einheitsschule abstimmen ließen, sich aber im
Prinzip nicht an dem Abstimmungsergebnis orientierten, sondern
auf jeden Fall ihre Politik einheitlicher Schulformen durchsetz-
ten:

»Ja, das war 1937, da wurde vorher abgestimmt. Da haben die Eltern
abgestimmt. (...) Die politischen Leiter der NSDAP haben das gemacht.
Die gingen in die Häuser. Da haben die noch viele Leute mit ihrer ›Philosophie‹ überzeugt. Sonst wäre die Abstimmung noch gravierender gegen
die ausgegangen. So haben die noch viel die Alten beeinflußt. ›Du kannst
doch nicht! Der Führer hat das angeordnet! Du kannst doch nicht dagegen sein!‹« (Ger)

Traditionellerweise bestanden in den mehrheitlich von Katholiken bewohnten Dörfern Aversionen gegen die »Evangelischen«.
Die protestantische Religion wurde von den eingesessenen Saarländern als die Religion der Zugewanderten gesehen. Der protestantische Glaube war der Glaube preußischer Grubenbeamter,
die das Sagen hatten. Diese Einstellung traf sich mit der damaligen kirchlichen Lehrmeinung, daß Protestanten keine wahren
Christen seien und ihnen demzufolge die Erlösung versagt bliebe.
Im dörflichen Alltag des Saargebietes führten diese Deutungen
zur Stigmatisierung des jeweils anderen Bekenntnisses, tendenziell zur offenen Feindschaft zwischen Katholiken und Protestanten.[296] Ein Protestant erzählt:

»Ich weiß, wir sind in die Schule gegangen auf dem Hosterhof. Da haben
wir zueinander gerufen: ›Blauköpfe – Kreuzköpfe‹. Wir waren die Blauköpfe, und die Katholiken waren die Kreuzköpfe. Tatsache, das ist kein
Ulk. Dann sind wir den Stockberg runter. Aus Wustweiler waren wir
immer so sieben, acht Kinder, die auf dem Hosterhof in die Schule gingen.« (Ger)

Der erste Band der Wustweiler Schulchronik, der den Zeitraum
1868 bis 1949 erfaßte, ist leider verschollen. Lehrer Berthold Mei-
ser hat 1951, unter Benutzung der heute ebenfalls nicht mehr
auffindbaren Chronik der evangelischen Schule Hosterhof, eine
Chronik der katholischen Volksschule Hosterhof verfaßt. Seine
Aussagen lassen sich auf die Schulen Wustweilers übertragen. Die
Chronik hilft uns, die Schulsituation nach 1935 zu verstehen.
Berthold Meiser schreibt: »Die Zerschlagung der konfessionellen
Schule: 1935 wirkte Herr Mailänder, der später bei Errichtung

der Gemeinschaftsschule Rektor in Illingen wurde, anstelle von Herrn Klees neben Fräulein Mohr im katholischen System. Frl. Mohr befand sich seit 1921 am Orte. Jedoch nicht lange sollten sich die beiden konfessionell getrennten Schulen ungetrübt ihres Eigenlebens im kameradschaftlichen Miteinander im neuen, aufs modernste eingerichteten Heime erfreuen. Am Samstag, dem 20. März 1937, wurde im Gau Saarpfalz eine ›Abstimmung‹ der Erziehungsberechtigten zwecks Einführung der sogenannten Gemeinschaftsschule durchgeführt. Diese Scheinabstimmung wurde so geschickt eingefädelt, daß die Lehrpersonen von Haus zu Haus zu gehen hatten, um öffentlich die Leute zu fragen, ob sie für oder gegen die Gemeinschaftsschule stimmten. Der Entscheid wurde in eine offene Liste eingetragen. Vorher hatte der Christenhasser, Gauleiter Bürckel, aus Neustadt/Pfalz – der übrigens vorher selbst Lehrer war – in einer Presse- und Rundfunkkampagne unmißverständlich darauf hingewiesen, daß ein Nein zur Gemeinschaftsschule mit staatsfeindlicher Haltung gleichgesetzt würde. Der Erfolg dieser Scheinabstimmung trat denn auch genau so ein, wie es sich Bürckel und seine Hintermänner vorher ausgerechnet hatten:

Am Abend des genannten Tages meldete der »Pfälzer Hitler« dem Führer, daß sich 97% aller Eltern für die Gemeinschaftsschule ausgesprochen hätten. Die Regierung ordnete darauf die Einführung der Gemeinschaftsschule zu Beginn des neuen Schuljahres nach Ostern an. Was nützte es noch, daß unser Bischof von Trier schärfsten Protest gegen diese Maßnahmen öffentlich einlegte, daß die Osterglocken in diesem Jahr stumm blieben. Welche Folgen ergaben sich nun aus dieser Scheinabstimmung im allgemeinen und im besonderen für Hosterhof?

1. Allgemeine Folgen:

a) Die Kreuze wurden von den Stirnwänden der Schulsäle heruntergeholt. An ihre Stelle trat das ›Führerbild‹. Das war das Symbol für die folgenden Maßnahmen.

b) Der Katechismusunterricht wurde fortab aus der Volksschule verbannt. Religionsunterricht konnte noch vom Klassenlehrer erteilt werden. Auf dem Zeugnis rangierte das Fach Religion als unbedeutendes Schlußlicht. Gute Leistungen in diesem Fach liefen Gefahr, belächelt zu werden. Die Vertreter des ›positiven Christentums‹ erlaubten dem Geistlichen lediglich für Unterrichtsleistungen in seinem Fach ein Zusatzzeugnis zu schreiben, das auf einem besonderen Blatt ins Zeugnisheft eingelegt werden konnte.

2. Besondere Folgen für Hosterhof:

a) Zehn Wustweiler und vierundzwanzig Illinger evangelische Kinder wanderten nunmehr aus Hosterhof an ihre zuständigen örtlichen Systeme ab.

b) Die Kinderzahl in Hosterhof schmolz infolgedessen soweit zusammen, daß nur mehr ein zweiklassiges konfessionell gemischtes System übrigblieb (Lehrer Brück und Mohr).

c) Zwei Säle des vierklassigen Schulgebäudes standen fortan unbenutzt.

Ein Antrag der hiesigen Schule auf Einschulung der Illinger Kinder vom Bürgermeisteramt an bis zum Ortsende nach Hosterhof fand kein Echo.«[297]

Wir verfügen über die Zeugnisregister von Josef, die Aufschluß über seine schulischen Leistungen geben. Er erhielt im Abschlußzeugnis in Aufmerksamkeit, Fleiß und Katechismus die Note »sehr gut«. Die Leistungen in allen übrigen Fächern wurden mit »gut« beurteilt. Die männlichen Schüler wurden in den Fächern Religion, Lesen, Schriftliche Darstellung, Rechnen, Raumlehre, Erdkunde, Geschichte, Naturkunde, Gesang, Schrift, Zeichnen und Turnen unterrichtet. Die Mädchen erhielten keinen Unterricht in Raumlehre und nur eine Stunde Unterricht in Naturkunde, zusätzlich jedoch zwei Stunden in Nadelarbeit und vier Stunden Haushaltskunde.

Maria Mayenfels bewertet die Schulleistungen von Josef als gute Leistungen, die im oberen Drittel der Leistungsskala lagen.

»Wir haben hier das Zeugnisregister mit Noten, von all den Jahren. Können Sie da mal so sagen, wie er (Josef, d. Verf.) so in der Schule war? Weil uns ja die Noten wenig sagen.«

»Zwei ist gut. Zwei bis drei ist das, was man heute sagt befriedigend. Damals nannte man das genügend, also war es eine mittelmäßige Note. (...) Das letzte Zeugnis war gut.«

»Wäre das im Vergleich, im Dorfvergleich, nach Ihrer Erfahrung ein gutes Zeugnis?«

»Ja, ich glaube, daß der mit seinem Zeugnis – es kam ja ungefähr das beste Drittel nachher auf die Hauptschule nach Illingen – daß der wahrscheinlich dahingekommen wäre.«

»Das Abgangszeugnis. Wenn man das vergleicht, das ist ja wesentlich besser als die anderen.«

»Ja, die Noten sind nachher alle aufgerundet worden. Was vorher zwei bis drei war, das ist dann im Abgangszeugnis auf zwei aufgerundet worden. Ein gutes Abgangszeugnis beim Lehrer Marx.« (May)

Wir erfahren, daß Josef für die damaligen Verhältnisse ein überdurchschnittliches Schulabgangszeugnis erhielt. Mit Beginn des neuen Schuljahres, also ab Herbst 1938, wurde die Hauptschule, als Pflichtausleseschule mit zwei Klassen, in Illingen eingerichtet. Die dafür ausersehenen Kinder aus den Orten Illingen, Uchtelfangen, Wustweiler und Hosterhof, ab siebtem Schuljahr einschließlich, faßte man zu Hauptschulklassen zusammen. Als Fremdsprache wurde Englisch unterrichtet.[298]

Die fundierte Ausbildung durch Lehrer Marx, der, wie etwa Josefs Freund G. feststellt, die Abschlußklassen ganz besonders »rannahm«, führte dazu, daß Josefs Chancen, die Aufnahmeprüfung zu bestehen, sehr gut waren.

»Da hat der (Marx, d. Verf.) mit uns herumgemacht, da blieb ja kein Auge trocken. Da gab es nur Hiebe. (...) Und im achten Schuljahr, da hat er ja müssen, damit die fit waren, wenn sie aus der Schule kamen. Im achten hat er dann auch rundgemacht. (...) Trotzdem, der Marx war ein guter Lehrer.« (Ger)

Durch die Schilderungen von Josefs Freund Alfons gewinnt die

*Bild 25:* Der Jahrgang 1924 mit Lehrer Schorr. Aufnahme aus dem Jahre 1931. Josef: letzte Reihe, 4. v. links.

enge Freundschaft zwischen diesen beiden Dorfjungen, die noch heute spürbar ist, an Gestalt:

»In der Schule gab es manchmal Reibereien, hauptsächlich im fünften Schuljahr, als wir auf dem Hof[299] waren. Ich und der Sepp, wir waren im wahrsten Sinne des Wortes die Kräftigsten. Wir hatten die ganze Klasse gegen uns, die ganze Klasse, und da gab es manchmal handgreifliche Auseinandersetzungen, und trotzdem sind wir immer als Sieger hervorgegangen. Da hat es ja nichts gegeben, wir waren Bauernbuben.
Mittags, wenn die Schule aus war, ging es heim, am Bach[300] vorbei, an der Bahn vorbei, dann war es meist zwei Uhr, bis wir heimkamen mit lauter Streit, mit lauter Streit. Wenn wir heimgingen, dann sind uns die anderen Jahrgänge von der Wustweiler Schule entgegengekommen vom sechsten, siebten und achten Schuljahr. Dann hat's noch mal Streit gegeben. Ich weiß jetzt nur von einer Episode – Der Josef war wohl immer dabei, wohl immer dabei! – Wir haben immer beide miteinander draufgehauen! Der W. Walter, auf der Gaß, mit dem hatte ich Krach. Wir gingen in die Schule. Ich habe ihn gegriffen, und der W. Walter ist nicht mehr aufgestanden, und ich bin die Gaß hoch, und oben habe ich wieder zurückgeschaut, oh! Ich hatte Angst, es wäre was passiert. Seine Mutter hatte ihn reingetragen.« (Rie)

Beide waren in ihrer Klasse die weitaus stärksten und robustesten; sie mußten in der Schule in der letzten Bankreihe sitzen.

»Wir saßen immer nebeneinander in der letzten Bank, weil wir die Größten waren und nicht die Dümmsten.« (Rie)

Aus Josefs Nachlaß existieren noch eine Ahnentafel (s. Dokument 8, S. 248/249)[301] und eine Sippschaftstafel, die im Entlassungsschuljahr angefertigt wurden.
Zwei weitere Bereiche, die für unser Rekonstruktionsprojekt von Bedeutung sind und die die gesamte Jugendzeit von Josef prägten, werden in der Folge dargestellt. Der erste ist die Einbindung von Teilen der männlichen dörflichen Jugend als Meßdiener in die Kirchengemeinde und der zweite die mehr oder weniger erzwungene Integration der gesamten Dorfjugend in die nationalsozialistischen Jugendorganisationen[302]: Jungvolk, Hitler-Jugend bzw. Jungmädel und Bund Deutscher Mädel. Die nationalsozialistischen Jugendorganisationen entfalteten, wie wir gezeigt haben, unmittelbar nach der Angliederung des Saargebietes an das Deutsche Reich ihre politische und kulturelle Tätigkeit.
Die im tiefreligiösen Milieu erzogenen Jugendlichen sahen sich in einem Wertezwiespalt zwischen Kirche und Staat gefangen, den

sie durch individuelle Umdeutungen, die auch im Rückblick noch wirksam sind, zu umgehen suchten (»Die Hitler-Jugend, das war zuerst mal viel Spaß, wir waren draußen und haben tolle Sachen gemacht« – »Wer spielt nicht mal gerne Soldat?«).

Mit der Beschreibung dieser beiden Lebensbereiche wird ein weiterer Fokussierungspunkt von Josefs Biographie erkennbar, der spätere biographische Entwicklungen verständlich werden läßt.

*Bild 26:* Kinder im Dorf zur Zeit des Abstimmungskampfes.

## Der Meßdiener

Im dörflichen Umfeld der dreißiger Jahre bestanden für männliche Jugendliche (noch weit weniger für die weibliche Jugend) kaum Möglichkeiten, einen eigenen unabhängigen sozialen Status im Dorf zu erlangen. Statuszuschreibungen erfolgten zunächst in Anlehnung an den sozialen Status der Herkunftsfamilie. Die Jugendlichen trugen die Dorfnamen[303] (nicht zu verwechseln mit den Familiennamen) ihrer Vorfahren. In der dörflichen Rangordnung[304] stand ihnen zunächst deren sozialer Rang zu, den sie durch eigenes »lebenslanges dörfliches Engagement« verbessern, seltener jedoch verlieren konnten.

Heranwachsende männliche Jugendliche hatten einmal die Chance, sich durch den Ausbruch aus den familiären und dörfli-

*Bild 27:* Kinder im Dorf zum Zeitpunkt der Bekanntgabe des
Abstimmungsdatums (13. Januar 1935) in Genf.

chen Berufszuweisungen eine dorfunabhängige soziale Position
zu erwerben. Diese Möglichkeit barg jedoch tendenziell die Gefahr der Isolation. Zum anderen bestand die Aussicht, einen
neuen, höheren sozialen Status durch den in der Fremde abgelei-
steten »Soldatendienst« zu erwerben, was im dörflichen Milieu
akzeptiert werden konnte. Daneben bestand noch die Möglichkeit, seine dörfliche Position durch kirchliches Engagement und
durch den Eintritt in kirchliche Internate mit dem Ziel des Eintritts in den kirchlichen Dienst zu verbessern.
Zwar war auch diese Alternative zunächst *mit* durch den sozialen
Status der Herkunftsfamilie bestimmt, bot jedoch prinzipielle
Ausbruchsmöglichkeiten. Um diese Alternative ergreifen zu können, war für die männlichen Jugendlichen in der Regel zunächst
die Mitgliedschaft im dörflichen »Meßdienerkorps« notwendig.

Josefs Jugendfreund Alfons erzählt, wie Josef damals als Meßdiener ausgewählt wurde; er selbst hatte keine Lust, Ministrant zu werden.

Der Pastor, »der hat in der Schule gefragt: ›Wer will Meßdiener werden?‹ Da sind sie aufgestanden. Da kann ich mich noch ganz genau entsinnen. Da kam er zu mir und hat gefragt: ›Warum willst du kein Meßdiener werden?‹ Ich weiß heute nicht mehr genau, was ich ihm geantwortet habe, jedenfalls bin ich keiner geworden. Er hat mich dann noch extra gefragt: ›Warum nicht?‹ Scheinbar wäre er zufrieden gewesen, wenn ich einer geworden wäre. Er hat dann noch gesagt: ›Deine Brüder waren Meßdiener!‹ (...) Die haben den Meßwein gesoffen.« (Rie)

Die Aufnahme hing einzig und allein vom Wohlwollen des Pastors Schulz ab, der wiederum großen Wert auf die kirchlich-religiöse Einbindung und vor allem auf die rechte politische Gesinnung der Herkunftsfamilie legte, so daß Kinder aus kommunistischen oder sozialdemokratischen Familien kaum eine Chance hatten, Meßdiener zu werden. Ein anderer Gesprächspartner erzählt von den Aufnahmebedingungen:

»Also, das war auch ein bißchen Ehrgeiz. Wir hatten an sich acht Meßdiener; alles lief damals auf Latein (er spricht uns lateinische Gebete vor). Das war vor allen Dingen Voraussetzung, und dann konnte man sagen, das waren nicht die Dümmsten, weil die das Latein nicht auswendig lernen konnten. Aber es wurde auch darauf gehalten, wenn ein Kind Meßdiener werden wollte, ob die Eltern, sagen wir mal Alter Verband[305] waren, die waren etwas rot, dann haben sich die Kinder schon gar nicht gemeldet, denn dann haben die Eltern schon gesagt: ›Brauchst dich gar nicht zu melden, dich holt er doch nicht!‹ Du warst gar nicht so kühn, dich zu melden, wenn du ein bißchen ›belastet‹ warst.« (Mei)

Es gab im Dorf immer nur acht Meßdiener gleichzeitig, vier aus Wustweiler und vier aus Wustweilerhof, je vier Vor- und vier Nachdiener. Die Ausbildung der Meßdiener nahm der Pastor selbst vor, wobei er besonders großen Wert auf das korrekte Aufsagen der lateinischen Meßtexte legte.
Josef diente als Meßdiener, was im dörflichen Umfeld einer sozialen Rangerhöhung gleichkam. Wir werden im folgenden an unterschiedlichen Beispielen die Stellung eines Meßdieners in einem katholischen Dorf schildern, da dies für ein näheres Verständnis von Josefs Position notwendig ist.
Der saarländische Philosoph Peter Wust schreibt in seinen Lebenserinnerungen: »Im Kirchlein durften wir Knaben die Glok-

ken läuten, durften auch das Ewige Licht mit Öl auffüllen oder des mittwochs dem greisen Pfarrer Braun die Messe dienen und die ungewöhnlich frostige Stimme des Küsters Becker aus Wahlen beim Choral begleiten. In der Fastenzeit und im Maimonat hielten wir abends Rosenkranzandachten ab, und wer gerade die Leitung dieser Andachten hatte und dabei die Litanei vorbeten durfte, der kam sich wie mit besonderer Würde umkleidet vor.«[306]

Meßdiener hatten bei Vormittagmessen an Werktagen, bei Versehgängen und ähnlichen Anlässen schulfrei, da sie den Pastor auf seinen Gängen begleiten mußten. Bei Beerdigungen gingen sie von der Schule zur Kirche, kleideten sich um, trugen das Vortragekreuz und gingen gemeinsam mit dem Pastor zum Trauerhaus. Daneben hatten sie Zugang zur Sakristei, dem geheimnisumwitterten Ort, vorne rechts in der Kirche, sie »soffen den Meßwein« und »aßen Hostien«, »strafwürdige« Vergehen, welche jedoch stets in allen Details – leicht übertrieben – den Kameraden berichtet wurden. Während der Christenlehre (Andacht) mußten die Meßdiener die Gebetstexte sprechen, da Pastor Schulz wegen einer Kehlkopfkrankheit dazu nicht mehr in der Lage war. In der Regel betete während Josefs Meßdienerzeit immer Willi S. vor.[307] Fehler während des Ministrierens wurden sofort anschließend vom Pastor in der Sakristei mit Prügel geahndet.

All dies verschaffte den Jugendlichen in der Dorföffentlichkeit eine herausragende Stellung. So wurden die Meßdiener im Katechismusunterricht oft vom Pastor mit der Bemerkung aufgerufen: »Das müßt ihr doch wissen!«, was auf die Eliteposition »seiner« Meßdiener hinwies. Sie waren die zum Hilfsdienst am Altar Auserwählten, die während der Messe besondere Kleidung trugen und die sich auch im Alltag als besondere Menschen zu erweisen hatten. Übereinstimmend berichten auch andere Interviewpartner von dieser herausgehobenen Rolle der Meßdiener.

Der ehemalige Fähnleinführer des Wustweiler Jungvolks, der sich vor seiner HJ-Tätigkeit in der kirchlichen Jugendarbeit und als Meßdiener engagiert hatte, erzählt, daß er vom Pastor in »Ruhe« gelassen wurde, wenn er seine sonntäglichen Pflichten vernachlässigte, z. B. sonntags nicht an der Meßfeier oder der Andacht teilnahm:

»Bloß ich bin nicht hingegangen. Und das war ja auch mit ein Grund gewesen, weshalb der Pastor mit mir auf Contra gestanden hat. Der Pastor hat es ja nicht unter seiner Würde gefunden, wenn einer, der die Christenlehre geschwänzt hat, den auf der Straße zu stellen und ihm eins hinter die Ohren zu flatschen. Nur bei mir hat er das nicht mehr gemacht, weil (...) Ich weiß nicht, wie das war. Das war ein komisches Verhältnis. (...) In der Zeit, in der ich Meßdiener war, da war ich ja der Meßdiener, der am nächsten an der Kirche[308] gewohnt hat. Wenn ein Versehgang in Wustweiler war, dann bin ich gerufen worden, dann mußte ich mitgehen. So manches habe ich in den zwei Jahren da mitgekriegt. Aber eigenartigerweise, er hat mich auch, nachdem ich dann zu Hause war, nicht zur Rede gestellt. Man kann nicht sagen, daß er nachtragend gewesen wäre oder sowas. Nein, das kann man nicht sagen! Er war, sagen wir mal, wenn man so will, ein Hirte, der die verirrten Schäflein mit viel Geduld dann besucht hat. Der war froh, daß er sie dann wiedergefunden hat.« (Bi)

Die Position der Meßdiener wurde nicht nur dadurch ins Blickfeld der Dorföffentlichkeit gerückt, daß sie Sonntag für Sonntag, Messe für Messe, am Altar, der sich traditionellerweise vorne »über« der Gemeinde erhob, ihren Dienst versahen, sondern sie waren gegenüber den anderen Jugendlichen auch materiell privilegiert. In der Karwoche (von Gründonnerstag bis zum Ostersamstag) zogen die Meßdiener als »Kläpperbuben« durch das Dorf, da in dieser Zeit die Kirchenglocken nicht geläutet werden dürfen. Am Ostermontag gingen sie dann »kassieren« und wurden für ihre Tätigkeit durch Geld oder Nahrungsmittel entlohnt.
Für ihre Meßdienertätigkeit erhielten sie einen »symbolischen« Lohn. Anschließend wurde im Pfarrhaus geteilt, wobei ein Teil des Geldes oder der Naturalien von der Pfarrhaushälterin einbehalten wurde.
Josefs bester Jugendfreund erzählt von seinen Brüdern, die alle Meßdiener waren:

»Ich war kein Meßdiener. Ich war keiner. Mein Bruder in der Humes, der Hermann, der war Meßdiener und der Johann und der Alois, die waren Meßdiener, ich war kein Meßdiener.« (Rie)

Die Meßdiener waren sich ihrer Sonderstellung im Dorf bewußt, denn »normal hat man gesagt, daß die Meßdiener die frechsten« Buben im Dorf sind. Sie wußten um ihre besondere Stellung und konnten ab und an über die Stränge schlagen, ohne daß ihre Vergehen geahndet wurden. Die Meßdienerrolle verlangte von den Jugendlichen in der Kirche und in der Dorföffentlichkeit angepaßtes Verhalten, welches dann durch gelegentliche Ausbrüche kompensiert werden konnte.

*Bild 28:* HJ Wustweiler.

*Bild 29:* Jungvolk Wustweiler.

# Der Hitlerjunge

Mit der Integration des Saargebiets ins Deutsche Reich bot sich auch den Jugendlichen des Saargebiets zusätzlich die Möglichkeit, durch Mitgliedschaft in nationalsozialistischen Organisationen eine spezifische neue soziale Position zu erlangen, die nicht unbedingt von der gesamten Dorfgemeinschaft akzeptiert wurde, die aber gleichwohl viele materielle und soziale Vorteile barg. Die Jugendlichen konnten dort einen mehr jugendgemäßen Lebensstil pflegen und sich, zumindest äußerlich, der engen traditionellen Schranken des Dorfes entledigen. Für männliche Jugendliche bedeutete dies die aktive Mitarbeit in der Hitler-Jugend oder ihren »Sondereinheiten«, wie z. B. der Motor-HJ oder der Flieger-HJ.

Viele Jugendliche aus Josefs Generation standen in einem Zwiespalt, da sie sowohl religiös orientiert waren als auch in der HJ mitarbeiten mußten. Sie wollten sich nicht unbedingt von der HJ distanzieren, da ihre Freunde und Kameraden aus dem Dorf dort aktiv waren und von daher die Mitgliedschaft nicht, wie vielfach unterstellt, nur ein »Muß«, sondern auch ein »Wollen« implizierte. Die nationalsozialistischen Ideen, die einer Organisation wie der Hitler-Jugend zugrunde lagen, blieben in ihrem inhaltlichen Kern den Jugendlichen allerdings weitgehend verschlossen.

Am 1. November 1933 wurde in Wustweiler eine HJ-Gruppe gegründet, die in der Folge dann auch an HJ-Treffen und -Lagern in der Pfalz teilnahm, wie z. B. im Sommer 1934 in Leitersweiler bei St. Wendel. Bei diesen überregionalen Treffen hatte man auch die Gelegenheit, sich mit den nationalsozialistischen Symbolen, Uniformen und dergleichen auszustatten.

»Wir sind mit den Fahrrädern dorthin, auf der Straße zu der Kundgebung. Jeder hatte eine Zeltplane für das Zelt. (...) Und als wir zurückgefahren sind, da hatten wir die HJ-Uniform, kurze Hose, und das Braunhemd in die Zeltplane eingewickelt. Die Uniform, die wurde dort angeboten, die haben dort alles angeboten, was von den Nationalsozialisten war, alle Uniformstücke, von den Stiefeln bis zur Kappe. Alles – auch Fahnen. Das waren alles HJler aus dem Reich. Man wollte die Saarländer dort hinziehen. Das haben die auch fertiggebracht. Da waren sehr viele Leute, das weiß ich noch gut. Die SA hat dort einen großen Fackelzug gemacht, der Gauleiter Bürckel hat dort gesprochen.« (Wei)

Ein ehemaliges Jungvolkmitglied (Jahrgang 1923) ergänzt und bestätigt, daß bereits vor 1935 im Saargebiet nationalsozialistische Jugendorganisationen existierten, die zum Teil im Verborgenen arbeiteten:

»Ich war zehn Jahre alt, als wir im Jungvolk waren. Zehn Jahre alt! Und dann war, wie ich dann vierzehn war, da sind wir dann in die Hitler-Jugend gekommen.« (Ul)

Nach dem Anschluß des Saargebiets an das Deutsche Reich erhalten auch in Wustweiler die nationalsozialistischen Jugendorganisationen (Jungvolk, HJ, BDM) großen Zulauf.

Josef war 1935 mit elf Jahren in dem Alter, in dem die Mitgliedschaft im Jungvolk quasi als Pflicht angesehen wurde. Die meisten Altersgenossen wurden Mitglied. Sein Jugendfreund Alfons erinnert sich:

»Ich weiß nur, daß er (Josef, d. Verf.) drin (in der HJ) war. Ich war nicht drin. Es hat mich einmal interessiert, wie das da vor sich geht. Da war ich, wie Dienst war, um so und soviel Uhr, das war an der Schule im Hof an der Linde. Da waren die Burschen alle versammelt, dann ist der – wie hat man das genannt, der Ortsgruppenleiter – der K. Alois gekommen mit dem breiten Gürtel und ›So, jetzt geht's los, alles rein!‹, wo heute das Gemeindebüro ist, rechter Hand. Dort war der Schulungsraum, usw. Ich war ja fremd, ich wollte nicht da rein und da hat der K. mich gegriffen: ›Rein!‹, nicht wahr. Und da war ich einmal drin im Dienst der HJ und nie mehr wieder. (...) Da saß alles und wie der Chef hereinkam, war alles aufgesprungen ›Heil Hitler‹, nicht wahr. ›Heil Hitler! Setzen!‹ Also was da war, jedenfalls theoretischer Unterricht. Ich kann es heute nicht mehr sagen, wovon das Thema gehandelt hat.« (Rie)

Da Josef zu Hause in der elterlichen Landwirtschaft mithelfen mußte, blieb ihm wenig freie Zeit, sich auch noch im Jungvolk oder später in der HJ zu engagieren.

»Schon vorher, da habe ich, da war so eine Flaute (in der HJ), da wollte ich nicht mehr so richtig mitmachen, aber nachher, da haben die das noch einmal reorganisiert; Geländespiele und so weiter, da haben sie das ein bißchen interessant gestaltet, nicht wahr! Das war echt interessant, da war man mit Leib und Seele dabei. Was mich damals, irgendwie in Gewissenskonflikte gebracht hat, das war diese Schreierei gegen die Juden. Da war also, da sind wir durch das Rosental gezogen mit dem Spruch: ›Hängt die Juden, hängt die Bonzen an die Wand!‹ Das haben die Kinder gesungen. Wir waren Kinder, aber trotzdem, Juden, das ganze Rosental voller Judengeschäfte, oben auch, auf der anderen Seite, der Lazar und der Levy. Dann nachher hieß es: ›Ein deutscher Junge geht nicht in ein jüdisches Geschäft‹.« (Ul)

Diese Erzählungen zeigen, wie Kinder und Jugendliche von der nationalsozialistischen Propaganda unmerklich beeinflußt wurden und ihnen zunächst latent und dann offen faschistisches Gedankengut vermittelt wurde, Gedankengut, welches ihnen später unbewußt als alltägliches Deutungsmuster zur Verfügung stand. Auch heute (1990) wird von den ehemaligen Hitlerjungen nicht mit ethischen und moralischen Prinzipien argumentiert, sondern die Judenverfolgung war verwerflich, weil

»die Juden diejenigen waren, die uns am Leben erhalten haben. Die haben uns das Obst abgekauft, ohne den Verkauf von unserem Obst wären wir verhungert, da wären wir verhungert. (...) Ich hab mich dann auch ein bißchen zurückgehalten. Ja, dann war ich auf der Schule[309], da habe ich mich ein bißchen gedrückt.« (Ul)

Ul. erlebte den ersten Kulminationspunkt der Judenverfolgung, die »Reichspogromnacht«, im Nachbarort Illingen. Er sah zu, wie »man« einem Juden das Geschäft plünderte. Im Gespräch werden auch heute kaum Zweifel an den damaligen Zuständen geäußert, sondern es wird eine Geschichte erzählt, scheinbar ohne innere Anteilnahme und Betroffenheit. Die nationalsozialistische Erziehung, so können wir folgern, ist mit ihren latenten Deutungsmustern auch heute noch präsent. Der folgende Gesprächsausschnitt dokumentiert in typischer Weise die diffuse Haltung dem nationalsozialistischen System gegenüber. Er offenbart zugleich, daß diese Haltung den Nationalsozialismus überdauerte. Emotionslos wird die damalige Situation geschildert: Die Juden werden »nach Ostdeutschland« gebracht, wo sie »endlich mal was schaffen müssen«. Anhand dieses Gesprächsausschnitts werden zentrale Deutungsparameter des nationalsozialistischen Alltags offenbar. Diese Deutungen erlauben die Verdrängung aktueller Erlebnisse und stützen so die Entfaltung des nationalsozialistischen Machtsystems.

»Dann kommt man eines Tages zurück und dann, das war im November, wie die Synagoge gebrannt hat! (...) Ich bin mit dem Zug gefahren und bin mittags zurückgekommen, da hat's geheißen, ›die Synagoge brennt!‹ Da bin ich runter an die Synagoge und habe gerade gesehen, wie sie dem kleinen Herzog, da neben dem Sauer Anna, dem haben sie das Geschäft demoliert. Da bin ich gerade heim. (...) Nachher, da sind dann die Juden verschwunden. Da hat mich meine Großmutter mal gefragt: ›Ja, wo kommen denn die hin?‹ Ja, da habe ich gesagt: ›Ei die kommen nach Ostdeutschland, da müssen die endlich mal etwas schaffen. Die kommen auf die großen Güter, da müssen die endlich mal etwas schaffen‹.« (Ul)[310]

Die Gleichschaltung der deutschen Jugendverbände, die auch vor den kirchlichen Jugendverbänden[311] nicht Halt machte, führte in Wustweiler zur Integration der gesamten Jugend in die national-sozialistischen Organisationen, die sich schon kurz nach der Rückgliederung des Saargebiets aus bereits vorhandenen »infor-mellen Jugendgruppen« konstituierten. Jugendlichen, die bislang im Dorf keinen hohen sozialen Rang innehatten, wurde nun die Möglichkeit geboten, sich diesen durch engagierte Mitarbeit in nationalsozialistischen Jugendorganisationen zu sichern. Gleich-wohl fühlten sich alle Jugendlichen mehr oder weniger gezwun-gen »mitzumarschieren«. Auch Josef wird Mitglied in der HJ, wobei es ihm wegen der schlechten gesundheitlichen Verfassung seines Vaters und der damit verbundenen Notwendigkeit, sich stärker als üblich in der elterlichen Landwirtschaft zu betätigen, erspart blieb, sich regelmäßig an den HJ-Veranstaltungen zu be-teiligen.

Die Hitler-Jugend, das Jungvolk und der BDM organisieren ab 1935 ein reges, gleichgeschaltetes nationalsozialistisches »Jugend-leben« in Wustweiler, u. a. wird auch für ein HJ-Heim, welches nie gebaut wurde, gesammelt. Aus Nachkriegsberatungen des Gemeinderates von Wustweiler aus dem Jahre 1954 geht hervor, daß über die Verwendung von 70 000 Franken befunden werden mußte. Diese Summe hatten die Jugendlichen des Dorfes in der Zeit des Nationalsozialismus für den Bau eines HJ-Heimes ge-sammelt.

»HJ-Mitglied war man normalerweise bis achtzehn Jahre. Ich war damals mal mit der HJ nach Völklingen auf's ›Bannsportfest‹, da waren die besten Athleten vom Saargebiet. Und ich war dabei, über 3000 Meter. Ich war schon einer auf 3000! Auf dem Bannsportfest, da wurde ich zwölfter von einhundertzwölf vom Saargebiet. Und dann gab es eine Runde auf dem Sportplatz. Da gab es auch Auszeichnungen. Da hieß es: ›Wer ist der 1. Mannschaftsverein?‹ Unter ca. 20 Mannschaften haben wir den 1. Mann-schaftsverein gemacht. (...) Ja, das war unsere HJ. Da war aber Dirmin-gen, Uchtelfangen und Illingen mit dabei.« (Mei)

Noch im Jahr der Rückgliederung (1935) nehmen Vertreter des Illinger Jungvolkstamms und des HJ-Banns Illingen an HJ-Zelt-lagern anläßlich des Reichsparteitags der NSDAP in Nürnberg teil. Ein »Jungvolkführer« erinnert sich:

»Wir sind zu dritt dahin; das war der S. Hans von Illingen, der S. Heini von Hüttigweiler und ich aus Wustweiler. Wir waren vom Stamm, also vom Jungvolk aus dort; von unserem Stamm aus als Vertreter. (...) Der Jungvolkstamm, das waren die von Raßweiler, Illingen, Gennweiler, Uchtelfangen, Wustweiler und Hüttigweiler. Der damalige Junglehrer Cle., der in der Volksschule in Uchtelfangen war, der war damals Jungvolkführer vom Standort Uchtelfangen, Kaisen-Uchtelfangen. (...) Ich war Standortführer in Wustweiler, da war ich siebzehn Jahre alt und der war Junglehrer und war Standortführer in Uchtelfangen, und die Wahl ist dann nachher auf mich als Fähnleinführer gefallen.« (Bi)

In der HJ wurde, wie ehemalige Hitlerjungen erzählen, »Dienst gemacht«. Die Jungen waren meist mit viel Elan bei der Sache. Von den neuen nationalsozialistischen »Dorfmachthabern« wurden nun die Jugendlichen als Personen mit eigenen Anliegen ernstgenommen, was bislang im bäuerlich-proletarischen Dorfmilieu nicht der Fall gewesen war. Das Engagement der Jugendlichen wurde oft dazu benutzt, diese als Spione in den Elternhäusern einzusetzten. Der »Dienst« in der HJ war so gestaltet, daß erstens den motorischen Bedürfnissen, insbesondere der männlichen Jugend, sehr geschickt Rechnung getragen wurde und zweitens das Bedürfnis der Heranwachsenden nach Einbindung in die Gruppe der Gleichaltrigen (Parole: »Jugend soll von Jugend geführt werden!«) benutzt wurde, um die Jugendlichen an die HJ zu binden.

»Ich bin ehrlich, ich war in der Zeit, hat man mich als Fähnleinführer, zuerst als Jungzugführer, als Standortführer im Jungvolk gewählt gehabt. (...) Wir waren froh, wenn wir uns treffen konnten, wenn wir unsere Heimabende machen konnten, (...) wir haben eine Zeltausrüstung gehabt, Fanfarenchor, wir hatten alles mögliche. (...) Da gab's z. B. Abende, da wurde gesungen, da wurden Sachen vorgelesen. Wir hatten uns die WIKINGER genannt. Da der Jungzug die Wikinger waren, haben wir uns ein bißchen in der Geschichte umgeguckt, wer die Wikinger waren, die Germanen und so, unsere Abstammung.« (Bi)

Die HJ veranstaltete Zeltlager, Sonnenwendfeiern und hielt wöchentlich Heimabende in der Schule in Wustweilerhof ab. Bei den Heimabenden wurde gesungen und gespielt. Die Führer verlasen politische Schriften, die sie von der Kreisleitung der HJ erhielten. Die Gruppe beschäftigte sich mit der Geschichte der Germanen, speziell mit dem Leben der Wikinger. Leider blieb uns eine Einsichtnahme in das noch existente »Fähnleinbuch« des Wustweiler Jungvolks verwehrt, so daß eine exakte Auflistung der Aktivitäten unterbleiben muß. Die ehemaligen Hitlerjungen erzählten von den Veranstaltungen der HJ und davon, wie begeistert sie beim »Dienst« dabei waren:

»Wir haben große Feste abgehalten. Wir hatten einen Fanfarenzug, Trommler usw. Da hat es nichts gegeben! Da sind Sonnenwendfeiern da oben abgehalten worden am Wasserbassin. Da ist das Feuer abgebrannt worden, da ist geblasen worden, da war die Bevölkerung auf Achse. So ist das nicht! Dann an Weihnachten, beim Busch, wo jetzt die Metzgerei ist, dort stand der Tannenbaum. Da war abends in der Weihnachtszeit, da war dann eine große Feier gewesen, von der HJ. Also, das war vom ganzen Dorf! (...) Also sagen wir mal, vor allem die urdeutschen Sachen sind da schwer gehegt und gepflegt worden. Und dann viele Geländespiele haben wir gemacht, weißt du, Schnitzeljagden. Die Buben waren beschäftigt, aber immer in dem Sinne von Wehrertüchtigung und so.« (Ger)

Ergänzt wurde die Bindung der Jugendlichen an die HJ durch die Uniformität der HJ (sowohl geistig als auch materiell praktisch), die zunächst dazu führte, daß alle Jugendlichen »gleich« waren und ihnen allen die Möglichkeit des Aufstiegs offenstand.

»Da hatten wir Dienst. Da haben wir exerziert, ›Links-rum!‹ – ›Still gestanden!‹ – ›Marschiert!‹ Ja, sicher! In Uniform! Sicher, sicher, in der Uniform. Ich habe eine Uniform bekommen, wie ich aus der Schule kam. Das hat es gegeben, was soll's! Zigaretten geraucht, wie das so ist. Das war natürlich nicht im Dienst, das war nach dem Dienst gewesen, nicht wahr! So marschiert sind wir, sagen wir mal, wir haben Geländespiele gemacht. Dann viel Sport getrieben, geboxt, gelaufen, das war hauptsächlich Ertüchtigung, Wehrertüchtigung, wie man das nennen will. Das war das gewesen, Dienst. Im Jungvolk hatten wir abends im Sommer von sechs Uhr bis acht Uhr, wöchentlich zweimal! Das muß nachher im Krieg, da war ich aber nicht mehr da, da muß es schlimm gewesen sein. Da gab es welche, die gingen die Buben holen. Zu unserer Zeit war das noch nicht so.« (Ger)

Die Erzählungen über die Tätigkeiten der HJ machen deutlich, wie eng Teile der protestantischen saarländischen Geistlichkeit mit dem Nationalsozialismus verquickt waren:

»Ich erinnere mich, das war damals im Jungvolk. Und wir vom siebten und achten Schuljahr müssen ja in den Konfirmationsunterricht gehen und sollten auch an jedem Sonntag in die Kirche gehen. Jetzt war uns das auch ein bißchen, wir waren ja nicht so an die Kirche gebunden wie die Katholiken. Und da haben wir oft geschwänzt. Dienstags und freitags hatten wir Unterricht gehabt, und da hat der Pfarrer gefragt, wo wir gewesen sind, der hat uns ja gekannt und gesehen, daß wir nicht da waren. ›Wir hatten HJ-Dienst!‹ Da ist der gekommen und hat gesagt:

›So, so. Wer ist Euer Fähnlein- oder Scharführer?‹ ›Ei der und der!‹ ›Die müssen doch wissen, wenn Kirchgang ist, daß dann diejenigen vom HJ-Dienst befreit sind!‹ Und der, der war selbst NSKK-Führer, der Pfarrer. Und wir mußten bei dem in der Kirche antreten.« (Ger)

Im Dorf bestand eine sehr aktive Abteilung der Motor-HJ, die von den NSKK-Parteigenossen gefördert und unterstützt wurde. Auch Pfarrer Roy, Uchtelfangen, zählte dazu. Geleitet wurde die Motor-HJ von Alois K., einem begeisterten Motorradfahrer. Ein ehemaliger Hitlerjunge erzählt:

»Uns gings um die Motorräder. Da hat der uns doch sehr viel beigebracht. Am alten Sportplatz am Nassenbüsch, dort hatten wir dann Fahrstunden, und dann kam meistens noch der protestantische Pfarrer Roy aus Uchtelfangen mit noch einem. Der Roy, der hatte eine 98er Sachs (ein Motorrad, d. Verf.), auf der haben wir dann geübt. Und der Roy und die anderen (NSKKler, d. Verf.), die haben sich jede Woche im Hosterhof, beim Honacker in der Wirtschaft getroffen. Die Motorräder, die standen dann davor. Und dort haben wir sie geklaut und sind abgehauen damit, sind damit rumgefahren. War jede Woche dasselbe Spiel. (...) Wir waren so acht bis zwölf Mitglieder in der Motor-HJ.« (WM)

Wir erfahren auch von anderen Interviewpartnern, daß die Begeisterung für den HJ-Dienst bei den Jugendlichen zunächst sehr groß war.

*Bild 29a:* NSKK Wustweiler.

»Also, ich war damals ein junger Bub, ich kann nicht sagen, daß es schlecht war, auch das Geländespiel. Sicher nachher, wie ich Verstand bekam, wie der Krieg kam, da war die Sache natürlich beschissen. Aber vorher, wir haben doch alle geschwärmt für dieses System. Die Buben, wir waren begeistert davon. (...) Wir haben viel gehört, vor allen Dingen von den Soldaten vom Ersten Weltkrieg. Da sind die Schlachten, die sind in der Schule schon gelehrt worden. (...) Und das war dort viel. Uniform hatten wir alle schon eine, und dann strammgestanden! (...) Und dann herumexerziert, und dann haben wir schon gelernt zu schießen. Da haben wir schon mit Kleinkalibergewehren geschossen. Ein Schießstand, das war alles da gewesen. Das hat dich als jungen Buben ja angesprochen! (...) Hinter der Schule haben wir geschossen. Wir haben mit Luftgewehr geschossen. Ist alles schon trainiert worden für den Krieg. Aber das haben wir doch nicht gesehen.« (Ger)

Auch Josefs Begeisterung für das Schießen, die in der Zeit seiner Berufsausbildung zum Erwerb eines eigenen Floberts führte, wurde in der HJ entscheidend gefördert.

Die Glaubwürdigkeit der HJ-Führung und die von ihr propagierten Ideale (Führerschaft, Gemeinschaft, Volk etc.) gerieten bei den Jugendlichen erst zu Beginn des Zweiten Weltkrieges ins Wanken, als offenkundig wurde, daß eine zentrale Aufgabe der HJ in der Wehrertüchtigung bestand. Zudem wurde mehr und mehr deutlich, daß die HJ-Führer und die Kinder der Parteibonzen offen bevorzugt wurden, etwa bei der Verteilung von Posten und Vorteilen beim Einzug in die Wehrmacht. Oftmals erhielten Nationalsozialisten sogenannte »Druckposten« in der Heimat oder in Stäben; seltener wurden sie bei den Kampftruppen eingesetzt und dort in der Regel nur bei »freiwilliger Meldung«. Erst als sich diese Erkenntnisse verbreiteten, ließ die Bereitschaft zum HJ-Dienst merklich nach. Nun wurden die Jugendlichen auch schon mal mit Zwang zum HJ-Dienst geholt.

## Der Sportler

Für Josefs Integration ins Dorf und in seine Altersgruppe war darüber hinaus seine Mitgliedschaft im örtlichen Fußballverein maßgebend. Anders als in größeren Arbeiterdörfern, wie Wiebelskirchen, Sulzbach oder Dudweiler, entstanden in Wustweiler zu Beginn des Jahrhunderts keine Arbeitersportvereine.[312] Die soziographische Struktur war zwar mit der anderer Arbeiterdörfer vergleichbar, bäuerlich-traditionelle Elemente verhinderten in Wustweiler jedoch ein Aufblühen der Arbeiterbewegung. U. a. deshalb mußten die Fußballspieler in Wustweiler zunächst auf einen eigenen Sportverein verzichten. Geprägt wurde das Wustweiler Vereinswesen durch die katholisch-kirchlich orientierten Jünglings-, Jungfrauen-, Gesang- und Kirchenvereine. Um die Jahrhundertwende entstanden lediglich, wie wir an anderer Stelle gezeigt haben, ein »patriotisch gesinnter Gesangverein« und »unpolitische« Geselligkeitsvereine.[313]

Um 1926 erwogen – wie bereits erwähnt – national gesinnte Wustweiler Bürger, einen Sportverein zu gründen. Diese Idee konnte jedoch nicht realisiert werden, da es zum einen an einem geeigneten Sportplatz mangelte und des weiteren die Bevölkerung diesen Plänen ablehnend gegenüberstand. Erst die Verbindung sportlicher Ambitionen mit einer religiösen Einstellung führte zur Gründung des ersten Wustweiler Fußballvereins 1929.

*Bild 30*: Die erste Mannschaft der DJK Wustweiler in den 30er Jahren mit Betreuer Josef Da Ros.

Der noch heute sehr aktive und größte Verein des Dorfes ging am 28. Juli 1929 als DJK (Deutsche Jugendkraft) mit den Sparten Fußball, Turnen und Leichtathletik aus dem katholischen Jünglingsverein hervor[314], nachdem zuvor schon viele begeisterte Wustweiler Fußballspieler in der Nachbargemeinde Dirmingen im dortigen Fußballverein ihren Sport gepflegt hatten. Das Training wurde in den Anfangsphasen des Vereins auf Wustweiler Wiesen abgehalten und ab und zu durch ein Probespiel mit Fußballmannschaften aus Nachbarorten ergänzt.[315]

Unmittelbar nach der Gründung des Sportvereins konnten bereits drei Mannschaften aufgestellt werden. Probleme bereitete den Initiatoren des Fußballvereins, Josef Da Ros und Anton Scheid, lediglich die Bereitstellung eines geeigneten Spielfeldes, welches dann zunächst am »Nassenbüsch« gefunden wurde. Zwar wurde auch ein anderer Platz in unmittelbarer Nähe des Kirchbauplatzes in Erwägung gezogen, der Pastor aber versuchte nicht nur einen Sportplatz in der Nähe seiner Kirche zu verhindern, sondern er war aus moralischen Gründen auch gegen die Gründung eines Sportvereins.

»Also, da sollte der Sportplatz da oben hin kommen. Da waren wir noch DJK. ›Bei die Kirche! Der Herrgott wird sich schämen, wenn da oben geklatscht wird.‹ So, da haben wir dann einen Sportplatz gesucht, noch und noch und noch! Oben in der, auf der ›Schanz‹[316] haben wir geschaut, die Bauern gaben nichts her, in der ›Grummetswiese‹ gaben die Bauern nichts her! Also, da sind wir da unten hin gekommen an den Nassenbüsch. Der hatte ja mächtiges Wasser, der Berg, Wasser und Schlamm!« (Mei)

Man gründete zunächst einen Verein im Rahmen der DJK, um den religiös motivierten Sportgegnern keine zusätzlichen Argumente zu liefern, denn immerhin wurde so Sport im Rahmen eines »katholischen« Vereins getrieben.

»Der Pastor, zum Schluß konnte der sich nicht mehr weigern, sonst hätten wir schon gleich einen Sportverein bekommen statt der DJK. Das war der Witz! Und dann haben wir noch in der DJK Fußballspieler gehabt, eiserne Fußballspieler, die im ganzen Jahr nicht in die Kirche gingen, nur einmal, an Ostern. Das war schon ein rotes Tuch für den Pastor! (...) Da waren richtige Fußballspieler dabei, nur gar keine Kirchgänger. Der Pastor hat zum Schluß dem Sportplatz nur zugestimmt, weil wir anders einen unabhängigen Sportverein bekommen hätten. Von unseren Leuten hatten schon etliche im Dirminger Sportverein gespielt, die waren dort Stammspieler, die kamen aus Wustweiler und haben dann 1929 den Verein gegründet, da bin ich als Zwölfjähriger auch rein.« (Mei)

Die Gründung des Sportvereins stieß bei den sportbegeisterten Menschen im Dorf auf große Resonanz. Man muß sich auch vor Augen führen, daß die Freizeitvergnügungen im Dorf doch recht eingeschränkt waren, so daß der Sportverein viele Bedürfnisse, etwa das nach Kameradschaft, Außenkontakten, nach Reisen etc. befriedigen konnte.

»Zu dieser Zeit waren schon viele arbeitslos, (...) und da hast du sonntags vielleicht kein Geld gehabt, (...) aber diese Leuten haben trotzdem Fußball gespielt und dann die anderen, die geschafft haben, die waren doch so kameradschaftlich und haben denen oft das Fahrgeld bezahlt.« (Mei)

Die Kameradschaft im Verein ging sogar so weit, daß arbeitslosen Mitgliedern die Fahrten zu den Spielen in den Nachbardörfern bezahlt wurden und ihnen das Bier danach ausgegeben wurde.

Der erste Sportplatz wurde von den begeisterten Spielern in Eigenarbeit errichtet, nachdem sie ein Stück Land erworben hatten, welches wegen seiner ungünstigen Lage und seiner schlechten, feuchten Beschaffenheit nicht landwirtschaftlich genutzt werden konnte.

»Den ersten Sportplatz haben wir in eigener Regie gebaut; den Berg abgegraben, alles eingeebnet. Den Pink Henrich, den hatten wir eingestellt als Fachmann, der hat dann noch Ältere (Pensionäre) eingesetzt, die haben dem dann geholfen.« (Sch)[317]

Ein Mitglied des Sportvereins erinnert sich, wie damals der erste Platz in Eigenarbeit der fußballbegeisterten Mitglieder erbaut wurde:

»Da hinten habe ich geholfen. Da habe ich an einem Mittag allein drei Loren geladen, fortgefahren und leer gemacht. Das war ja eine schiefe Ebene. Wir haben zuerst auf der schiefen Ebene gespielt. Dann ist eine Drainage gelegt worden, mit Steinen und Bruchsteinen und so.« (Mei)

Auf diesem neuen Fußballplatz konnte, so die einhellige Meinung der damaligen Spieler, kaum eine Mannschaft von auswärts ein Spiel gewinnen. Der Platz hatte seine Tücken (Hanglage, Unebenheiten), die nur die einheimischen Spieler kannten, so daß sie den anderen gegenüber im Vorteil waren.

»Auf dem alten Sportplatz, da konnte ja früher von den anderen keiner drauf gewinnen, der hatte ja Hanglage. Zu Dirmingen zu war ja der Graben. Und wenn der Rechtsaußen da mit dem Ball gekommen ist, dann hat der gewußt, jetzt schießt du da hin und läufst dahin, dann kam der Ball schon da runtergelaufen, je nachdem, drin war er, da hat es geflutscht, wenn der Tormann nicht aufgepaßt hat. Da hat ja der Gegner sich totgelaufen, verstehst du. (...) Der alte Sportplatz, da hat unser Josef drauf gespielt, dort, damals!« (Vik)

Bevor wir nun auf Josefs Beziehung zum Fußballsport näher eingehen, werden wir noch einige allgemeine Ausführungen zum Vereinswesen in katholischen Regionen vorausschicken, um damit die gerade beschriebene Situation in Wustweiler in einen größeren sozio-kulturellen Zusammenhang einzubetten.

Kernstück des katholischen Vereinswesens im Deutschen Reich war die DJK, deren Zielgruppe die katholische Jugend war. Die DJK war formal dem Dachverband des Katholischen Jungmännerverbandes angeschlossen, inhaltlich jedoch autonom. In einem Nachbarort von Wustweiler, Marpingen, besteht noch heute ein sehr aktiver DJK-Verein. In der Festschrift anläßlich des 60jährigen Jubiläums im Jahre 1989 wird die Situation in den dreißiger Jahren beschrieben:

»Der Verein hatte damals noch keine Übungsleiter, wenig Betreuer. 1934 spielten zwei Männermannschaften und eine Jugendmannschaft. Oft waren die Eltern der Jugendlichen dem Sport gegenüber skeptisch eingestellt. Kinder und Jugendliche mußten in aller Regel in der häuslichen Landwirtschaft mitarbeiten. Da hieß es oft: ›Der Bub hat schon genug geschafft, der hat seinen Sport schon gehabt‹. Die DJK hatte als konfessioneller Jugendverband einen Vorteil. Mitzumachen galt bei vielen als eine gute Sache, ›weil der Kaplan dabei war‹. Der hoffnungsvolle Beginn fand bald ein jähes Ende. Die DJK paßte wegen ihrer konfessionellen Orientierung nicht in die herrschende nationalsozialistische Weltanschauung. Sie wurde in der Hitlerzeit verboten, ihr Sportgerät konfisziert, ihr kleines Vermögen beschlagnahmt.«[318]

Die Haltung des saarländischen Katholischen Jungmännerverbandes den Nationalsozialisten gegenüber war, wie Bungert/Lehnert[319] zeigen, äußerst ambivalent. »Unvergeßlich bleibt eine Mannschaftsreise an den Rhein, der sich auch Nichtspieler anschlossen. Bei diesem Anlaß hielt ich auch eine Rede am Niederwalddenkmal, die einen patriotischen Anstrich hatte. Wir Saarländischen waren damals noch vom Deutschen Reich getrennt. Die Rede beeindruckte alle Zuhörer, wie mir mein Bruder Hermann versicherte. Dieses Ereignis muß sich unmittelbar vor dem Wiederanschluß des Saargebietes an das Reich, also vor 1935, abgespielt haben. Ich wollte damals zum Ausdruck bringen, daß wir nur eine Heimat haben. Das war Deutschland und nicht Frankreich!«[320]

Die Mitglieder des katholischen Jungmännerverbandes traten für die Rückgliederung des Saargebiets ein, was dann nach 1935, wie im Deutschen Reich bereits geschehen, die Auflösung vieler katholischer Vereine im Saarland zur Folge hatte. Durch die Rückgliederung des Saargebiets wurde auch die DJK, die reichsweit bereits aufgelöst war, im Saarland verboten. Die Fußballfreunde in Wustweiler beschlossen formal am 21. Juli 1935, den Fußballverein[321] fortan als Sportverein »Germania« Wustweiler weiterzuführen.

»Ja, wir haben den Verein müssen ganz umstellen, wie die Nazis gekommen sind.« (Sch)

Ihnen waren die politischen Hintergründe, an denen sie wissentlich unwissentlich Anteil hatten, nicht deutlich geworden. Sie nennen ihren Verein um und verhindern dadurch dessen endgültige Auflösung. Der Sportbetrieb konnte nach einer Unterbrechung im Frühjahr 1935 im Laufe des Jahres weitergehen. Die Mitgliederversammlung vom 28. Juli 1935 wählte als neuen Vereinsführer den Mitbegründer des Sportvereins, »den Studienassessor Paul Reuter[322], der als SA-Mann versprach, seine Aufgabe im nationalsozialistischen Sinne zum Wohle des deutschen Volkes zu lösen. Er versprach, seine Mitarbeiter im Laufe der nächsten Woche zu ernennen und in der nächsten Vollversammlung bekanntzugeben. (...) Mit dem Absingen des Vereinsliedes: ›Die Germania‹ und das vom neuen Vereinsführer auf den Führer und Reichskanzler Adolf Hitler ausgebrachte ›Sieg Heil‹ wurde die Versammlung geschlossen.«[323] Der SV »Germania« Wustweiler wurde im Verlauf der Jahre 1935 und 1936 auf nationalsozialistischen Kurs gebracht, was sich u. a. in der Wortwahl der Protokolle, der Bezeichnung der Vereinsfunktionäre (Führer, Adjutant des Führers, Schriftwart und Dietwart) und Niederschriften im Protokollbuch, etwa beim Tod eines Vereinsmitglieds als Soldat, äußerte:

»Für Deutschlands Zukunft und für seinen Führer starben im Osten im Kampf gegen den Bolschewismus den Heldentod die Kameraden (...).«
Während des Krieges versandten die daheimgebliebenen Vereinsmitglieder Präsentpakete mit Lebensmitteln an die »im Felde stehenden Vereinsmitglieder«.[324] Auch Josef erhielt ein Präsentpaket.
In der Mitgliederversammlung vom 1. September 1935 wurde beschlossen,

»das Buch ›Volk ans Gewehr‹ jedem Mitglied zum Lesen zur Verfügung zu stellen. Schriftwart Keßler hat darüber Buch zu führen, damit jedes Mitglied dasselbe zum Lesen erhält. (...) Die Versammlung wurde vom Vereinsführer mit ›Sieg Heil‹ auf unseren Führer und Reichskanzler beendet.«[325]

Auf der Mitgliederversammlung am 15. September 1940 beschloß der Verein, sich an der Sammlung des WHW zu beteiligen und an einem Benefizspiel in Illingen teilzunehmen, nachdem der »Ringführer[326] Kolz« den Wunsch ausgesprochen hatte, daß die Sportler »auch auf diesem Gebiet voll und ganz ihren Mann stellen werden, um so zum Endsieg unseres Vaterlandes beizutragen«.[327] Die Gleichschaltung der Sportvereine hatte nicht das Ziel, den Wehrsport durchzusetzen, sondern ihn systematischer und effektiver zu gestalten und das nationalsozialistische Ideal des »kerngesunden Körpers«, der zum deutschen Menschen gehörte, zu institutionalisieren.

In den dreißiger Jahren betrieb man, wie uns übereinstimmend von »alten Fußballern« berichtet wird, das Fußballspiel noch nicht mit jenem »Bierernst«, der heute allzuoft den Fußballsport auszeichnet. Fußballspielen machte Spaß, war eine gesellige Angelegenheit und wurde mit Lust und Liebe gespielt. Wöchentliches Training war den Spielern unbekannt.

»Während der Schulzeit, oh das habe ich vergessen, da haben wir von der Post rauf bis an die Schule, dort haben wir in der Pause kräftig Fußball gespielt. Da sind die Fetzen geflogen. Das war interessant, wie wir da Fußball gespielt haben. Dann nachher auf der Straße, dann auch. Auf der Straße haben wir dann auch, meistens noch sonntags, sonntags abends im Sommer, wenn's lange hell war, haben wir dann Schlagball gespielt.« (Rie)

Zu Hause kam es wegen des zeitintensiven Fußballspiels oft zu heftigen Auseinandersetzungen zwischen den sportbegeisterten Jugendlichen und den Eltern, da für diese nur schwer verständlich war, daß man sich »freiwillig müde machte« und zudem diese Zeit nicht für die häusliche Feldarbeit genutzt werden konnte. Dies galt auch für Josefs Familie. Während Josefs Ausbildung bei der Reichsbahn kam es zu Hause des öfteren zu Konflikten wegen seines häufigen Fußballspiels.

»Wenn du geschafft hast, dann warst du früh weg, wenn dann daheim noch etwas Landwirtschaft war, dann mußten wir daheim immer noch mitgehen. Wir hatten schon Palawer, wenn wir gesagt hatten, wir haben Training. Wir haben wohl gesagt Training, damit wir fort konnten, das war nicht so. Der Schmitz Alfons, der hat kein Training gemacht, solange er Fußball spielte. Wenn der gesagt hätte, ich gehe ins Training, der Dick, der hätte ihm in den Arsch getreten. Von wegen Training! Der hat auch keins gebraucht, der war kräftig gewesen, war stabil.« (Ger)

Oft wurde das Training auch als Ausrede benutzt, um von zu Hause wegzukommen und sich mit seinen Freunden zu treffen. Wurde zu Hause haupterwerblich Landwirtschaft betrieben, war Training unmöglich.

»Der Sepp, der hat in der 1. Mannschaft noch gespielt. Sonntags haben wir uns dann immer getroffen durch das Fußballspielen. Das einzige, das du bekommen hast, war das Trikot und die Strümpfe und die Hose. Alles andere mußte man selbst besorgen. Ich habe mir die Schnürsenkel der Schuhe selbst gewaschen. (...) Ja, eigentlich sind wir durch das Fußballspielen beieinander gekommen. Durch das Fußballspielen, als wir aus der Schule kamen.« (Ger)

In den Schulpausen spielten die Jungen auf der Dorfstraße Fußball. Wenn die Arbeit zu Hause oder auf dem Feld Zeit ließ, wurden nach der Schule, in den Ferien und abends im Sommer die Spiele auf der Straße fortgesetzt, waren Mädchen dabei, wurde auch Schlagball gespielt, eine Sportart übrigens, die heute weitgehend in Vergessenheit geraten ist und die entfernt an Baseball erinnert. Wer außerdem Zeit und Lust zum aktiveren Fußballspiel hatte, der traf sich an Sommerabenden auf einer Wiese, dort wurde dann ein wenig »gebolzt«.

Paul Reuter, der spätere »Vereinsführer« des SV »Germania«, berichtet in seinen unveröffentlichten Memoiren vom Fußballspiel: »Nun wurde ich allmählich ein Rüpel, ein Tunichtgut. Die Lausbubenzeit war im Anfang! Die Lust zum Tollen, zum Raufen, zum Dummheiten machen war gekommen. Zum Glück gab es etwas, woran ein Lausbub sich abreagieren kann. Der Fußball! Er wurde für viele Jahre meine ›Passion‹! Erst wurden die Blechbüchsen auf der Straße traktiert, dann wurden Gummispielbälle gebolzt und später ein ausrangierter Fußball besorgt. Das war ein rauhes, aber doch bubengerechtes Spielzeug.«[328]

Professionelles Training durch einen Trainer war gänzlich unbekannt. Der Vorstand bestimmte einen Verantwortlichen; sonntags durften dann die geschicktesten und stärksten Spieler in der ersten Mannschaft spielen.

»Da ist nicht trainiert worden. Wir hatten eine Jugendmannschaft gehabt. Bei uns ist nicht trainiert worden. Wie wir zum ersten Mal Meister wurden, 1951-52, da ging das los mit einem Trainer. Da gingen wir oben hinaus. Wir hatten wohl Training gehabt. Aber da hatte keiner das Kommando übernommen. Da gingen wir oben hinaus auf den Fußballplatz und haben Fußball gespielt. So professionell wie heute haben wir das nicht gemacht.« (Ger)

Die Jugendmannschaft spielte in der Regel sonntagmorgens, die erste Mannschaft nachmittags. Ein Dorfereignis war es, wenn die erste Mannschaft gegen die Mannschaft aus einem der Nachbarorte Illingen, Hüttigweiler oder Uchtelfangen spielte. Alle Bewohner des Dorfes nahmen an diesen Spielen Anteil. Man traf sich am »Nassenbüsch«, um die einheimische Mannschaft anzufeuern. Die traditionelle Rivalität mit diesen Nachbarorten tobte sich dann auf dem Fußballfeld aus.

»Wir sind immer noch gegen die Dirminger gezogen. Sicher, nach dem Fußballspiel. Da drüben auf dem Hügel haben wir dann eine Steinschlacht gemacht. Mit Steinen gegeneinander geworfen.« (Ger)

Da ging es oft nicht ohne Blessuren ab. Diese Spiele waren eine Gelegenheit, Freunde und Bekannte zu treffen. Anschließend trank man zu Hause Kaffee oder traf sich mit den Freunden in einer Wirtschaft.

»Wir haben sonntagmorgens gespielt, sonntagmorgens in der Jugend. Jetzt haben die Katholiken doch in die Kirche gehen müssen. Da mußte immer einer hinauf gehen zum Pastor, der Scheid war es gemeinhin und mußte Urlaub einholen, damit die die Kirche nicht geschwänzt haben.« (Ger)

Der kirchliche Amtsvertreter, Pastor Schulz, läßt die Fußballspieler nicht in Ruhe ihr Hobby ausüben. Falls die Jugendmannschaft sonntagmorgens spielte, mußte der Fußballwart Anton Scheid beim Pastor vorstellig werden und um Urlaub für seine Spieler nachsuchen, damit die Jugendlichen montags nicht von diesem in der Schule verprügelt wurden. Das gleiche galt für die Jugendlichen unter achtzehn, also auch für Josef, die in der ersten Mannschaft sonntagnachmittags spielten, denn sie mußten von der Christenlehre (14.00 Uhr) beurlaubt werden.

»Wenn wir sonntagmittags gespielt haben, die Leute, die in der ersten Mannschaft gespielt hatten und waren noch nicht achtzehn, da war ja die Christenlehre. Ich weiß, wie wir zur Schule gingen, also im letzten Jahr, da haben wir keinen Fußball gespielt. (...) Da haben wir immer, wenn Christenlehre war, nach Hirzweiler, Hüttigweiler immer denen von der ersten Mannschaft die Koffer getragen, immer zu Fuß.« (Ger)

Um in den Genuß des »Urlaubs« von der langweiligen Christenlehre zu kommen, trugen die Spieler der Jugendmannschaft schon mal den älteren Spielern der ersten Mannschaft die Koffer mit den Trikots und Schuhen zum Spiel in ein Nachbardorf. Da ging es zu Fuß durch den Wald nach Welschbach, Hirzweiler, Uchtelfangen oder Hüttigweiler.

»Wenn du denen die Koffer getragen hast, dann warst du stolz wie ein Spanier. Nach Hüttigweiler, Hirzweiler, Welschbach, überall hin, nur zu Fuß. Hatte ja nicht jeder ein Fahrrad wie heute.« (Ger)

Dieser Urlaub war selbstverständlich vom Pastor nicht sanktioniert, so daß montagmorgens die »Sünder« auf dem Schulhof anzutreten hatten und dann vom verantwortlichen Lehrer oder vom Pastor bestraft wurden.

»Montags war der Pastor gekommen. Da hatten sie Katechismusunterricht. Religionsunterricht gab der Lehrer Marx. Wir gingen dann auf den Hosterhof, und dann hat's dann schon gesetzt, wer nicht in der Christenlehre war.« (Ger)

Durch das Fußballspiel wurden Freundschaften geschlossen, die ein Leben lang hielten. Auch Josef bleibt seinen Vereinskameraden bis heute in lebhafter Erinnerung. Die Mitgliedschaft im Sportverein eröffnete den Jugendlichen individuelle Entfaltungsmöglichkeiten. Sie lernten Spieler aus anderen Dörfern kennen, sie wurden in den Kreis der älteren Spieler integriert und durften mit ihnen in der Wirtschaft schon mal ein Bier trinken, sie wurden im Dorf bekannt. Sobald sie in der ersten Mannschaft spielten, gehörten sie sozusagen zur Dorfelite. In der Regel wurde man mit sechzehn, siebzehn Jahren Mitglied in der ersten Mannschaft. Schlechtere Spieler saßen auf der Ersatzbank und spielten in der zweiten Mannschaft.

Josefs sportliche Tätigkeit begann, als er etwa zwölf oder dreizehn Jahre alt war, in der Jugendmannschaft des SV »Germania« Wustweiler. Er spielte nach Kriegsausbruch, als viele ältere Spieler zur Wehrmacht eingezogen wurden, in der Position des rechten Verteidigers der ersten Mannschaft und gehörte damit zur Spielerelite. Er wurde früher als sein Freund Alfons, der auch als guter Spieler bekannt war, in der ersten Mannschaft aufgestellt. Die Zugehörigkeit zur ersten Mannschaft war für einen Jungen von siebzehn, achtzehn Jahren eine öffentliche Auszeichnung, auf die er stolz war.

»Dann mit dem Fußballspielen. Der Sepp hat vor dem Krieg, solange er daheim war, in der Wustweiler Jugend gespielt. Ich habe nicht gespielt. Ich habe nach dem Krieg erst angefangen. Ich weiß auch nicht wie, warum, ich war im Sportverein damals, ich habe damals, als er gespielt hat, nicht gespielt. Jetzt hat er aber – konnte aber auch nicht immer spielen, weil er auch schon in Saarbrücken Handball gespielt hat im Betrieb. Und dann weiß ich noch, wenn er dann heimkam, war er meist zerkratzt und hatte Macken im Gesicht von der Handballspielerei. (...) Solange er daheim war und konnte, hat er in der Mannschaft gespielt.« (Rie)

Seine Freunde erinnern sich heute noch an ihn als einen guten Spieler, der wegen seiner Körperkraft als Verteidiger geschätzt war.

»Der war gut, Verteidiger. Kamerad die Migge! Sonst wäre er ja nicht so früh in die erste Mannschaft gekommen. Der war gut. Der hat noch vorm Schmitz Alfons gespielt. Da hat der schon mitgespielt. Der war gut, war groß und kräftig. Wenn der den Ball getroffen hat, Kamerad die Migge!« (Ger)

Nach dem Spiel sonntagnachmittags wurde zunächst am Illbach der gröbste Dreck abgewaschen, bevor man sich dann in der Vereinswirtschaft traf, in den dreißiger Jahren die Gaststätte Glatz in der Schulstraße, Bier trank und bis in die Nacht Skat spielte.

»Das war zu dieser Zeit noch nicht so modern wie heute. Es war schon Krieg. Die haben sich daheim gewaschen. Nach dem Krieg haben wir unten am Fläßchen[329] den gröbsten Dreck abgemacht. Es war ja kein fester Platz, das war ja wie eine Wiese, wenn es geregnet hat.« (Ger)

Gesprächsstoff der Jugendlichen war der Fußball und weniger die Arbeit. Was sollte man sich auch von der Arbeit viel erzählen, »die war halt, wie sie war«.

»Wir sind ja sonntags und abends zusammengekommen. Aber daß wir ... das kann ich dir heute auch nicht mehr so sagen, worüber wir uns da unterhalten haben. Meist war es ja so, daß sonntags – es war ja nicht so wie heute, daß samstags Fußball gespielt wurde – er hat gespielt, ich war dann auf dem Sportplatz, da hat man sich dann über Fußball unterhalten usw. Also meistens nicht über die Arbeit.« (Rie)

Josef hatte Glück, daß sein Elternhaus relativ nahe zum Fußballplatz lag, er konnte sich zu Hause im Keller umziehen und war dann schnell zum Spiel auf dem Sportplatz. Nach dem Spiel ging es rasch zurück, um die Kleider zu wechseln. Bis zur Vereinswirtschaft Glatz waren es dann wiederum nur noch ein paar Schritte. Josefs Bruder Viktor erzählt, daß sich die Mutter oft über den Schmutz nach dem Fußballspiel entrüstete.

»Ei ja, der hat sich unten in der Waschküche fix und fertig angekleidet und ging dann durch die Grummetswiese über den Bach. Damals war der Sportplatz da oben. Nachher ist er wieder gekommen, dreckig und spekkig. Unsere Mutter hat jeden Sonntag geschimpft und hat jeden Sonntag die Kleider gewaschen, geschimpft und die Kleider gewaschen.« (Vik)

Seinem Hobby Sport ging Josef auch während seiner Ausbildung bei der Deutschen Reichsbahn nach, woran sich heute noch Kameraden von damals erinnern. Einer von ihnen erzählt vom Endspiel 1941 im Ludwigspark.

»Das war 1941. Das Endspiel war im Ludwigspark, das weiß ich noch, den Gegner weiß ich nicht mehr. Das ging 2:1 für uns, den Eisenbahnsportverein, aus, die Jugend vom Eisenbahnsportverein. Das war im Rahmen von einem Sportfest, war das Endspiel. (...) Also, das war ein ganzer Jahrgang, oben die Lehrwerkstatt in Burbach. Das war nicht nur unser Jahrgang, das waren drei Jahrgänge, das war eine Mannschaft, die ist vom Eisenbahnsportverein betreut worden. Der Vereinsplatz war der ehemalige Volkspark, dort wo jetzt das Helacenter ist, das war das Eisenbahn-Sportgelände. Josef, der war fest dabei, ja, ja, der war fest dabei.« (He)

Josefs Sportbegeisterung ergänzte hervorragend seine »Führungsposition« unter den gleichaltrigen Kameraden. Seine lasche Mitgliedschaft in der HJ konnte er durch sein sportliches Engagement kompensieren.

Im Fußballverein war Josef von klein auf aktiv gewesen; seine Leidenschaft für den Fußball wie für jeden anderen Sport ließ ihn auch bei der Reichsbahn und beim Militär nicht los. Er spielte während seiner Berufsausbildung bei der Reichsbahn Handball und später in der Kompanie- und in der Bataillonsmannschaft Fußball, woran sich heute noch Kameraden lebhaft erinnern.

Aus Josefs Nachlaß ist eine Postkarte erhalten, die er höchstwahrscheinlich[330] aus Rouen, wo er Fußball spielte, seiner damaligen Freundin schrieb. Die Postkarte hat folgenden Text:

»Meine liebe Maria. Die herzlichsten Sonntagsgrüße aus weiter Ferne sendet Dir Sepp! Es ist jetzt schon spät am Abend und ich bin eben erst heimgekommen von gestern abend. Wir waren in einer großen Stadt Fußball spielen. Da war doch ein anderes Leben wie hier in dem verlassenen Kaff. Ich habe viele Mädchen gesehen in den Kaffés und sonst in der Stadt. Aber so ein reizendes Mädchen wie Dich habe ich noch nie gesehen. Will nun schließen und werde Dir morgen mehr schreiben. Es grüßt und küßt Dich recht herzlich Dein Sepp.«

Wir haben in diesem Kapitel die Elemente skizziert, die Josefs Leben im Dorf einrahmten. Dieses Milieu stellte zum einen die materielle wie ideelle Basis für seine persönliche Entwicklung dar. Das Verständnis dieses Milieus verweist auf die Grenzen, die gleichzeitig Josefs Leben einschränkten und ihm potentielle Entfaltungsmöglichkeiten verwehrten.

Im nächsten Abschnitt werden wir diese milieuorientierte biographische Rekonstruktion um die Schilderung der Berufsausbildung erweitern, Josefs letzte biographische Passage in der Heimat, bevor er zur militärischen Grundausbildung nach Versailles aufbrach.

# 4 Biographische Rekonstruktion II – Leben in der industriellen Arbeitswelt – Der Maschinenschlosser

»Unsere Lehrwerkstätte ist als Musterwerkstätte bekannt. Wir haben das silberne Leistungsabzeichen für hervorragende Berufserziehung erhalten. (...) Dies wiederum bedeutet, daß neben der fachlichen auch die politisch-weltanschauliche Schulung in Ordnung gewesen sein muß!« (Herbert Gintzel, Leiter der Werkschule des RAW Saarbrücken-Burbach)

## Entscheidungswege der Berufsfindung – Begegnung mit der Technik

Die Besonderheit von Josefs Berufsausbildung beim RAW Saarbrücken-Burbach wird erst unter Betrachtung all der Details und Umstände verständlich, die dazu beitrugen, daß Josef den Beruf des Maschinenschlossers ergriff und nicht einen der dorfüblichen Berufe (Bergmann, Hüttenarbeiter). Denn mit dieser Berufswahl bricht Josef aus der Normalbiographie des männlichen Dorfjugendlichen aus. Hiermit greift er zugleich – auch insofern ist Josef Repräsentant seiner Generation – die vorgegangenen politischen, gesellschaftlichen und technischen Veränderungen auf und orientiert sich an einem modernen Berufsbild, eine Veränderung, die sich erst durch die sozial nivellierende und traditionelle Standesgrenzen überschreitende Ideologie des Faschismus im Deutschland der dreißiger Jahre durchzusetzen vermochte. Unsere mikrologische Betrachtung einer Biographie stützt die Aussage, daß die moderne Form des Kapitalismus ihre volle Entfaltung erst durch den Faschismus erreichen konnte.

Der Ausbruch aus der dörflichen Normalbiographie der dreißiger Jahre deutete sich während der vorangegangenen Lebensphase bereits insofern an, als Josef sich stets als ungewöhnlich innerhalb seiner gleichaltrigen Gruppe verstanden hatte und z. B. von seiner

Mutter in dieser Rolle bestärkt wurde. Von daher gliedert sich seine Berufsentscheidung entwicklungslogisch in den bisherigen Lebensverlauf ein. Bevor Josef diese Entscheidung, die objektiven gesellschaftlichen Entwicklungen entsprechen mag, zugleich aber im Widerspruch zu subjektiven Dispositionen steht, treffen kann, muß er die mit dieser Entscheidung verbundenen tendenziellen biographischen Widersprüche auflösen.

Wir wissen, daß Josefs Vater seinen Söhnen nur wenig über die Arbeit auf der Grube erzählte. Der Vater interessierte sich ausschließlich für die Landwirtschaft und betrachtete die Grubenarbeit als lästigen, aber notwendigen Broterwerb. Im Grunde seines Herzens war er Bauer.

Die sozio-kulturell naheliegende Berufsentscheidung Bergmann und Bauer (Bergmannsbauer) kam für Josef aus Gründen, die wir in der Folge näher erläutern werden, nicht mehr in Betracht, obwohl er während seiner Schulzeit im Dorf zunächst den Beruf des Bauern ergreifen wollte. Josef ordnete sich den dörflichen beruflichen Normalitätserwartungen nicht unter. Es scheint sicher, daß Josef *nicht* in Erwägung gezogen hat, den Beruf des Bergmannes zu ergreifen; er gehorcht auch den väterlichen Vorgaben (Bauer) *nicht*, sondern beschließt, Eisenbahner zu werden, was, wie wir von Interviewpartnern erfahren, in der damaligen Zeit auffällig war. Josefs Klassenkameraden begannen, von wenigen Ausnahmen abgesehen, auf der Grube zu arbeiten.

»Welche Berufe ergriffen die anderen von eurem Jahrgang?« – »Die meisten waren Bergleute. Mein Bruder war auch Bergmann. Das war eben so, daß du dir die Arbeit nicht konntest groß heraussuchen.« (Ger)

Ein anderer Schul- und Arbeitskamerad erzählt über die Zeit der Berufsentscheidung. Er kann es sich auch nicht erklären, wieso es Josef gelang, eine Lehrstelle bei der Reichsbahn zu erhalten, denn in der Regel waren die Lehrstellen für die Söhne von Eisenbahnern reserviert.

»Wie es beim Sepp ging, ich weiß es nicht. Hatte er Verbindung gehabt zur Eisenbahn? Zu der Zeit war es eigentlich eine Seltenheit, daß einer von uns auf die Eisenbahn gekommen ist, ein Nicht-Eisenbahnerkind. Da waren ja nicht so viele Eisenbahner da gewesen.« (Ger)

Noch heute erzählen die Arbeitskollegen, daß es ein bedeutender Schritt aufwärts war, wenn es einem Bergmannssohn gelang, bei der Reichsbahn eine Lehrstelle zu erhalten.

»Mein Vater z. B. war Bergmann. Da war das eine große Sache schon, daß ich als Bergmannsbub auf die Eisenbahn gekommen bin, obwohl mein Vater nicht in der Partei war.« (Moh)

Die Suche nach einer Lehrstelle bei der Reichsbahn mag zum einen auch durch persönliche Beziehungen (wir werden darauf noch näher eingehen) von Josefs Familie oder von Bekannten positiv beeinflußt worden sein. So erzählt ein Arbeitskollege von Josef, wie es seinem Vater auf »typisch saarländische Weise« gelang, ihm einen Ausbildungsplatz bei der Reichsbahn zu sichern und so zu verhindern, daß er in der Grube arbeiten mußte:

»Das ging folgendermaßen: Mein Vater, der war im Gesangverein, und im Gesangverein hatte er einen Kameraden gehabt, der war bei der Bahnpolizei und scheinbar hatte der von den Amtsblättern, die es monatlich gab, da hatten wir ja keine Ahnung gehabt. Aber der von der Bahn wußte das. Und da hatte dringestanden: ›Lehrlinge, dort und dort, im Reichsbahn-Ausbesserungswerk Burbach‹. Und da hat der es meinem Vater gesagt, und da hat der meinem Vater Bescheid gesagt. Ich habe eigentlich noch keine Berufswahl im Sinn gehabt. Ich wußte nicht, ehrlich gesagt, was ich wollte. Und, weil, man hat ja selten mit 15 Jahren schon eine Vorstellung von seinem Beruf oder von einem Handwerk.« (Moh)

Zum anderen mag der katastrophale Personalmangel der Reichsbahn nach 1937/1938 mit ein Grund dafür gewesen sein, daß Ende der dreißiger Jahre vermehrt auch Jugendliche aus Nicht-Eisenbahnerfamilien eine Lehrstelle erhielten. Die personelle Vergrößerung der Wehrmacht sowie die Expansionspolitik des Deutschen Reiches, die wesentlich der logistischen Unterstützung durch die Reichsbahn bedurfte, verlangte den Ausbau des Eisenbahnwesens, so daß dem Personalbedarf nur durch Ausweitung der Rekrutierungsgruppen abgeholfen werden konnte.

»Aber damals ging das, da brauchte die Eisenbahn Leute. Da ist ja alles vergrößert worden. Wir brauchten auch nicht in den Arbeitsdienst, die Bergleute und die Eisenbahner. Alle anderen von uns mußten in den Arbeitsdienst. Ich weiß, einer von uns ist im Arbeitsdienst gefallen.« (Ger)

In den Gesprächen mit ehemaligen Kollegen und Schulfreunden erfahren wir, welche Überlegungen bei der Entscheidung für einen Beruf in den dreißiger Jahren eine Rolle spielten. Der Beruf des Bergmanns, obwohl in den saarländischen Dörfern als Stand hoch geachtet, wurde aus existentieller Not und nicht aus Begeisterung ergriffen. Die Arbeit war schwer und gefährlich. Die Väter rieten ihren Söhnen häufig von diesem Beruf ab.

»Grundbedingung war, mein Vater hat gesagt: ›Also, auf die Grube geht mir keiner von euch beiden, lieber schlage ich euch tot, als daß mir einer auf die Grube geht!‹« (Bi)

Die mühsame Arbeit unter Tage war Ende des 19. und zu Beginn des 20. Jahrhunderts die einzige Möglichkeit, den schlechten Existenzbedingungen der Kleinbauern im Nordsaarland, Hunsrück und in der Pfalz zu entkommen und sich eine solidere Existenzgrundlage zu schaffen. Wie das Zitat zeigt, war den Vätern die Mühsal der Arbeit bewußt. Daher bestand ein starker Drang, einen anderen Beruf zu ergreifen.

»Warum ist er nicht Bergmann wie sein Vater geworden?« – »Meistens war es so, daß die Bergleute ihren Söhnen nicht dazu geraten haben zum Bergmann, weil gerade in der Zeit, in der wir aus der Schule kamen, da war ja schon die Arbeitslosigkeit am Abklingen, im Gegensatz zu meinen Brüdern in den zwanziger Jahren – mein Vater war ja auch Bergmann –, die waren praktisch gezwungen, auf die Grube zu gehen.« (Rie)

Bei Josef mag noch ein weiterer Grund zu seiner Berufswahl beigetragen haben. Schon als Kind und Jugendlicher interessierte sich Josef leidenschaftlich für »alles Technische«. Durch die elterliche Landwirtschaft kam Josef schon frühzeitig in Kontakt mit landwirtschaftlichen Maschinen. Zeitzeugen erinnern sich, daß er sich schon als Junge für alles, »was mit Maschinen zusammenhing«, interessiert hatte:

»Der Josef, der hat gern auf dem Feld geschafft. Der saß gern auf der Maschine, der war ein emsiger Bub. War wirklich für die Landwirtschaft und dann Maschinen geschaffen, und dann war er immer so stolz, wenn er was fertiggebracht hat. Da war er noch ein Kind.« (Hol)

An den landwirtschaftlichen Gerätschaften zu Hause nahm er schon als Jugendlicher kleinere Reparaturen vor.

»Er hat immer schon Spaß gehabt an Eisen, an Schraubenschlüsseln, das hat er immer schon gehabt, ansonsten wäre er das nicht geworden. (...) Wir waren Nachbarsbuben. Wir waren jeden Tag beisammen. Da hat man schon gemerkt, daß er auf diese Art belastet ist. Er hat immer an der Mähmaschine geschafft, wenn da was dran war, damals hatte der Schäfer Johann schon eine Mähmaschine. Da hat sich das so herausgeschält.«[331] (Rie)

In diesem Interesse mag vordergründig ein weiterer Grund gelegen haben, der Josef veranlaßte, sich für einen technischen Beruf zu entscheiden; zugleich erlaubte ihm seine technische Veranlagung, seine personale Entwicklung – in Differenz und Rivalität zum Vater – unabhängig von dörflichen und familiären Vorgaben zu gestalten.

Josef wuchs in einem Milieu auf, in dem der Bauernstand und die ländliche Arbeit besonders »geadelt« wurden. Wie übereinstimmend berichtet wird, verstand es Josefs Lehrer Wendel Marx, der selbst aus einer Bauernfamilie stammte, den *Bauernstand* im Unterricht als besonders privilegiert herauszustellen und die bäuerliche Existenz – ganz im Sinne der nationalsozialistischen »Blut- und Boden-Ideologie« – zu verherrlichen.

Vom jüngsten Bruder und von der ehemaligen Hausangestellten erfahren wir, daß der junge Josef seinem Vater gegenüber den Wunsch geäußert hatte, später den Beruf des Landwirts zu ergreifen.

»Ich glaube, der Josef, der hätte auch Interesse gehabt, Bauer zu werden, mehr als der Paul. (...) Aber der Josef, der wollte Bauer werden, das war seins. Ich sage ja, der ist schon gerne auf die Maschine gegangen und alles, der war emsig.« (Hol)

Wahrscheinlich erwarb deshalb Johann Schäfer in den Jahren 1930 bis 1936 Anbauflächen von insgesamt 150 Ar zu seinem vorhandenen Grundbesitz hinzu, so daß er bei seinem Tode Grundstücke von insgesamt 462,53 Ar hinterließ, die landwirtschaftlich nutzbar waren.

Es stellt sich zunächst die Frage, wieso Josef diesen frühen Berufswunsch nicht verwirklichte und sich statt dessen beim Reichsbahn-Ausbesserungswerk Saarbrücken-Burbach um eine Ausbildung zum Maschinenschlosser bewarb. Es handelt sich hierbei um eine Frage, die von uns nicht mit letzter Gewißheit geklärt werden konnte. Im folgenden werden wir einen weiteren plausiblen Grund anführen, der die oben angedeuteten Gründe (technisches Interesse, Rivalität zum Vater, Personalnotstand bei der Reichsbahn) ergänzt. Wir vermuten, daß Philipp Haag (1898-1982)[332], der Josefs Familie in der Landwirtschaft aushalf, Josefs Berufsentscheidung stark mit beeinflußte.

Josefs Brüder vermuten, daß Philipp Haag und ihr Vater Arbeitskollegen auf der Grube Reden gewesen sind und daß auf diese Weise der Kontakt zur Familie Schäfer hergestellt wurde. Folgende Hinweise ergänzen diese Annahme:

1. Philipp Haag wird im Adressenteil von Josefs Kalender mit seiner genauen Anschrift vermerkt.

*Bild 31:* Philipp Haag.

2. Es sind uns drei Fotos von Philipp Haag überliefert. Auf diesen Fotos
trägt Philipp Haag die Uniform des Deutschen Roten Kreuzes mit dem
EK II des Ersten Weltkrieges, SA-Sportabzeichen und NSDAP-Parteiab-
zeichen.
3. Die beiden Brüder können sich noch gut an Philipp Haag erinnern. Sie
schildern ihn als einen Städter, der ein sehr tierliebender Mensch war. Sie
erwähnen zugleich übereinstimmend Haags nationalsozialistische Pro-
pagandaparolen.
4. Wir nehmen an, daß Philipp Haag Josef und dessen Vater von der
Ausschreibung zum Maschinenschlosserlehrgang bei der Deutschen

Reichsbahn unterrichtet hatte und Josef zusätzlich zur Bewerbung motivierte. Wir vermuten weiterhin, daß Philipp Haag aufgrund seiner NSDAP-Mitgliedschaft über gute Kontakte zur Leitung[333] des RAW Burbach verfügte und sich eventuell für die Aufnahme Josefs in den Maschinenschlosserlehrgang 1939 verwandte.

5. Der ehemalige Kompaniechef Philipp Haag arbeitete nach der Rückkehr aus der Kriegsgefangenschaft im Eisenhüttenwerk Burbach und leitete dort das Sanitätswesen.

Neben der politisch-gesellschaftlichen Entwicklung (Durchsetzung des nationalsozialistischen Systems) unterstützte der durch die Kriegsvorbereitungen beschleunigte soziale Wandel Josef bei der Lösung seiner sozio-biographischen Konflikte. Er konnte nun – von Familie und Dorf akzeptiert – seine Lehre zum Maschinenschlosser bei der Deutschen Reichsbahn beginnen.

## Der Maschinenschlosser

Josefs Ausbildung stand gänzlich im Zeichen der außenpolitischen Erfolge der Nationalsozialisten, der Kriegsvorbereitungen und der ersten deutschen Kriegserfolge. Er begann seine Ausbildung zur Zeit des Westwallbaus – auch in Wustweiler waren Westwallarbeiter[334] einquartiert, worauf wir an späterer Stelle noch detaillierter eingehen werden – und setzte sie in der Zeit der Besetzung Polens und Frankreichs fort. In den Jahren 1939 und 1940 waren auch in Wustweiler Soldaten stationiert, die Frankreich angreifen und erobern sollten. Die Kriegserfolge der Deutschen Wehrmacht in den Jahren 1939, 1940 und 1941 bestimmten den staatspolitischen Unterricht im RAW. 1940, während Josefs Ausbildungszeit, wurde Frankreich – nur wenige Kilometer vom RAW entfernt befand sich die deutsch-französische Grenze – okkupiert.

In diesem zeithistorischen Kontext beginnt Josef seine Lehre in einem Betrieb, der, wie wir sehen werden, zur Gänze vom nationalsozialistischen Geist durchdrungen war.

Wir wissen, daß Josefs Berufsentscheidung auf die Kritik seines Vaters stieß. Dieser äußerte am Tage der Aufnahmeprüfung: »Hoffentlich besteht er die Prüfung nicht!« Wie Josefs Bruder Viktor erzählt, hat ihr Vater die Berufswahl des ältesten Sohnes jedoch später akzeptiert, ja er war sogar stolz auf den »Maschinenschlosser in der Familie«, wie die folgende Episode belegt:

»Paß auf, ich will noch eine Geschichte erzählen! Bevor der Josef in den Krieg ging, da hatten wir immer die Mähmaschine, das weißt du! Die hat nie so richtig funktioniert, und da wollte unser Vater immer mal den Krämer Emil holen, um das Ding auseinanderzubauen. Und da hat er gesagt: ›Was soll ich denn bei den Krämer Emil gehen, wir haben doch selbst einen Maschinenschlosser!‹ Und da hat unser Josef hinter der Ecke da, hat der die Maschine auseinandergebaut gehabt, ganz auseinander und noch einmal ineinander.« (Vik)

Bevor Josef mit der Lehre beginnen konnte, mußte er, wie gesagt, eine Aufnahmeprüfung absolvieren. Heinz Merkel[335], ein ehemaliger Arbeitskollege, erzählt von dieser Prüfung:

»Eines Tages kam ein Sonderwagen der Reichsbahn zum Bahnhof, das war ein Wagen, der vorgesehen war für Prüfungen. Da mußte man so eine Art Vorprüfung ablegen, einige schriftliche Sachen. Dann mußte etwas Draht nach Zeichnung gebogen werden. Das war ein Test, um die Grundvoraussetzungen zu überprüfen. Erst dann konnten wir mit der Lehre beginnen.« (Merk)

Nach der erfolgreich bestandenen Aufnahmeprüfung begann der technisch interessierte Josef am 1. April 1939 seine Ausbildung zum Maschinenschlosser bei der Deutschen Reichsbahn in der Ausbildungswerkstatt des Reichsbahn-Ausbesserungswerks (RAW) Saarbrücken-Burbach.[336] Zu diesem Anlaß erhielt Josef eine HJ-Uniform, die seine Familie erwerben mußte. Zur feierlichen Einführung des neuen Lehrjahrganges wurden die Familien eingeladen. Josefs Mutter begleitete ihren Ältesten.

Im Lehrvertrag waren die Rechte und Pflichten der Lehrlinge fixiert. Dort heißt es u. a.: »Die Deutsche Reichsbahn als Lehrherr übernimmt es, den Lehrling zu einem tüchtigen Facharbeiter heranzubilden und zur rückhaltlosen Dienst- und Einsatzbereitschaft für die Volksgemeinschaft zu erziehen.« Und weiter wird ausgeführt, daß es der Lehrherr als seine Aufgabe ansieht, »den Lehrling stets auf seine Pflichten gegenüber dem Reich und der Betriebs- und Volksgemeinschaft hinzuweisen, ihn im nationalsozialistischen Sinne zu erziehen und ihn zu Arbeitsamkeit und zu guten Sitten zu erziehen.«[337] Im ersten Jahr erhielten die Lehrlinge pro Monat eine Erziehungsbeihilfe von 3,90 RM, die sich auf 7,80 RM im zweiten und auf 11,70 RM im dritten Lehrjahr steigerte.

Lehrlinge[338] wurden im RAW Saarbrücken-Burbach seit dem 1. April 1935 ausgebildet, nachdem am 28. Februar die Saarbahnen nach der Volksabstimmung an die Deutsche Reichsbahn angegliedert worden waren. Durch die Lehre sollten zunächst Facharbeiter und Lokomotivführer für die südwestlichen Eisenbahnstrekken ausgebildet werden.

Josefs Berufsziel war die Laufbahn eines Lokomotivführers. Ein ehemaliger Lehrling, der in Josefs Lehrjahrgang war, schildert eindringlich, wie sich die Lehre gestaltete, wie er die Ausbilder einschätzte, und wie schwer den Jungen die Umstellung auf die Arbeitswelt fiel:

»Der Einstieg in die Lehre war für uns nicht einfach, weil als mehr oder weniger kleine Knirpse, als da die Arbeit mit der U-Eisenbearbeitung begann, das war das erste Werkstück, das wir bearbeiten mußten. Unter den Lehrlingen war kaum jemand, der nicht ein oder zwei Tage ganz zerschlagene Hände hatte.« (Merk)

Er schildert weiter, daß die Ausbildung

»an sich sehr militärisch ablief, einmal war es nun die Zeit des Faschismus, zweitens ist es klar, daß dort, wo vierzig Lehrlinge aus einem Lehrjahr sind, das heißt, wir waren ja insgesamt praktisch über 120 Lehrlinge, denn es waren ja drei Lehrjahre in einer Lehrwerkstatt, muß natürlich Ordnung herrschen, das ist klar. Unter den Bedingungen der nationalsozialistischen Gewaltherrschaft war natürlich für Ausbilder damit mehr oder weniger grünes Licht gegeben, um sich entsprechend zu betätigen. Wir hatten einen, das vergesse ich in meinem Leben nicht, einen namens S. aus St. Arnual, der nur mit dem Gummischlauch herumgerannt ist, der auch geprügelt hat. Ich erinnere mich an einen namens R., der die meiste Zeit besoffen war, betrunken oder alkoholisiert, also mit solchen Leuten hatten wir zu tun.« (Merk)

»Den theoretischen Teil der Ausbildung vermittelte die Eisenbahnwerkschule, welche die Berufsschule ersetzte. Den größten Teil des Unterrichts hielt der Schulleiter und spätere Abt.-Leiter der G-Abteilung, Herbert Gintzel.«[339] Den Charakter und die politischen Einstellungen dieses Ausbilders werden wir in der Folge noch näher beschreiben, da er unseres Erachtens als typisch für die Gruppe der Ausbilder im RAW – und sicherlich darüber hinaus – gelten kann. Zudem beeinflußte Gintzel in hohem Maße die Atmosphäre im RAW.

Die Lehrlinge wurden nach dem von der Arbeitsfront herausgebrachten reichseinheitlichen Ausbildungsplan für die schlosserische Grundausbildung[340] »Eisen erzieht« unterrichtet. Die theoretische Ausbildung der Lehrlinge, die in der werkseigenen Be-

*Bild 32:* Lehrlinge vor dem RAW bei der Einweihung eines
Segelflugzeuges im Jahre 1942.

rufsschule durchgeführt wurde, litt später unter den Kriegsein-
wirkungen. Der Schulleiter beschäftigte sich mehr mit dem Einsatz der Werksfeuerwehr als mit dem Unterricht, wie ein ehemaliger Schüler zu berichten weiß:

»Es war gerade das Notwendigste, was man uns da oben beigebracht hat.
Der Lehrer, den wir hatten, das war ein Oberinspektor, der war der
Werkstattleiter der Lehrwerkstatt, und der hatte auch gleichzeitig die
Werksfeuerwehr. Und das war im Krieg ja die Hauptsache! Der hat sich
mehr mit der Feuerwehr beschäftigt als mit uns.« (He)

Oberinspektor Gintzel (1903-1968) war Werkschullehrer und
Schulleiter. Er war der einzige Lehrer, der theoretischen Unter-
richt abhielt.
Gintzel trat der NSDAP am 1. März 1933 bei. Er war aktives
Mitglied der NSDAP, des NSFK, der NSV, RDB und NSRL.
1936 nahm er als Pistolenschütze an den Olympischen Spielen in
Berlin teil. Gintzel wurde 1903 in Guhrau/Bez. Breslau geboren.
Er kam 1926 ins Saargebiet. In der nationalsozialistischen Zeit
war Herbert Gintzel Kommandeur der Eisenbahn-Feuerwehr im
Gau Westmark. Von Mai 1945 bis Oktober 1945 war er in fran-
zösischer Gefangenschaft. Anschließend arbeitete er als Leiter des
Fuhrparks bei der Fa. Kohlbecher, Saarbrücken. 1946 wurde er
von der Sûreté verhaftet und angeklagt, nachdem zwei russische
Kriegsgefangene aus dem Gefangenenlager auf dem Gelände des
Ausbesserungswerkes auf der Flucht erschossen worden waren.
1948 wurde hierüber im Rastatter Kriegsverbrecherprozeß ver-
handelt und Gintzel wegen erwiesener Unschuld freigesprochen.
Seit 1952 war er wieder bei den Saarländischen Eisenbahnen beschäftigt. Gintzel war Mitbegründer des Verbandes der Eltern-
schaften an den saarländischen Realschulen, langjähriger Vorsitzender und Mitglied des Bundesvorstandes. Nach seiner Pensionierung wohnte er in Josefs Heimatort Wustweiler.
Die im Anschluß abgedruckten Texte, die dieser Lehrer den
Schülern diktierte, offenbaren seine nationalsozialistische Geisteshaltung. Seine pädagogischen Fähigkeiten charakterisiert einer seiner ehemaligen Lehrlinge:

»Der hat unheimlich gerne auf Raben geschossen. Wenn wir da saßen in
der Schule, dann haben wir so gesessen, und da waren nur Fenster. Und
nebendran war so eine Art Sportplatz. Und wenn wir ihn abhetzen wollten, dann haben wir nur aufgepaßt, sobald dort ein Rabe saß in der Nähe.
Und dann haben wir alle da hinübergeguckt, und dann hat er hinüberge-

*Bild 33:* Der Leiter der Werkschule des RAW,
Herbert Gintzel, in den 40er Jahren.

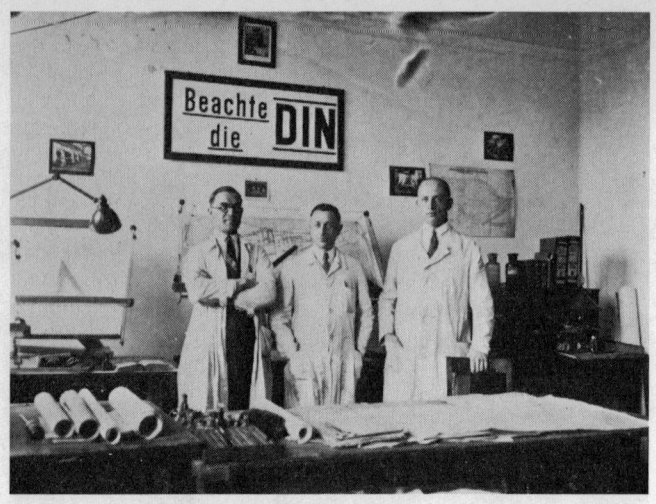

*Bild 34:* Die Ausbilder im RAW.

guckt, und dann ging er das Kleinkalibergewehr holen, und dann hat er immer, und immer daneben geschossen, hat ja nie getroffen. Hat immer gesagt: ›Der ist gerade fortgeflogen.‹ Da hatten wir halt unseren Spaß.« (Moh)

Die praktische Ausbildung hingegen wird durchweg als »sehr gut« geschildert. Die reichseigene Bahn war in bezug auf die notwendigen Werkzeuge und Rohstoffe, die in der Lehrlingsausbildung benötigt wurden, keinen Beschränkungen unterworfen, so daß dieser Ausbildungsteil optimal verlief, wie ein ehemaliger Lehrling schildert:

»Im Praktischen gab es nichts zu bemängeln, da hat der nichts mit zu tun gehabt. Da gab es einen Werkmeister und für jeden Jahrgang einen Gesellen, und dann war extra noch ein Schweißerausbilder da, in der Schmiede war noch einer und ein Dreher. Da war nichts daran auszusetzen.« (He)

Regionalspezifische Besonderheiten bei der Deutschen Reichsbahn wurden durch die straffe reichseinheitliche Führung von Berlin aus vermieden. So konnte das RAW bereits 1935 gänzlich im nationalsozialistischen Sinne funktionieren und auch seine ideologischen Aufgaben wahrnehmen. Die Lehrlingsausbildung

im RAW Saarbrücken-Burbach wurde streng gemäß der nationalsozialistischen Ideologie organisiert. In diesem Geiste wurden die
Lehrlinge erzogen, wobei man sich bemühte, in ihnen ein nationalsozialistisches Elitebewußtsein zu wecken, das, wie wir sehen
werden, in den Erzählungen der damaligen Lehrlinge auch heute
noch eine Rolle spielt.

Der Leiter der Lehrwerkstätte, Herbert Gintzel, schreibt[341] im
Oktober 1942 an das Kreisgericht III der NSDAP in Saarbrükken. Ihm wurde vorgeworfen, sich geweigert zu haben, Obdach-
lose nach einem Fliegerangriff in seinem Hause aufzunehmen:

»Ich halte wöchentlich 22 Std. Unterricht. Unsere Lehrwerkstätte ist als
Musterwerkstätte bekannt. Wir haben das silberne Leistungsabzeichen
für hervorragende Berufserziehung erhalten. Diese Auszeichnung ist zum
großen Teil auch mein Verdienst. Die DAF hat dieses Abzeichen bestimmt nach reiflicher Prüfung verliehen. Von den mir anvertrauten Jugendlichen sind bis jetzt 24 Kreissieger und 2 Gausieger hervorgegangen,
ein Lehrling hat das Langemarckstudium erhalten. Dies wiederum bedeutet, daß neben der fachlichen auch die politisch-weltanschauliche Schulung in Ordnung gewesen sein muß!«

Im gleichen Brief teilt Gintzel mit, daß er neben der Ausbildung
des »fliegerischen Nachwuchses« eine rege »Werbe- und Schu-
lungstätigkeit für die Kriegsmarine« durchführte. »Dankschrei-
ben und Geschenke haben (ihm) bewiesen, (daß er) der Kriegsmarine einen ausgezeichneten Nachwuchs erzogen!« hat. Im zitierten Brief erwähnt Gintzel, daß »er den Werkschutz übernommen hat, d.h. die Bewachung von etwa 500 Russen«.

Nicht nur im Fach Bürgerkunde wurde explizit nationalsozialistisches Gedankengut vermittelt. Ein Zitat aus einem Schüleraus-
satz[342] aus Josefs Lehrlingsgruppe im RAW illustriert diese Behauptung. Es handelt sich um Ausschnitte aus einer Klassenarbeit
im Fach Staatsbürgerkunde.

»Die Deutsche Reichsbahn (DR) ist der größte Arbeitgeber der Welt und
beschäftigt etwa 850 000 Volksgenossen. (...) Von großer Wichtigkeit ist
die DR zum Waffentransport bei Aufmärschen und für die Beförderung
von Truppen im Kriegsfalle.« (He)

In einem Aufsatz aus dem Jahre 1939 wird die ideologische Komponente der Ausbildung noch deutlicher. Derselbe Schüler notiert auf die Frage »Was bedeutet falsche und richtige Berufswahl?« unter anderem:

»Eine falsche Berufswahl bringt Lebensmattigkeit und Schlaffheit mit sich. (...) Wie beim Einzelnen, so wirken sich auch falsche und richtige Berufswahlen auf das Volksganze aus.« (He)

Er erläutert, daß die richtige Berufswahl Freude schaffe und zu Qualitätsarbeit führe, was notwendig sei, um die »deutsche Ware« auf dem Weltmarkt konkurrenzfähig zu machen, da die anderen Länder den Deutschen Böses wollten, weil sie ihre Währung abgewertet hätten und nur durch hohe Qualität der Produkte überhaupt ein Absatz zu erzielen sei.

»Die deutsche Ware wird auf dem Weltmarkt verachtet. Ein großer Teil der Produktion bleibt im Inland liegen. Die Arbeitslosenziffer steigt, und zum Schluß haben wir ein verarmtes und verbittertes Volk, das somit dem Kommunismus und damit dem sicheren Tod und Verderben in die Arme fällt.« (He)

Diese Arbeit wird mit »sehr gut« bewertet. In einem Aufsatz zum Thema »Ordnung am Arbeitsplatz« vom 3. Juli 1939 schreibt dieser Schüler, daß es ihre »Aufgabe sei, tüchtige Facharbeiter« zu werden, weil sie es ihrem Volke und sich selbst schuldig seien.

»Denn mit Deutschlands Wirtschaft ist es heute nicht gut bestellt. Unsere Feinde versuchen immer wieder die deutschen Waren auf dem Weltmarkt zu blockieren. (...) Die Kopf- und Handarbeiter; sie alle stehen im Leistungskampf des deutschen Volkes.« (He)

Zum Thema »Weltanschauung« heißt es weiter:

»Der Bauernstand ist die Blutquelle des deutschen Volkes. (...) Er muß Deutschland soviel wie möglich selbst ernähren. (...) In einem kommenden Kriege liegt die Hauptentscheidung in der Luft. Wer in der Luft der Schnellste und Stärkste ist, der bleibt wohl Sieger. Darum wurde die deutsche Luftwaffe zu der stärksten in der Welt ausgebaut. Was sie zu leisten vermag, das hat die Luftwaffe der Legion Condor bewiesen.« (He)

Die Schüler haben in einem Diktat niederzuschreiben: »Erzieht euch zur Selbsterkenntnis, formt euch geistig und bildet euch euren Körper sportlich durch, daß ihr den Anforderungen für das HJ- oder SA-Sportabzeichen genügt!« In der Festschrift anläßlich des fünfzigsten Jubiläums der Ausbildungswerkstatt des Ausbesserungswerks Saarbrücken-Burbach im Jahre 1985 wird notiert, daß »sich mit der Einführung des von der Arbeitsfront herausgebrachten Ausbildungsplanes ›Eisen erzieht‹ eine Vereinheitlichung der schlosserischen Grundausbildung landesweit durch-

(setzte). Um die Einhaltung des vorgesehenen Ausbildungsprogrammes überwachen zu können, wurde ab August 1937 für jeden Lehrling eine Arbeitskarte mit den dazugehörigen Auswertungsunterlagen angelegt. Vierteljährliche ›Pflichtarbeiten‹, deren Auswertungskriterien ebenfalls überbezirklich festgelegt waren, wurden eingeführt, ebenso die Reichsberufswettkämpfe auf mehreren Ebenen. 1937 wurde das Kleinkaliberschießen im Rahmen der sportlichen Ertüchtigung eingeführt.«[343]

Es herrschten »Zucht und Ordnung«, wie der wöchentliche Haarappell und eine penible Kleiderordnung belegen. Der Alltag der Lehrlinge im RAW Burbach war streng paramilitärisch organisiert. Fahnenappelle frühmorgens, Frühsport, Wahlspruch der Woche und »körperliche Ertüchtigung« rundeten das »ideologische« Programm ab.

Beim Betrachten eines Bildes: »Da war jeden Morgen die Flaggenparade. Jeden Morgen, mittags ist sie eingezogen worden. Wir standen nicht so da, wir standen in Arbeitskleidung da, da hinten stehen wir da. Streifen hatten wir gehabt, weiße Streifen erstes, zweites, drittes Lehrjahr. Das war, damit die im Betrieb gleich erkannt haben, das da ist ein Lehrling.« (Moh)

Um die Lehrlinge enger an die Reichsbahn zu binden, wohl auch, um die nationalsozialistische Ideologie bei den Lehrlingen einzupflanzen, wurden im RAW die verschiedenen Gliederungen der HJ gegründet. HJ-Mitgliedschaft war Pflicht für einen Lehrling des RAW. Die Mitgliedschaft in der Betriebs-HJ befreite die Lehrlinge vom HJ-Dienst in ihrem Heimatdorf oder ihrer Heimatstadt.

»Man war praktisch freigestellt. Das war unser Dienst. Wir haben dann, wie gesagt, vor allen Dingen das leichter gehabt. Nach der Arbeit sind wir gerade dageblieben, eine Stunde, zwei.« (Mer)

Viele Lehrlinge versahen, wie uns berichtet wird, zusätzlich noch den HJ-Dienst zu Hause.

»Alle waren in der HJ. Das war ja ein Staatsbetrieb. Und uns hat es ja auch Spaß gemacht. (...) Für uns war das so eine Sache gewesen, abwechslungsreich, wir haben Sport getrieben, wir hatten im Betrieb. Ich war in der Hitler-Jugend drin, und das ist auch gefördert worden, sagen wir mal, wer dort irgendwie in leitender Stellung war, im Betrieb, sagen wir mal die Werkmeister, das waren alles Parteigenossen.« (Moh)

Bedingt durch den Frankreichfeldzug wurde die Lehrwerkstatt

am 3. September 1939 evakuiert.[344] »In den ersten Kriegstagen im September 1939 wurden die Dörfer und Städte in einem Streifen zwischen der deutsch-französischen Staatsgrenze und der Hauptkampflinie des Westwalls geräumt, und zwar von der Schweizer Grenze bis zur Südeifel. Innerhalb dieses Landstreifens, der sogenannten ›Roten Zone‹, lagen Hunderte von Dörfern und die Städte Karlsruhe, Kehl, Germersheim, Bergzabern, Pirmasens, Zweibrücken, Saarbrücken, Völklingen, Saarlouis (damals Saarlautern), Merzig, Saarburg und Trier mit rund einer Million Einwohnern. Die Zivilbevölkerung wurde mit Sammeltransporten in die ›Bergungsgebiete‹ nach Mitteldeutschland gebracht und konnte in ihrer Hauptmasse erst nach Beendigung des Frankreichfeldzuges im Juli und August 1940 wieder in ihre Heimat zurückkehren.«[345]

Die Jugendlichen, die aus der Umgebung von Saarbrücken stammten, wurden ins Reichsgebiet (nach Kassel) verlegt. Die Jugendlichen, die aus dem nördlichen Saarland stammten, wurden dem RAW St. Wendel zugewiesen, u. a. auch Josef. Dort sehen die Lehrlinge die auf Zügen nach und von Frankreich vorbeirollenden Panzer. In dem folgenden Bericht über die Evakuierung der Lehrlingswerkstatt im Jahre 1939 wird die Verwobenheit von Berufsausbildung, ideologischer Indoktrination und jugendlicher Reisesehnsucht deutlich:

»Wir saßen auf der Mauer und haben den Panzern zugesehen, wie sie von Frankreich zurückkamen. Da haben wir nichts mehr gearbeitet. Da hockten wir den ganzen Tag auf der Mauer und haben geguckt, wie die gekommen sind. Das war doch etwas, wie die mit den Panzern gekommen sind! Das hat uns Buben Spaß gemacht. (...) Da war kein Hintergedanke dabei. Wir haben nur gedacht: ›Panzer, da brauchst du nicht zu Fuß zu laufen‹, und deshalb haben wir uns dorthin gemeldet. (...) Ja, ja, vor allem die schwarze Uniform! Die sind angekommen mit der schwarzen Uniform, während die Infanteristen auch schon mal geflickte Uniformen an hatten. Das hat es bei den Panzern und bei der Marine und bei der Luftwaffe nicht gegeben. Und das war irgendwie eine Eliteeinheit, die Panzer, bei der Bodentruppe.« (Moh)

Die Faszination der militärischen Technik zog die Jugendlichen in ihren Bann. Diese Faszination wurde durch die damit verbundene nationalsozialistische Indoktrination verstärkt, so daß es nicht verwundert, zu erfahren, daß sich fast *alle* Lehrlinge gegen Ende der Ausbildung freiwillig zu den technisch orientierten

Truppen Kriegsmarine (U-Boot-Waffe), Reichsluftwaffe, zur Panzerwaffe oder zur Waffen-SS meldeten.

In Kombination zwischen fachlich-technischer Ausbildung und ideologischer Schulung wurde mit großem Aufwand von den Ausbildern und Parteigenossen dafür gesorgt, daß die Lehrlinge sich im RAW »wohlfühlten« und zugleich eine positive Einstellung zum nationalsozialistischen System gewannen.

*Bild 35:* Lehrlinge im RAW (Flieger-HJ) bei der Einweihung eines Segelflugzeuges im Jahre 1942.

Ein ehemaliger Lehrling schildert diesen Zusammenhang beim Betrachten eines Fotos:

»Das da war damals bei einer Flugzeugeinweihung. Da bekamen wir ein Segelflugzeug. (...) Das haben wir bekommen von der Flieger-SA. Wir waren ja verschieden. Da sieht man ja. Da war Marine-HJ, die neben der Flagge stehen. Wir waren alle vertreten, Marine-HJ, Flieger-HJ und die normalen, Fanfarenbläser, das Jungvolk. Und an Festlichkeiten kam der größte Teil in Uniform. Morgens standen wir da. Dann ist jeden Morgen ein Fahnenspruch gesagt worden.« (Moh)

Es gab eine werkstattinterne HJ mit verschiedenen Sparten. Die meisten Lehrlinge waren Mitglied in der »Motor-HJ«[346], die eine eigene Gefolgschaft im RAW Burbach unterhielt. Ein ehemaliges Mitglied der Motor-HJ Illingen beschreibt die damaligen Aktivitäten dieser HJ-Sondereinheit folgendermaßen:

»Das war eine vormilitärische Ausbildung. Wir haben den Führerschein gemacht, das war vormilitärisch gedacht als Ausbildung für die Panzertruppe. Da bist du also geschult worden über Motortechnik, Zweitakt, Viertakt, Diesel.« (Neu)

Neben der Motor-HJ war die HJ-Fliegerschar sehr aktiv. Die Segelfliegergruppe verfügte etwa über eine eigene Werkstatt[347] auf dem Betriebsgelände, wo ihre Mitglieder Segelflugzeuge zusammenbauten, mit denen dann ab 1941 am Schaumberg bei Tholey geflogen wurde.

Der Schulleiter Herbert Gintzel war aktives Mitglied des NSFK. Er leitete den Bau der Segelflugzeuge. 1943, am »Geburtstag des Führers« (20.4.), wurde Herbert Gintzel zum NSFK-Obertruppführer befördert.

Eine HJ-Mitgliedschaft war mit beruflichen und privaten Vorteilen verbunden, was im Lehrvertrag festgeschrieben war. Unter anderem erhöhte sich der Regelurlaub[348] auf 18 Arbeitstage, wenn der Lehrling mindestens »zehn Kalendertage an einem Lager oder einer Erholungsfahrt der Hitler-Jugend« teilnahm.

Ganz in der Logik des nationalsozialistischen Systems entgingen die auszubildenden Jugendlichen auch in ihrer Freizeit nicht den »Fängen« des Systems. Die Lehrlinge erhielten Freifahrscheine der Reichsbahn für gemeinsame Ferienreisen. Josef fuhr an den Bodensee, andere Kollegen verbrachten ihren Urlaub auf Rügen.

»Wir haben gemeinsam Urlaub machen müssen, aber nicht alle im gleichen Gebiet. Das war natürlich kein Urlaub, das waren Wehrertüchtigungslager. Wir hatten dann einen Freifahrschein, weil wir ja schon bei der Bahn waren. Der erste Urlaub, das war noch Urlaub, dann nicht mehr. Im ersten Urlaub sind wir mit ein paar Kameraden an den Bodensee gefahren, mit unseren Rädern sind wir dann dort herumgefahren.« (Mer)

»Das war während des Urlaubs. Und zwar war ich auf der Insel Rügen. Das war, da hatten wir Freischeine. Zum erstenmal ja Freischeine. Und da hatte dann jeder so seinen Weg herausgesucht.« (Moh)

Die Lehrlinge unternahmen des weiteren gemeinsame Ausflüge und Reisen in die Umgebung von Saarbrücken und zu Feiern im Reich.[349] Ihren knappen Urlaub verbrachten sie in verschiedenen Ferienzentren, die von der Hitler-Jugend oder anderen nationalsozialistischen Organisationen unterhalten wurden.

»Ja, die haben die Lehrwerkstätte zugemacht. Dann haben wir gemeinsam

# Lehrvertrag

für

## Handwerkslehrlinge der Deutschen Reichsbahn

Das Lehrverhältnis ist ein Erziehungs- und Ausbildungsverhältnis auf der Grundlage gegenseitigen Vertrauens und gegenseitiger Treue. Die Deutsche Reichsbahn als Lehrherr übernimmt es, den Lehrling zu einem tüchtigen deutschen Facharbeiter heranzubilden und zur rückhaltlosen Dienst- und Einsatzbereitschaft für die Volksgemeinschaft zu erziehen. Der Lehrling setzt alle seine Kraft dafür ein, diese Ziele des Lehrverhältnisses zu erreichen.

*Dokument 3:* Vorderseite des Lehrvertrags mit der
Deutschen Reichsbahn.

Urlaub machen müssen. Das war natürlich kein Urlaub, das waren Wehrertüchtigungslager. Da mußten wir zu Bauern oder so. (...) Einmal sind wir auch an den Bodensee gefahren, mit unseren Rädern, die hatten wir mitgenommen, dann sind wir so ein bißchen da rumgefahren. Beim dritten Urlaub mußten wir zu den Bauern und dort aushelfen. Einmal mußten wir in so ein Wehrertüchtigungslager, das war bei Landau, da vorne. Die Lagerführer, das waren alles hauptamtliche HJ-Führer von der Gebietsleitung. Da waren auch Soldaten dabei. Drei Wochen lang ist da Dienst geschoben worden wie beim Barras.« (Mer)

Einen Teil des Urlaubs konnten die Lehrlinge auch unabhängig gestalten, insbesondere dann, wenn gewährleistet war, daß dieser Urlaub im nationalsozialistischen Sinn verlief:

»Und ich hatte damals ausgemacht mit noch einem Kollegen von Landsweiler und einem, der damals schon im dritten Lehrjahr war, ei, wir fahren auf die Insel Rügen. Und konnte man zum erstenmal mit dem Zug weit fortfahren. Und wir waren damals vom Landjahr frisch heimgekommen. Da sind wir auf die Insel Rügen gefahren. Und da haben wir dort, da war ein Landjahrlager, Ranzow, das war ein altes Schloß. Da war ein Landjahrlager drin. Und wir als Angehörige vom Landjahr vom Jahr vorher, da sind wir dann gekommen mit den Führerschnüren von der HJ, und da haben wir vierzehn Tage unentgeltlich dort können wohnen. Wir haben frei Essen gehabt und alles, so daß uns der Urlaub praktisch fast keinen Pfennig gekostet hat.« (Moh)

Diese Ausflüge des RAW wurden von den verschiedenen Untergliederungen der HJ organisiert.

Zum Abschluß ihrer Lehre erstellten die Lehrlinge eine Bierzeitung, in der sie sich über ihre Kollegen lustig machten. Josef war seinen Arbeitskollegen dadurch in Erinnerung, daß er des öfteren zu spät zur Arbeit kam. »Fängt der Gintzel an zu verlesen, der Ruschel und der Schäfer fehlen!« Mehr als die Hälfte der Lehrlinge in seinem Jahrgang wohnten in der Umgebung von Saarbrücken. Die anderen mußten morgens mit dem Zug anreisen. Zu Beginn des Krieges kam es öfters zu Zugverspätungen, so daß sich Josefs Zuspätkommen einprägte.

Zusammen mit Willi Ruschel[350], Eppelborn, fuhr Josef während seiner Lehrzeit jeden Morgen nach Saarbrücken und jeden Abend zurück.

Willi Ruschel beabsichtigte, die Ingenieurlaufbahn zu ergreifen. Er immatrikulierte sich bereits 1942 an der Ingenieurschule Saarbrücken, Fachschule für Maschinenbau und Technische Abendschule. Er wurde zur Wehrmacht einberufen und kam an die

*Bild 36:* Deutsche Reichsbahn, Dienstausweis Nr. 882;
Wilhelm (Willi) Ruschel.

Ostfront. Am 11. November 1943 wurde er mit dem EK II ausgezeichnet.[351] Seine Biographie nimmt einen bemerkenswerten Verlauf:

»Aus Eppelborn stammte Willi Ruschel. Er wollte Maschinenbauer werden, aber die Einberufung zur faschistischen Wehrmacht unterbrach das gerade begonnene Studium. Willi Ruschel wurde an die Ostfront kommandiert. Der junge Unteroffizier ging im Januar 1944 zur Roten Armee über und schloß sich der Bewegung ›Freies Deutschland‹ an. Nach dem Besuch der Antifa-Schule in Shitomir[352] wurde er als Vertrauensmann des Nationalkomitees[353] bei einer Division der 1. Ukrainischen Front eingesetzt. Er forderte über Lautsprecher die deutschen Soldaten auf, sich nicht länger vom Hitlerregime mißbrauchen zu lassen, sondern sich zu ergeben, um das eigene Leben zu retten und den Krieg schneller beenden zu helfen. Bei einer solchen Aktion wurde Willi Ruschel am 10. Oktober 1944 tödlich verwundet.«[354]

Josefs Gesellenprüfung muß, bedingt durch die kurzzeitige Evakuierung, um drei Monate auf den Juli 1942 verschoben werden. Anschließend arbeitet er noch ca. zwei Monate als Geselle in Burbach, um während der Militärdienstzeit zu seinem Wehrsold zusätzlich Friedensbezüge der Reichsbahndirektion Saarbrücken zu erhalten. Der Ausbildungslehrgang, dem Josef angehörte,

*Bild 37:* Josefs Abschlußklasse beim RAW. Josef:
hintere Reihe, 1. v. links.

wurde dann im Jahre 1942 geschlossen zur Wehrmacht einberufen, nur wenige kehrten später aus dem »Felde« zurück.

Zusammenfassend können wir festhalten, daß Josef durch seine Lehre in Burbach zum ersten Mal in Kontakt mit dem kleinbürgerlich-städtischen und dem proletarischen Milieu der dreißiger Jahre kommt. Durch die Begegnung mit anderen Lebensformen und Ideen werden seine ländlich-dörflichen Lebens- und Denkmuster relativiert. Wir wissen, daß Josef zusammen mit Kollegen ausgebildet wurde, die aus kommunistischen und sozialdemokratischen Elternhäusern stammten. So gehörte bekannterweise Heinz Merkel[355], der nach dem Zweiten Weltkrieg Redakteur einer kommunistischen Tageszeitung und Bezirksvorsitzender der DKP Saar wurde, Josefs Ausbildungsjahrgang an. Josef kam darüber hinaus während seiner täglichen Pendelfahrten nach Saarbrücken in Kontakt mit vielen unterschiedlichen Menschen und wurde mit den verschiedenartigsten Anschauungen konfrontiert.

Dieser Kontakt zu Menschen aus anderen Herkunftsmilieus führte bei Josef, anders als bei den Bergleuten, die mit Kollegen ähnlicher Herkunft und Anschauung (ländlich, konservativ) unter Tage arbeiteten, notwendigerweise zur Horizonterweiterung. Viele Vorurteile gegenüber Städtern konnten durch den engeren persönlichen Kontakt revidiert werden. Diese neuen Erfahrungen führten tendenziell zu einer Entfremdung gegenüber dem ländlichen Milieu.

Die althergebrachten Erklärungsmuster galten außerhalb des Dorfes nur noch bedingt. Josef wurde nun auch vertraut mit den Eigenheiten städtischer Milieus, die zu dieser Zeit bereits weit stärker als ländliche von nationalsozialistischem Gedankengut durchdrungen waren. Das RAW war – wie detailliert dargestellt wurde – durch und durch nationalsozialistisch geprägt. Diese einschneidenden Erfahrungen und sein Interesse für die Technik förderten bei Josef die Bereitschaft, sich in den Dienst des nationalsozialistischen Systems zu stellen.

# 5 Biographische Rekonstruktion III –
# Leben beim Militär – Der Panzerfahrer

»Was hatten wir in Frankreich verloren?«
(Hermann Kohr, Soldat 6. Kp.,
Pz. Rgt. 100)

## Einleitung

In diesem Kapitel wird Josefs letzter Lebensabschnitt rekonstruiert. Die umfassende Durchdringung aller Lebensbereiche (Dorfpolitik, Hitler-Jugend, Sportverein und Lehrlingsausbildung) mit der nationalsozialistischen Ideologie findet ihre letzte Konsequenz – wie im Einleitungszitat von Adolf Hitler angedeutet – im bedingungslosen militärischen Einsatz.

Eine soziologische Besonderheit des modernen Militärs besteht darin, daß es tendenziell die Möglichkeit bietet, soziale Unterschiede zu verwischen und zugleich sozialen Aufstieg in Aussicht zu stellen. Seit dem Ersten Weltkrieg hatten auch Soldaten aus unteren Schichten die Chance, in den Offiziersrang befördert zu werden. In Schützengräben wie in den Panzern waren Menschen aus allen sozialen Schichten vereint.

Die bewußtseinsmäßige Integration in (vor-)militärisches Denken prägte, wie wir in den vorausgegangenen Kapiteln dargelegt haben, das Leben der männlichen Jugendlichen in den Anfangsjahrzehnten dieses Jahrhunderts. Josefs Generation wurde in einer Gesellschaft sozialisiert, deren Bewußtseins- und Wertehorizont von soldatischen Elementen bestimmt war. So identifizierten sich die Jugendlichen schon frühzeitig mit soldatischen Tugenden, wie Disziplin, Gehorsam, Pflichterfüllung und Treue. Diese wurden in der wilhelminischen und nachwilhelminischen Epoche zu den allgemeinen »Tugenden« der Deutschen, die nicht nur auf dem »Felde der Ehre«, sondern auch in der Industrie gut zu »verwenden« waren. Sie waren ohne Einschränkungen *die* Kardinaltugenden für die Dorfjugendlichen.

Wir haben die dominanten vormilitärischen biographischen Verläufe von Josef geschildert und schließen mit der militärischen Laufbahn, in der Josefs Leben endet. Zentrale Elemente der vor-

militärischen Biographie bereiteten ihn – wie wir gezeigt haben –
geistig wie körperlich auf sein Dasein als Soldat vor.
Bei der Darstellung der militärischen Biographie werden wir uns
der Übersichtlichkeit halber am chronologischen Ablauf seiner
militärischen Karriere orientieren.

## Frühe Begegnung mit dem Soldatentum

Die erste Begegnung mit einem glorifizierten Soldatentum hatte
Josef durch einen Onkel väterlicherseits, der von 1903 bis 1905 in
der kaiserlichen Marine gedient hatte und in der deutschen Kolonie Tsingtau (China) stationiert war. Dieser Onkel erhielt nach
seiner Rückkehr im Dorf den Spitznamen »Marine-Jäb«.[356] Sein
Aufenthalt in China war für Jakob Schäfer (1883-1962) *das* biographische Schlüsselereignis, das alle seine Erzählungen beherrschte. In seinem Wohnzimmer hing ein handgearbeiteter Sei-
dentepppich mit Symbolen des Kaiserreiches und seinem eingear-
beiteten, mit Kordeln umrandeten Soldatenporträt. Josefs Vater
hingegen wurde aus gesundheitlichen Gründen nie zum Militär
eingezogen, so daß soldatische Erlebnisse des Vaters in Josefs
Elternhaus kein Gesprächsthema sein konnten.
In ersten unmittelbaren Kontakt mit militärischem Leben kam
Josef anläßlich der »Einquartierung« von zwei Westwallarbeitern
in sein Elternhaus.
»Mitte August 1938 trafen 70 Westwallarbeiter in der Gemeinde
Wustweiler ein.«[357] Hier hatte er zum ersten Mal Gelegenheit,
den Erzählungen und Gesprächen der Zivilarbeiter zu lauschen,
die an militärischen Projekten arbeiteten und hierüber berichteten. Die private Aufnahme von Westwallarbeitern wurde pro Tag
und Mann mit 3,50 RM vergütet. Josef nahm regelmäßig an der
Zahlstelle dieses Geld in Empfang. Der Junge rief – laut Aussage
seines Bruders – daheim voll Erstaunen aus: »Oh, Mutter, schau
mal da, soviel Geld!«Zur Vorbereitung des Frankreichfeldzuges
waren ferner ab 27. Oktober 1939 motorisierte Wehrmachtsteile
(Kraftwagenkolonnen)[358] der 258. Infanterie-Division (258.
ID)[359] in Wustweiler einquartiert. Diese Wehrmachtsteile bereiteten sich auf den Einfall nach Frankreich vor, laut offizieller Lesart
schützten sie die Westgrenze des Deutschen Reiches. »In der Zeit
vom Dezember 1939 bis Mai 1940 war die 258. ID dem XII. AK

und im Juni dem XXX. AK beim Angriff gegen die Maginotlinie unterstellt.«[360] Die rückwärtige Grenze für die Versammlung der 60. ID und der 252. ID war die Linie Wustweiler-Hirzweiler-Ottweiler-Steinbach-Höchen.[361] Am 30. Mai 1940 wurde der Angriffsbefehl für den Durchbruch durch die Maginotlinie herausgegeben. Die 197. ID stieß über die Linie Holz-Wustweiler-Marpingen etc. vor.[362]

*Bild 38:* Feldküche einer Kompanie der 258. ID in Wustweiler, 1939.

Diese Begegnung mit Menschen aus dem ›fernen Reich‹ war eine Herausforderung für den jungen Josef. Sehnsüchte nach der Fremde wurden bei den Jugendlichen durch diese Erlebnisse weiter geschürt, deren Abenteuerlust ja bereits im Unterricht entfacht worden war. Die naheliegendste Möglichkeit, sich den Traum von der Fremde zu erfüllen, bot das Militär.

Alfons Riehm, der in Josefs unmittelbarer Nachbarschaft wohnte und mit ihm bekanntlich eng befreundet war, weiß zu berichten, daß die beiden Buben sich stark für das soldatische Treiben in ihrer unmittelbaren Nachbarschaft interessierten. Unter dem Vorwand, Essen für die in ihren Elternhäusern einquartierten Soldaten in der Kompanieküche zu besorgen, haben sie das »Soldatenessen« lieber selbst verzehrt, weil es ihnen – wie uns in den Interviews versichert wurde – besser schmeckte als die Mahlzeiten zu Hause. Die Soldaten genossen derweil die deftige Bauernküche.

»Die (Soldaten, d. Verf.) haben bei uns am Tisch gegessen, bei Schäfers auch, haben hier geschlafen, die Soldaten haben nicht in der Feldküche gegessen, die haben lieber bei den Leuten gegessen. Da haben wir junge Leute unser Kochgeschirr genommen und sind in die Feldküche gegangen und haben das Essen genommen. ›Für die Soldaten‹, haben wir gesagt. (...) Das haben wir gegessen. Das hat uns besser geschmeckt als daheim. (...) Die Soldaten waren feldmarschmäßig. Die haben auf den Abmarsch gewartet. In den Häusern waren Einquartierungen. Jedes Haus hatte ein, zwei oder drei Mann im Quartier. Da waren auch Gespanne mit Pferden und Motorisierte. Die einen sind weg, die anderen sind gekommen. Da haben wir junge Burschen uns interessiert für deren Kram. (...) Wir saßen bei den Soldaten abends nach Dienstschluß und haben zugeschaut, wenn sie am Exerzieren waren und dann waren nochmal Bespannte da, und wir haben uns um die Pferde gekümmert.« (Rie)

Die Buben waren vom militärischen Gerät fasziniert. Zur Teilnahme am Manöverball[363], der in einer Gaststätte stattfand, waren sie noch zu jung. Aus Neugierde schauten sie dem Treiben von außen durch die Fensterscheiben zu. Eine gleichaltrige Klassenkameradin, eine Cousine von Josef, durfte bereits mit den Soldaten tanzen.
Während des letzten Lehrjahres wird Josef gemustert und für voll tauglich befunden. Josef war vom RAD freigestellt, einmal weil ein Nachbar, der Ortsbauernführer Johann Mohr[364], sich dafür eingesetzt hatte, daß Josef wegen der Arbeit in der elterlichen Landwirtschaft nicht eingezogen wurde, und zum anderen aufgrund seiner Arbeit bei der Deutschen Reichsbahn. Beide Tätigkeiten dienten dem »Volkswohl« und unterstützten die militärischen Planungen.

»Wir waren mit siebzehn Jahren zur Musterung, dann hat's eine Zeitlang gedauert, bis wir dann weg sind. Die ersten sind bei uns 1941 im Herbst weg. Ein einziger ist im RAD gefallen. (...) 42 im Frühjahr sind die ersten

*Bild 39:* Musterungsfoto (1943) des Jahrgangs 1926.
(2. von links: Josefs Bruder Paul).

weg zum Militär. (...) Nachher sind wir miteinander zur Musterung gegangen, sind beide tauglich zu allen Waffengattungen, haben nachher beim ›Busch‹ ein bißchen gefeiert.«»Ist der gesamte Jahrgang dorthin gegangen?« – »Selbstverständlich, der ganze Jahrgang! Wir haben Bier getrunken, gesungen und Quatsch gemacht, und die Zeit war rum, und wir sind wieder heimgegangen. Da war schon Krieg gewesen, und da war mit dem Feiern nicht mehr so viel drin.« (Rie)

Die Musterung war ein bedeutendes Ereignis im Leben eines Dorfjugendlichen. Einem ›Initiationsritus‹ gleich wurden die Jungen in die Erwachsenengesellschaft aufgenommen. Morgens fuhren (oder marschierten) sie gemeinsam zum Kreiswehrersatzamt nach St. Wendel. Bei ihrer Rückkehr ins Dorf wurde die »Ziehung« dann zünftig in einer Wirtschaft gefeiert. Jeder Jugendliche erhielt einen Strohhut und einen Stock zum Zeichen seiner Tauglichkeit. Josefs Bruder Paul erzählt:

»Wir gingen morgens in die Musterung, bei uns wurde auch jeder gezogen. Bis Mittag war alles durch, dann konnte man sich schon dort seinen Hut und Stock besorgen, so daß man sehen konnte, daß man gezogen worden ist. Dann ging man in die Wirtschaft, wo gezecht wurde. Jeder war ja stolz, daß er gezogen wurde, wollte ja sein Vaterland verteidigen. (...) Nach der Musterung bekamst du gesagt: ›Kriegsverwendungsfähig

Ersatzreserve I, tauglich für alle Waffengattungen!‹ (…) Das hat man gern gehört, ja. Als die Untersuchung fertig war, hat man das gesagt bekommen. Da konntest du nicht einzeln rein. Da waren so sechs, sieben Mann, die standen da in der Reihe, nackt, und dann bist du an den Ärzten vorbeigezogen.« (Pau)

Bei Josef verlief die Musterung ähnlich. Er kam nach Hause und berichtete voller Stolz, daß er tauglich sei. Anschließend meldete sich Josef, wie auch andere Lehrlingskollegen, freiwillig zur Kriegsmarine. Da er noch nicht volljährig war, benötigte er zur freiwilligen Meldung die Einwilligung des Vaters. Auf Drängen der Mutter verweigerte dieser die Unterschrift, denn der einzige Bruder der Mutter, Mathias Rodner, war 1915 im Priesterwald, in der Nähe von Pont-à-Mousson, gefallen.

»Ja sicher, der kam heim und war stolz: ›Ich bin gezogen worden!‹ hieß es. ›Wohin denn?‹ ›Ei, tauglich für alle Waffengattungen!‹« (Pau)

Josefs Bruder Viktor berichtet, daß der älteste Bruder sich während seiner kurzen Gesellenzeit stets sofort nach Eintreffen von der Arbeit zu Hause nach dem Stellungsbefehl erkundigte und dann immer enttäuscht war, wenn dieser noch nicht eingetroffen war. »Als seine Frage endlich bejaht wurde, war er vor Freude strahlend«, erzählt der Bruder. Zum Oktober 1942 erhält Josef den Stellungsbefehl zur Grundausbildung in der Pz. Ers. Abt. 100 nach Versailles.

## Militärische Grundausbildung und Ausbildung zum Panzerfahrer[365]

Am 14. Oktober 1942 treffen[366] sich etwa zehn Rekruten am Kreiswehrersatzamt Saarlouis, um anschließend in Begleitung eines Feldwebels mit dem Zug zur Grundausbildung nach Versailles im besetzten Frankreich zu fahren. Die Rekruten, in erster Linie technisch ausgebildete junge Menschen, werden in Versailles ihre Grundausbildung in einer Panzer-Ersatz-Abteilung ableisten, um danach der Panzertruppe zugeteilt zu werden. Für viele erfüllt sich damit der Jugendtraum von der weiten Welt. Sie sehen zum ersten Mal Frankreich, Paris – die erste Metrofahrt bleibt in der Erinnerung haften – und kommen nach Versailles. Entscheidend, auch für spätere Einstellungen während der Militärzeit, sind die Vorinformationen der Rekruten über Frankreich. In Dorf, Schule, Hitler-Jugend und Berufsausbildung war Josef von deutsch-nationalen oder nationalsozialistischen Bekannten, Kameraden, Lehrern und Kollegen ein äußerst negatives Frankreichbild vermittelt worden. Die Schüler erlebten die nationalistisch und faschistisch geprägten »Anschlußfeiern« an das Deutsche Reich. Die Bergleute des Dorfes waren auf die französischen Grubenbeamten nicht gut zu sprechen, da ihre Arbeit schlecht bezahlt wurde, die französischen Besatzungstruppen nach dem Ersten Weltkrieg hatten nie die Sympathie der Saarländer. Lehrer Marx wurde im Ersten Weltkrieg schwer verwundet und, wie wir gehört haben, in französischer Gefangenschaft medizinisch nur unzureichend betreut. In der Berufsausbildung wurde explizit das Vorurteil des »Erbfeindes im Westen« weitergegeben, um auch so Bereitschaft zum militärischen Einsatz zu fördern. Ein Arbeitskollege von Josef berichtete, daß ihnen der damalige Schulleiter des RAW, Gintzel, faschistisches Gedankengut und Fremdenhaß im Unterricht vermittelte.

»Der hat uns nur eingetrichtert, nicht wahr, faschistisches Gedankengut, sehr haßerfüllt über andere Völker geredet, vor allem den Franzosen gegenüber, auch dann nachher die Russen, das ist ganz klar.« (Me)

Die antifranzösische Linie setzte sich dann beim Militär fort. Den Rekruten war bewußt, daß sie in das Land des »Erbfeindes« fuhren. Allerdings wußte Hauptmann Fromm in Yvetot Übergriffe der ihm unterstellten Soldaten auf die französische Bevölkerung zu unterbinden. Zur Verbesserung der Verpflegung kam es sogar punktuell zur Zusammenarbeit zwischen deutschen Soldaten und französischen Bauern. Daß die Rekruten keine »Urlaubsfahrt« unternahmen, mußte ihnen spätestens in den unterirdischen Metroanlagen von Paris bewußt werden, denn dort wurden sie aufgefordert, auf ihre Kameraden zu achten, damit niemand aus der Gruppe von französischen Partisanen vor einen hereinfahrenden Metrozug gestoßen würde. Ein ehemaliger Panzersoldat berichtet von den jungen Rekruten und ihrer Einstellung zum Soldatsein. Er erzählt, daß es einige der neu eingezogenen Rekruten nach der Grundausbildung nicht mehr im relativ »friedlichen Frankreich« hielt, diese wollten was Spannenderes erleben; sie meldeten sich daher freiwillig zum Einsatz nach Rußland:

»Sie wissen ja, wie das ist, jung, und dann der Krieg. Wir hatten ja, das darf man nicht unterschätzen, da waren Jugendliche darunter, die hatten eine Energie im Leib, die haben sich freiwillig nach Rußland gemeldet, einer hat mich beinahe auch dazu überredet. Der Alte (Kompaniechef, d. Verf.) hat uns rufen lassen und uns ›zur Sau gemacht‹, wir seien nicht mehr ganz klar da oben. Der hat gesagt: ›Ihr Buben, ihr seid ja verrückt!‹ (...) Die wollten nach Rußland, um etwas zu erleben, hinein in die Scheiße, drauf, auf sie! Da war was los, da ist gekämpft worden.« (Wil)

In den Satory-Kasernen, außerhalb von Versailles, beginnt die militärische Grundausbildung in der 1. Pz. Ers. Abt. 100. Josefs Soldatenkameraden K. und B. schildern den militärischen Drill während der Grundausbildung, den sie im Vergleich zu späteren militärischen Etappen als besonders hart beschreiben. Die Ernährung war derart unzureichend, daß die Rekruten sich veranlaßt sahen, auf eigene Faust zusätzliche Nahrungsmittel zu organisieren. »Drei Pellkartoffeln, und von denen waren zwei faul.« Gegen Ende der Grundausbildung beginnt Josef Schäfer, nicht alltägliche Ereignisse stichwortartig in seinem Kalender[367] festzuhalten.

Die Eintragungen beginnen mit dem Neujahrstag 1943. Josef notiert:

»Ausgang in Versailles und Chaville«, am 3. Januar: »Ausgang in Versailles und Paris. Besteigung des Eiffelturmes.«

Im Laufe der Grundausbildung in Versailles wird Josef (wahrscheinlich auf eigenen Wunsch) einer Panzerabteilung zugeteilt, um zum Panzerfahrer ausgebildet zu werden. Am 4. Januar 1943 werden die neuen Panzersoldaten eingekleidet (schwarze Uniform) und nach Pontoise, westlich von Paris, zur weiteren Ausbildung als Panzerfahrer in Marsch gesetzt. In Pontoise teilt man sie dann ihren endgültigen Einheiten zu. Josef wird der 6. Kompanie (6. Kp./II. Abteilung) unter dem Kommando des Oberleutnants und späteren Hauptmanns Fromm zugewiesen und dem zweiten Zug zugeteilt. »Die 6. Kp./Pz. Rgt. 100 wurde am 8. Januar 1943 aus der Pz. Ers. Abt. 100 und Teilen einer Beute-Panzer-Kompanie des LXXXI. Armeekorps aufgestellt.«[368]

Unter dem Datum 6. Januar 1943 vermerkt Josef die Neuaufstellung des Panzer-Regiments 100 (Pz. Rgt.). Ende Mai 1944, nach der technischen Umrüstung wird das Panzer-Regiment 100 in Panzer-Regiment 22 umbenannt.

Das Panzer-Regiment 100 wurde im Januar 1943 durch Um-

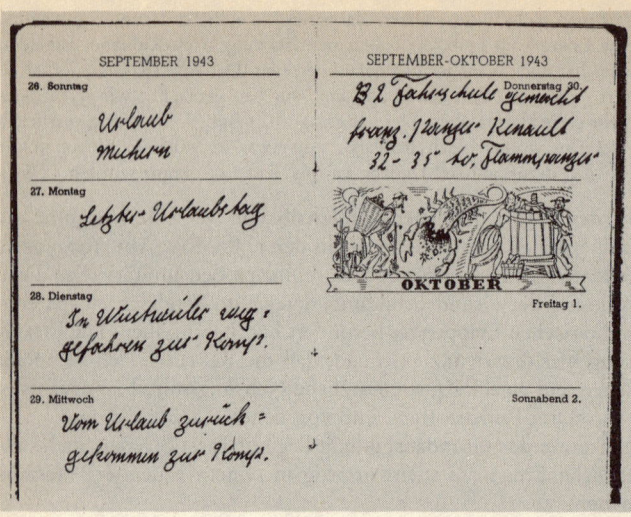

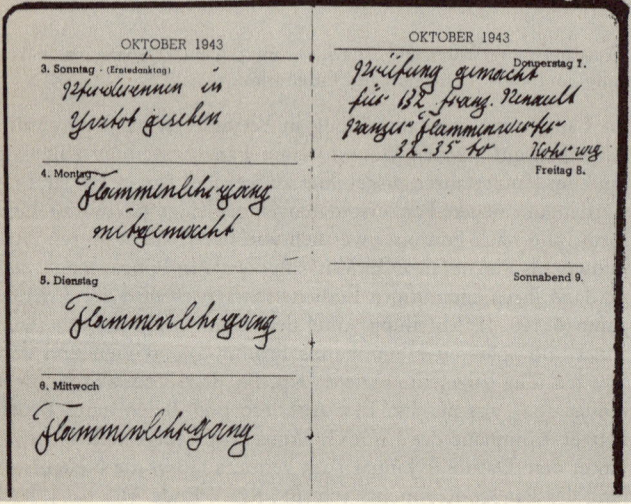

*Dokument 4:* Auszug aus Josefs Kalender.

*Bild 40:* Josef und zwei Kameraden beim Ausgang
im Luna Park, Paris. Josef: 1. v. rechts.

benennung und Umstellungen[369] aus der Panzer-Abteilung 223,
der Panzer-Kompanie-Paris und Panzer-Kompanien des
LXXXI. Armeekorps und des LXXXII. Armeekorps, motorisier-
ten Einheiten der Brigade 100 und durch die Pz. Ers. Abt. 100
neu formiert.[370] Das neue Panzer-Regiment 100 wurde am 15. Juli
1943 der gleichfalls reorganisierten 21. Panzer-Division (21. Pz.
Div.) zugeteilt, die nach dem Afrikafeldzug mit überlebenden
Offizieren und Unteroffizieren des Afrikakorps in Frankreich[371]
wieder aufgestellt wurde. Das Pz. Rgt. 100 trat an Stelle des
in »Tunis vernichteten Pz. Rgt. 5 zur neugebildeten 21. Pz.
Div.«.[372]

Die 21. Pz. Div. war, wie Lefèvre konstatiert, sehr schlecht mit
Material und Ausrüstung ausgestattet: »Equipped with a motely
collection of captured french tanks, it was then (1943) far from
being an elite unit.«[373]

Ab dem Frühjahr 1944 ist die 21. Panzer-Division unter dem
Kommando von Generalleutnant Feuchtinger im Raum Caen-
Falaise stationiert. Das Regimentshauptquartier des Panzer-Regi-
ments 100 (22) (Befehlshaber: Oberst Hermann von Oppeln-
Bronikowski[374]) befand sich in Falaise. Benachbart stand die 12.
SS-Pz. Div. (Division »Hitler-Jugend«) unter dem Kommando
von SS-Gruppenführer Witt und die Panzer-Lehr-Division unter
dem Kommando von Generalleutnant Bayerlein.

Am 9. Januar 1943 verläßt die II. Abteilung des Pz. Rgt. 100, bestehend aus der 5. bis 8. Kompanie, unter dem Befehl von Major Vierzig Pontoise, um in der Kleinstadt Yvetot bei Rouen Quartier zu beziehen. Die Kompanien nehmen Quartier in einem beschlagnahmten Schulgebäude, welches heute noch existiert. Der Abteilungsstab wird in unmittelbarer Nachbarschaft untergebracht. Abgesehen von zwischenzeitlichen manöverbedingten Verlegungen bleibt die II. Abteilung bis kurz vor Invasionsbeginn am 6. Juni 1944 in Yvetot stationiert.

*Bild 41:* Kompaniestandort (6. Kp.), Schule in Yvetot, 1943.

Am 15. Februar 1943 beginnt Josef mit der Panzerfahrschule und legt am 25. und 26. Februar 1943 die erste Panzerfahrerprüfung ab. Zur Übernahme seines ersten Panzers, eines R-35 (Renault 35, 10 t Gewicht), fährt er am 1. März 1943 nach Pontoise.[375]

»Wir hatten nur französische Beutepanzer und sogar einen englischen Panzer. Wir hatten einen Panzer, den hatten sie bei Dieppe, bei dem Unternehmen Dieppe, da war also die Abteilung mal beteiligt gewesen, vor meiner Zeit noch, und da haben sie den aus dem Atlantik gefischt und haben den wieder fahrbereit gemacht, so einen englischen Panzer. Der ist im Einsatz nie mitgefahren, den haben wir nachher auch stehenlassen, weil der dauernd, wenn der irgendwie mal gefahren ist, der ist vielleicht so zwei Kilometer gefahren, dann war er wieder im Eimer. (…) Und die wurden dann zusammengefaßt nach Yvetot, alle Panzer nach Yvetot und da wurde also jede Woche ein Ausbildungsplan gemacht mit Exerzieren und Geländespiel und Schießen und was da alles so gemacht wurde, Putz- und Flickstunde und Waffenreinigen und was dazu gehört, daß die Leute beschäftigt waren.« (Fro)

Die Panzerabteilungen in Frankreich befanden sich in ständiger Bewegung, um britischen Aufklärern und französischen Partisanen eine exakte Registrierung der Panzerverbände zu erschweren. Die 6. Kompanie bezog während des Jahres 1943 kurzzeitig Quartier in den nordwestfranzösischen Orten Saint Louis (14. März), Carentan (18.-29. März), Baupte (14. März), Landivisiau (5.-21. April) und unmittelbar vor der Invasion in Crocy, südöstlich von Caen, in der Nähe von Falaise.

Die vier Kompanien (5.Kp.-8. Kp.) der II. Abteilung waren mit französischen und britischen Beutepanzern (SOMUA, Renault R-35, Hotchkiss) ausgerüstet. Die 6. Kompanie war bis zum Mai 1944 mit 5 SOMUA-Panzern und 17 Hotchkiss-Panzern ausgerüstet und folgendermaßen gegliedert:

| Kompanieführungsgruppe: | 2 SOMUA |
|---|---|
| 3 Kompaniezüge: | je 1 SOMUA je 4 Hotchkiss |
| Reserve: | 5 Hotchkiss |

*Abb. 11:* Kompaniegliederung

Bis zum Mai/Juni 1944 wird die II. Abteilung umgerüstet. Diese Umrüstung war auch der Grund für die Umbenennung in Pz. Rgt. 22 Ende Mai 1944. Ziel des OKW war es, die 21. Pz. Div. durch diese Umrüstung zu verstärken; die I. Abteilung sollte die neuen Panzer IV H erhalten (zum Invasionszeitpunkt waren drei Viertel der Panzer IV eingetroffen), die II. Abteilung sollte komplett mit den neu entwickelten Panzern V »Panther« G ausgerüstet werden. Die ersten »Panther« G trafen jedoch erst nach der Invasion bei der Abteilung ein. Im Rahmen der Umrüstung wurden der II. Abteilung zunächst nur Panzer IV zugeteilt, so daß die gesamte II. Abteilung Ende Mai 1944 lediglich über 26 Panzer IV, 45 SOMUA (darunter sechs Befehlspanzer) und zwei Hotchkiss verfügte. Die 6. Kompanie war zum Invasionszeitpunkt mit fünf deutschen Panzern IV, dreizehn SOMUA und zwei Hotchkiss-Panzern ausgerüstet.[376]

*Bild 42:* Panzerfahrschule in Versailles.

*Bild 43:* Josef am Panzer Nr. 622.

Am 7. April 1943 übernimmt Josef in Landivisiau zunächst einen kleineren deutschen Panzer 100 und beginnt am 28. April 1943 in Pontoise mit der Fahrschule für die SOMUA-Panzer, Panzer mit insgesamt 30 t. Gesamtgewicht. Am 4. Mai 1943 wird er zum

*Bild 44:* Frankreich nach der Invasion 1944. Pz. IV des 4./Pz.Rgt. 22 beim Stellungswechsel im Kampfraum östlich der Orne.

Oberschützen[377] befördert und legt am 8. Mai 1943 die SOMUA-Prüfung ab. Am 10. Mai übernimmt er einen Hotchkiss. Am 20. September 1943 beginnt Josef mit der Fahrschule für die schweren B2 Renault-Panzer, die als Flammpanzer verwendet werden sollten.[378] Am 1. Oktober 1943 erfolgt die Beförderung zum Gefreiten. Am 5. November legt er die notwendigen Fahrprüfungen ab, nachdem er zwischenzeitlich einen »Flammenlehrgang« absolviert hat. Im Frühjahr 1944 schließt Josef einen Unteroffizierslehrgang ab und wird kurz vor der Invasion (Mai 1944) zum Unteroffizier befördert. Als er seiner Mutter seine Beförderung mitteilt, reagiert diese erschrocken und mit Vorahnungen:

»Er hat auch geschrieben, daß er Unteroffizier wurde. Unsere Mutter hat sich nicht gefreut, der war noch zu jung. ›Jesses nee, der Bub ist Unteroffizier.‹ Er war kaum Unteroffizier, wie er gefallen ist.« (Vik)

Auch seiner Freundin teilt er stolz seine Beförderung mit, aber nicht auf direkte Art:

»Eines Tages erhielt ich von Sepp einen Brief, der endete mit: ›Ade, mein kleiner Panzer-Unteroffizier – Vergiß mich nie!‹ Es gibt ja ein Lied, in dem vorkommt: ›Mein kleiner Unteroffizier‹. Er schrieb aber ›Mein kleiner Panzer-Unteroffizier!‹ War das nicht nett, auf diese Art mir seine Beförderung mitzuteilen!« (O)

203

Die Beförderung zum Unteroffizier ist ein weiteres biographisches Schlüsselereignis, das unser Verständnis von Josefs Persönlichkeit abrunden hilft.

Unteroffizier wurde ein Soldat dann, wenn er sich militärisch entsprechend ausgezeichnet hatte und dem Kompaniechef, der einen Kandidaten vorschlagen mußte, als tapferer und eifriger Soldat mit Führerqualitäten aufgefallen war.

»Entweder man ist vom Kompaniechef vorgeschlagen worden. Und zwar ist dem dann aufgefallen, daß man ein guter Soldat ist, pflichtbewußt usw. Oder man hat irgendwie in Kampfansätzen ist man besonders hervorgetreten mit, man kann es nicht immer als Mut bezeichnen, also, man hat manchmal Dusel dabei gehabt. Und ich bin es durch die Schule geworden. Ich war auf der Waffenmeisterschule.« (Moh)

In der Panzertruppe der deutschen Wehrmacht war die Beförderung zum Unteroffizier in der Regel zugleich die Bestätigung, daß man in der Lage war, einen Panzerkampfwagen zu kommandieren. Wollte Josef also Panzerkommandant werden, so mußte er die Unteroffiziersschule besuchen. Erkennbar wird, daß er ein herausragender Soldat war, der sich mit den militärischen Vorgaben identifizierte.

## Der Panzersoldat im Pz. Rgt. 100 (22)

Über den Alltag in der 6. Kompanie wissen wir durch die Berichte der überlebenden Mitglieder recht genau Bescheid. Josef selbst berichtet in seinen Briefen regelmäßig von den alltäglichen Ereignissen.

Zur Unterhaltung der Offiziere wurden in Yvetot Hasenjagden veranstaltet, bei denen die Mannschaftsdienstgrade als Treiber und zu Hilfsdiensten abgeordnet wurden. Am 15. Januar 1943 notiert Josef: »Treibjagd, 310 Hasen erlegt, 45 Hühner.«

Sein Kamerad B. erzählt, daß jeder Soldat als Belohnung einen Hasen erhielt. B. selbst, der sich einer Verurteilung als Wilddieb durch die freiwillige Meldung zum Militär entzogen hatte, durfte als einziger mit Mannschaftsdienstgrad aktiv an der Jagd teilnehmen, um seine »waidmännischen Fähigkeiten unter Beweis zu stellen«. Dieser Kamerad erinnert sich noch daran, daß Josef ihm das Mittagessen ins Militärgefängnis brachte. Josef überraschte seinen Kameraden damit, daß er seine Ration Zigaretten, die er als

Nichtraucher nicht konsumierte, auf den Boden des Kochge-
schirrs legte, ohne aber hierüber ein Wort zu verlieren.

Josef pflegte auch während seines militärischen Lebensabschnitts
sportliche Ambitionen. Er spielte in der Fußballmannschaft der
II. Abteilung wie zu Hause als rechter Verteidiger. In seinem
Kalender notiert er am 31. Oktober: »Fußball in Rouen gespielt.
1. Mannschaft II. Abteilung 4:0 gewonnen.«

Von Yvetot aus unternahm Josef Ausflüge in die nähere Umgebung, er paddelte auf der Seine (30. Mai), besuchte ein Pferderen-
nen (Fête champêtre) in Yvetot am 3. Oktober. Während des
Sommers fuhr die Kompanie des öfteren zum Baden an die naheliegende Kanalküste. Die 6. Kompanie unterhielt eine Patenschaft
zur Besatzung des Torpedobootes »Greif«, welches in Le Havre
stationiert war. Am 21. November besuchte die gesamte Kompanie ihr Patenschiff. Hauptmann Fromm lernte den Kommandan-
ten in Le Havre kennen, und sie verabredeten einen gegenseitigen
Mannschaftsbesuch.

*Bild 45:* Patenboot »Greif« der 6. Kp. in Le Havre.

Die Kompanie verbrachte das Jahr 1943 in »friedensähnlichen«
Verhältnissen. Wir wissen aus den Mitteilungen an die Freundin,
von Fotodokumenten und Aussagen des Kompaniechefs sowie
Josefs Kameraden, daß in Yvetot die Langeweile bekämpft werden mußte. Josef schreibt seiner Freundin:

»Meine lb. Maria! Die herzlichsten Sonntagsgrüße aus weiter Ferne sendet Dir Sepp. Es ist jetzt schon spät am Abend und ich bin eben erst heimgekommen von gestern abend. Wir waren in einer großen Stadt Fußball spielen (gemeint ist Rouen). Da war doch ein anderes Leben wie hier in dem verlassenen Kaff (gemeint ist Yvetot, d. Verf.).«

Seine Freundin erwähnt in einem Gespräch, daß solche Aussagen ein häufiges Thema in seinen Briefen waren.

Der Kompaniechef versuchte nach Möglichkeit, gegen die Langeweile seiner Soldaten anzugehen. Die Kompanie sammelte beispielsweise ihren Zucker, um ihn dann in einer Brennerei gegen Likör einzutauschen.

»Und in der Kantine haben wir natürlich Zucker, Zucker haben wir gesammelt, dann sind wir nach Fécamp gefahren, wir haben in Fécamp Benediktiner geholt. Wir haben Zucker abgegeben in der Kompanie, es wurde also kein Kaffee gezuckert, Zucker gab's keinen, wollten lieber anständigen Schnaps haben als Kaffee mit Zucker. Die Kompanie hat gesagt: ›Ne, brauchen wir nicht, Zucker!‹ Also Zucker nach Fécamp! Und da haben wir in Fécamp echten Benediktiner bekommen gegen Zucker, der nicht mit Süßstoff gemacht worden war. Die haben ja auch so Liköre mit Süßstoff gemacht, und wir bekamen echten Benediktiner, und die von Bénédictine waren froh, daß sie den Zucker bekommen haben von uns.« (Fro)

Auch bei der Aufbesserung des eintönigen Speiseplanes waren die Soldaten erfinderisch. Man sammelte Essensreste und -abfälle, um damit eine Sau zu mästen, die dann zu Weihnachten geschlachtet wurde.

»Da war also der P. Feldwebel bei uns, der war hinterher. Das Gespül, das wir in der Kompanie hatten, das wurde also gesammelt, was übrigblieb in der Feldküche, was die Kameraden nicht gegessen haben. Da haben wir eine Sau gehabt. Ich habe auch noch ein Bild von der Sau. Die Sau kam auf dem Lastwagen immer mit, und die wurde dann an Weihnachten geschlachtet, Wurst daraus gemacht.« (Fro)

Neben dem Soldatenheim brachten in Yvetot lediglich die örtlichen Gastwirtschaften etwas Farbe in den eintönigen Besatzeralltag. Insbesondere das Hôtel de la Gare in Yvetot verdient Erwähnung, da es sich zum abendlichen Treffpunkt der II. Abteilung entwickelte. Bei diesem Lokal handelte es sich, wie ein ehemaliger Panzersoldat der 6. Kompanie erzählt, um eine Mischung von »Freudenhaus« und Kneipe.

*Bild 46:* Der Kompaniemetzger bei der Arbeit.

»Da sind wir als abends einen trinken gegangen, gucken gegangen und was die verdient haben, hast die ja gekannt, war ja nichts dabei, konntest ja in ein Lokal reingehen und dort dein Bier trinken. (...) Da haben wir sie mal gekriegt, da war der Sepp auch dabei, das war im Mai, wir hatten einen ganzen Haufen Maikäfer im Sack. Da sind wir dort rein, und da haben wir die Maikäfer alle so fliegen lassen. Die fliegen ja dann an die Lampen, und da sind die Täubchen dann auf die Tische gesprungen, die Maikäfer fangen. Da hatten wir mindestens so um fünfzig Maikäfer fliegen lassen. Lauter so Blödsinn!« (Koh)

Zu Weihnachten 1943 erstellten Angehörige der 6. Kompanie

eine sechzehn Seiten starke »Bierzeitung«, in der auf humoristische Weise der Alltag der Kompanie und markante Personen der Einheit »aufs Korn genommen werden«. Unter der Überschrift »Villa Hedelin« heißt es beispielsweise:

»In der Villa liegt die Auslese der Kompanie, sie leben da wie im Zivil und trotzdem klappt die Sache nie. Der Hauswirt Trocewitz ist ein guter Mann, doch die Fuseln lachen ihn nur aus oder an. Auch die Unteroffiziere können nichts erreichen, sie lassen sich nur von einem erweichen, und dieser eine ist als Spieß bekannt, doch leider nicht immer bei der Hand.«

Über Josef selbst weiß die Bierzeitung nichts zu berichten. Seine Notizen brechen nach dem 27. Dezember 1943 ab. Er notierte zuletzt, daß der 1. und 2. Zug in die Villa Hedelin (Yvetot) umgezogen ist.

Wir wissen, daß Josef dreimal auf Heimaturlaub war, erstmalig gegen Ende der Grundausbildung, wahrscheinlich Dezember 1942 bis Januar 1943. Während des Heimaturlaubs anläßlich des Todes seines Vaters im Herbst 1943 fand auch eine Totenmesse für Josefs Klassenkameraden Franz Schorr (*23. Oktober 1923, † 3. Januar 1943) statt. Der Sohn des Lehrers Schorr war im Januar in Stalingrad gefallen. Anläßlich des Besuchs der Messe und beim Betrachten der Totengedenkblätter[379] für seinen Vater und für Franz Schorr berichtet Josefs Bruder Paul: »Josef betrachtete sich sehr genau das Bild und den Text und sagte zu mir: ›So ein Bild bekommen wir auch noch!‹« Alfons Riehm, dessen jeweilige neue Feldpostnummer Josef in seinem Adressenteil vermerkte, erzählt von den Ereignissen während der seltenen Heimataufenthalte.

»Ab 26. November 1943 hatte er Urlaub gehabt.« »Wir waren ausgegangen, ins Kino. Auf dem Heimweg sind wir beim ›Busch‹ eingekehrt, und dann sind wir halt heimgegangen.« (Rie)

Im Kalender finden sich drei Adressen von Frauen, die der Familie unbekannt sind. Dabei handelt es sich einmal um eine Adresse in Coesfeld/Westfalen und um zwei Adressen in Marpingen. Die Adressen aus diesem Ort erhielt er von seinem Kameraden B., der aus Marpingen stammte. Die Adresse aus Westfalen bekam er mit hoher Wahrscheinlichkeit von einem westfälischen Kameraden. Drei Viertel der Soldaten der 6. Kompanie waren im Saarland beheimatet, die übrigen stammten zum überwiegenden Teil aus Westfalen/Ruhrgebiet oder der Vorderpfalz. Die drei erwähnten

Frauen konnten sich anhand der Fotos nicht mehr an Josef erinnern, wußten aber übereinstimmend zu berichten, von unbekannten Soldaten in den Kriegsjahren Post erhalten zu haben.

Josef hält mit seiner Familie, seiner Freundin und mit seinen Freunden durch regelmäßige Briefe und Karten Kontakt.

»Ja, Briefe und Karten, er hat sich laufend gemeldet. In seinem letzten Brief hat er noch geschrieben: ›Ich bin in vorderster Linie, 200 Meter vor dem Feind.‹ Da hat unsere Mutter noch gesagt: ›Ach, du lieber Gott, wie soll das da gehen!‹ Kurz darauf kam die Nachricht.« (Vik)

Seinem Bruder Viktor schickt er als Erinnerung aus Frankreich eine Taschenlampe, da dieser sich schon immer eine solche gewünscht hatte.

»Ich wollte ja immer eine Taschenlampe haben. Das hat er mir auch geschickt, das war ein viereckiges Päckchen. Und wenn sie abgebrannt waren, Batterien hast du ja bei uns so gut wie keine bekommen. Auf jeden Fall hat er sie mir geschickt.« (Vik)

Von Josefs letztem Heimaturlaub weiß Josefs Bruder Viktor zu berichten:

»Einen Tag vor seiner Abreise zeigte mir der Sepp ein Bündel Briefe und meinte dazu: ›Die sind alle von ein und derselben Person geschrieben. Die nehme ich aber nicht mit nach Frankreich. Die soll niemand später lesen können. Deshalb werfe ich sie jetzt ins Feuer.‹ Ich habe selbst gesehen, daß er das auch tatsächlich tat. Kurz vor seiner allerletzten Abreise überreichte er mir die goldene Taschenuhr unseres Vaters, die Josef seit seinem Tode aufbewahrte. Du kennst ja sicher das Bild von der Hochzeit seines Paten, dort ist der kleine Josef rechts außen zu sehen, wie er stolz diese Uhr mit der goldenen Kette trägt.« (Vik)

Am Abreisetag wollte Josef nicht von Familienmitgliedern zum Bahnhof Wustweiler begleitet werden. Eine Cousine begegnete ihm zufällig auf dem Bahnsteig und fuhr mit ihm zusammen bis zum Nachbarort Illingen. Sie war die letzte Person aus Wustweiler, die mit ihm gesprochen hat.

# Eine Kriegsliebe: Josefs Freundin Maria

Am 18. September 1943 verstarb 56jährig Josefs Vater. Josef erhielt Sonderurlaub. Am 22. September fand die Beerdigung statt. Sein Bruder Viktor erzählt, daß Josef in der schwarzen Uniform der Panzerwaffe an der Trauerfeier teilnahm. Josef besuchte bei dieser Gelegenheit erstmalig seine Brieffreundin Maria (geb. 1927) in Mechern.

Josefs Kamerad K. erzählt, wie dieser seine Brieffreundin kennengelernt hatte. K. war vor seiner Einberufung zur Wehrmacht bei der Reichsbahn in Merzig beschäftigt gewesen, wo auch der Vater von Josefs späterer Freundin arbeitete. Diese brachte ihrem Vater regelmäßig das Mittagessen, so daß K. Maria näher kennenlernte. K. gab dann Josef die Anschrift von Maria und erhielt von diesem im Tausch die Adresse einer Cousine mütterlicherseits aus Hüttersdorf.

Aus diesem ersten Kontakt zwischen Josef und Maria entwickelte sich seit dem Frühjahr 1943 ein unter den gegebenen Umständen sehr intensiver Briefkontakt, der bis zum Tode Josefs nicht mehr abreißen sollte.

Maria O. erzählt, wie ihre erste persönliche Begegnung mit Josef im September 1943 verlief:

»Der Sepp kam mit der Bahn in Merzig an und ging dann zu Fuß nach Mechern. Meine Eltern konnte ich nicht einweihen. Das war ja nicht so wie heute. Die Eltern waren damals viel strenger gewesen. Ich hab nur meinem Bruder Bescheid gesagt, der damals ja auch Soldat war und zufällig daheim war. Sepp kam dann an und gab sich meinen Eltern gegenüber als ein Bekannter meines Bruders aus. Wir gingen dann anschließend gemeinsam ins Merziger Café Weinand. Da kann ich mich noch an eine Episode erinnern, daß dort dem Sepp sein Koppel, das ganz neu war, an der Garderobe gegen ein altes und viel zu enges vertauscht wurde. Er war ja kräftig und hatte Probleme, das andere Koppel anzulegen. Über diesen Vorfall war er sehr verärgert.« (O.)

Maria O. erzählt, daß Josef fast jeden Tag schrieb und sie ihm postwendend antwortete. Dieser Kontakt vertiefte sich im Laufe der Zeit, so daß K. sich noch daran erinnern kann, daß Josef Heiratsabsichten gestand. Auch andere Kriegskameraden erinnern sich an Josefs Freundin Maria:

»Ich war mit ihrem Onkel, ich war mit dem zusammen, ich kam im Mai 43 zu der Kompanie. Wir waren all die Jahre zusammen in Yvetot auf

*Dokument 5a:* Ansichtskarte, die Josef an seine
Freundin Maria schickte.

Meine lb. Mariöl!

Die herzlichsten Sonn=
tagsgrüße aus weiter Ferne
sendet Dir Sepp. Es ist jetzt
schon spät am Abend und ich
bin eben erst heim gekom-
men von gestern Abend. Wir
waren in einer großen Stadt
Fußball spielen. Da war
doch ein anderes Leben wie
hier in dem verlassenen
Nest. Ich habe viele Mädch=
en gesehen in den Nächten
und sonst in der Stadt.
Aber so ein reizendes Mädch=
en wie Dich habe ich noch
nie gesehen. Will nun schließen
und werde Dir morgen mehr
schreiben. Es grüßt und küßt
Dich recht herzlich Dein Sepp

Dokument 5b

einer Stube gelegen und wo wir überall hinkamen. Und ich wußte noch, ich habe heute mittag zu meiner Frau gesagt, der hatte eine Braut damals gehabt, die hat geheißen, Maria O. (...) Aber mit der Maria O., das weiß ich wie das Amen im Gebet. Ich hab gleich gesagt. Man war ja so lange wie Brüder da. Wir hatten ein gutes Einvernehmen, nicht mit allen, also die Saarländer, Moselländer. Wir hatten ein paar aus dem Ruhrgebiet. Wir hatten Platt geredet, obwohl es verboten war, aber wenn wir auf der Stube so waren, da haben die anderen nichts mitgekriegt.« (Ko)

Die nur über Briefe aufrechterhaltene Beziehung zwischen Josef und Maria empfanden beide dennoch als sehr eng. Eine Episode mag dies illustrieren: Maria zeigte einer Freundin Fotos von Josef. Diese war von dessen Erscheinung so angetan, daß sie ihn ihr »ausspannen« wollte. Sie schrieb daher an Josef, Maria habe einen anderen Freund und wolle von ihm nichts mehr wissen.
Josefs Mutter war von der Tatsache, daß Josef bereits eine Freundin hatte, nicht »erbaut«, da ihrer Meinung nach Josef noch viel zu jung für eine Freundschaft zu einem Mädchen war. Josefs Bruder Viktor erzählt:

»Sonntagmorgen war Kirchgang. Da kam der Josef uns von der Bahn entgegen. Unsere Mutter war da gerade ›bedient‹ gewesen, als sie ihn von der Freierei heimkommen sah.« (Vik)

Den letzten Heimaturlaub hatte Josef vom 24. November bis 12. Dezember 1943. Am 26./27. November besuchte er erneut seine Freundin in Mechern. Seitdem beendete er seine Briefe und Karten mit: »Es grüßt und küßt Dich recht herzlich Dein Sepp.«
Zwei Tage nachdem Maria O. darüber unterrichtet wurde, daß ihr Vater gefallen war, wurde ihr letzter Brief an Josef mit dem Vermerk »Empfänger gefallen« zurückgeschickt. Maria O. setzte sich mit Josefs Mutter in Verbindung und wurde von ihr nach Wustweiler eingeladen, wo ihr ein Totengedenkblatt überreicht wurde, das sie bis zum heutigen Tag mit sich trägt.
Im folgenden Kapitel werden wir die militärische Lage im westlichen Frankreich im Juni 1944 – kurz vor und kurz nach der alliierten Invasion – schildern, in deren Verlauf Josef den Tod fand.

# Vorbereitungen zur Abwehr der alliierten Invasion – Kampfhandlungen im Juli 1944 und Josefs Tod

Der ehemalige Kompaniechef der 6. Kompanie berichtet von der schlechten Ausrüstung[380] seiner Kompanie, der Vorbereitung auf die bevorstehende Invasion, der Übernahme des Oberbefehls durch Rommel und der allgemeinen Lage in den Tagen um den 20. Juli 1944:

»Wir waren ja praktisch eingesetzt als die Feuerwehr, die bei der Invasion als erste die Invasoren rausjagen sollte, und das ist in die Hose gegangen, d. h. wir sind vier Stunden zu spät gekommen. (...)
Die Engländer verdanken den Kanadiern den Erfolg der Invasion. Und zwar sind die also, wir sind nachts um eins alarmiert worden, und wir waren so gegen fünf, sechs Uhr hier vorne in unseren Bereitstellungsräumen, da bei Lion-sur-Mer, bzw. Rivabella, da sollten wir hin. Und jetzt kamen aber in der Zwischenzeit die Fallschirmjäger, und die haben auch so kleine Panzer gelandet. (...) Da wurden also Teile von uns eingesetzt, auch Panzer, und dadurch haben wir uns verspätet, und dann konnten in der Zwischenzeit die Engländer da unten an ihrem Landepunkt SWORD, das war also die englische Bezeichnung dieses Abschnittes, wo die Engländer gelandet sind. Die konnten also die panzerbrechenden Waffen und z. T. auch Panzer landen. (...)
Wir hatten nicht mehr diese SOMUA-Panzer, sondern wir hatten schon die Panzer IV, das waren die neuen Panzer. Wir waren umgerüstet worden.
Also, wir kamen zu spät und dann über die Hügel (zeigt auf Bilder). Die Felder in der Normandie sind also ähnlich wie in der Bretagne mit hohen Büschen umgeben und hier, da sind Wälle, und habe da, an dieser Straße da mit meinen Panzern Stellung bezogen. Die haben wir also da hinter diesen Wällen da hingestellt, da waren hohe Bäume davor und haben eigentlich dort eine Stellung bezogen, die vier Wochen lang gehalten hat. Die Engländer haben versucht da durchzukommen. Dann wurden noch von uns Teile abgezogen, die wurden also hier rüber nach Hérouville und rüber nach der Ornemündung geschickt. Das war, ich glaube aber, er (Josef Schäfer, d. Verf.) war nicht dabei. Er war bei uns geblieben. (...)
Und dann hatten wir die Panzer eingegraben und hatten unter dem Panzer Löcher gemacht. Und nun hat der Panzer unten so ein Loch, wo man nach unten raus konnte, und wenn die Schiffsartillerie angefangen hat zu rumsen, sind wir also aus dem Panzer raus und unten ins Loch rein. Und sobald der Segen vorbei war, gings wieder hoch. (...) Da sind etliche Panzer abgeschossen worden. (...) In der Nacht sind die Engländer hier irgendwo durchgekommen. Wir haben also vor dem Wall hier, weil wir keine Minen hatten, hatten wir uns überlegt, wie können wir den sichern,

daß uns die Engländer nicht nachts durchfieseln. Wir haben in den Panzern daneben solche Schutzstahlplatten. Die Platten, die zum Schutz der Ketten dienten, haben wir abmontiert. (...) Und dann lagen die einzelnen Panzer dort und dann war in einer Nacht hier auf dieser Seite von der Straße, Epron war hier, in dieser Gegend, da lag dann nachher die Division ›Hitler-Jugend‹.« (Fro)[381]

Am Vorabend der Invasion lag die II. Abteilung mit ihren schlecht ausgerüsteten Kompanien bei Crocy in unmittelbarer Nähe von Falaise, südöstlich von Caen in Stellung. Major Vierzig, Kommandeur der II. Abteilung, erhielt bereits kurze Zeit nach Bekanntwerden der Nachrichten von der lange erwarteten Landung alliierter Truppen den Bereitstellungsbefehl. Er mußte noch bis zum späten Vormittag warten, bis er kurz vor zwölf Uhr den Marschbefehl erhielt. Mit einer kleinen Panzergruppe, die er mit den funktionstüchtigsten Pz. IV seiner vier Kompanien bestückte, rückte Major Vierzig am frühen Nachmittag bis an die Kanalküste bei Lion-sur-Mer vor. Er erhielt jedoch wenige Stunden nach dem Eintreffen an der Küste den Rückzugsbefehl, da zwischenzeitlich britische Einheiten (Einheiten der 59. Staffordshire und der 3. britischen Infanteriedivision) einen Brückenkopf südlich der Ornemündung errichtet hatten und damit seine Einheit abzuschneiden drohten.
Die II. Abteilung, deren Restteile inzwischen aus dem Raum um Falaise herbeigeführt worden waren, grub sich mit ihren Panzern bei Epron, nördlich von Caen, ein. In den darauffolgenden Junitagen kam es im Raum Epron, La Bijude und Lebisey zu kleineren Kampfhandlungen.
Die 21. Pz. Div. wurde im Juni durch Einheiten der 16. Luftwaffen-Feld-Division (LWFD) (Kommando: General Sievers) verstärkt, jedoch lediglich die Panzer-Grenadierbataillone der 21. Pz. Div. durch Bataillone der 16. LWFD ersetzt. Die Panzer der beiden Abteilungen des Pz. Rgt. 22 verblieben in der Hauptkampflinie, um die Einheiten der 16. LWFD zu unterstützen. Die Pz. IV der II. Abteilung bezogen Stellung südlich von Epron.
In den Junitagen wurden von der britischen Invasionsarmee mehrere Offensiven gestartet, um die Stadt Caen zu erobern. Die 21. Pz. Div. verhinderte am 12. und 13. Juni den Durchbruch. Der dritte Versuch, mit der Offensive »Epsom« Caen zu Fall zu bringen, scheiterte am Widerstand der 9., 10. und 12. SS-Pz. Div.. Diese Panzerdivisionen unterstützten die 21. Pz. Div..

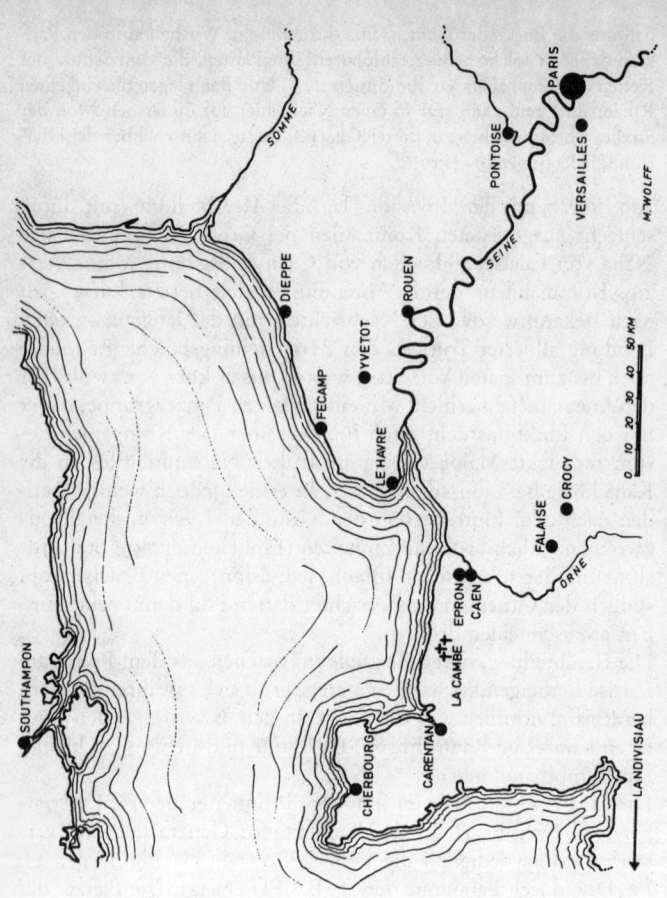

*Dokument 6a:* Westfrankreich

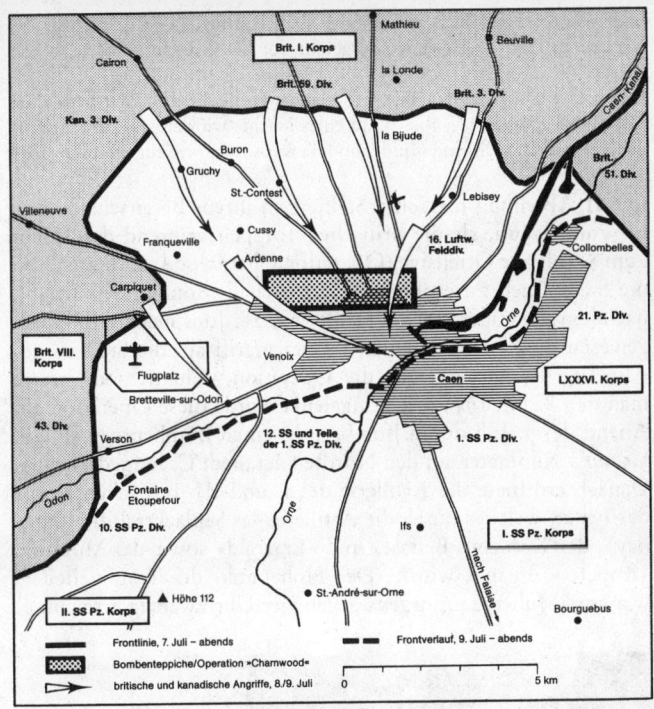

Die Karte zeigt das Kampfgebiet um Caen mit folgenden beschrifteten Orten und Einheiten: Mathieu, Beuville, Cairon, Brit. I. Korps, la Londe, Brit. 59. Div., Brit. 3. Div., Caen-Kanal, Kan. 3. Div., la Bijude, Buron, Gruchy, St-Contest, Lebisey, Brit. 51. Div., Villeneuve, Cussy, Franqueville, Ardenne, 16. Luftw. Felddiv., Collombelles, Carpiquet, Brit. VIII. Korps, Venoix, Orne, 21. Pz. Div., Flugplatz, Caen, LXXXVI. Korps, Bretteville-sur-Odon, 43. Div., Verson, 12. SS und Teile der 1. SS Pz. Div., 1. SS Pz. Div., Odon, Fontaine Etoupefour, 10. SS Pz. Div., Orne, Ifs, I. SS Pz. Korps, II. SS Pz. Korps, Höhe 112, St-André-sur-Orne, Bourguebus, nach Falaise.

Legende: Frontlinie, 7. Juli – abends; Frontverlauf, 9. Juli – abends; Bombenteppiche/Operation »Charnwood«; britische und kanadische Angriffe, 8./9. Juli; 0 … 5 km

*Dokument 6b:* Karte des Kampfgebietes im Juni und Juli 1944 um Caen. (Das Kreuz (+) bezeichnet Josefs Todesort bei Epron.)

Josefs Freund Kohl, der Augenzeuge seines Todes war, schildert die Ereignisse während der Invasion und den anschließenden Offensiven der Alliierten:

»Wir kamen Anfang Mai nach Crocy, wir waren vorher in Yvetot. Nach Crocy kamen wir Ende April oder Anfang Mai. In Crocy haben wir noch den Rommelspargel gesetzt, diese Pfähle. Da hatten wir noch die französischen Panzer, Hotchkiss und SOMUA und bekamen noch zwei Panzer IV. Da hatten wir noch Umschulung gemacht. Am 6. Juni 1944 war die Invasion. Da ist aber auch nicht die ganze Kompanie ausgerückt. Die Kompanie ist mit den Panzern IV ausgerückt, Leutnant Ehrler und die Besatzungen. Die Besatzungen, weiß ich auch nicht mehr. Die kamen noch zum Einsatz. (...) Wir sind dann am 10. oder 11. Juni nach Epron oder wie das Dorf hieß, gekommen. (...) Lebisey, ja. (...) Hier an der Kreuzung. Und da lagen wir ungefähr vor der Kreuzung, hier, so 500 Meter.

Da lagen wir so vierzehn Tage in so einem Hohlweg drin. Wir hatten die Engländer gesehen tagsüber. Und eines Nachts wurden wir zurückgezogen, da war da noch eine Mulde, und da war so was wie ein Schloß.« (Ko)

Die II. Abteilung hielt ihre Stellung in ihrem Bereitschaftsraum bis zum 7. Juli, als die britischen Truppen während der Nacht zum 8. Juli zur Offensive (Operation Charnwood) ansetzten, um die Stadt Caen zu erobern. Feldmarschall Montgomery befahl, nachdem die Operation »Epsom« am 25. Juni nicht erfolgreich gewesen war, einen erneuten Frontalangriff auf die Stadt Caen. Als Angriffszeitpunkt für die Operation »Charnwood« setzte man den 8. Juli 1944 fest. Eingeleitet wurde diese Operation am Abend des 7. Juli durch Bomber, die einen Bombenteppich von 3,5 auf 1 Kilometer auf den Nordteil der Stadt Caen niederließen. Danach eröffnete die Artillerie des I. und III. britischen Korps das Feuer, welches durch die Artillerie des Schlachtschiffs »Rodney«, der Kreuzer »Belfast« und »Emerald« sowie des Monitors »Roberts« ergänzt wurde. Der Höhepunkt des Trommelfeuers war am 8. Juli 1944 morgens gegen vier Uhr zwanzig erreicht.

*Bild 47:* Hohlweg bei Epron. Aufnahme 1987.

Um sieben Uhr dreißig griffen die 3. kanadische, die 59. und die 3. britische Division die Stadt Caen an. Die South Staffords, unterstützt vom am Vortag angelandeten 6. Bataillon der North Staffordshirer und der 59. britischen Division, stießen beiderseits der Bahnlinie Caen–Douvres in Richtung Epron vor.[382] Hier standen die Pz. IV der II. Abteilung, zu deren Besatzung Josef Schäfer gehörte. Bei diesen Kampfhandlungen zur Eroberung der Stadt Caen fiel Josef am 8. Juli 1944.

Am Todestag von Josef war Kohl Ladeschütze der Panzerbesatzung, der Josef als Fahrer angehörte. Kohls Erinnerungen decken sich exakt mit der Beschreibung der Kampfhandlungen, wie sie in einem Manuskript von Kortenhaus, der die Heeresberichte ausgewertet hat, dargelegt worden sind.[383]

»Hier auf der Straße (beim Betrachten einer Landkarte) sind wir abgeschossen worden. Zuerst lagen wir hier so auf der Straße. Dann sind wir eines Nachts zurückgezogen worden in so einen Garten, das war so wie ein Gutshaus. Und da hatten wir die Panzer eingegraben als Pak. Und da hatten wir hier noch zwei Panzer abgeschossen am 7. oder 8. Juli morgens, wie es hell wurde. Da fing ein Trommelfeuer an, die hatten um vier Uhr mit Trommelfeuer losgelegt, und vor uns lagen noch Infanteristen. Das waren von der Luftwaffe welche, die lagen vor uns im Gelände. (…) Und morgens, als es hell wurde, da kamen die. Da haben wir hier noch an der Kreuzung zwei Panzer abgeschossen. Hier vor unserem Panzer, den wir eingegraben hatten. Das war rundherum in so einem Gehöft, in einem Park drin. Und dann sind wir mittags ausgebrochen, (…) dann sind wir nach vorne, da mußte man noch so um eine Mauer fahren, und dann sind wir hier auf die Straße. Und wie wir hier zurückgefahren sind, da kamen uns schon die Sherman entgegen, und da waren wir dran. (…) Die hatten uns tagsüber eingeschlossen. Das wußten wir aber noch nicht. Und da hatten wir vorne drauf, *zwischen Fahrer und Funker einen Volltreffer bekommen*, und da hat der Panzer sofort gebrannt.« (Ko)

Auf erneutes Befragen ergänzt Kohl seine Ausführungen, um zu verdeutlichen, daß Josef nach dem Volltreffer höchstwahrscheinlich sofort tot war, womit klar wird, weshalb von Josef keine Grabstätte existieren kann. Diese Interpretation wird auch gestützt durch die offizielle Benachrichtigung von seiten der Kompanie, obwohl hier nicht vom Verbrennen die Rede ist.

»Der Panzer hat gebrannt. Wir sind rechts in ein Weizenfeld gelaufen, da wurde noch mit dem MG nach uns geschossen, und da haben wir uns hinfallen lassen, und da kamen wir noch zu einer Eisenbahnlinie, und da haben wir wieder Feuer gekriegt. Das war aber Feuer von Unseren. Da

*Bild 48:* Eingegrabener Panzer IV des Pz. Rgt. 22/21. Pz. Div.,
im Juli 1944 bei Caen.

haben wir die Hände schon hochgehoben und sind immer weitergelaufen
um Caen herum, dann durch Caen. Also Caen war Schutt und Asche. Ich
habe noch keine Stadt gesehen, die so demoliert war, das war in Caen
grausam. Und da hatten wir noch Panzer in Caen drinstehen gehabt, die
wollten zu uns kommen. Die haben sie nachher in Caen gesprengt, drei
oder vier Stück.« (Ko)

|  | Kommandant |  |
| --- | --- | --- |
| Richtschütze |  | Ladeschütze |
| Funker |  | Fahrer |

*Abb. 12:* Plazierung einer Panzerbesatzung

Der Kraftstoffvorrat eines Pz. IV in drei Tanks betrug insgesamt
470 Liter. Selbst wenn Josef, wie in der Truppenbenachrichtigung
erwähnt, »ausbooten« konnte und nach »wenigen Schritten zu-
sammenbrach«, muß davon ausgegangen werden, daß sein Körper von der gewaltigen Hitzewelle beim Verbrennen bzw. der
Explosion des Panzers erfaßt wurde. Die zu Beginn erwähnte
zweite Version, wonach Josef in den Armen eines Kameraden
verstarb, ist nach unseren Recherchen kaum wahrscheinlich.

*Bild 49:* Weizenfeld bei Epron 1987. Etwa an dieser Stelle
wurde Josef am 8. Juli 1944 getötet.

Wir wissen, daß Teile der 6. Kompanie von britischen Truppen
eingeschlossen waren. Beim Versuch, Caen mit dem Panzer zu
erreichen, ist Josef gefallen. Es ist so gut wie ausgeschlossen, daß
gegen Abend ein deutscher Soldat dieses vom Feind eingenom-
mene Gebiet durchqueren konnte und dabei Josef fand. Kohl
erwähnt ausdrücklich, daß sich die gesamte Besatzung mit Ausnahme des Fahrers Josef Schäfer aus dem brennenden Panzer
retten konnte. Der Panzer war an der Frontseite, dort wo der
Fahrer saß, voll getroffen worden und brannte aus (s. Abb. 12). Es
existiert von Josef kein Grab, was darauf hindeutet, daß sein
Leichnam auch nicht von den nachrückenden britischen Truppen
aufgefunden und bestattet wurde. Wahrscheinlich verbrannte er
zusammen mit seiner Erkennungsmarke. Über vierzig Jahre nach
diesen Geschehnissen erzählt Josefs Bruder Viktor:

»Das waren ja die Kameraden. Also ich weiß das ganz genau, auf zwei
Briefe kann ich mich entsinnen. Der eine, der hat geschrieben, daß der
Josef, also mit sieben Panzern wären sie vorgefahren und es sei dem Josef
seine Feuertaufe gewesen, sie wären alle herausgekommen und der Josef
wäre, auf der Flucht wäre der getroffen worden, und es war mir, als ob er
Mutter riefe. Hat da drin gestanden, das weiß ich. Und sie wären dann am
Abend wieder zurück, sie wären in ein Kornfeld geflüchtet, um, jetzt

kann ich mich nicht genau darauf entsinnen, sie hätten ihn gefunden, ob das derselbe Brief war oder nicht. Und in dem einen Brief stand, ›Wir sind noch einmal zurück‹, und da ist er mir in den Armen gestorben.‹ Jetzt weiß ich nicht, wie das richtig zusammenhängt. Auf jeden Fall hat der eine geschrieben, er ist aus dem Panzer herausgekommen und hat, also sind alle herausgekommen und der Josef als letzter, weil er Fahrer war, und der sei von einer Kugel getroffen worden, und in dem Moment war es mir, als wenn er Mutter riefe und ist dann noch ins Kornfeld. Und ein anderer hat dann geschrieben: ›Er ist mir in den Armen gestorben.‹ Und ich möchte sogar behaupten, daß noch ein Brief da war. Der hat gelautet: ›Er ist ins Kornfeld geflüchtet, und wir konnten abends nicht mehr zurück, weil der Feind dort war.‹ So ungefähr war das. Die Briefe sind ja nicht mehr da. Unsere Mutter wollte die gar nicht mehr haben. Die hat das, auf die Sachen war die gar nicht scharf drauf, um so etwas aufzuheben, weißt du, das kannst du dir vorstellen, so ist es ja auch nicht.« (Vik)

Von den verschiedenen Versionen bezüglich Josefs Tod kann diejenige vom Verbrennen im Panzer als die wahrscheinlichste angenommen werden.
Die offizielle Todesnachricht erwähnt nicht, daß Josef im Panzer verbrannt ist, obwohl Josefs Familie diese Tatsache als die wahrscheinlichste ansah.

»Ist nicht auch ein Brief gekommen, in dem drinstand, daß er im Panzer verbrannt ist?«
»Das ist auch erwähnt worden, aber garantiert nicht in der Todesnachricht. Garantiert nicht, das weiß ich! Die ist, ich weiß nur, wie der Brief anfing. Auf jeden Fall war der an meinen Vater gerichtet, die haben nicht gewußt, daß der tot ist.
›Sehr geehrter Herr Schäfer!
Mir kommt heute die schmerzliche Pflicht zu, Ihnen mitzuteilen, daß Ihr Sohn am 8. Juli bei den schweren Abwehrkämpfen bei Caen gefallen ist.‹ So, und es ist auch noch drin erwähnt worden: ›Es war seine Feuertaufe.‹ Es war ein Brief von einer Seite und noch so ein bißchen, das weiß ich auch. Das waren nicht nur drei Sätze. Da war dann noch ein kleines bißchen von den Kampfhandlungen drin. Aber das da weiß ich, von Hand geschrieben natürlich.« (Vik)

## Reaktion in der saarländischen Heimat

Josefs Bruder Viktor erzählt, daß die Leute im Dorf schon vor der Familie über den Tod seines Bruders Bescheid wußten. Üblicherweise wurde die Todesbenachrichtigung vom Ortsgruppenleiter der NSDAP überbracht. In Wustweiler war der Zellenleiter zuständig, da keine eigene Ortsgruppe existierte. Dieser war jedoch nicht in der Lage, die schlimme Nachricht zu übermitteln. Er hatte Angst vor der Reaktion von Anna Schäfer. Ein Cousin Josefs machte später entsprechende Andeutungen der Familie gegenüber. Als am selben Tag der amtierende Zellenleiter Peter Klein erneut die Familie besuchte, forderte ihn Josefs Mutter auf, die Wahrheit über ihren Sohn zu berichten. Daraufhin zog dieser aus seiner Manteltasche das amtliche Schreiben der Truppe. Er versuchte, die trauernde Mutter zu trösten, indem er auf ihren jüngsten Sohn verwies, der »nicht im Felde steht«. Durch einen glücklichen Umstand ergab es sich, daß wir den Wortlaut der Truppenbenachrichtigung von Josefs Tod an seine Familie hier wiedergeben können:

13.07.44

Hochverehrter Herr Schäfer!
Mir kommt heute die schmerzliche Pflicht zu, Ihnen mitzuteilen, daß Ihr Sohn, der Unteroffz. Josef Schäfer, aus den schweren Abwehrkämpfen, die am 8.07. um Caen tobten, nicht mehr mit uns zurückgekehrt ist.
Ihr Sohn war Fahrer des Panzerkampfwagens, der die Aufgabe hatte, sich als letzter vom Feind zu lösen. Bei diesem Absetzen stieß der Panzer auf überlegene feindl. Panzerkräfte. Nach Abschuß von 2 englischen Panzern wurde er selbst getroffen. Der Besatzung gelang es zwar auszubooten. Ihr Junge brach dann nach wenigen Schritten zusammen. Mit seinem Heldentode müssen wir rechnen.
Ich weiß, wie sehr Ihnen, Herr Schäfer, und Ihrer Familie dieser schwere Verlust zu Herzen gehen wird. Vielleicht kann Ihnen meine Versicherung, daß Ihr Junge bis zuletzt ein braver und tapferer Soldat, begeistert für den Führer und unseren Freiheitskampf, geblieben ist, ein stolzer Trost in Ihrer Trauer sein. Ich selbst darf Ihnen mein tiefgefühltes Beileid aussprechen.

gez. Heil Hitler
Ihr Heinz Grosche

Dieses Dokument, das wir erst gegen Ende unserer Recherchen auffanden, zeigt, wie detailgetreu mehr als vierzig Jahre nach den Ereignissen die Erinnerungen der Betroffenen sind.

Josefs Bruder Viktor kann sich noch wortgetreu an Passagen aus dem zitierten Brief erinnern. Josefs Mutter hatte nach diesem Brief guten Grund, an den Flammentod ihres Sohnes zu glauben. Einmal bleibt die Todesursache im obigen Brief vage, zudem wissen wir, daß sie noch weitere Nachrichten von Kameraden ihres Sohnes erhielt, die vielleicht weniger zurückhaltend als die offizielle Benachrichtigung waren. Zum anderen konnte sie aufgrund ihrer antinazistischen Haltung nur das Schlimmste annehmen, und das war für sie der Feuertod ihres Sohnes.

Der damalige Briefbote erinnert sich, wie er eine Summe Geldes, welches den Angehörigen nach Josefs Tod zustand, der Familie überbrachte:

»Ja, da war ich Briefbote in Wustweiler. Ich habe das Geld, jetzt sage ich die Wahrheit. Deine Oma kann ich verstehen, die hat das Geld so geholt, da hat sie gesagt: ›Judas-Silberlinge‹, da hat sie das Geld auf den Boden geworfen, deine Oma! Ja, das weiß ich noch. (...) Und deine Oma, ›Silberlinge‹ hat sie gesagt und das Hartgeld, das dabei war, das hat sie in die Stube geworfen. Kannst dir vorstellen, ihr Ältester!« (Mei)

Josefs Bruder Paul war 1944 zur Wehrmacht eingezogen worden und erhielt beim Mittagsappell ein Telegramm. In der Annahme, daß es sich um die Bewilligung seines Antrages auf Ernteurlaub handele, begab sich Paul freudig zum Kompaniefeldwebel. Als er sich in die Formation einreihte, warf er einen Blick auf das Telegramm und konnte lesen: »Bruder Josef gefallen. Komme sofort!« Ein Hitlerbild, welches in der elterlichen Küche aufgehängt war, wurde von Josefs Mutter unmittelbar nach Bekanntwerden der Todesnachricht ins Feuer geworfen. Nach den Berichten der Brüder äußerte sich ihre Mutter über den Schmerz, den der Tod eines Kindes bzw. des Ehemannes bereite. Wenn ein Kind stirbt, sei dies weit schlimmer.

In der Pfarrkirche in Wustweiler wurde für den ehemaligen Meßdiener Josef Schäfer eine Totenmesse gelesen. Die Erinnerungsbilder, die ausgeteilt wurden, reichten nicht aus, so daß den Interessenten nachgedruckte Exemplare ausgehändigt wurden.

Der Text des Gedenkbildes enthält neben dem rituellen religiösen Text ein Zitat aus obiger Truppenbenachrichtigung. Auf der Vorderseite enthält das Gedenkblatt ein Porträtfoto von Josef Schäfer nebst einem Text, der Religiöses und Militärisches (Gott = der ewige Feldherr, Soldatentod = Opferung) vermischt. Pastor Schulz fügte im Sterberegister seiner Eintragung folgende Bemer-

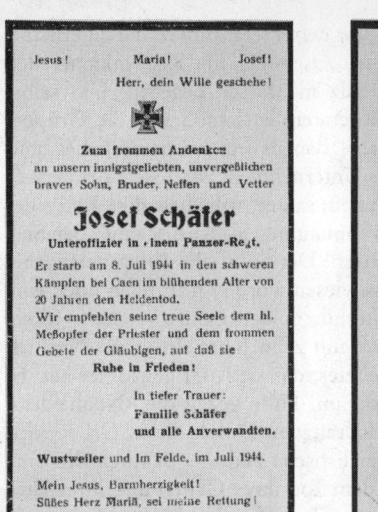

Jesus!     Maria!     Josef!

Herr, dein Wille geschehe!

✠

Zum frommen Andenken

an unsern innigstgeliebten, unvergeßlichen
braven Sohn, Bruder, Neffen und Vetter

## Josef Schäfer

Unteroffizier in einem Panzer-Regt.

Er starb am 8. Juli 1944 in den schweren
Kämpfen bei Caen im blühenden Alter von
20 Jahren den Heldentod.
Wir empfehlen seine treue Seele dem hl.
Meßopfer der Priester und dem frommen
Gebete der Gläubigen, auf daß sie

Ruhe in Frieden!

In tiefer Trauer:

Familie Schäfer
und alle Anverwandten.

Wustweiler und Im Felde, im Juli 1944.

Mein Jesus, Barmherzigkeit!
Süßes Herz Mariä, sei meine Rettung!

Ich hab gekämpft in heiliger Pflicht,
gab selbst mein Blut und Leben
fürs Vaterland! Vergeßt es nicht!
Zu End ist jetzt mein Streben.
Nun hat der ewige Feldherr mich
zu seinem Dienst berufen.
Auf Wiedersehn! Ihr Lieben mein
dereinst zu seinen Stufen.

∴

Ewiger Vater, wir opfern dir auf das kostbare Blut, das Leiden und Sterben Jesu
Christi, deines Sohnes, für die Seele
deines Dieners Josef.

O, Herr, gib ihm die ewige Ruhe!
Mein Gott und mein alles!

*Dokument 7:* Totengedenkbild.

kung hinzu: »Mortuus est pro patria in Gallia.« Auf Wunsch der
Mutter sollte auf der Grabinschrift für ihren verstorbenen Mann
auch an Josef erinnert werden. Die Inschrift lautet:

In Gott, mein lieber Gatte und Vater.
Johann Schäfer (1887-1943)
Zum Gedenken an meinen lieben Sohn und Bruder
Josef (1924-gef. 1944)
Herr, Dein Wille geschehe!

Für Josefs Mutter ist der Krieg mit dem Verlust ihres Sohnes
noch lange nicht ausgestanden. Ihr Sohn Paul wurde während der
Ardennenoffensive durch einen Durchschuß des linken Armes
verwundet und geriet in amerikanische Gefangenschaft. Mit anderen Gefangenen wurde er nach Cherbourg und von da nach
Southampton gebracht, nachdem er zuvor den britischen Streitkräften übergeben worden war. Erst im August 1945 wurde er
entlassen. Lange Zeit blieb sie ohne Nachricht über die Lage ihres
zweitältesten Sohnes.
Auch ihr jüngster Sohn wurde noch vom »Volkssturm« erfaßt.

Im März 1945, unmittelbar vor dem Heranrücken der amerikanischen Verbände, mußte er sich zusammen mit Klassenkameraden in Richtung Schifferstadt/Pfalz in Marsch begeben. Um selbst nicht in Gefangenschaft zu geraten, entschloß sich die Gruppe, den Heimmarsch anzutreten, damals ein abenteuerliches und durchaus lebensgefährliches Unternehmen, wie Josefs Bruder berichtet. Zu Hause angekommen, sah er, wie ehemalige Kriegsgefangene in der elterlichen Wohnung nun als freie Männer den Sieg über Hitlerdeutschland feierten. Der polnische Kriegsgefangene, der der Familie Schäfer zugewiesen worden war, blieb noch eine Woche und half auch weiterhin in der Landwirtschaft. Josefs Mutter überlebte ihren Sohn um zehn Jahre. In ihrem Nachlaß fand sich der Text eines Gebetes, das sie Josef gewidmet hat. In diesem Gebet bittet sie Gott um Hilfe gegen die »Neuheiden« und um Beistand für alle Bedrängten. Durch dieses Gebet wird ihre zutiefst antinationalsozialistische Haltung deutlich. Ihr einziger Schutz, der ihr nach dem Tod ihres Gatten und ihres ältesten Sohnes noch verblieb, war ihr tiefer Glaube.

Das Gebet ist geprägt von einer tiefreligiösen und zugleich unpolitischen Haltung. Nicht die Menschen können die Welt erretten, sondern einzig und allein das Vertrauen auf Gott wird den Haß zwischen den Völkern beseitigen und den Antichristen vertreiben.

### GEBET

Königin des heiligen Rosenkranzes, Hilfe der Christen, Zuflucht des menschlichen Geschlechtes, Siegerin in allen Schlachten Gottes! Flehend werfen wir uns vor Deinem Throne nieder. Wir kommen voll Vertrauen, daß wir Barmherzigkeit, Gnade und rechte Hilfe in unseren Bedrängnissen erlangen. Wir vertrauen nicht auf unsere Verdienste, sondern einzig auf die unendliche Güte Deines mütterlichen Herzens.

Dir und Deinem unbefleckten Herzen vertrauen wir uns an und wir weihen uns in dieser verhängnisvollen Stunde der menschlichen Geschichte. Dabei vereinigen wir uns mit der heiligen Kirche, dem geheimnisvollen Leib Deines göttlichen Sohnes, der allenthalben leidet und blutet und so vielfach heimgesucht ist.

Wir vereinigen uns auch mit der ganzen Welt. Sie ist im Opfer der eigenen Sünde von furchtbarer Zwietracht gerissen, brennend in Feuerflammen des Hasses.

Dich, oh Mutter, rühren so viele Ruinen der Welt und der Seele, so viele Ängste von Vätern und Müttern, von Ehegatten, Brüdern und unschuldigen Kindern. Dich rühren so viele in der Blüte der Jahre dahingeraffte Menschenleben, so viele gemarterte und sterbende Menschen, so viele Seelen, die in Gefahr sind, ewig verlorenzugehen.

Oh Mutter der Barmherzigkeit, erbitte uns von Gott den Frieden! Erbitte uns vor allem jene Gnaden, die in einem Augenblick die Menschen umwandeln können, erbitte uns jene Gnaden, die den Frieden vorbereiten, herbeiführen und sichern. Königin des Friedens, bitte für uns, und gib der Welt in Waffen den Frieden, nach dem die Völker seufzen, den Frieden in der Wahrheit, in der Gerechtigkeit, in der Liebe Christi! Gib der Welt den Frieden der Waffen und den Frieden der Seelen, damit in der Ruhe der Ordnung das Reich Gottes sich ausbreite!

Gewähre Deinen Schutz den Ungläubigen und denen, die noch im Todesschatten liegen! Schenke ihnen den Frieden! Laß für sie die Sonne der Wahrheit aufsteigen! Laß sie vor uns vor dem einen Erlöser der Welt die Worte wiederholen: »Ehre sei Gott in der Höhe und Frieden den Menschen auf Erden, die eines guten Willens sind!« Wir bitten für die durch Irrtum und Zwietracht getrennten Völker, vornehmlich für diejenigen, die eine besondere Andacht bezeugen! Gib ihnen den Frieden! Führe sie zurück zu einem Schafstall Christi unter dem einen und wahren Hirten! Erflehe Frieden und volle Freiheit der heiligen Kirche Gottes! Halte die wachsende Flut des Neuheidentums auf! Vermehre in den Gläubigen die Liebe zur Reinheit, die tatige Übung des christlichen Lebens und den apostolischen Eifer! Laß die Gemeinschaft derer, die Gott dienen, zunehmen an Verdienst und Zahl! Dem Herzen Deines göttlichen Sohnes Jesus Christus wurde die Kirche und das ganze Menschengeschlecht geweiht. Auf ihn sollten alle ihre ganze Hoffnung setzen. Er sollte für sie Zeichen und Unterpfand des Sieges und der Rettung sein. So weihen wir uns auf ewig auch Dir, Deinem unbefleckten Herzen, oh Mutter und Königin der Welt. Deine Liebe und Schutz sollen den Sieg des Reiches Gottes beschleunigen. Alle Völker im Frieden mit sich und mit Gott sollen Dich selig preisen! Mit Dir sollen sie von einem Ende der Welt bis zum anderen das ewige Magnifikat der Gloria in Liebe und Dankbarkeit zum Herzen Jesu anstimmen; in ihm allein können sie die Wahrheit, das Leben und den Frieden finden.

Amen

# 6  Biographische Rekonstruktion IV –
# Der Charakter des Josef Schäfer – Annäherungen

## Zusammenfassende Bemerkungen zum Stellenwert
## der Fotoanalyse in der sozio-biographischen
## Forschung

Mit dem Verfahren der objektiven Hermeneutik ist die Analyse
fotografischer Materialien möglich, die sich auf den ersten Blick
einer textuellen Analyse entziehen. Wie Oevermann[384] feststellt,
sind prinzipiell alle Materialien sozialer Wirklichkeit unter hermeneutischen Gesichtspunkten analysierbar. Notwendig ist jedoch die konsequente sequentielle Bearbeitung der Daten, wobei
Schritt für Schritt die Sequenzen in aufsteigender Folge analysiert
werden. Dieses Vorgehen kann u. E. auch auf Fotos Anwendung
finden. Das »Leben der Bilder«[385] kann soziologisch zur Sprache
gebracht werden. Unser Ziel ist es, durch dieses Interpretations-
vorhaben zusätzlich »unabhängige Evidenz« über die Lebenskonstruktion Josef Schäfers zu erhalten.

Wie Oevermann feststellt, sind für den zeitdiagnostisch auf das
Material blickenden Wissenschaftler solche Daten von besonde-
rer Bedeutung, die jeweils »Trends in der Formation der sozial
verbindlichen Normalitätsentwürfe von Persönlichkeitsstruktu-
ren erkennen lassen«.[386] Für unsere Analyse sind diese verinnerlichten Normalitätsentwürfe deshalb besonders wichtig, »weil in
ihnen sich, den jeweiligen kodifizierten sozialen Normen vor-
gelagerte, der für die gegenwartstypischen Problemstellungen
einer gesellschaftlichen Lage geeignete und geschätzte Habitus als
eine zeitgeistgebende latente Sinnlogik am ehesten fassen läßt.
Wenn es gelingt, von diesen Habitusformationen auch nur einige
typische Knotenpunkte zu identifizieren, erhält man sogleich
Einblick in gesamtgesellschaftlich bedeutsame Entwicklungstrends«[387], die sich erst später präzise ausformulieren. Unser Projekt bewegt sich auf dieser Ebene. Es gilt, Normalitätsformationen zu rekonstruieren, die den Alltag in der faschistischen
Periode umgrenzen.[388] Die nationalsozialistische Zeit gewinnt

Kontur durch die Rekonstruktion der Biographie des Josef Schäfer. Sie entfaltete ihre Wirkung durch die Kombination subjektiver Darstellungen mit objektiver historischer Analyse und Beschreibung zeittypischer Ereignisse.

Individuelles bringt uns den Menschen dieser Zeit näher, bietet eine Folie zum Verständnis historischer Abläufe und weist ins Allgemeine. Die nationalsozialistische Propaganda verstand es, bei Jugendlichen solche *Lebensvorstellungen* und *persönlichen Wünsche* zu wecken, die systematisch für die Zwecke des Nationalsozialismus eingesetzt werden konnten.

Wir werden an dieser Stelle, ergänzend zu unserem sozialhistorischen und biographiesoziologischen Vorgehen, zeigen, daß sich mit dem Verfahren der objektiv-hermeneutischen Fotoanalyse eine soziohistorische Biographierekonstruktion ideal ergänzen läßt. Mit dem Verfahren der hermeneutischen Fotointerpretation gewinnen Aspekte einer Biographie falltypisch und darüber hinaus als Repräsentationen konkreter sozialer Strukturen Gestalt. Es wird ein Interpretationsgang entwickelt, der den Weg der Fallrekonstruktion aufzeigt und die indirekt im Text bereits formulierten Hypothesen über Josef, seine Familie und sein Milieu sichern hilft. Damit werden biographische Deutungsmuster, individuelle Typisierungen und milieuspezifische Strukturmuster belegt. Strukturen sind im Oevermannschen Sinne Resultat einer Bildungsgeschichte, sei es einer Individuumsgeschichte als Lebensgeschichte oder als Geschichte einer Gesellschaft. Daraus folgt, daß die Fallrekonstruktion immer auch Rekonstruktion des Allgemeinen ist und als Explikation des Allgemeinen gelesen werden kann. Über die Fallrekonstruktion wird eine Struktur expliziert, die den Fall[389] abbildet.

Unser Ziel ist es im folgenden, durch eine am Vorgehen der objektiven Hermeneutik orientierte Interpretation »unabhängige Evidenz«[390] über die Lebenskonstruktion Josef Schäfers zu erhalten. Hiermit wird die Absicht verbunden, seiner Person, die aus dem Dunkel der Geschichte aufleuchtet, noch stärker persönliche Kontur zu verleihen.

Durch die Analyse der vielfältigen Materialien gewannen wir präzisen Einblick in das Leben und die sozio-kulturellen Lebensumstände von Josef Schäfer. Durch die sich nun anschließenden Fotoanalysen wird die vorangegangene Rekonstruktion um *persönlichkeitstypische* Aspekte ergänzt.

Wir nähern uns damit der Person Josef Schäfer aus einer neuen Perspektive. Sein Leben ist typisch und zugleich individuell unverwechselbar. Die Rekonstruktion seiner Biographie, eingebettet in Milieu- und Sozialisationsrekonstruktionen, die seine Unverwechselbarkeit betont, wird verstanden als »struktur«-typische Geschichte eines Lebens in seiner Zeit. Hiermit wird ein Stück verdrängter und verborgener sozialer Realität freigelegt. Die Gestalt des Josef gewinnt generationstypischen Charakter. Über die Rekonstruktion seiner Biographie werden die kollektiven Denkfiguren gefunden, welche die Jugend im Faschismus entscheidend formten.

## Methodologische Fragen der Fotoanalyse: Das Foto als soziologisches Datum

Ziel der Rekonstruktionsarbeit ist die Sinnrekonstruktion »sozialer Realität«. Dazu ist es in den Sozialwissenschaften unerläßlich, nicht nur soziale Wirklichkeit zu beschreiben, sondern »Textmaterial«, gleich welcher Art, zu entschlüsseln. Drei Erläuterungen sind zunächst angebracht:

1. Texte:
Wir fassen alle Ausdrucksgestalten der sozialen Wirklichkeit als Texte (Oevermann) auf. Ausdrücke sozialer Wirklichkeit werden unter Anwendung von »Konstruktionsregeln« produziert und reproduziert. Somit gewinnt das Konzept der sozialwissenschaftlichen Daten eine neue Dimension, denn prinzipiell können alle sozialen Ausdrucksgestalten als Texte aufgefaßt oder in solche übersetzt werden. Neben gesprochenen und geschriebenen Texten finden wir gemalte, fotografierte, gehauene Texte, deren Qualität als Datum nicht umstritten ist. Probleme bereitet lediglich die Umsetzung des Textes in einen Text, der vom Sozialwissenschaftler entschlüsselt werden kann. In unserem Fall handelt es sich um Fotos, deren textuelle Qualität im Sinne der Sozialforschung wir im folgenden nachweisen werden, obwohl die Grammatik des Bildes noch unklar bleibt, sich jedoch durch programmatisches Vorgehen letztlich herausschälen läßt, indem wir sinnadäquate (und grammatisch richtige) Geschichten erzählen, die den kontextuellen Rahmen des Bildes modellieren.

2. Sinnstrukturiertheit:
Hinter dem Terminus der Sinnstrukturiertheit verbirgt sich die Beobachtung, daß die soziale Wirklichkeit ihre Wirkweise durch Regeln erhält

und nur durch diese permanent aufrechterhalten wird. Sinnstrukturiertheit meint also die fundamentale »Regelgeleitetheit« auf der Ebene der Sprache (Schütze). Texte sind Ausdrucksgestalten dieser Regeln, sind Gestaltungspraxis. In der sinnstrukturierten Gestaltungspraxis der sozialen Welt gibt es keine Zufälligkeiten, höchstens im Verborgenen wirkende Regeln, die der Sozialforscher (noch) nicht erkennt.

3. Das Foto:

An dieser Stelle ist es unerläßlich, Überlegungen zur sozialen Funktion des Bildes und seiner historisch modernen Form des Fotos anzustellen. Das historisch gültige visuelle Erinnerungsmedium war das gemalte Bild, welches nur bestimmten gesellschaftlichen Gruppen verfügbar war. (Wir klammern hier die schriftliche Aufzeichnung aus, da diese bereits explizit sprachlichen Charakter besitzt. Die Betrachtung überführt das Gemälde in eine sprachliche Bedeutungsform.) Ein Ausschnitt von Wirklichkeit wird auf die Wand, die Leinwand oder die Platte gebannt. Vom Blickpunkt des Hermeneuten aus können Bilder als Zwischenstufe für textsprachliche Artikulation aufgefaßt werden. Der Bedeutungsgehalt der Bilder wird über Sprache zugänglich.

Bilder erschließen demnach ein Doppeltes: Weltkonstruktion und Weltrekonstruktion in einem.

Erst die Entwicklung der fotografischen Technik am Ende des 19. Jahrhunderts ermöglichte diese spezifische Form visueller Erinnerung auch den unteren Klassen. In der Folge beschränken wir uns auf die Fotografie, wobei die generellen Bemerkungen auch auf das Bild zutreffen. Das Foto kann, so wollen wir vorläufig bestimmen, zwei Zwecken dienen: Zum einen gewährt es einen eingeschränkten Schutz vor Vergänglichkeit. Es ist das visuelle Erinnerungsmedium, dessen Visualität jedoch stets des sprachlichen Ausdrucks bedarf. Visuelle Vergegenwärtigung und Erinnerung des Gestern bedürfen des Fotos. Zum anderen können Bilder, etwa in Werbung etc., strategisch eingesetzt werden, wobei der strategische Gebrauch sich visueller Signale bedient.

Die an der Oberfläche bleibende Beschreibung kann das Wesentliche der sozialen Wirklichkeit nur ungenügend erfassen. Wir behaupten in Anlehnung an Oevermann, daß in jedem Datum bereits die sinnhafte Struktur der sozialen Realität »versteckt« ist, die im Entschlüsselungsprozeß »nur noch« hervorgebracht werden muß. Es bleibt die Erkenntnis, daß die »Sinnstrukturiertheit« der sozialen Welt sich nicht an deren Oberfläche aufhält und sich von daher nicht leicht erkennen läßt. Die von der Zufallsannahme ausgehende statistische Hypothese behauptet implizit, daß ihre Daten nicht Ergebnis einer »sinnstrukturierten Welt« sind. Der Zufall ist gerade nicht Teil des sinnstrukturierten Universums.

Wohl aber sind die Daten empirischer Sozialforschung Resultate sozialen Handelns, wo auch immer es sich hinter den Formeln versteckt.

Unser Vorgehen kann als »Sinnrekonstruktionsprozeß« beschrieben werden. Soziale Daten – im vorliegenden Fall Fotos – sind stets in Interaktionszusammenhänge eingebettet. Diese Einbettung kann eine zweifache sein, wie wir am Beispiel eines Fotos nachweisen: Einmal die Interaktion, als deren Ergebnis wir das Foto vor uns sehen und zum anderen die Interaktion, die sich in dem Moment entfaltet, in dem das Foto zum Gegenstand alltäglicher Betrachtung wird. Beide Interaktionseinbettungen werden bei der »Fotoanalyse« berücksichtigt. Wiederum sind zwei verschiedene Voraussetzungen der »Erstinteraktion« möglich: Denn einmal kann das Foto bereits im Entstehungsprozeß intentional auf andere bezogen sein, dann nämlich, wenn dieses Foto bewußt für andere produziert wird, wie dies bei einem Porträtfoto, bei einem Paßbild usw. der Fall ist. Sodann kann ein Foto zunächst nur als individuelle Erinnerung an ein spezifisches Ereignis produziert werden, was eine zukünftige Interaktion nicht notwendigerweise impliziert, jedoch keineswegs ausschließt, wie dies etwa beim »typischen Erinnerungsfoto« der Fall ist. Im ersten Fall sind die potentiellen Betrachter als Interaktionspartner während des Produktionsprozesses präsent, wohingegen im zweiten Fall nur der häufig anzutreffende Tourist seine Fotos unter dem Motto »schießt«: »Solche Fotos haben Meiers nicht zu bieten«, wobei hier weniger der Erinnerung wegen als vielmehr der »Repräsentation« und des »Status« wegen ausgewählte Weltausschnitte festgehalten werden. Beim touristischen Erinnerungsfoto ist der potentielle Interaktionspartner nicht präsent, sondern die Bannung des Motivs dient der späteren Rekapitulation (und des Nachweises) typischer Erinnerungen.

Jedes nichtsprachliche Protokoll einer Interaktion ist seinem Charakter (Produktions- und Reproduktionsbedingungen) entsprechend standardisierter (Eindeutigkeit der Aussage) als sprachliche Protokolle. Wir haben bei Fotos nach den Regeln der spezifischen Standardisierung zu fragen und damit implizit die Frage nach dem Intentionalen der Interaktionssequenz zu stellen, als deren Resultat das Foto entsteht. Der intentionale Raum verweist, wie dargelegt, auf ein Doppeltes: Den aktuell anwesenden Partner und den in der Vorstellung präsenten Adressaten des

»Interaktionsergebnisses«. Standardisierung bedingt den weitgehenden Verlust der Individualität, die im Standardisierungsprozeß reduziert wird. Lediglich die Gestaltung des jeweiligen individuellen Ausdrucks bietet eine Variationsmöglichkeit. Ein Foto verfügt seinem Charakter gemäß, anders als andere Textformen, über einen monothetischen Aufbau, dessen Sequentialität sich nicht wie beim Schrifttext material ergibt, sondern erst hergestellt werden muß. Wir schlagen vor, vom Gesamteindruck (primäre Fokussierung) ausgehend, die Sequenzen von oben nach unten und von links nach rechts, analog zum Schrifttext zu setzen. Bilder sind, so wollen wir weiter festhalten, Ausschnitte einer begrenzten sozialen Wirklichkeit. Ein Element, ein Zustand dieser Wirklichkeit wird abgebildet, nicht mehr. Wohl vermag der Inhalt eines Fotos auf Kontextuelles zu deuten. Der Verweis muß aber vom Betrachter bereits sprachlich organisiert werden.

Das bisher Gesagte verweist darüber hinaus auf die Erwartungshaltungen, auf denen Interaktionen basieren. Diese beeinflussen den Produktionsprozeß permanent: Für wen sind die Fotos gedacht? Wem will ich sie verehren? Wem will ich die Fotos schenken? Wer ist im Moment der Aufnahme vor meinem inneren und äußeren Auge präsent? Wem lächele ich zu? Diese Erwartungshaltungen beeinflussen den Produktionsprozeß und weisen auf die Struktur der sozialen Realität, die fallspezifisch im Foto Gestalt gewinnt.[391]

Die an der objektiven Hermeneutik orientierte Vorgehensweise führte zur Revision unserer vorläufigen Fallhypothesen[392], die wir aus anderen Materialien und ersten Erzählungen über Josef herausgearbeitet hatten. Die Revision unserer Fallhypothesen konnten wir um so überzeugender vollziehen, als uns »unabhängige« Evidenz plausibel erschien. Josef steht, so nehmen wir jetzt an, zwischen dem »traditionellen ländlichen« Milieu[393] und dem »rationalen« Milieu der Moderne. Er lebt in zwei Welten, deren spezifische Widersprüche er in seiner Biographie zu integrieren hat.

# Josef Schäfer: Interpretative Annäherungen über objektiv-hermeneutische Fotoanalyse

## Vorbemerkungen

Zu fragen ist zunächst nach der spezifisch sozialen Funktion eines Porträtfotos. Wir vermuten mit hoher Plausibilität, daß dieser Fototyp eine Nachlaßfunktion (die Botschaft: »Erinnert Euch an mich!«) ausübt. Die Nachbleibenden werden mit einer Erinnerung bedacht. Das Porträt sorgt dafür, daß man in der Nachwelt nicht spurenlos bleibt. Die »militärische Institutionalisierung« und Funktionalisierung des Porträts verstärkt die Tatsache, daß man Spuren hinterlassen muß. Aufnahmezeitpunkt und Aufnahmetyp werden inszeniert. Zugleich bestätigt dieser Fototyp die Absicht, daß Josef Spuren hinterlassen möchte. Wir wissen, daß Josef dieses Foto seiner Familie, seiner Freundin, seinen Kameraden aus dem Dorf, aber auch Kameraden aus der Militärzeit, die abkommandiert wurden, überreichte oder per Brief zusandte.

Zur Analyse stehen an dieser Stelle sechs Fotos von Josef, die in unterschiedlichen Kontexten aufgenommen wurden. Detailliert werden wir zunächst ein »offizielles Porträtfoto«, von einem professionellen Fotografen aufgenommen, betrachten und diese Ergebnisse mit der Analyse von fünf Amateurfotos unterschiedlicher Settings konfrontieren.

Bei dem ersten zu analysierenden Foto handelt es sich um ein öffentliches, gestelltes Porträtfoto (Bild 1, S. 20). Diese Tatsache verweist auf Interaktionshintergründe und die Sequenzeinbettung. Zur Produktion dieses Fotos war eine Verabredung mit dem Fotografen notwendig, wurden Gedanken über die »rechte« Kleidung angestellt, gab es einen Aufnahmetermin, wurde das Foto nach dem Produktionsprozeß beim Produzenten abgeholt. Wir wissen aus Gesprächen mit Josefs Kameraden, daß die meisten Soldaten diese Porträts anfertigen ließen, sobald sie ihrer endgültigen Einheit zugeteilt waren.

## Der Panzersoldat Josef

Das Foto[394] (Nr. 1, S. 20) wurde zu Beginn der Soldatenkarriere von Josef in Pavilly bei Yvetot, in der Nähe von Rouen aufgenommen. Beim Porträtfoto handelt es sich um eines jener bekannten »Soldatenporträts«, wie sie von den jungen Männern, die ins Feld zogen, den Daheimgebliebenen geschickt wurden, um diesen ein Andenken zurückzulassen. Josef trägt die schwarze Panzerjacke mit Hoheitsadler auf der rechten Brustseite und dem Totenkopf am Kragenspiegel. Wir sehen nur den oberen Teil des Oberkörpers (Büste), die Arme sind nur in Ansätzen zu erkennen. Josef trägt ein dunkelgraues Hemd, einen schwarzen Binder sowie ein Schiffchen mit den Emblemen der deutschen Wehrmacht (Reichskokarde und Hoheitsadler).

Die in der Folge durchgeführte Analyse zeigt, warum Josef für sein »Erinnerungsfoto« die Ausgehuniform angezogen hat, denn aufs Erinnerungsfoto des »Helden« gehört ein militärisches Outfit. Die Haare sind kurz geschnitten, gepflegt, das Kinn rasiert. Sein Schiffchen hat sich Josef kühn, verwegen aufgesetzt. Es sitzt in »Hab-Acht-Stellung« auf dem Kopf.

Dieses Porträtfoto (Nr. 1) strahlt Identifikation mit seiner Kleidung aus. Die Uniform paßt im doppelten Sinne: Sie paßt zu ihm und seinem stattlichen Aussehen, sie paßt zu Josef und seiner inneren Verfassung. Er ist Soldat, und er ist es gerne. Sein Bild strahlt das Visionäre des Panzerfahrers des Zweiten Weltkriegs aus. Wie die Panzerwaffe nach vorne orientiert ist, so blickt auch Josef in die Ferne. Josef schaut den Betrachter des Bildes nicht an, sein Blick schweift in die Weite, ins Unendliche. Er sieht sich mit einer Aufgabe konfrontiert. Er vermittelt dem Betrachter einen unbeteiligten Eindruck und vermittelt gerade hierdurch den Eindruck des soldatischen Pathos. Das distanzierte Szenario des Soldatenporträts löst Zweierbeziehungen tendenziell auf und erleichtert damit zugleich die zukünftige Trennung (durch den Tod), die material bereits vollzogen ist, denn der Soldat befindet sich im Felde. Das rechte Auge ist etwas mehr zugekniffen als das linke, welches offen und klar in die Ferne blickt. Die Kamera fokussiert das eindrucksvolle Kinn. Beim Betrachten rücken dadurch die imposante Nase und der sinnliche Mund ins Zentrum des Bildes. Seine Lippen umspielt der Anflug eines bitter-süßen Lächelns. Der Gesichtsausdruck ist freundlich, optimistisch, jedoch mit einer Andeutung von Melancholie. Die im Ausdruck präsentierte Ambivalenz spiegelt die Doppelbödigkeit der Lebenssituation: Josef ist stolz, Soldat der Panzerwaffe zu sein, gleichzeitig jedoch mit dem potentiellen Soldatentod konfrontiert. Seine gesamte Ausdrucksgestalt repräsentiert diese Ambivalenz. Seine Entscheidung, so und nicht anders dreinzuschauen, läuft auf die Entscheidung für einen »Typ des Dreinschauens« und einen Typ des »Aussehens« hinaus. Dieses »Dreinschauen« wird somit »sozialtypisch«. Das Muster, welches er aus seinem Fotomusterrepertoire auswählt, ist das Muster des »feierlichernsten«, sich mit seiner Aufgabe identifizierenden Soldaten. Josef, zum Zeitpunkt des Aufnahmetermins gerade neunzehn Jahre alt, identifiziert sich klar und naiv mit seiner Soldatenrolle – seiner Herkunft, seiner Ausbildung und seinem Milieu angemessen. Josef fällt nicht aus dem »Normalitätsrahmen«. Er verfügt aufgrund seines überdurchschnittlichen Ernstes über keine Handlungsalternative, um den Soldatenalltag mit etwas Humor zu sehen. Josef wurde mit einer neuen Situation konfrontiert, die es korrekt zu meistern galt. Er repräsentiert den Typ des »unflexiblen« Bauern, der, vor eine Situation gestellt, diese meistert, indem er »mit dem Kopf durch die Wand« geht. Hierzu ist eine möglichst »unkritische« Identifikation mit seiner Rolle auf der subjektiven wie objektiven Ebene notwendig.

Wir behaupteten, daß das Porträtfoto den Tod antizipiere. Kommen wir darauf zurück, dann müssen Reflektionen über den Typ des Panzerfahrers und seine Waffe, den Panzer, angestellt werden. Der im Zweiten Weltkrieg übliche Typ des deutschen, wie auch des französischen und englischen leichten Kampfpanzers (Panzer IV, SOMUA, Renault, Hotchkiss) hatte eine Besatzung von vier bzw. fünf Mann. Der Fahrer saß, vom Funker aus gesehen, links, an der verwundbarsten Stelle des Panzers. Er besaß wegen der spezifischen Konstruktion des Panzereinstiegs bei einem Treffer nur geringe Chancen, seinem »Stahlsarg« zu entkommen. Die Auseinandersetzung mit dem »potentiellen« Tod gehörte zum Alltag einer Panzerbesatzung und speziell zum Alltag des Panzerfahrers, der den Ein- und Ausstieg in Krisensituationen zu üben hatte. Hinzu tritt die Tatsache, daß in Frankreich Flammpanzer[395] eingesetzt wurden, die sich bei einem Treffer in ein »brennendes Benzinfaß« verwandelten.

Das folgende Zitat vermittelt einen plastischen Eindruck vom

Typ des Panzerfahrers, seiner Waffe und den Einsatzbedingungen. »Der Infanterist führt einen zermürbenden, stumpfsinnigen Kampf im Freien. Er ist seinen Feinden ungeschützt ausgeliefert. (...) Aber der Mann im Panzer läßt sich von der Hochstimmung, ja Überheblichkeit tragen, die die Beherrschung von 20 Tonnen rasselnden Panzerstahls verleiht, dieses feuerspeienden Ungetüms, das Mauern und Bäume glatt überrollt. (...) ›Aufsitzen!‹ Fünf Mann klettern durch die runde Einstiegluke auf dem Dach des starken Stahlturms und zwängen sich auf ihre Plätze. Fahrer, Funker und Kommandant können ihre Gesichter gegenseitig nicht sehen, aber alle drei sind an den Funkempfänger des Panzers angeschlossen. Auch der Richtschütze, der die 50 Millimeter Kanone bedient, und sein Kanonier haben Sprechverbindung. Die Außenwelt ist nur durch die Schlitze im Stahlpanzer zu erkennen, die gerade so schmal sind, daß keine Kugel eindringen kann. Es stinkt nach Treibstoff, Waffenöl und Schweiß. (...)

Sie befinden sich in einer fahrenden Bombe, zusammen mit Tausenden Litern von Treibstoff, 100 Granaten und 3750 Schuß MG-Munition in den Gurten. (...) Sie kennen die Folgen eines einzigen Fehlers: lebendig eingeschlossen zu werden in einem brennenden Panzer mit verklemmtem Turmluk, während die Flammen um die Munition züngeln. (...) Die Männer stellen eine Elite dar, die ebenso mutig ist wie ihre Kameraden auf den U-Booten. Ihre Kameradschaft wird durch die Gemeinschaft der Gefahr und des Rausches geschmiedet, hochkomplizierte und scheinbar unbezwingbare Maschinen zu beherrschen.«[396]

*Diese Allgegenwart des Todes schafft den sozialen Typ: Soldat der Panzerwaffe.*

Josef repräsentiert diesen Typ des verwegenen, technikorientierten, draufgängerischen Panzerfahrers. Dieser Eindruck, vermittelt durch das Foto, wird durch spätere Interviews mit Zeitzeugen und durch die Eintragungen in Josefs Kalender bestätigt.

Josef führt detailliert Buch über die Panzertypen (R-35, SOMUA, Hotchkiss), die er fuhr, und notiert ihr Gesamtgewicht. Die Panzerfahrer sahen sich neben Luftwaffe und Kriegsmarine als Elite der Wehrmacht.

Ausgehend von diesen Überlegungen können wir feststellen, daß der potentielle Tod dem Panzerfahrer permanent gegenwärtig war. Den durch Josef repräsentierten Typ begreifen wir als habituelle Präsentation des Panzerfahrers.

Gewinnen wir einen weiteren Eindruck vom Porträt (Nr. 1)? Schaut uns Josef auf dem Bild nicht so an, als »sei er schon tot«? Sieht er nicht so aus, als sei er bereits »gefallen«? Sein Ausdruck wirkt nahe und fern zugleich. Dieses Foto kann mit dem Satz »Ja, so war er«, präsentiert werden. Sein Blick spart die anderen Fotos vorbehaltene Intimität aus. Josef schaut uns an, und er schaut uns zugleich nicht an; er schaut durch uns hindurch in ferne Weiten, deren Horizont nur er ahnt. Das soldatische Porträt dieses Typs nimmt den Soldatentod prinzipiell vorweg. Diese Vorwegnahme wird in der vorliegenden standardisierten Form verstärkt. Der potentielle »Held« sendet den Hinterbliebenen vor seinem Tod ein Andenken an sein Leben und damit implizit an seinen vorweggenommenen Soldatentod. Im Elternhaus wird das Bild mit Eintritt des Soldatentodes mit einem Trauerflor versehen, in der »Guten Stube« an bevorzugter Stelle zur Geltung gebracht. Wir wissen, daß das vor uns liegende Foto bis zum Tode von Josefs Mutter (1954) in seinem Elternhaus im Wohnzimmer hing und erst danach entfernt wurde. Wir können von daher feststellen:

*Das vorliegende Porträt von Josef ist seine »ausgewählte« Selbstpräsentation für die Daheimgebliebenen.*

In historischer Perspektive war der Krieg die Möglichkeit des kleinen Mannes von zu Hause fortzukommen. Reisen beschränkten sich auf den Nahraum und hatten nicht in Ansätzen die Dimension moderner Mobilität, wie sie sich nach dem Zweiten Weltkrieg herausbildete. Zumindest bis zum Ende des Zweiten Weltkrieges bedeutete die biographische Phase des »Soldatseins« mehr, als sich der moderne Mensch vorzustellen vermag. Dieser Lebensabschnitt ermöglichte den Ausbruch aus dem engen Dorf- und Heimatmilieu. Er vermittelte einen Eindruck von Weite und Ferne, von Reisen und fernen Ländern.
M., der mit Josef zusammen im RAW Burbach eine Maschinenschlosserlehre absolvierte, erzählt, daß die »jungen Burschen nach der Lehre fort wollten«. Die jungen Gesellen, so erzählt er, warteten nach der Prüfung auf die Einberufung. Sie hatten »keine Lust mehr zu arbeiten«. Sie wollten »fort«. Die meisten hatten sich freiwillig zum Militär gemeldet, um in die Ferne zu gelangen.

Soldatsein erhöhte die Heimatidentität: *»Der war bei den Panzern.«* – *»Der hat bei den Husaren gedient.«* Man kehrte als Reservist zurück und war gegenüber den Zurückgebliebenen reicher an Erfahrungen, von denen man nun »ein Leben lang« zehrte. »Man hat sich den Wind um die Nase wehen lassen«.

Oft wird der Aufenthalt in der Fremde (oder nur das Reden davon) zum Anlaß unverwechselbarer Spitznamen. Ein Onkel Josefs, der mit der kaiserlichen Marine in China gewesen war, erhielt bekanntlich den Dorfnamen »Marine-Jäb«, der ihm bis zu seinem Tode anhaftete. Noch heute erinnert man sich an ihn unter diesem Namen. Als Soldat hatte man den Dienst am Vaterland abgeleistet. So erinnern sich selbst noch heute Menschen aus dem Dorf, die nicht mit Josef befreundet waren oder mit ihm in engerem Kontakt standen, an die Tatsache, daß Josef »bei den Panzern war, denen mit der schwarzen Uniform«.

Erst die Auswirkungen des Faschismus führten im Deutschland der Nachkriegszeit zu einer Umbewertung der Soldatenrolle, die wir in anderen europäischen Ländern (Schweiz, Frankreich) durchaus noch in ihrer alten Bedeutung finden. Der junge Josef erfüllte seine Pflicht der Familie und dem Dorf gegenüber, und dazu gehörte das Porträtfoto als Dokumentation dieser Pflichterfüllung.


## Heimat in der Fremde?

Bei den nächsten fünf Fotos (Nr. 50-54) handelt es sich um private Aufnahmen, die einer Sequenz von insgesamt neun Bildern entnommen sind. Alle neun Aufnahmen aus dem »Soldatenmilieu« wurden von einem Amateurfotografen, von Josef oder einem seiner Freunde, in »natürlicher Umgebung« aufgenommen. Bemerkenswert ist diese Fotosequenz – im übrigen mit hoher Wahrscheinlichkeit die einzige von Josef, die noch existiert bzw. die überhaupt existierte – insofern, als sie die jungen Soldaten in ländlicher Umgebung zeigt. Wir werden auf diesen Umstand später noch zurückkommen.

Unter die Kategorie »private Fotos« fallen solche von Gruppen von Soldaten, Einzelfotos und Abbildungen, die militärische Einsätze dokumentieren: Fotos, die den Soldaten mit »seinem« Panzer und dem anderen »Gerät« zeigen. Den Ausdruck »sein Pan-

*Bild 50:* Josef mit Freund Hermann.

zer« möchten wir hier wörtlich nehmen, denn noch heute werden die Panzer von den Interviewpartnern anhand der Turmnummern und anderer Einzelheiten erkannt.

Auf allen Fotos von Josef, über die wir verfügen und die teilweise aus seinem Nachlaß stammen oder uns von seinen ehemaligen Kriegskameraden zur Verfügung gestellt wurden, postiert sich Josef draußen auf freiem Feld dem Fotografen. Lediglich[397] auf zwei Abbildungen ist Josef in der Nähe eines Panzers zu sehen. Allerdings ist er aufgrund der weiten Entfernung zwischen Fotograf und Aufnahmeobjekt nur ungenau zu erkennen (Bild 43).

*Bild 51:* Josef mit den Freunden Hermann und Edmund.

Zunächst wollen wir die Sequenz kurz beschreiben, um dann fünf Fotos eingehender zu analysieren. Vier Aufnahmen zeigen die drei Freunde (Hermann, Josef und Edmund) mit einem schweren normannischen Ackerpferd. Nur Josef sitzt allein auf dem Pferd; bei seinen Freunden wird Hilfestellung geleistet. Zwei Fotos zeigen die Dreiergruppe der Freunde, Josef beidemal in der Mitte, zwei Bilder zeigen Edmund und Hermann, ein Bild Josef und Edmund, eins Josef und Hermann, und zwei Fotos (Nr. 52 und 53) Josef alleine: einmal auf dem Pferd, einmal am Wiesenrain. Wir werden nun fünf Fotos eingehender betrachten.

Auf drei Aufnahmen (Nr. 50, 51 und 54) postiert sich Josef mit einem (Edmund) bzw. zwei (Hermann und Edmund) Kamera-den. Ein schweres Arbeitspferd bildet den Fokus der Bilder 53 und 54.

Das erste Foto (Nr. 52) aus dieser Reihe, welches wir näher be-trachten wollen, fängt von allen »privaten« Fotos den Geist des »Militärs« am stärksten ein.

Der 1,75 m große Josef präsentiert sich in militärischer, der soge-nannten »Rühren-Haltung«, die Füße etwas auseinander, die Arme hinter dem Rücken verschränkt, die Körperhaltung gelok-kert. Er trägt die schwarze Ausgehuniform der Panzerwaffe, das Koppel umgeschnallt, die Pistole im Halfter. Auf allen Bildern der Sequenz ist Josef der einzige, der eine Pistole trägt. Der pri-vate Charakter des Fotos steht im Kontrast zur militärischen Hal-tung. Dieser Kontrast wird durch den Hintergrund, den situati-ven und räumlichen Rahmen, den sich Josef für diese Aufnahme wählt, verstärkt. Der Rahmen verweist nicht auf eine spezifische Landschaft Frankreichs oder Deutschlands. Josef wählt einen ländlichen Hintergrund, einen Feldrain, einen Waldrand. Er postiert sich in ländlicher Umgebung, am Rande eines »Sommer-waldes«. Josef wählt keinen typisch regionalen Hintergrund (markanter Bezugspunkt) wie der Tourist, um mitzuteilen: »Schaut mal her! Das bin ich in Rouen. Da bin ich auch durch-gefahren.« Nein, er wählt eine regional indifferente, »typisch« ländliche Umgebung. Josef ist in einer ländlichen Region aufge-wachsen, ist ein Mensch vom Lande, er läßt sich entsprechend abbilden: In der Fremde, mit einem Stück Heimat im Rücken, postiert er sich quasi im »Zuhause«, »Dehemm«. So verschafft er sich in der Fremde ein Stück Heimatkulisse. Die Fremde wird mit der Hintergrundwahl ins Heimatliche transponiert. In dieser Landschaft, vor diesem Hintergrund fühlt er sich sicher, wohl, heimisch. Josef ist fort von zu Hause, ohne offen zu sein für die Fremde, in die er durch das Militär geworfen wurde.

Er träumt von seiner Heimat und versucht, sie am Aufnahme-standort zu entdecken. Uns ist bekannt, daß Josef den Heimat-kontakt auf eine Art und Weise aufrechterhält, die für sein Mi-lieu, seine Herkunft, sein Alter, sein Soldatsein zumindest unge-wöhnlich ist. Täglich schreibt er seiner Freundin, die er nur zwei-mal länger gesehen hat, mindestens jeden Tag eine Karte, mehr-mals in der Woche einen knappen Brief. Der Heimatkontakt reißt nicht ab. Heimat ist permanent präsent.

*Bild 52:* Josef am Wiesenrain.

Die Situierung im heimatlichen Hintergrund markieren die folgenden Fotos (Nr. 53 und 54) noch prägnanter.

*Bild 53:* Josef mit Pferd.

Eines zeigt Josef auf dem Rücken eines schweren, ungesattelten normannischen Ackergauls, ein anderes zeigt seinen Freund Edmund auf demselben Pferd. Josef hat das zaumlose Tier fachmännisch im Griff, indem er seinen linken Arm um den Nasenrücken des Pferdes gelegt hat. Der Hintergrund verrät, daß beide Fotos zur selben Zeit aufgenommen wurden. Wie bei den anderen Fotos ist der Hintergrund indifferent, eine Viehweide in der »normannischen« Landschaft.

Wir können die Produktionszusammenhänge dieser Bilder in einer plausiblen Geschichte – die sich im übrigen durch ein Interview mit Hermann K. bestätigte – fassen:

Während eines sonntäglichen Spaziergangs in der Umgebung von Yvetot sehen die Freunde auf einer Weide Pferde. Sie beschließen

*Bild 54:* Josef mit Pferd und Freund Edmund.

bei dieser Gelegenheit, sich mit einem Pferd aufnehmen zu lassen.
Die Tiere repräsentieren ein Stück Heimat. Sie wählen für ihre
Erinnerungen und als Botschaft an die Daheimgebliebenen einen
vertrauten Weltausschnitt, ein sicheres und vertrautes Motiv:
»Ganz wie zu Hause!« Mit Arbeitstieren kennt sich der Bauernsohn Josef aus: Mit ihnen ist er aufgewachsen. Der sichere Halte-
griff an der Nase verrät, daß Josef genau weiß, wie ein Pferd zu
zügeln ist. Sein Freund Edmund sitzt sicher und locker, die rechte
Hand in die Hüfte gestützt, auf dem Tier. Beide postieren sich in
»halbmilitärischer« Haltung: gerade, aufgerichtet, den rechten
Arm an die rechte Hüfte angewinkelt. Diese Haltung gibt Sicherheit. Josef sitzt in der schwarzen Montur der Panzerfahrer, ohne
umgeschnallte Pistole, aber mit Koppel, auf dem ungesattelten
Arbeitspferd, den rechten Arm wiederum in die Hüfte gestützt.

Er weiß, wie man auf einem Pferd zu sitzen hat, er strahlt Beherrschung und Sicherheit aus. Seinen Freund Edmund, der sich weniger mit Pferden auskennt, unterstützt Josef bei der Pferdeaufnahme. Edmund sitzt auf dem Pferd, Josef hält das Pferd mit sicherem Griff, »Da kann schon nichts passieren!«. Diese Fotos steigern das Heimatliche auch optisch. Waren wir bislang auf »Hypothesen« angewiesen, so zeigen die Pferdeaufnahmen, wie stark Josef innerlich immer noch mit seinem Heimatmilieu in Verbindung steht.

Auch auf eine Widersprüchlichkeit verweisen diese Fotos. Der technisch interessierte Panzerfahrer Josef präsentiert sich nicht mit einem (seinem) Panzer oder militärischem Gerät (wie andere Soldaten), sondern in der Weite der Landschaft mit einem schweren Arbeitspferd, einem Tier, das durch die Einführung der Hochtechnologie im militärischen Bereich immer weiter zurückgedrängt wurde. Der Panzerfahrer Josef, Bediener der Waffengattung, die das Pferd im militärischen Bereich verdrängt hat – Panzereinheiten ersetzten die früheren »Kavallerieeinheiten« –, wählt als Motiv seiner Erinnerungsfotos das Pferd.

Oder ist der Typ des Panzerfahrers, den Josef repräsentiert – der Soldat, der die Erde mit seinem militärischen Gerät buchstäblich aufwühlt, tiefe Wunden schlägt und zerstört –, letztlich doch der naturverbundene Mensch, der sich im warmen »Uterus« des Panzers nur scheinbar geborgen fühlt und von einer tiefen inneren Sehnsucht nach der Natur durchdrungen ist, die er entgegen seinem inneren Verlangen, aber unter militärischem Zwang, permanent verletzt? In seiner Freizeit müßte er dann notwendigerweise den Kontakt zur Erde erneut herstellen, um sich mit der geschändeten Natur innerlich zu versöhnen und die zerstörte Harmonie zu restituieren.

Wir haben hinlänglich Fotobeispiele aus Josefs Kompanie, in denen sich die Kameraden mit ihrem militärischen Gerät präsentieren, um obige Behauptung aufrechtzuerhalten.

Drängt hier das verschüttete andere Bewußtsein zutage, das Bewußtsein des Bauern und Landmenschen, der sich nur dann wohl und sicher fühlt, nur dann mit sich selbst in Einklang lebt, wenn er auf dem Rücken eines Pferdes sitzt oder beim Halten desselben mit beiden Füßen auf dem Boden stehen kann, fest verankert in der weichen, duftenden Erde? Dann umgibt ihn nicht der Motorenlärm und der Ölgestank der Panzer, sondern der Geruch des

Ackers und der Tiere. Drängt hier jenes Bewußtsein an die Oberfläche, welches mit seinen ungleichzeitigen Elementen (Bloch) den Faschismus ermöglichte, in eben jenem Widerspruch zwischen der Maschine, die sich Bahn bricht, und dem emotionalen Kern, der die Landmenschen in ihrem Bann behält und den die Nationalsozialisten ausnützten, um Menschen zu steuern?

## Freunde in der Fremde

Nehmen wir nun ein weiteres Foto (Nr. 50) in näheren Augenschein, so werden weitere Kontraste greifbar. Das Bild zeigt zwei »Kumpels«, zwei Jungen, die befreundet sind, die diese Kameradschaft mit dem Foto dokumentieren wollen. Sie stehen eng beieinander in der Weite eines Feldes der Normandie. Je einen Arm haben sie in die Seite gestützt, den anderen locker um die Hüfte des Freundes bzw. auf seine Schultern gelegt. Josef schaut skeptischer, wirkt nachdenklich, leicht verkrampft, ungelenk. Der Freund lächelt verschmitzt optimistisch in die Kamera. Josefs Haltung erfährt etwas Steiferes dadurch, daß er seinen abstützenden rechten Arm energischer in die Hüfte stützt, die Hand dem Betrachter zugewandt. Die Hand des Freundes ist nach hinten geknickt, er wirkt dadurch lockerer. Aufschlußreich ist hier erneut die Landschaft, die Wahl des Hintergrunds: »Wie zu Hause.«
Signifikant im Bezug zu den anderen Fotos: Zum Aufnahmezeitpunkt der Fotos war Josef neunzehn Jahre alt. Das erste Foto (Bild 1, S. 20) reiht ihn »alterslos« ein in die Reihe der »Helden«, die für »das Vaterland kämpfen und sterben«. Beim ersten Foto ist das Alter des »Helden« nur schwer zu bestimmen, ähnlich beim zweiten Foto (Bild 52). Die Uniform, die militärische Haltung erschweren eine Altersbestimmung. Anders dieses Foto (Bild 50): Wüßte man nicht, daß die Abgebildeten eine militärische Uniform tragen, könnte es sich nach der Komposition des Bildes auch um zwei eng befreundete Pfadfinder handeln, die sich im Zeltlager fotografieren lassen. Beim letzten Foto (Nr. 51) sitzen die drei Freunde im Gras und lächeln den Betrachter an. Der Gedanke an einen Pfadfinderausflug liegt hier noch näher. Das militärische Outfit ist fast nicht mehr zu identifizieren. Weil sich die »Jungs« ohne Kopfbedeckung präsentieren, tritt der soldatische Zug um den Mund zurück, die Gesichter wirken weniger hart, runder, die Gesichtszüge weicher, jugendlicher, friedlich.

# Die Ahnentafel

## I. Was zeigt die Ahnentafel?

Sie zeigt die Ahnen, das sind die Vorfahren, von denen man abstammt, also die Eltern, Großeltern, Ur-großeltern usw.

Geschwister, Onkel, Tante, Vetter und Base sind keine Ahnen und werden daher n i c h t in der Ahnentafel aufgeführt.

## II. Aufbau der Ahnentafel

1. Am linken Rand sind die A h n e n r e i h e n unter den römischen Ziffern I bis V verzeichnet.
2. In den Reihen sind die einzelnen Ahnen aufgeführt, z. B. Großvater, Großmutter, und zwar väterlicherseits und mütterlicherseits.
3. Jeder Ahne trägt eine Z i f f e r. Die Ziffern stehen untereinander in einer bestimmten Beziehung, z. B. männliche Ahnen haben gerade Ziffern, weibliche ungerade, Ziffer des Kindes ist die Hälfte der Ziffer des Vaters usw. Suche diese Beziehungen auf!

## III. Woher bekomme ich die Angaben zur Eintragung in die Ahnentafel?

1. Soweit als möglich von den S t a n d e s ä m t e r n ; sie werden seit 1. Januar 1876 einheitlich im ganzen Reich geführt, in Preußen seit 1. Oktober 1874.
2. Aeltere Angaben sind aus den K i r c h e n b ü c h e r n zu erhalten, die von den Pfarrämtern geführt werden und bis in die Zeit vor dem Dreißigjährigen Krieg zurückreichen.
3. A n d e r e Q u e l l e n : Angaben von Verwandten, Aufzeichnungen in alten Familienbüchern, z. B. in alten Bibeln und Gebetbüchern, auf Grabsteinen usw., jedoch nicht unbedingt zuverlässig.

## IV. Wie erreiche ich die Angaben?

1. Durch p e r s ö n l i c h e Einsichtnahme gegen geringe Gebühr (z. B. 10 Rpf beim Standesamt).
2. Durch s c h r i f t l i c h e Anforderung. Das Anforderungsschreiben hat die Form des kaufmännischen Briefes und soll alle Angaben enthalten, die die Auffindung erleichtern.

   a) G e w ü n s c h t e Angaben über einen Ahnen; am besten in Form eines b e g l a u b i g t e n A u s-z u g e s aus dem Register, z. B. Geburtsschein, Heiratsschein, Todesschein gegen Gebühr von 20 Rpf für jede Abschrift.

   b) G e n a u e beglaubigte A b s c h r i f t e n der Eintragungen in das Register (beweiskräftige Urkunden) kosten bei den Standes- und Pfarrämtern je 60 Rpf; in besonderen Fällen teilweiser Erlaß der Gebühren, für Minderbemittelte kostenlos.

## V. Warum brauche ich eine Ahnentafel?

1. Um meine Vorfahren kennen zu lernen. Pflege des Familiensinnes.
2. Um meine A b s t a m m u n g n a c h z u w e i s e n , ob arisch oder nicht arisch, z. B. bei Bewerbung um eine Stelle im Staats- oder Gemeindedienst, bei Ehestandsdarlehen, Eintritt in den Arbeitsdienst oder Wehrdienst, für Reichsbürgerbrief.
3. Um wichtige Aufschlüsse über die V e r e r b u n g von körperlichen, geistigen und seelischen Eigenschaften zu bekommen (besonders wichtig bei Erbkrankheiten; daher z. B. Angabe von Todesursache in der Ahnentafel).

## VI. Weitere familienkundliche Arbeiten

1. Aufstellung einer N a c h f a h r e n t a f e l :
   Sie geht von einem Elternpaare aus und bringt dann sämtliche Nachkommen, z. B. nicht nur die Großeltern als meine Ahnen wie die Ahnentafel, sondern sämtliche Kinder der Großeltern mit deren angeheirateten Frauen oder Männern, also auch Onkel, Tante, Vetter, Base.
2. S t a m m f o r s c h u n g :

   a) Aufstellung einer S t a m m t a f e l :
   Sie ist ein Teil der Nachfahrentafel. An der Spitze steht der Name des Stammvaters bzw. des Stammelternpaares. Dann folgen die Kinder (Söhne und Töchter), aber nicht die Ehegatten der Söhne, wohl aber ihre Kinder, und nicht die Ehegatten der Töchter, auch nicht ihre Kinder. Alle verzeichneten Personen tragen somit ein und denselben Familiennamen.

   b) Aufstellung eines S t a m m b a u m e s :
   Er enthält dieselben Namen wie die Stammtafel, nur ist die Anordnung eine andere; er wird gewöhnlich in der Form eines Baumes dargestellt (Stammbaum), dessen Stamm der Stammvater bildet, während die Reste und Zweige die übrigen Nachfahren darstellen, die ebenfalls den gleichen Familiennamen tragen.
3. S i p p s c h a f t s t a f e l :
   Sie bringt sämtliche Verwandten und ist somit am umfangreichsten.
4. N a m e n k u n d e und W a p p e n k u n d e geben ebenfalls oft wichtige Anhaltspunkte für die Familienforschung.

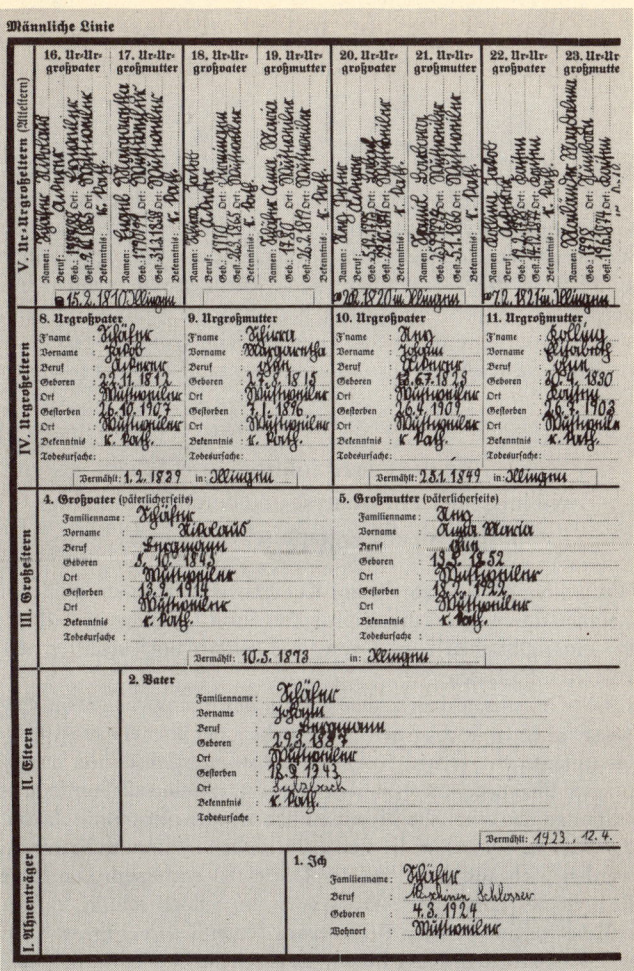

*Dokument 8:* Von Josef erstellte Ahnentafel, väterliche Linie.

249

# 7 Zusammenfassung und Schlußfolgerungen –
## Jugend zwischen Kreuz und Hakenkreuz

Unsere Abschlußreflexion wird verschiedene Aspekte der Biographie Josef Schäfers aufgreifen und unter einer allgemeinen sozialisationstheoretischen Perspektive diskutieren. Wir werden hierdurch verdeutlichen, daß Elemente seiner Biographie einen Einblick in die Vorstellungs- und Gedankenwelt von Dorfjugendlichen in der Periode des Nationalsozialismus vermitteln, wodurch sich eine allgemeine Linie abzeichnet, die eine Sozialisationstheorie des Nationalsozialismus in ihren Konturen erkennen läßt.

## Zur Person des Panzersoldaten Josef Schäfer –
## Ergebnisse der Fotoanalyse und deren Einbindung
## in den sozio-biographischen Kontext

Wir greifen an dieser Stelle auf Kontextwissen aus dem größeren Rahmen unseres Forschungsprojektes zurück, um den gezeichneten biographischen Umriß von Josef Schäfer noch schärfer hervortreten zu lassen.

Josefs Gesichtsausdruck, den wir auf den Fotos vorfinden, verweist auf einen introvertierten Menschen, der über ein ausgeprägtes Innenleben verfügt. Josef Schäfer ist ein Mensch mit ausgeprägter Phantasie, die es ihm ermöglicht, in seinen Zukunftsprojektionen das dörfliche Milieu zu überwinden. Er träumt davon, die Welt zu sehen, in die Ferne zu reisen, Lokomotivführer zu werden, sich aus der Enge des Dorfes zu entfernen. Die harte Realität des familiären Alltags wirft ihn jedoch ständig zurück und verweigert ihm die Realisierung seiner Träume. Er muß auf dem Feld arbeiten, Kühe hüten, die elterliche Landwirtschaft aufrechterhalten.

Der Zwiespalt zwischen Idee und Wirklichkeit prägt Josefs Charakter und Weltsicht.

Josef wächst im katholisch geprägten, konservativen, ländlichen Milieu des mittleren Saarlandes auf. Seine Erziehung orientiert sich an den in diesem Milieu vorherrschenden Wertmaßstäben:

unpolitisch mit konservativer Grundtendenz, obrigkeitsgläubig, religiös.

Die Krankheit des Vaters konfrontiert Josef früh mit dem »Ernst des Lebens«, was unmittelbar zur zunächst versteckten, später offenen Konfrontation mit dem Vater führt. Diese wird nicht ausgelebt, da Josef zum Militär eingezogen wird und sein Vater während dieser Zeit 1943 stirbt. Die rekonstruierte Familienstruktur verweist auf eine familiale Koalition zwischen der Mutter und dem ältesten Sohn (Josef) gegenüber dem Vater. Beide bilden innerfamiliär das Pendant zum Vater. Da dieser Konflikt nicht offen ausgetragen wird, sublimiert Josef ihn u. a. durch träumerische Zukunftsvisionen. Dieser träumerische Grundzug Josefs tritt bereits bei der Betrachtung des Porträts (Nr. 1) deutlich zum Vorschein und verstärkt sich bei der Analyse der weiteren Bilder. Josefs Leben (wir skizzieren diese Interpretationsfolie lediglich) wird gerahmt durch eine, auch in den Bildern auffindbare, biographisch-lebensweltliche Dichotomie:

*familialer Konflikt*
Mutter – Vater

*Glaubenszwiespalt*
Katholik – Hitler-Junge

*Berufsentscheidung*
Bauernsohn – Maschinenschlosser/Panzerfahrer

*Militärische Notwendigkeiten*
Pferd – Panzer
Ackerlandschaft – Zerstörung der Landschaft

*Gesichtsausdruck*
sinnlicher, fast weiblicher Mund – harte soldatische Züge

*Gesamtproblem*
Heimat – Fremde

Einige Aspekte dieser Dichotomie wollen wir an dieser Stelle noch einmal in Erinnerung rufen.

Wir wissen, daß der Vater wünschte, daß Josef den Beruf des Bauern ergreifen sollte. Er kaufte Acker- und Weideland hinzu und begann, die materielle Basis für eine Vollerwerbslandwirtschaft zu schaffen. Zunächst orientiert sich Josef an den Wünschen des Vaters und plant, Bauer zu werden. Sein Vater wird ihn mit zwei Argumenten zu überzeugen gewußt haben:

1. Der Bauernstand war in den dreißiger Jahren ein hoch geachteter Stand, der zudem über seine eigenen »Produktivkräfte« verfügte und selbständiges Arbeiten ermöglichte.
2. Als Alternativberuf stand zunächst nur der Bergmanns- oder Hüttenarbeiterberuf zur Disposition, beide mit Gefahren für Leib und Leben verbunden.

So ist die Alternative des »freien«, im Dorf angesehenen Bauern für den jungen Josef einsichtig. Gegen diesen Wunsch wehrt er sich im Laufe der Zeit; zunächst innerlich und dann auch offen. Er erlernt einen industriellen Beruf (Maschinenschlosser) und bricht mit dieser Entscheidung aus dem familialen und dörflichen Normalitätsrahmen aus. Josef plant seinen sozialen Aufstieg.

Damit wird dem Vater-Sohn-Zwiespalt, der sich etwa im Bereich der bäuerlichen Arbeit manifestiert, seine vordergründige psychische Brisanz genommen, da der kranke Vater Herr auf seinem Hof ist und die Präsenz des gesunden Sohnes nur schwer akzeptieren kann. Diesen Konflikt kann Josef auch deshalb nicht offen austragen, da der Vater als kranker Mensch nur über wenig physische Kraft gegenüber seinem kräftigen Sohn verfügt. Diese familiale Konstellation zwingt Josef, den Konflikt auf einer anderen Ebene auszutragen, nämlich in der Sphäre sozialer Mobilität.

Die Mutter unterstützt das Ausbruchsbestreben ihres Ältesten, worin sich retrospektiv Aspekte ihres eigenen Ausbruchs aus ihrer Herkunftsfamilie (Internatsschule, Heirat) manifestieren. Josef träumt von einer anderen Welt, die sich von der engen dörflichen Welt seines Vaters vollkommen unterscheidet. Josef entflieht dem mächtigen Vater und begibt sich in die Arme eines mächtigeren »Vaters«, in die Arme des Staatsunternehmens Reichsbahn und dann später der Wehrmacht. In beiden Lebensbereichen wird Josef mit institutionell definierten Handlungsvorgaben und -varianten konfrontiert, die er kaum modifizieren kann.

Die Rollen, Bauernsohn, Lehrling und Soldat, die Josef angeboten werden, verweigern ihm prinzipiell die angestrebte persönliche Autonomie, da seine Kompetenzen nicht ausreichend ausgeprägt sind, um gestalterisch tätig zu werden.

Josef ist der Älteste der Geschwister. Auf ihm ruhen die Hoffnungen der Mutter wie des Vaters. Er ist der Lieblingssohn der

Mutter, die ihn zu behüten und zu beschützen sucht, was wiederum den Widerstand ihres Sohnes herausfordert, der sein Leben selbst gestalten will. Josef wird als »Draufgänger« und vitaler Junge geschildert, der sich nur schwer in die elterliche Ordnung fügt. Erst übergeordneten Autoritäten in der Lehrwerkstatt und im Militär kann sich Josef willig unterordnen.

Beide Male begegnet er Autoritäten in doppelter Weise: Einmal der Autorität des Meisters während der Berufsausbildung und zum anderen der des militärischen Vorgesetzten. Beide repräsentieren andererseits eine übergeordnete Autorität: Reichsbahn bzw. Wehrmacht (Staat), deren Macht Josef nicht anzweifeln kann. In beiden Bereichen sieht Josef die Möglichkeit, selbst Autorität zu werden, was ihm der Vater zu Hause prinzipiell verwehrt. Die Berufswahl »Bauer« oder »Bergmann« hätte den Vater-Sohn-Konflikt nicht zu lösen vermocht, da der Vater im landwirtschaftlichen und bergmännischen Gebiet einen ständigen »Vorsprung« vorweisen konnte. Wir können davon ausgehen, daß die Mutter Josefs Berufswahl passiv unterstützte, denn aufgrund der Aktivitäten des ältesten Sohnes gewinnt die Mutter im Dorf an Prestige und Ansehen. Ihr Sohn ist ein guter Fußballspieler, ist Meßdiener, dient bei den Panzern. Josef weicht seinem biographischen Dilemma aus: Er erlernt einen »modernen«, technischen Beruf und meldet sich »freiwillig« zum Militär. Durch beide Entscheidungen erhält er seinem Vater gegenüber einen Vorteil, den dieser niemals einholen kann, da er Bergmann und Bauer war und zudem nicht im Militär gedient hat.

Dies verweist auf zweierlei: einmal, daß sich Josef seinem Vater gegenüber durchsetzt, ihm dokumentiert, daß er es in der Dorfgemeinschaft zu etwas bringen kann, und zum anderen auf Josefs Bedürfnis, außenorientiert zu agieren, um sich und seiner Umwelt seine Fähigkeiten zu beweisen. Beide Züge treten erneut zutage, als Josef sich in der Wehrmacht als eifriger Soldat erweist und nach ca. achtzehn Monaten Dienst zum Unteroffizier befördert wird, nachdem er zuvor die notwendigen Lehrgänge absolviert und sich als entsprechend guter Soldat erwiesen hatte.

In den hier beschriebenen Zusammenhängen zwischen familialer Sozialisation, Berufswünschen, Wunsch nach besserem Leben etc. zeichnet sich das Dilemma der Moderne ab. Der Wunsch nach persönlicher Autonomie, Selbstbestimmung und nach Selbstverwirklichung trägt, als Konsequenz objektiver sozialer und kultureller Sachverhalte, im Zeitalter des Faschismus bereits seine Negation in Gestalt des Vernichtungskrieges in sich. Mit diesem Dilemma sieht sich Josef während der Militärzeit – wir haben oben die biographisch-lebensweltliche Dichotomie als Manifestation diese Dilemmas aufgezeigt – konfrontiert. Seine Mutter gleichfalls in doppelter Weise. Sie verliert ihren Sohn an die Welt im übertragenen Sinn (Moderne, Reichsbahn und Militär) und im Konkreten, als Josef im Verlauf der Invasionskämpfe in Frankreich fällt. In den nun folgenden Überlegungen tritt das beschriebene Dilemma noch deutlicher hervor.

Josef ist ein gradliniger, im katholischen Glauben verwurzelter Mensch. Unkritisch identifiziert er sich mit ihm zugewiesenen Rollen, als Lehrling bei der Reichsbahn und später als Soldat.

Josef war kein »Nazi«, er hat sich mit dem politischen System und der Aufgabe der Wehrmacht nie kritisch auseinandergesetzt. Die dazu notwendigen geistigen Grundlagen wurden ihm und vielen seiner Altersgenossen nie vermittelt.

Freundlich, offen, politisch uninteressiert, kontaktfreudig, technisch begabt und aufnahmebereit, sind er und viele seiner Altersgenossen dazu prädestiniert, als Soldaten in der technisch kämpfenden Truppe zu dienen.

Der Unteroffizier Josef ist bei seinen Kameraden, deren Vorgesetzter er wird, nach wie vor beliebt, weil er nach seiner Beförderung keine »Feldwebelallüren« an den Tag legte. Die Tatsache, daß sehr viele Kameraden ebenfalls Saarländer sind, mit denen er sich im heimatlichen Dialekt verständigen kann, wirkt sich auf den Jugendlichen, der zum ersten Mal für längere Zeit seinen Heimatort verlassen hat, emotional stabilisierend aus. Josef hat ein Stück Heimat in der Fremde gefunden. Somit verfügt er über eine »emotionale Nische«, die bewirkt, daß er seine Träume aufrechterhalten kann. Zugleich hat ihm das »Soldatendasein« die Möglichkeit geschaffen, seinen Traum von Weite und Ferne zu verwirklichen, eine Möglichkeit, der Enge der Heimat zu entfliehen, seinem »mächtigen« Vater zu entkommen. Trotzdem hängt Josef sehr an seiner saarländischen Heimat, ihn plagt Heimweh. In diesem weiteren konkreten Dilemma ist er gefangen. Er will in die Ferne, in der Fremde sehnt er sich zurück in seine Heimat. Dieses Dilemma löst er recht geschickt. Sein Heimweh kompensiert er durch eine »militärische« Haltung, durch »kompromißlosen« Einsatz. Außer Dienst gilt er als ein guter Kamerad, im

Dienst als ein »zuverlässiger Soldat«. Seine unkomplizierte und dem System gegenüber unkritische Haltung bestätigt sich, wenn wir uns vor Augen führen, daß Josef und seine Kameraden von der alliierten Invasion völlig überrascht wurden, obwohl ein zentrales Orientierungsmuster der Besatzungstruppen in Frankreich, spätestens seit der Kommandoübernahme durch Rommel, die bevorstehende alliierte Invasion war.

Die Brücke zur Heimat stellt der tägliche Briefkontakt zu seiner Freundin her. Josef führt Tagebuch, um die Abwesenheit von zu Hause zu überbrücken. Das Tagebuch und der Brief an die Freundin helfen Josef, den Kontakt aufrechtzuerhalten, und stiften damit Heimatkontinuität. Im Taschenkalender notiert Josef die Ereignisse, die er für später konservieren will. Da wird der Heimaturlaub bedeutender als die Beförderung zum Gefreiten.

Der Freundin gegenüber präsentiert sich Josef nicht als ein strahlender Held, als mutiger Soldat, sondern als liebender und zärtlicher Mann. Soldatenerlebnisse werden in den Briefen und Karten nicht erwähnt. Josef gewinnt so Abstand zum Alltag des Soldaten und kann sich in eine friedliche und weniger rauhe Welt versetzen. Tagebuch wie Briefe helfen Josef, Abstand zum militärischen Geschehen zu halten. Er muß sich aus dem Trubel und der Enge der Unterkunft zumindest geistig zurückziehen, sich in der Phantasie die Freundin, die Rückkehr aus dem Kriege, das Dorf vorstellen. Damit schafft er einen Raum, der ausschließlich sein eigener ist. Dieser Raum ist Heimat im doppelten Sinne.

Die Soldaten im Feld tauschen Adressen von Briefpartnerinnen in der Heimat aus oder diese werden ihnen über die Truppenbetreuung vermittelt. So erhält auch Josef vier Adressen von Mädchen. Mit Maria O. unterhält Josef, wie bereits dargestellt, seit dem Jahre 1943 einen regelmäßigen täglichen Briefkontakt. Er will seine Freundin nach übereinstimmender Aussage seiner Kameraden nach Ende des Krieges heiraten. Will er sie nicht verlieren, so muß er durch Permanenz des Geistigen persönliche Abwesenheit überbrücken. Per Briefkontakt ist Josef in der Lage, eine innige Liebesbeziehung zu Maria O. zu etablieren, an die sie sich heute noch wehmütig erinnert.

Diese Tatsache ist um so bemerkenswerter, als keiner der Kameraden sich an einen Soldaten erinnern kann, der gleichfalls eine derart intensive Korrespondenz führte. Wir müssen uns vor Augen halten, daß Josef nicht aus einem »schriftorientierten« Milieu stammte, in dem Briefeschreiben zur basalen Kompetenz gehörte, was Josef um so mehr aus seinem Milieu heraushebt. In diesem Verständnis etablieren Briefe einen doppelten emotionalen und identifikatorischen Kontakt zur fernen Heimat. Das Vaterland ist vor dem inneren Auge des Soldaten in Gestalt einer Frau präsent und konkretisiert sich in einer Person, die persönliche, individuelle Zukunft verspricht. Um im »Felde« zu funktionieren, um als Soldat bereit zu sein, sein Leben zu geben, muß dem Soldaten eine Idee suggeriert werden, für die er bereit ist, sein Leben zu wagen und letztendlich auch zu verlieren. Eine solche Idee kann jedoch nicht nur abstrakte Muster enthalten, sondern sie muß für das Individuum direkt faßbar sein.

Während des Zweiten Weltkrieges konkretisierte sich eine dieser Ideen in der Parole »Für Führer, Volk und Vaterland«. Die Identifikation fordernden Begriffe »Führer«, »Vaterland« und »Heimat« formten die zentralen Orientierungsmuster, die soldatischer Existenzweise Sinn gaben. Als Ganzes generieren sie jedoch die motivationalen Orientierungs- und Identifikationsbereiche. In den Nachrichten aus der Heimat, im Brief der Ehefrau, der Kinder, der Freundin, erfahren diese Muster eine personalisierte Konkretion, die dem sinnleeren Leben des Soldaten einen rückwärtigen (Heimat) und zugleich zukünftigen Sinnhorizont (Sehnsucht nach dem zivilen Leben) offeriert. Dem unverheirateten Soldaten, der für sein Vaterland, seine Heimat kämpft, muß dieses Vaterland als persönliches Bild nahegebracht werden. Die noch unbekannte Brieffreundin dient dem unverheirateten Soldaten als »potentielle« Ehefrau, als »Familienersatz«. Heimat erhält eine liebliche Gestalt.

Dieser emotionale Kontakt mit der Heimat erfüllt mehrere Funktionen, die Josef alle darin unterstützen, ein »guter Soldat« zu sein. Er schreibt »seiner Maria«, was ihm einen permanenten inneren Kontakt mit der Heimat sichert. Er ist in Frankreich und ist es zugleich nicht, solange der tägliche Brief oder die tägliche Karte noch nicht abgeschickt ist. Nur so erhält er den inneren Abstand, der ihn als Soldat funktionieren läßt. Zugleich verhindern diese Mechanismen, daß die jungen Soldaten in Opposition zum NS-Regime geraten.

Eine Soldatenbiographie kann als Verlaufskurve betrachtet werden und ist tendenziell als Fallkurve zu bestimmen, bei der das Ende, und hierbei handelt es sich unmittelbar um den Tod oder um Verstümmelung, unabwendbar vorherzusehen ist, wie das bei den deutschen Soldaten spätestens seit Stalingrad der Fall war. Jeder mußte auf seine Weise mit dem Leben abschließen, wie die Beispiele aus Josefs Biographie zeigen. Alle hatten einen Funken Hoffnung auf eine persönliche Zukunft reserviert, der sich jedoch allzu oft in nichts auflöste. Plausible Handlungsgrundlage bieten in dieser »Krisensituation« nur die Kontakte zu den Kameraden, mit denen man im Felde steht und ein gleiches Schicksal teilt, sowie personalisierte Kontakte mit der Heimat, die Zukunft versprechen.

Bedeutsam bei der objektiv-hermeneutischen Analyse von Fotos sind die jeweilig differenten pragmatischen Bedingungen, die vom Gesichtsausdruck bis zum Typ des Fotos reichen. Das Porträtfoto ist zu sehen als Institution mit einer spezifischen Funktion für den privaten Alltag. Das Porträt hilft, Schlüsse zu ziehen in Richtung einer Rekonstruktion prägender familialer Strukturen, erlaubt jedoch weniger Aussagen über individuelle Fallstrukturen. Fotos können durch ihre Typologie und ihre inhaltlichen Aussagen auf die Möglichkeit der Rekonstruktion individueller Fall- und Persönlichkcitssirukturen verweisen. Sie dokumentieren habituelle Ausprägungen und deuten damit auf soziale Struktur.

Wir haben mit unserer Fotoanalyse unter Anwendung des Verfahrens der objektiven Hermeneutik gezeigt, daß dieses Verfahren, wie Oevermann behauptet, in der Lage ist, Strukturelemente zu rekonstruieren.

Die historische Einbettung von Josefs Leben erhält einen doppelten Rahmen. Josef gewinnt zum einen Kontur als Individuum mit allen personentypischen Rahmenelementen (Familie, Freunde, Freundin, Kameraden). Zum anderen gewinnt seine Person Gestalt als Typus des dörflich-proletarischen, katholischen Jugendlichen seiner Generation. Seine Typisierungen und Weltdeutungen bilden den Rahmen zur Darstellung und Interpretation der ideologischen Faktoren, die die Lebenswege der Soldatengeneration prägten.

# Sozialisation während des Faschismus

Zwei sekundäre Sozialisationsinstanzen formten im bäuerlich-proletarischen Milieu während der nationalsozialistischen Herrschaft diesen Menschen- und Soldatentypus:

Zum *einen* boten die nationalsozialistischen Jugendorganisationen (Jungvolk, HJ, BDM) die Möglichkeit, sich von familiären, schulischen und religiösen Fesseln zu lösen, Gemeinschaft zu erleben und einen »jugendgemäßen« Lebensstil zu pflegen. Die Nationalsozialisten nutzten die Gemeinschafts- und Erlebensbedürfnisse der Jugendlichen geschickt und füllten sie mit nationalistischem und rassistischem Gedankengut. Von der HJ-Uniform, über Fähnleinnamen, Ausflüge, Segelfliegen, Motor-HJ, bis hin zu Zeltlagern, Erntedank- und Sonnenwendfeiern wurde das jugendliche Gemüt und das jugendliche Bedürfnis nach Gemeinschaft und Geborgenheit angesprochen.

Zum *anderen* wurden in der reichseinheitlichen Berufsausbildung »Eisen erzieht« bei der Reichsbahn die Prägungen, die durch die HJ erfolgten, verstärkt oder, falls noch nicht vorhanden, nun täglich propagiert. Die Ausbilder bei der Reichsbahn formten ein Elite- und Kaderbewußtsein, welches u. a. dafür verantwortlich ist, daß sich ein Großteil der Lehrlinge freiwillig zur Wehrmacht, Luftwaffe, Kriegsmarine oder zur Waffen-SS meldete.

Bezüglich der Faktoren, die in der nationalsozialistischen Zeit für die Identitätsbildung von Jugendlichen bedeutsam waren, hat Klafki[398] acht Wirkungsfaktoren herausgearbeitet:

- Personengebundene Faktoren (Familie)
- Signifikante Bezugspersonen (Freunde)
- Teilnahme an Institutionen/Organisationen (Schule, HJ, RAD etc.)
- Symbolisch-atmosphärisch wirkende Faktoren (Aufmärsche)
- Propaganda
- Gegentendenzen/Subkulturen
- Distanzschaffende Schlüsselerfahrungen (Krieg, Opfer)
- Hitler-Idol

Diese Faktoren werden wir noch um einige weitere ergänzen, die Klafki aufgrund seiner methodischen Ausrichtung entgangen sind. Er stützt sich bei seiner Arbeit auf Autobiographien, die jedoch immer bereits stilistisch, inhaltlich und sprachlich bereinigt sind. Wir dagegen berücksichtigen insbesondere die Faktoren, die Unterschicht und Alltagskultur dominieren, und weniger diejenigen, die Mittel- und Oberschichtkultur reflektieren. Unsere Studie erweitert den Blick außerdem um subjektive Anteile.

Abschließend werden familiäre, berufliche und militärische Deutungs- und Verhaltensmuster, alltägliche Orientierungen und Typisierungen von Josef festgehalten. Diese Darstellung wird ergänzt durch die Herausarbeitung der Gedanken und Beweggründe, die junge Menschen dem NS-System gegenüber so wenig widerstandsfähig machten.

Unsere Deutungen basieren auf sozialisationstheoretischen Entwürfen, wie sie etwa von Döbert/Nunner-Winkler und kürzlich von Rosenthal[399] vorgelegt wurden. Diese ermöglichen eine abschließende Analyse des NS-Sozialisationsprozesses, der in der Biographie Josef Schäfers deutlich wird. Eine allgemeine Sozialisationstheorie des Nationalsozialismus wird in ihrem Bedingungsrahmen angedeutet.

Während seiner späten Kindheit und Adoleszenz wurde Josef mit Widersprüchen konfrontiert, die seine biographischen Entscheidungen, wie wir gezeigt haben, stark beeinflußten. Diese Widersprüchlichkeit gewinnt für seine Herkunftsregion – für das Saarland – idealtypischen Charakter: Wir können davon ausgehen, daß Josefs Lebensweg keine Ausnahme darstellt. In einen Sozialisationsprozeß sind fünf Milieus involviert, die sich in ihrer Haltung zum Nationalsozialismus unterscheiden und deren inneren und extern assoziierten Widersprüchen Josef ausgesetzt ist: Josef mußte diese Widersprüche bearbeiten, um eine widerspruchsfreie Biographiekonstitution, die lebensentscheidend ist, zu erreichen. Bei den fünf Sozialisationsmilieus handelt es sich um:

1. das familiäre,
2. das dörfliche,
3. das schulische,
4. das betriebliche und
5. das militärische Sozialisationsmilieu.

Die von den unterschiedlichen Milieus geprägten Widersprüche mußte er in sein Leben integrieren, denn mit diesen Widersprüchen wurde er permanent konfrontiert.

# Die Sozialisationsmilieus

*Familiäres Sozialisationsmilieu*

Josefs Herkunftsmilieu kann als katholisch und den traditionellen bäuerlichen Werten verhaftet charakterisiert werden. Seine Familie repräsentiert den katholisch-bäuerlichen Familientyp des Dorfes. Im Dorf sind in den zwanziger und dreißiger Jahren mehrere Familienmilieus zu unterscheiden. Diese Milieus, die sich teilweise überschneiden, verfügen über typische Differenzierungsmerkmale:

– Katholisch-bäuerliches Milieu,
– Bergmannsbauernmilieu,
– (Berg-)Arbeitermilieu,
– Kleinbürgerliches Milieu, Angestellten-, Beamten- und Handwerkermilieu, zu dem auch die wenigen selbständigen Handwerker zu rechnen sind.

Sicher scheint, daß Josefs Familie in jenen Teil des Dorfes integriert ist, der gänzlich vom bäuerlichen und vom Bergmannsbauernmilieu dominiert wird (Ortsteil Wustweiler, Im Eck). Wustweilerhof und Hosterhof wurden vom Arbeitermilieu mit überschneidungen zum Bergmannsbauernmilieu bestimmt. Das kleinbürgerliche Milieu organisiert sich über die Ortsteile hinweg eher in den Vereinen und politischen Gruppierungen und weniger räumlich. Das bäuerliche Milieu ist aufgrund seines katholisch-religiösen Grundzuges tendenziell antietatistisch und antinationalsozialistisch[400] orientiert.

Diese Haltung resultiert weniger aus einer bewußten politischen Entscheidung, als vielmehr aus der Angst vor dem Antichristen, zweitens aus Abscheu gegenüber denjenigen, die so laut schreien, um an die Macht zu kommen und doch nichts zu sagen haben, und drittens aus Ablehnung gegen die, die ihr Schäfchen ins Trockene bringen wollen.

Es ist die Angst vor dem lauten und unkontrollierten Ausbruch der Emotion, der sich hier äußert. Der ungleichzeitige Kern (Bloch) der nationalsozialistischen Ideologie wird von diesem Bevölkerungsteil instinktiv abgelehnt.

Vor diesem Hintergrund, der typische Deutungsmuster reproduziert, wächst Josef auf. Er muß nach 1935, spätestens nach dem »formalen« Eintritt in die HJ (1939), biographische Entscheidungen treffen, die ihn in Widerspruch zu seiner Familie bringen. Er kann sich nicht offen als Anti-Nationalsozialist zu erkennen geben, will er im Dorf nicht von seiner Altersgruppe isoliert werden. Diese Aussage wird verdeutlicht, wenn wir das dörfliche Milieu als Sozialisationsmilieu näher in Augenschein nehmen.

*Dörfliches Sozialisationsmilieu*

Das Dorf der dreißiger Jahre wurde nicht mehr vom »traditionellen« Milieu dominiert. Die »lauten Kräfte« bestimmten mehr und mehr, teilweise durch Verfälschung und Manipulation, das Dorfgeschehen. Mit der Rückkehr des Saargebietes ins Deutsche Reich (1935) setzte sich das kleinbürgerliche Milieu endgültig durch und forderte nun von Josef und seinen Altersgenossen Entscheidungen, die partiell von den Deutungsmustern seines Herkunftsmilieus abwichen.

Josef war auf vielfältige Weise mit dem Milieu seines Dorfes verwoben. Einmal gewinnt Josef durch seinen kräftigen Körperbau und seine sportlichen Kompetenzen, verbunden mit seiner persönlichen Durchsetzungskraft, die er sich als Ältester in der Familie angeeignet hat, eine Führungsposition in seiner Peer-group. Josef organisiert Fahrten zu seinen Verwandten nach Hüttersdorf, an denen seine Freunde teilnehmen. Auf den Fotos ist Josef stets in der Mitte abgebildet, er legt seinen Arm fürsorglich um die Schultern seiner Freunde oder befindet sich im Mittelpunkt des Familienbildes. Er spielt im örtlichen Fußballverein erfolgreich Fußball, woran sich Kameraden von damals noch heute erinnern. Aufgrund dieser Einbindung in die dörfliche Sozialstruktur kann er sich dem Druck des nationalsozialistischen Systems (Sportler) nur schwer entziehen; zum anderen ist er Meßdiener und muß nun zwischen zwei konträren Welten pendeln.

*Schulisches Sozialisationsmilieu*

Das schulische Sozialisationsmilieu, welches eng mit dem dörflichen verbunden ist, zeichnet sich durch einige Besonderheiten aus, die für die nationalsozialistische Zeit »untypisch« sind. Wie wir gesehen haben, waren die Lehrer keine Nationalsozialisten, eher »deutsch« orientiert und zugleich streng katholisch. Um als Staatsbeamte nicht anzuecken, da stets zu befürchten war, daß sich Spitzel und Denunzianten, wenn u. U. auch unfreiwillige, unter die Schüler »mischten«, äußerten sie jedoch keine Kritik. Die HJ-Gruppe Wustweiler versammelt sich zu ihren Gruppenstunden gegen den latenten Widerstand der Lehrer im Schulhaus. Für die Jugendlichen wird der Ort des Lernens zugleich der Ort der ideologischen Indoktrination, wogegen die Lehrer nichts unternehmen. So paßten sich die Lehrer dem nationalsozialistischen Herrschaftssystem, wenn sie es auch vielleicht innerlich ablehnten, äußerlich an. Dieser Zwiespalt bleibt den Schülern nicht verborgen. Sie erfahren, wie sich ihre »Schulautoritäten«, die auch im Dorf einen hohen sozialen Status haben, vor der Übermacht der lauten Kräfte »ducken«. Man erzählt, wenn auch hinter vorgehaltener Hand, daß es im Dorf Denunzianten[401] gab, deren Kinder die Schulbank mit den anderen drückten.

## Betriebliches Sozialisationsmilieu

Das Ausbildungsmilieu bei der Deutschen Reichsbahn schließlich wird gänzlich von Nationalsozialisten beherrscht. Die Peergroup Josefs, in der er wiederum eine »führende« Position innehat, ist nun anders strukturiert. Ihr gehören auch, das können wir im nachhinein feststellen, nationalsozialistisch orientierte Jugendliche an. Die Lehrer und Ausbilder sind allesamt Parteimitglieder. Josef muß sich nun in diesem industriellen Milieu seinen Weg suchen. Hier ist der endgültige Bruch mit seinem bäuerlichen Herkunftsmilieu angelegt. Das nationalsozialistische Milieu des RAW ist zugleich das in die Zukunft weisende Milieu, welches die Jugendlichen in den Bann schlägt. Idealtypisch zeigt sich an Josefs Biographie das Schicksal des Bauern, der sich in das Milieu der modernen Industrie begibt und dem kaum noch Ent- und Ausweichmöglichkeiten offenstehen. Sozialisationstheoretisch liegt es nahe zu vermuten, daß Josef im RAW auch selbst nun verstärkt nationalsozialistisches Gedankengut internalisiert, um die Distanz von seinem Herkunftsmilieu, dem Milieu des Vaters, zu vergrößern. Er tut dies in Ansätzen und findet einen »Ausweg« aus seinem Entscheidungsdilemma: Er wird Soldat! Die endgültige Entscheidung (in bezug auf Vater und Nationalsozialismus) wird zunächst vertagt.

## Militärisches Sozialisationsmilieu

Das militärische Sozialisationsmilieu ist gleichfalls vom Geist des Nationalsozialismus durchdrungen. Das gesamte Erziehungs- und Ausbildungssystem des Nationalsozialismus war letztlich darauf ausgerichtet, die Jugendlichen – und das galt für männliche wie weibliche gleichermaßen – auf den Dienst (als Soldat; als Mutter und Frau) vorzubereiten. Der »Soldat der Arbeit« hatte auch bereit zu sein, als Soldat an der Front zu sterben. Die »Eingrenzung der geistigen Disziplinen sollte also zu einem guten Teil Raum für Sport und Wehrsport schaffen, ein unverzichtbares Erziehungsmittel auf dem Wege zum neuen deutschen Menschen«[402] sein, wie Manfred Messerschmidt feststellt. So galt die ideologische Gleichschaltung als höchster Grundsatz, »in ihr sollte die Erziehung des Soldaten gipfeln. Gedacht war an die Verschmelzung von militärischer und ideologischer Erziehung.«[403] Zwar konnte dieses Ziel nicht in jedem Fall erreicht werden, angestrebt wurde es jedoch. Ziel von Bildung war im Nationalsozialismus nicht mehr die »Verlebendigung des Kulturbesitzes«, sondern die Produktion von »Glaube, Heroismus und blinder Gefolgschaftsbereitschaft«[404], die den willfährigen Soldaten zum Ziel hatte. So dominierte in den »Erziehungskonzepten des Nationalsozialismus (...) der Gedanke der Mobilisierung des Menschen, vor allem des jungen Menschen, für die Gemeinschaft.«[405] »Folgerichtig setzte Hitler eine Stufenfolge im Erziehungsablauf fest, die am ehesten die Mobilisierung der völkischen Kraft garantieren konnte. An erster Stelle stand das ›Heranzüchten kerngesunder Körper‹, danach die Ausbildung der geistigen Fähigkeiten, primär die Entwicklung des Charakters und die Förderung der Willens- und Entschlußkraft – verbunden mit der Erziehung zur Verantwortungsfreudigkeit.«[406] Diese Leitideen prägen das militärische Milieu, in dem sich Josef erfolgreich betätigt und Karriere macht. Das Milieu der Panzereinheiten weist einige Besonderheiten auf, die zusätzlich beachtet werden müssen. Die Angehörigen der Panzertruppe betrachteten sich neben Luftwaffe und Marine als Eliteeinheit der deutschen Wehrmacht. Josef wird Mitglied dieser Eliteeinheit, deren »Esprit de Corps«, der noch in den Interviews 45 Jahre nach Ende des Zweiten Weltkrieges zu spüren ist, den jungen Josef entscheidend formt. Stolz trägt er während seines Urlaubs in seinem Heimatdorf die schwarze Uniform der Panzerfahrer. Er identifiziert sich mit seiner Soldatenrolle und dem Auftrag der Wehrmacht. Josef wird Unteroffizier.

Das Militär bietet Josef die Möglichkeit, sich endgültig aus dem traditionell-dörflichen Milieu loszulösen. Die etappenweise vollzogene Ablösung aus dem Elternhaus findet hier ihren Schlußpunkt.

Wir können nun auf das einführende Motto von Adolf Hitler zurückkommen. Es ist den Nationalsozialisten mit ihrer rassen- und eliteorientierten Erziehung gelungen, die Bindung an die traditionellen-wertgebenden Milieus aufzulösen und die Jugendlichen und jungen Erwachsenen ganz in den Dienst der »größeren Sache« zu stellen. »Diese Jugend, die lernt ja nichts anderes als deutsch denken, deutsch handeln.« Aus diesem Dienst sind viele nicht mehr herausgekommen, andere kämpfen noch heute mit den Überresten.

# 8 Nachwort

>Die Vergangenheit ist nicht tot, sie ist noch
nicht einmal vergangen.«       (Christa Wolf)

>Man will von der Vergangenheit loskom-
men; mit Recht, weil unter ihrem Schatten
gar nicht sich leben läßt, und weil des Schrek-
kens kein Ende ist, wenn immer nur wieder
Schuld und Gewalt mit Schuld und Gewalt
bezahlt werden soll; mit Unrecht, weil die
Vergangenheit, der man entrinnen möchte,
noch höchst lebendig ist. Der Nationalsozialismus lebt nach, und bis heute wissen wir
nicht, ob bloß als Gespenst dessen, was so
monströs war, daß es am eigenen Tode noch
nicht starb, oder ob es gar nicht erst zum
Tode kam; ob die Bereitschaft zum Unsägli-
chen fortwest in den Menschen wie in den
Verhältnissen, die sie umklammern.«
(Theodor W. Adorno)

Mehr als drei Jahre sind vergangen, seit wir Josef Schäfers Kalender fanden, der letztlich den Anstoß gab, der Alltagsgeschichte
des Faschismus in einem saarländischen Dorf, unserem Heimatdorf, nachzuspüren und seine Entwicklungslogik zu rekonstruieren. Unser theoretischer Ansatz geht davon aus, daß mit der
mikrologischen Durchleuchtung des Besonderen (Alltag im Dorf
und Biographierekonstruktion Josef Schäfers) zugleich das Allgemeine in seiner übergreifenden Struktur erfaßbar wird. Allgemei-
nes und Besonderes sind, wie wir an Josefs Biographie zeigten,
eng ineinander verwoben. Erst im jeweils Gegensätzlichen gewinnen sie ihre spezifische Form. Unser Projekt, welches seinen
Fortgang finden wird, sehen wir im Spannungsfeld von Lebensläufen in Deutschland:

*Führer – Verführte*
*Führer – Geführte*
*Verfolger – Verfolgte*

Das Spannungsfeld von Kontinuitäten und Diskontinuitäten von Lebensläufen wird in seiner inneren Komplexität und Verwobenheit mit der aktuellen Geschichte deutlich.

Wir haben mit dem nunmehr vorgelegten biographischen Forschungsprojekt begonnen, ohne uns zunächst über Reichweite, Umfang und zeitliche wie physische Belastung eines derartigen Unterfangens im klaren zu sein. Aus einem Nebeninteresse wurde in den vergangenen Jahren ein Hauptinteresse. Unsere Studie forderte uns einen stetig wachsenden zeitlichen Aufwand ab aus dem Bewußtsein heraus, daß es dringlich an der Zeit ist, Überlebende des Faschismus zu befragen. Diese Vergangenheit, von der wir einen Ausschnitt zur Sprache gebracht haben, lebt noch immer fort. Sie ist nicht allein Vergangenheit, sondern bestimmt unsere Gegenwart mehr, als uns bewußt ist.

Wir wollen, im Sinne Adornos, mit der Aufarbeitung der Vergangenheit nicht einen Schlußstrich unter die Barbarei des Vorgestern ziehen und ins Übermorgen davoneilen, sondern zum Einhalt und zur Besinnung anregen.

Unser Projekt fand seinen vorläufigen Abschluß in der historisch bedeutsamen Phase der Wiederherstellung der Einheit Deutschlands. Uns wurde im vergangenen halben Jahr deutlich, wie wenig in den beiden deutschen Staaten über den Faschismus nachgedacht, wie wenig tatsächlich »*aufgearbeitet*« und in welch hohem Maße »*verdrängt*« wurde.

Es ist an der Zeit, den Nationalsozialismus in all seinen Facetten zu bearbeiten und ins Bewußtsein zu rücken. Im Zuge der Aufarbeitung des Stalinismus gerät die faschistische Zeit allzu leicht aus dem Blickfeld.

Unser nächstes Projekt ist bereits in der Planung. In den Tagen der Auslieferung dieses Buches finden erneut Interviews und Gespräche statt. Wir beabsichtigen, der jüdischen Geschichte in der Alltagsgeschichte eines kleinen Marktfleckens nachzuspüren und die Überlebenden des Holocaust zu Wort kommen zu lassen. Nicht große Worte der Versöhnung sollen eine Rolle spielen, sondern alltägliche, solche, welche dem Antisemitismus Tag für Tag erneut Gestalt verleihen. Auch in unserem kommenden Projekt werden wir die Biographie eines Menschen in den Mittelpunkt stellen und daran orientiert das historische Milieu rekonstruieren.

Es ergibt sich in der Lebensgeschichte des Josef Schäfer mit unserer eigenen Biographie eine persönliche und kulturelle Koinzidenz. Josefs Generation ist unsere Elterngeneration, so daß es nicht vermessen ist zu behaupten, daß Leben, Denken und Fühlen unserer Generation direkt von den Bedingungen beeinflußt ist, die wir in dem vorliegenden Buch beschreiben. Wir beide sind in dem Dorf aufgewachsen, das auch Josefs Heimatdorf war. Dies schuf Nähe, vielleicht manchmal zuviel davon, verhalf uns zu unerwartetem Datengewinn, schuf aber oft auch Beklommenheit, wenn Personen genannt wurden, Namen aus unserem Bekanntenkreis, aus unserer Vergangenheit, die in das faschistische System integriert gewesen waren. Während der Gespräche und Interviews zu diesem Buch lebte die Vergangenheit wieder auf. Die Gesprächspartner erzählten, wenn sie vom Krieg und von der nationalsozialistischen Periode berichteten, aus ihrer Jugendzeit, einer Zeit, die für sie einen eminent hohen biographischen Stellenwert hat. Sie erinnern sich detailgetreu; über Kameraden, die seit vierzig Jahren tot sind, wird berichtet, als hätten sie gestern noch mit ihnen geredet. Über Josef wurde oft in der Präsensform berichtet, er blieb in lebendiger Erinnerung. Josef überlebt in den Schilderungen seiner Freunde und Kameraden. Die Jahre, die seit seinem Tod vergangen sind, verschwimmen im Einerlei der Geschichte, die Phase des Krieges bleibt lebendig in der Erinnerung. Daraus erklären wir uns die oft verblüffende Offenheit, mit der die Menschen uns begegneten und von damals berichteten. Wir wurden vertraut mit dem Leben und Denken der damaligen Zeit: im Dorf, in der Region, beim Militär.

Sehr früh wurde uns, die wir in den frühen fünfziger Jahren geboren sind, bewußt, daß wir mit diesem Buch auch ein Stück unserer eigenen (verschütteten) Vergangenheit ans Licht gehoben haben. Unsere Eltern entstammen demselben Milieu wie Josef. Der Vater eines Autors, wie Josef Schäfer Jahrgang 1924, wurde im Krieg schwer verwundet und starb in den sechziger Jahren an den Folgen seiner Verwundung.

Während der Ausarbeitungen wurde uns immer wieder deutlich, wie stark unser heutiges Leben mit den damaligen Ereignissen verwoben ist, auch wenn wir biographisch völlig andere Wege gingen.

Unsichtbaren Fäden gleich legt sich ein Gewebe von Ereignissen, Familien und Namen über das Heute und hält das Vorgestern und Gestern am Leben. Das Dorfgeschehen der Nachkriegszeit wurde teilweise von Personen bestimmt, die auch in der Zeit des Faschismus schon das Sagen hatten. Ehemalige ortsgewaltige Nazis sind uns in persönlicher Erinnerung geblieben. Sie engagierten sich in der Nachkriegszeit in politischen Parteien oder in örtlichen Vereinen, fuhren stolz mit ihren Motorrädern durch das Dorf, schlugen uns Kinder hin und wieder.

Pastor Schulz erzog auch uns in seinem bereits damals antiquierten Katholizismus, prügelte uns im Religionsunterricht und sorgte dafür, daß einer von uns nicht Meßdiener werden durfte. Die pensionierten Lehrer Marx, Recktenwald und Schorr waren uns wohlbekannt; sie hatten ihre Ehrenplätze während des Gottesdienstes und ermahnten hie und da unbotmäßiges Benehmen von uns Kindern während der Messe.

Eduard Maas, der einzige, der im Dorf aktiv Widerstand gegen das NS-System geleistet hatte, wurde uns als »gottloser Mensch« geschildert. Sein Grab, in einer isolierten Ecke des Friedhofs, wurde als das »Grab eines Atheisten« bezeichnet. Es wurde nie mit Blumen oder Sträuchern geschmückt, sondern war mit grauen Kieselsteinen bedeckt. Auf seinem Grabstein war folgender Bibelspruch zu lesen: »Richtet nicht, auf daß ihr nicht gerichtet werdet« (Matth. 7,1). Uns Kindern kam bei Erwähnung seines Namens das Grauen. Bei der Beerdigung von Eduard Maas im Jahre 1950 hatte der Leiter der Volksschule die Schüler auf den Friedhof geschickt, damit sie mal sahen, wie ein Gottloser, ohne kirchlichen Beistand, von der »Gemeinde[407] beerdigt« wurde.

Peter Schmidt, »Kommunisten-Pit« genannt, ein Freund und Parteigenosse von Eduard Maas, war uns seit Kindesbeinen bekannt. Erst allmählich und ängstlich näherten wir uns zu Beginn der siebziger Jahre diesem letzten im Dorf verbliebenen Kommunisten, ohne seine politischen Anschauungen zu teilen, und mußten mit Erstaunen feststellen, wie verfälscht sämtliche Angaben über Peter Schmidt gewesen waren. Niemand hatte sich je ernsthaft mit ihm auseinandergesetzt und ihm Respekt gezollt. Kurz vor seinem Tode, im Jahre 1988, führten wir ein langes Gespräch über seine Biographie mit ihm, das noch der Auswertung harrt. Er gab uns damals wertvolle Hinweise, die auch in das vorliegende Buch eingingen.

Zum Schluß möchten wir allen Mitgliedern von Josefs Familie, seinen Jugendfreunden, Arbeitskollegen und Kameraden aus der Kriegszeit, den Archiv- und Bibliotheksmitarbeitern, Gesprächspartnern, Gewährspersonen, den Menschen im Dorf, die uns unterstützten, und allen Fachkollegen, die uns mit Rat und Tat zur Seite standen, unseren herzlichen Dank aussprechen. Ohne diese Menschen, für welche die Gespräche oft auch Anlaß zur Aufarbeitung ihrer eigenen Vergangenheit waren, wäre diese Studie nicht zustande gekommen.

Wir schließen unser Buch und kommen dem Wunsch eines Kriegskameraden von Josef, eines Panzerfahrers und Überlebenden des nationalsozialistischen Wahnsinnskrieges, nach, der uns bat, seinen Herzenswunsch allen Lesern mitzuteilen:

*Nie wieder Krieg!*

*Bild 55:* Deutscher Soldatenfriedhof La Cambe bei Bayeux/Frankreich.

# 9 Anmerkungen

1 Aus einer Rede Adolf Hitlers vom 4. September 1938 in Reichenberg. Abgedruckt in: Ursachen und Folgen, Bd. XI, Berlin o. J., S. 138 ff.

2 Vergleiche hierzu insbesondere die Beiträge der Reihe »Bayern in der NS-Zeit«, die im Oldenbourg Verlag erschienen ist. Ein Auszug ist enthalten in: Broszat, M./Fröhlich, E.: Alltag und Widerstand im Nationalsozialismus – Bayern im Nationalsozialismus. München und Zürich 1987. Vgl. u. a.: Focke, H./Strocka, M.: Alltag der Gleichgeschalteten. Wie die Nazis Kirche, Kultur, Justiz und Presse braun färbten. Alltag unterm Hakenkreuz. Bd. 3. Reinbek 1985. Focke, H./Reimer, U.: Alltag unterm Hakenkreuz. Bd. 1. Wie die Nazis das Leben der Deutschen veränderten. Reinbek 1979. Franzke, J., et al.: Der Zusammenbruch der Weimarer Republik als biographisches Ereignis. In: Kohli, M./Robert, G., a. a. O., 1984. Niethammer, L. (Hrsg.): Lebenserfahrung und kollektives Gedächtnis. Die Praxis der Oral History. Frankfurt/Main 1980.
Niethammer, L. (Hrsg.): »Die Jahre weiß man nicht, wo man die heute hinsetzen soll« – Faschismuserfahrungen im Ruhrgebiet. Lebensgeschichte und Sozialkultur im Ruhrgebiet 1930-1960. Bd. 1. Bonn 1983. Lüdtke, A.: Wo blieb die ›rote Glut‹? Arbeitererfahrungen und deutscher Faschismus. In: Lüdtke, A. (Hrsg.): Alltagsgeschichte. Zur Rekonstruktion historischer Erfahrungen und Lebensweisen. Frankfurt 1989.

3 Der Kalender erschien im Verlag Odé, Paris. Im Text und im Anhang werden auszugsweise Dokumente, Notizen, Fotos etc. präsentiert. Das Literaturverzeichnis enthält *nur* die für das Textverständnis zentralen Angaben.

4 Mit Brief vom 11. August 1986 teilt der Volksbund Deutsche Kriegsgräberfürsorge e. V. mit, daß keine Grablage von Uffz. Josef Schäfer bekannt ist.

5 Wir danken Frau Liesel Linnebach, Illingen, für die Aushändigung dieser Abschrift.

6 Nicht alle Interviewpartner waren in diesem Verzeichnis notiert. Von den saarländischen Kriegskameraden nur Ko. und B.; wahrscheinlich weil diese im Oktober 1943 an die Ostfront versetzt wurden. Aul. besuchte in den fünfziger Jahren Josefs Brüder Paul und Viktor. Im Anhang des Kalenders vermerkte Josef dessen heute noch gültige Anschrift, die es uns ermöglichte, ihn aufzuspüren. Von ihm erhielten wir weitere Anschriften. Die Kriegserlebnisse waren für Aul. derart zentral, daß er 1960 seine Hochzeitsreise in die Normandie zu Stätten seiner Soldatenzeit machte. Hierüber existiert ein Tagebuch.

7 Diesen Begriff prägte Bude 1984. Vgl. Bude, H.: Rekonstruktion von Lebenskonstruktionen – Eine Antwort auf die Frage, was die Biographieforschung bringt. In: Kohli, M./Robert, G. (Hrsg.), a. a. O., 1984.

8 In dieser Annahme bestätigte uns auch Ulrich Oevermann 1987 während eines Kolloquiums in Frankfurt.

9 Biographische Materialien lassen Rückschlüsse auf soziale Prozeßabläufe zu, die in biographischen Handlungsschemata, in institutionellen Ablaufmustern der Lebensgeschichte und in Verlaufskurven erkennbar werden. Indem Situationen, Lebensmilieus und soziale Welten Gestalt gewinnen, wird der soziale Rahmen der Biographiedarstellung konstituiert, der zur »Plausibilitätssicherung der Lebensgeschichte« (Schütze) gerade in Krisen und/oder hervorgehobenen Lebenssituationen notwendig ist. Wir gehen zunächst hypothetisch davon aus, daß diese Annahme auch auf die Kriegsereignisse zutrifft. Die Jugendlichen werden durch die Einberufung zum Militär aus ihren gängigen »Sozialträumen« herausgerissen und mit einer unbekannten Welt konfrontiert, in der sie sich zunächst orientieren müssen und grundsätzlich zurechtzufinden haben. Hierzu sind Orientierungs- und Deutungsmuster nötig, um eine plausible Handlungsgrundlage zu gewährleisten. Diesen Orientierungen, Deutungen und Typisierungen sind wir auf der Spur und hoffen, mit dem Verfahren der Objektiven Hermeneutik in dieser Richtung Ergebnisse zu erzielen. Vgl. Schütze, F., a. a. O., 1984, S. 70 ff., und Haupert, B., a. a. O., 1987.

10 Das Saargebiet wurde von 1920-1935 von einer internationalen Regierungskommission regiert, die dem neu gegründeten Völkerbund in Genf verantwortlich war. Der Begriff des *Status quo* bezeichnet die damals gültige Rechtsordnung.

11 Wir beziehen uns zur Begründung einer Erforschung der Geschichte des Alltags u. a. auf Peukert, der betont, daß eine Politikgeschichte der »Männer an den Schalthebeln« durch eine Perspektive ergänzt werden muß, die die Sicht der Bevölkerung aufzeichnet. Die Alltagsperspektive soll sich in kleinschrittigen regional und thematisch begrenzten Untersuchungen »vor Ort« entfalten. Die analytische Perspektive eines solchen Ansatzes soll »Mikro- und Makrodimensionen« verbinden. Vgl. Peukert, D. J. K.: Das »Dritte Reich« aus der »Alltags-«Perspektive. In: Archiv für Sozialgeschichte 26 (1986), S. 533. Vgl. des weiteren: Franzke, J., et al.: Der Zusammenbruch der Weimarer Republik als biographisches Ereignis. In: Kohli, M./Robert, G., a. a. O., 1984. Lüdtke, A. (Hrsg.), a. a. O., 1989. Niethammer, L. (Hrsg.): Lebenserfahrung und kollektives Gedächtnis. Die Praxis der Oral History. Frankfurt/Main 1980. Niethammer, L. (Hrsg.): »Die Jahre weiß man nicht, wo man die heute hinsetzen soll« – Faschismuserfahrungen im Ruhrgebiet. Lebensgeschichte und Sozialkultur im Ruhrgebiet 1930-1960. Bd. 1. Bonn 1983.

12 Eine Ausnahme bildet das bereits erwähnte Projekt des Instituts für Zeitgeschichte »Bayern in der NS-Zeit«. Vgl. Broszat, M./Fröhlich, E., a. a. O., 1987.

13 Im einzelnen standen uns folgende Materialien bzw. Quellen zur Verfügung:
   – Josef Schäfers Kalender mit Notizen aus dem Kriegsjahr 1943 mit einem ausführlichen Adressenteil,
   – Ansichts- und Glückwunschkarten, die Josef Schäfer während seiner Militärdienstzeit verschickte,
   – Fotos (aus verschiedenen Lebensabschnitten von Josef und des weiteren Fotos von Wustweiler),
   – Interviews mit seinen Brüdern, seiner Freundin, Schul- und Sportfreunden, ehemaligen Meßdienern und Kameraden aus der Ausbildungs- und Militärzeit,
   – Interviews mit den ältesten Bewohnern des Dorfes Wustweiler,
   – Interview mit einem ehemaligen Jungvolkführer,
   – Interview mit dem damaligen Chef der 6. Kompanie des Pz. Reg. 100,
   – Interview mit einer ehemaligen Hausgehilfin der Familie Schäfer,
   – Soldbücher, Zeugnisse, Bierzeitungen und andere unveröffentlichte Dokumente,
   – Archivalien,
   – Protokollbücher von Wustweiler Vereinen,
   – Beschlußbücher des Gemeinderates von Wustweiler,
   – Tages- und Wochenzeitungen, insbesondere: Neunkirchener Zeitung, NSZ-Rheinfront, Zeitung für das Ill-, Theel-, Prims- und Bohnental, Paulinus, Saar- und Blies-Zeitung und die Saarbrücker Zeitung.

14 Dieses Verfahren wurde von Ulrich Oevermann entwickelt. Wir verzichten hier auf eine detaillierte Darstellung dieser Vorgehensweise. Vgl. Oevermann 1976a, 1976b, 1976c, 1979, 1983 und in Oevermann 1986.

15 Vgl. Kohli, M. (Hrsg.): Soziologie des Lebenslaufs. Darmstadt und Neuwied 1978. Kohli, M./Robert, G., a. a. O., 1984. Kohli, M.: Die Institutionalisierung des Lebenslaufs. Historische Befunde und theoretische Argumente. In: Kölner Zeitschrift für Soziologie und Sozialpsychologie Heft 4, 1985.

16 Vgl. Bertaux, D., a. a. O., 1980; Niethammer, L., a. a. O., 1980, und Paul, S., a. a. O., 1989. Wir verzichten hier auf detaillierte Literaturangaben.

17 Die neuere Forschungsrichtung der sozialhistorischen Biographieforschung zielt auf ein vergleichbares Gebiet wie diese Studie. Insofern glauben wir, ist es nicht vermessen, uns auch in diesem Umfeld zu definieren. Spezifische Kontur gewinnt unsere Studie durch den Um-

stand, daß wir auch ein Stück Alltagsgeschichte und »Geschichte von unten« freilegen, indem wir eine *sozialhistorische* mit einer *biographie-soziologischen* Sichtweise verknüpfen. Vgl. Gestrich, A.: Sozialhistorische Biographieforschung. In: Gestrich, A./Knoch, P./Merkel, H.: Biographie – sozialgeschichtlich. Göttingen 1988. Vgl. auch Niethammer, L. (Hrsg.), a. a. O., 1983.

18 Die Forschungsgruppe »Dorsten unterm Hakenkreuz« verfolgt ähnliche Ziele. Vgl. Burkhardt, B., a. a. O., 1980; Hartwich, D./Stegemann, W., a. a. O., 1984; Stegemann, W., a. a. O., 1985 und Kirsch, R., a. a. O., 1984.

19 So rekonstruiert etwa Knoch krisenhafte biographische Verläufe während der Militärdienstzeit anhand von Feldpostbriefen. Vgl. Knoch, P.: Kriegserlebnis als biographische Krise. In: Gestrich, A./Knoch, P./Merkel, H., a. a. O., 1988.

20 Oevermann, U.: Versozialwissenschaftlichung der Identitätsformation und Verweigerung von Lebenspraxis: Eine aktuelle Variante der Dialektik der Aufklärung. (Ms.) Frankfurt 1983, S. 2.

21 Ebd.

22 Broszat, M./Fröhlich, E., a. a. O., 1987, S. 631.

23 Hierbei betrachten wir den Sozialisationsprozeß auf verschiedene Weise: Einmal aus der Perspektive der Betroffenen, zum anderen greifen wir auf Sekundärmaterialien zurück, die eine zeitgeschichtliche Einbettung erlauben. Dabei schälen sich die Denkfiguren (Muster) heraus, die für die Entfaltung einer nationalsozialistischen Geisteshaltung zentral waren.

24 Vgl. Gamm, Hans-Jochen: Führung und Verführung. Pädagogik des Nationalsozialismus (1964). München 1990. Klönne, Arno: Jugend im Dritten Reich. Die Hitler-Jugend und ihre Gegner. München 1990.

25 Zum Begriff der Kurzbiographie und den damit implizierten Annahmen vgl. Haupert, B., a. a. O., 1987, S. 56 ff.

26 Vgl. Hoppstädter, K.: Wustweiler. In: Saarbrücker Bergmannskalender 1951, S. 119 ff.

27 Zur Abstimmung über das Schulwesen vom 20.-23. 3. 1937 vgl. Jacoby, F., a. a. O., 1973, S. 196 ff.

28 Während einer Reise in die Normandie konnten wir anhand der Interviewangaben den Todesort Josef Schäfers rekonstruieren und auffinden.

29 Viele der Familien waren protestantisch-rheinischer oder -preußischer Herkunft.

30 Vgl. Haupert, B., a. a. O., 1987, S. 173 ff.

31 Paul, G.: »Deutsche Mutter – heim zu Dir!« Der Saarkampf 1933 bis 1935. Köln 1984, S. 31.

32 Von 333 497 sozialversicherungspflichtig Beschäftigten im Saarland im Jahre 1984 waren 52,5% Arbeiter und 37,8% Angestellte. Diese Be-

schäftigten verteilen sich folgendermaßen auf die Wirtschaftsbereiche:

| Wirtschaftsbereiche: | Saarland: | Bund: |
| --- | --- | --- |
| Land- und Forstwirtschaft | 0,5% | 1,2% |
| Produzierendes Gewerbe | 54,2% | 49,4% |
| Handel und Verkehr | 16,4% | 18,7% |
| Dienstleistungen | 28,9% | 30,7% |

Neben Baden-Württemberg verzeichnet das Saarland den höchsten Anteil an Beschäftigten im produzierenden Gewerbe mit jeweils über 50%. Das Saarland liegt mit 50%+ bei der prozentualen Betrachtung Arbeiter vs. Angestellte weit über dem Durchschnitt der Bundesrepublik.

33 Paul, G., a.a.O., 1984, S. 34.

34 Ebd.

35 Ebd. Vgl. auch: Bungert, G./Lehnert, C.: Vereine im Saarland. Saarbrücken 1988. Vgl. Bierbrauer, P.: Der industrialisierte Bauer. Von den Wurzeln saarländischen Selbstgefühls. In: Saarbrücker Hefte Nr. 63, 1990, S. 12-19.

36 Paul, G., a.a.O., 1984, S. 37.

37 Bzgl. der Bevölkerung der saarländischen Dörfer sei auf den sehr instruktiven Artikel von Jürgen Karbach verwiesen. Vgl. Karbach, J.: Bevölkerungszahlen des Saarlandes 1800-1910. In: Zeitschrift für die Geschichte der Saargegend XXXIV, 1986/87, S. 230.

38 Organisation ist hier im Sinne Goffmans (Goffman, E.: Frame analysis: An essay in the organization of experience, New York 1974; deutsch: Rahmen-Analyse, Frankfurt/Main 1977) zu verstehen. Es handelt sich um einen »Formierungs- und Ordnungsprozeß, in dem ein sozialer Sachverhalt als quasi-organisches Ganzes entsteht oder besser: fortwährend erzeugt wird« (Bergmann, J. R. : Klatsch: zur Sozialform der diskreten Indiskretion. Berlin, New York 1987, S. 57).

39 So pendelten im Jahr 1982 ca. 70% der in Illingen ansässigen Erwerbstätigen in den Raum Saarbrücken oder Neunkirchen. Über 65% dieser Pendler leben im eigenen Haus, auf eigenem Grund und Boden und von den restlichen 30% noch einmal ein sicherlich großer Teil bei Eltern und Verwandten. Untersuchungen zeigen, daß über 75% der Arbeitnehmer, selbst bei Arbeitslosigkeit und/oder einem höheren Lohnangebot nicht bereit sind, das Saarland zu verlassen. Vgl. Haupert, B., a.a.O., 1987.

40 Vgl. Ilien, A./Jeggle, U.: Leben auf dem Dorf. Zur Sozialgeschichte des Dorfes und Sozialpsychologie seiner Bewohner. Opladen 1978.

41 Vgl. Mallmann, K. M.: »Aus der Tages Last ...« Volksreligiosität in der modernen Sozialgeschichte. In: Schieder, Wolfgang (Hrsg.): Volksreligiosität in der modernen Sozialgeschichte. Göttingen 1986.

42 Vgl. Ilien, A./Jeggle, U., a. a. O., 1978, S. 160 ff.

43 Becker, B.: Das Dorf und seine Bevölkerung. Saarbrücken 1982.

44 Wust, P.: Gestalten und Gedanken. Rückblick auf mein Leben (1940). München 1961, S. 29 f.

45 Zur politischen Geschichte des Saargebietes während Josefs Kindheitszeit vgl. insbesondere: Herr, G./Jahn, H.: Die Kohlenlagerstätte und der Bergbau an der Saar. In: Kloevekorn, F., a. a. O., S. 149-221. Herrmann, H. W.: Pfalz und Saarland in den Plänen zur Neugliederung des Reichsgebietes 1933-1941. In: Mitteilungen des Historischen Vereins der Pfalz 83, 1985, S. 326 f. Hoppstädter, K.: Wustweiler – Die Entwicklung eines Dorfes am Rande des Saarkohlengebiets. In: Saarbrücker Bergmannskalender. Saarbrücken 1951. Hoppstädter, K./Herrmann, H. W. (Hrsg.): Geschichtliche Landeskunde des Saarlandes. Vom Faustkeil zum Förderturm. Bd. 1, Saarbrücken 1960. Hoppstädter, K./Herrmann, H. W. (Hrsg.): Geschichtliche Landeskunde des Saarlandes. Von der fränkischen Landnahme bis zum Ausbruch der Französischen Revolution. Saarbrücken 1977. Horch, H.: Der Wandel der Gesellschaftsstrukturen in der Saarregion während der Industrialisierung (1740-1914). St. Ingbert 1985. Jacoby, F.: Die nationalsozialistische Herrschaftsübernahme an der Saar. Die innenpolitischen Probleme der Rückgliederung des Saargebietes bis 1935. Saarbrücken 1973. Kloevekorn, F. (Hrsg.): Das Saargebiet. Seine Struktur, seine Probleme. Saarbrücken 1929. Paul, G.: »Deutsche Mutter – heim zu Dir!« Der Saarkampf 1933 bis 1935. Köln 1984. Paul, G.: Die NSDAP des Saargebietes 1920-1935. Der verspätete Aufstieg der NSDAP in der katholisch-proletarischen Provinz. Saarbrücken 1987. Regler, G.: Das Ohr des Malchus. Eine Lebensgeschichte (1958). Frankfurt 1975. Regler, G.: Im Kreuzfeuer – Ein Saar-Roman. Frankfurt 1986. Saarland – Der Chef der Staatskanzlei. Landeszentrale für politische Bildung (Hrsg.): Das Saarland. Politische, wirtschaftliche und kulturelle Entwicklung. Saarbrücken 1989. Zenner, M.: Parteien und Politik im Saargebiet unter dem Völkerbundsregime 1920-1935. Saarbrücken 1966.

46 Drei Entscheidungsmöglichkeiten: Status quo, Anschluß an Frankreich oder Anschluß an Deutschland (Parole: »Nix wie hemm!«). Status quo: Die Rechtsordnung des Völkerbundes für das Saargebiet, die aber in Wirklichkeit weitgehend von Frankreich bestimmt wurde.

47 Wahlordnung für die Volksabstimmung im Saarbeckengebiet vom 7. Juli 1934. Art 20.

48 Ebd. Art 3.

49 Die Deutsche Front (DF) war ein Zusammenschluß bürgerlicher Par-

teien unter nationalsozialistischer Führung, die für die bedingungslose Rückgliederung des Saargebietes an das Deutsche Reich eintrat. Demgegenüber setzte sich die aus den sozialistischen Parteien und einer kleinen katholischen Gruppe um Johannes Hoffmann gebildete »Freiheitsfront« »Für Deutschland, gegen Hitler« ein und verlangte, daß der »Status quo« so lange beibehalten werde, bis die NS-Herrschaft in Deutschland beseitigt sei.

50 Paul, G., a.a.O., 1984. S. 238 ff.

51 Bohr, K.: Ein besonderes Land. Politische Kultur im Saarland. In: Saarland – Der Chef der Staatskanzlei, Landeszentrale für politische Bildung (Hrsg.): Das Saarland. Politische, wirtschaftliche und kulturelle Entwicklung. Saarbrücken 1989, S. 144.

52 LA Sbr. Depositum Illingen, Nr. 1469.

53 Bericht des Landjägers Ternig: LA Sbr. Depositum Illingen, Nr. 1000.

54 Ebd.

55 LA Sbr. Depositum Illingen, Nr. 192, S. 54. Bericht der Armenverwaltung Uchtelfangen vom 21. 11. 1931.

56 LA Sbr. Depositum Illingen, Nr. 192, S. 27, bzw. Beschlußbuch des Gemeinderates der Gemeinde Wustweiler vom 11. Mai 1931, S. 245.

57 LA Sbr. Depositum Illingen, Nr. 74.

58 Der Sterbe-Unterstützungs-Verein Wustweiler wurde 1860 gegründet. Vgl. LA Sbr. Depositum Illingen, Nr. 1007. Sterbe-Unterstutzungs-Verein: Ziel dieses Vereins ist es, den Dorfbewohnern bei Sterbefällen finanziell unter die Arme zu greifen. Bei einem Sterbefall wird sofort und unbürokratisch eine bestimmte Summe (1991: 2050,-DM) an die Familie ausbezahlt, damit diese die unmittelbar anfallenden Kosten begleichen kann, ohne sich verschulden zu müssen. 1855 Dorfbewohner, auch die heute auswärts lebenden, sind Mitglied in diesem Verein.

59 Sterbekassenverein Wustweiler 1901, Protokoll der Generalversammlung vom 9. 1. 1938. Für die Einsichtnahme in das Beschlußbuch des Sterbekassenvereins Wustweiler danken wir Herrn Albert Schirra, Wustweiler.

60 Herrmann, H.W.: Wirtschaftliche und soziale Entwicklung 1918-1959. In: Saarland – Der Chef der Staatskanzlei, Landeszentrale für politische Bildung (Hrsg.), a.a.O., 1989, S. 73.

61 Zu diesem gesamten Fragenkomplex werden in einem Projekt »Widerstand und Verweigerung im Saarland 1935-1945« Forschungen angestellt. Hier besteht u. a. auch die Intention, den »Idealisierungen« und allzu selbstgefälligen Urteilen auf die Spur zu kommen. Vgl. Mallmann, K./Paul, G.: Das zersplitterte Nein. Saarländer gegen Hitler. Bd. 1. Bonn 1989.

62 Dieser Tatbestand wird auch im Beschlußbuch des Gemeinderates von Wustweiler notiert (Beschlußbuch des Gemeinderates der Gemeinde

Wustweiler, Sitzung vom 11. Februar 1935).

63 Originalton Hitler: Die SA »ist die Garde der nationalsozialistischen Idee«. Sie »soll den jungen Deutschen geistig und körperlich zum gestählten, kampfbereiten Menschen für unser deutsches Volk erziehen«. Espe, W.: Das Buch der NSDAP. Werden, Kampf und Ziel der NSDAP. Berlin 1933. Anhang, S. 9.

64 Vgl. Burger, M.: Mehr Obst – Besseres Obst! Werdegang des Obst- und Gartenbaues im Saarland. In: Heimatbuch des Kreises Ottweiler, IV. Folge 1955, S. 149-151.

65 Vgl. Herrmann, H. W.: Der Oberpräsident der Rheinprovinz als Reichskommissar für die Übergabe des Saargebietes. In: Aus der Arbeit der Archive. Festschrift für Hans Booms. Boppard 1989, S. 746-770.

66 Zur saarländischen Emigration vgl. Schneider, D. M.: Saarpolitik und Exil 1933-1955. In: Vierteljahreshefte für Zeitgesch. 25, 1977, S. 467-545. Herrmann, H. W.: Beiträge zur Geschichte der saarländischen Emigration 1935-1939. In: Jahrbuch für westdeutsche Landesgeschichte 4, 1978, S. 357-412.

67 Ebd., S. 20.

68 Eduard Maas: Von 1926-1935 und von 1946-1949 Gemeinderatsmitglied in Wustweiler. Bürgermeister der Gemeinde Wustweiler von August 1945 bis zum September 1946.

69 Die Dorfgeschichte von Wustweiler wird von uns in einer gesonderten Publikation aufgearbeitet, die 1992 erscheinen wird.

70 Das Kloster Bolanden hat dieses Eigengut wahrscheinlich als Geschenk von den Grafen von Saarwerden erhalten. Diese Vermutung äußert Hoppstädter (Vgl. Hoppstädter, K., a. a. O., 1951, S. 121). Peter Acht sieht in Wilre den heutigen Stadtteil Weierhof der Stadt Kirchheimbolanden. Diese Interpretation ist jedoch fragwürdig, denn warum sollte von der Äbtissin von Neumünster ein Weiler bei Bolanden gegen einen anderen in der Nachbarschaft eingetauscht werden. Viel wahrscheinlicher ist es, daß die Äbtissin einen Weiler eintauscht, der ihrem Kloster benachbart liegt. Siehe: Acht, P. (Bearbeiter): Mainzer Urkundenbuch 2 Bde (2,1). Teil 1: 1137-1175. Darmstadt 1968. Urkunde Nr. 252, S. 457-458, und Urkunde Nr. 551, Anm. 18.
Vgl. Jungk, A. H.: Regesten zur Geschichte der ehemaligen Nassau-Saarbrückischen Lande (bis 1381). Mitteilungen des Historischen Vereins für die Saargegend. Heft 13/14, Saarbrücken 1914/1919, S. 54 f., Nr. 176. Auch: HStA. Wiesbaden Abt. 130 II, Nr. 70/4, S. 383.

71 Büttner, H.: Das Privileg Lucius III. von 1182 für das Prämonstratenserstift Rodenkirchen bei Bolanden. In: Zeitschrift für die Geschichte des Oberrheins 107, 1960, S. 24-39.

72 Vgl. Hoppstädter, K.: Die Grafschaft Saarbrücken. In: Geschichtliche Landeskunde des Saarlandes. Bd. 2: Von der fränkischen Landnahme

bis zum Ausbruch der französischen Revolution. Saarbrücken 1977, S. 289. In Festschriften wurde bisher im Jahr 1160 die früheste urkundliche Erwähnung Wustweilers gesehen. Johannes Hau (Hau, J.: Neumünster. Saarbrücken 1934, S. 85) erwähnt, daß Köllner Wilre für Wustweiler hält und man aus den Akten ersehe, daß es sich wahrscheinlich um Ellweiler handele. Wir vermuten, daß die Urkunde von 1186 die erste Erwähnung Wustweilers ist. Die Unsicherheit können wir an dieser Stelle nicht ausräumen.

73 Staerk, D.: Die Wüstungen des Saarlandes. Beiträge zur Siedlungsgeschichte des Saarraumes vom Frühmittelalter bis zur Französischen Revolution. Saarbrücken 1976. Siehe dort: Nr. 70: Buschweiler; Nr. 191: Hochschied; Nr. 269: Niederweiler; Nr. 282: Oberweiler.

74 Geometrischer Grundriß Wustweiler. Landeshauptarchiv Koblenz, Abt. 702, Nr. 8752. Vgl. Saar-Atlas. Im Auftrag der Saar-Forschungsgemeinschaft bearbeitet und herausgegeben von Hermann Overbeck und Georg Wilhelm Sante. Gotha 1934, Nr. 18.

75 Karbach, J.: Die Bauernwirtschaften des Fürstentums Nassau-Saarbrücken im 18. Jahrhundert. Saarbrücken 1977. S. 14. Vgl. Scherer, N. M.: Die Landgemeindeverwaltung im Fürstentum Nassau-Saarbrücken 1735-1793. München 1971.

76 Hoppstädter, K., a. a. O., 1951, S. 119 ff.

77 Herrmann, H. W.: Beiträge zu den nassau-saarbruckischen Austauschverhandlungen mit Frankreich 1737-1768. In: Zeitschrift für die Geschichte der Saargegend XVI, 1968, S. 313-380.

78 Karbach, J., a. a. O., 1977, S. 159. Diese Dissertation bezieht sich auf Sittel, J. M.: Sammlung der Provinzial- und Partikulargesetze, welche für einzelne ganz oder nur teilweise an die Krone Preußens gefallene Territorien des linken Rheinufers, über Gegenstände der Landeshoheit, Verfassung, Verwaltung, Rechtspflege und des Rechtszustandes erlassen worden sind. 1. Band. Trier 1843, S. 607 ff. Gesellschaftsvertrag vom 28. 4. 1785, genehmigt durch das Oberamt Ottweiler am 17. 5. 1785.

79 Vgl. Schwingel, K.: Das Revolutionsjahr 1789/90 im nassau-saarbrükkischen Oberamt Ottweiler. Nach den Akten im Stadtarchiv zu Ottweiler bearbeitet. In: Südwestdeutsche Heimatblätter. Beiträge zur Heimatforschung in der südwestdeutsche Grenzmark, 3. Folge. Sonderdruck 1930-1931 (unveränderter Nachdruck der Beilage der »Saarbrücker Zeitung« aus den Jahren 1930-1931), Saarbrücken 1982. Vgl. insbesondere die Nr. 4, Mai 1931, S. 32, und die Nr. 5, Juli 1931, S. 35.

80 Vgl. Leiner, W.: Die Verwaltung des Arrondissements von Saarbrükken (1798-1814). Dissertation, Toulouse 1949, S. 23 ff.

81 Verzeichnis des Bestandes Depositum Amt Illingen des Landesarchivs Saarbrücken. Koblenz 1983, S. 10. Vgl. Fuchs, A.: Streiflichter aus der Geschichte Illingens. In: Die Heimat. Mitteilungsblatt der Heimat-

und Verkehrsvereine des Kreises Ottweiler 5, 1953, H. 4, S. 10.

82 Vgl. Willscheid, H.: Der Kreis Ottweiler von 1815 bis 1850. In: Heimatbuch des Kreises Ottweiler, IV. Folge, 1955, S. 51-55. Vgl. Hoppstädter, K.: Aus der Jugendzeit des Kreises Ottweiler. In: Heimatbuch des Kreises Ottweiler, III. Folge, 1952, S. 15-20.

83 Festschrift aus Anlaß der Einweihung der neuen Volksschule in Wustweiler am 7. Oktober 1956. Gemeinde Wustweiler (Hrsg.), a. a. O., S. 16 ff.

84 Vgl. Erler, H.: Dirmingen – ein geographischer Überblick. In: Dirmingen. Ein Versuch, die Entwicklung darzustellen. Bexbach 1980, S. 7-15. Hoffmann, G.: Geologie und Oberflächenformationen der Gemarkung Hirzweiler. In: Gemeinde Hirzweiler (Hrsg.): Hirzweiler – ein Heimatbuch. Bearbeitet von Dieter Robert Bettinger unter Mitarbeit von Helmut Grob. Bexbach 1973.

85 Vgl. Kreutzberger, W.: Die Landschaft des Kreises Ottweiler. In: Landkreis Ottweiler – Monographie. Neunkirchen 1961, S. 7-10. Vgl. Born, M.: Geographische Landeskunde des Saarlandes. Saarbrücken 1986.

86 Schlechtendal, E. von: Versuch einer statistischen Darstellung des Kreises Ottweiler. Amtlicher Verwaltungsbericht für die Jahre 1859-1861. Neunkirchen 1863. Kap. 2: Physiographische Skizze, S. 33-39. Für nähere geographische Informationen zu Wustweiler siehe: Statistisches Amt des Saarlandes (Hrsg.): Tabellenteil zum Gemeinde- und Ortslexikon. Saarbrücken 1955. Topographische-geographische Daten zur Gemeinde Wustweiler: Koordination nach Gauss-Krüger: R/H: 2575/5474. Gemarkungshöhenlage über NN: Tiefstpunkt: 254 m, Höchstpunkt: 380 m.

87 Müller, J.: Die Landwirtschaft im Saarland. Saarbrücken 1976, S. 78. Vgl. Kreutzberger, W.: Landschaft, a. a. O., 1961, und Born, M.: Landeskunde, a. a. O., 1986.

88 Müller, J., a. a. O., 1976, S. 126 ff. Oldofredi, E.: Die Landwirtschaft des Saarlandes. Hohenheim 1953.

89 Vgl. Karbach, J.: Bevölkerungszahlen des Saarlandes 1800-1910. In: Zeitschrift für die Geschichte der Saargegend XXXIV/XXXV, 1986/1987, S. 204.

90 Scholl, K.: Die Mundarten des Kreises Ottweiler. Untersuchungen auf lautphysiologischer und sprachgeschichtlicher Grundlage. Straßburg 1913. Vgl. Bonner, M.: Umgangssprache in Neunkirchen. Eine Studie zur Sprachschichtenmischung. Saarbrücken 1986. Will, W.: Saarländische Sprachgeschichte. Saarbrücken 1979 (Nachdruck der 1. Auflage von 1932). Ramge, H.: Dialektwandel im mittleren Saarland. Veröffentlichungen des Instituts für Landeskunde im Saarland. Saarbrücken 1982. Frisch, P.: Studien zur Grenze des Mosel- und Rheinfränkischen im Süden des Regierungsbezirks Trier. Bonn 1911. Gigout,

F. J.: Wortgeographische Untersuchungen im mittleren Saarland. In: Zeitschrift für die Geschichte der Saargegend, XXXI, 1983, S. 14-147.

91 Scholl, K., a. a. O., 1913, S. 5.

92 Bzgl. des Zahlenmaterials vgl. Statistik des Saarlandes, Heft 1, 1935/36 (Saarwirtschaftsstatistik Heft 10). Statistisches Amt des Saarlandes (Hrsg.). Saarbrücken 1936, S. 8, Wustweiler.

93 Vgl. Karbach, J.: Bevölkerungszahlen des Saarlandes 1800-1910. In: Zeitschrift für die Geschichte der Saargegend XXXIV/XXXV, 1986/87, S. 230 und 259. Die Daten beziehen sich laut Karbach auf die ganze Gemeinde. Einige Daten fügten wir aus anderen Quellen hinzu, da die Angaben zum Jahre 1802/3 von 125 Einwohnern sich *nur* auf die Ortsteile Wustweiler und Wustweilerhof beziehen. Karbach berücksichtigt in den Einwohnerzahlen für die Jahre 1802/3 und 1809 (125 bzw. 128 Einwohner) nur die Einwohner von Wustweiler und Wustweilerhof, gibt aber fälschlicherweise an »Wustweiler (mit Weiler- und Hosterhof)« (vgl. S. 230 bzw. Anmerkung 11, S. 270). Délamorre (S. 181) nennt für »Woustweiler« im Jahre 1809 128 und für »Hoechst« (= Hosterhof) 132 Einwohner (S. 150). Zegowitz (S. 314) nennt für das Jahr 1802 für »Wüstweiler« (= Wustweiler) 125 Einwohner. Vgl. Der Verwaltungsbezirk Illingen: Wustweiler. In: Heimatbuch des Kreises Ottweiler, I. Folge (1949), S. 146 f. Die ersten Volkszählungen wurden in der französischen (napoleonischen) Zeit in den Jahren 1799, 1802 und 1809 durchgeführt. Die Unterschiede der Zählung 1799 und der folgenden im Jahre 1802 sind indes so beträchtlich, daß man den Ergebnissen mit gutem Grunde mißtrauen kann. Die Zählung im Jahre 1809 wurde anscheinend mit größerer Sorgfalt durchgeführt und kann demnach als stichhaltig angesehen werden. Die Ergebnisse der beiden ersten Zählungen sind uns durch die Jahrbücher von Zegowitz und Délamorre überliefert:
Zegowitz, Louis: Annuaire historique et statistique du Département de la Sarre. Trèves An XI (1802/1803).
Délamorre, C. H.: Annuaire topographique et statistique du Département de la Sarre. Trèves 1810. Krohn, A.: Beiträge zur Territorialgeschichte der Saargegend. Saarbrücken 1885.

94 Wir verfügen über eine genaue Gebäudestatistik von Wustweiler und Wustweilerhof auf der Grundlage einer Erhebung von Schulkindern aus dem Jahre 1947. Die Gebäudestatistik zeigt, daß die ältesten 1947 noch erhaltenen Häuser des Dorfes im Zeitraum 1700-1749 erbaut wurden. Insgesamt sieben Gebäude stammen aus dieser Zeit, drei Gebäude aus der Zeit 1750-1799. Die Auswertung der Karten vervollständigt die folgende Tabelle, wobei wir an dieser Stelle auf detailliertere Angaben verzichten. Erstellt wurde diese Statistik von Franz Marx (1928-1988), Sohn des Lehrers Wendel Marx, im Zusammenhang mit seiner Ausbildung am Lehrerseminar Ottweiler. Seine

Witwe, Frau Elisabeth Marx, Merzig, hat uns diese Materialien, nebst ausführlichem Kartenmaterial freundlicherweise zur Verfügung gestellt. Frau Marx sei an dieser Stelle herzlich gedankt.

95 Berechnungsgrundlage ist das Jahr 1905. Dies ist gerechtfertigt, da hiermit die Entwicklung zu Beginn des Jahrhunderts berücksichtigt wird.

| Jahr | Einwohner | Anstieg % |
|------|-----------|-----------|
| 1802 | 125 nur Wustweiler | |
| 1809 | 260 Gemeinde Wustweiler | |
| 1818 | 368 | 1,0 |
| 1832 | 500 | 1,3 |
| 1855 | 636 | 1,7 |
| 1875 | 851 | 2,3 |
| 1885 | 901 | 2,4 |
| 1895 | 1090 | 3,0 |
| 1900 | 1168 | 3,1 |
| 1905 | 1359 | 3,6 |
| 1910 | 1432 | 3,9 |
| 1936 | 2007 | 40,1 |

96 Bürgermeisterei Uchtelfangen (Hrsg.): Verwaltungsberichte für die Rechnungsjahre 1908-1910, 1927 und 1929/1930.

97 Mitte der zwanziger Jahre arbeitete kein Wustweiler Arbeiter in einer Eisenhütte (1928: zehn). Erst Mitte der dreißiger Jahre begannen Arbeiter aus Wustweiler, angelockt durch die verhältnismäßig guten Löhne, ihre Tätigkeit auf den Saarhütten, im wesentlichen auf der Stumm'schen Hütte in Neunkirchen.

98 Zu den Vereinen siehe: LA Sbr. Landratsamt Ottweiler, Nr. 7 und 8. LA Sbr. Depositum Illingen, Nr. 1007. Wustweiler und Wustweilerhof finden ob ihrer zahlreichen Vereine Erwähnung. In: Linsmayer, L.: Geselligkeit und Selbstbestimmung. In: Dülmen, R. van (Hrsg.): Industriekultur an der Saar 1840-1914. München 1989, S. 232.

99 Linsmayer, L., a. a. O., 1989, 232.

100 LA Sbr. Depositum Illingen, Nr. 1007. Satzung der Vereinigung ehemaliger deutscher Soldaten Wustweiler-Hosterhof von 1926.

101  Bäcker, Busch, Glatz: Namen von Gaststätten.

102  Die Jahresangaben in Klammern verweisen auf das Gründungsjahr.

103  Bürgermeisterei Uchtelfangen (Hrsg.): Verwaltungsbericht für das
     Rechnungsjahr 1929/1930, S. 56. Interessant auch die jeweiligen Fest-
     schriften zu den Jubiläumsfeiern der Freiwilligen Feuerwehr aus den
     Jahren 1957 und 1984.

104  Der Gewerkverein christlicher Bergarbeiter zählte 1919 in Wustwei-
     ler 110 und in Hosterhof 35 Mitglieder. Die Zahl dürfte in den zwan-
     ziger Jahren noch angestiegen sein. LA Sbr. Landratsamt Ottweiler,
     Nr. 7. Zum Motorsportclub vgl. Nachrichten für die Gemeinde Illin-
     gen – Ausgabe 28/1982, S. 10 ff. Hier sind auszugsweise einige Ver-
     eine mit Fotos dokumentiert.

105  Verwaltungsbericht der Bürgermeisterei Uchtelfangen 1927, S. 23 ff.

106  Beschlußbuch des Gemeinderates der Gemeinde Wustweiler (1896-
     1920).

107  Verwaltungsbericht der Bürgermeisterei Uchtelfangen 1910, S. 16.
     Auch Arnold Scholl analysiert in seiner Dissertation von 1927 (vgl.
     Scholl, A.: Die Entwicklung der wirtschaftlichen und sozialen Ver-
     hältnisse im Kreise Ottweiler. Saarbrücken 1932) die Landwirt-
     schaftsstruktur im Kreis Ottweiler. »Auf einen landwirtschaftlichen
     Betrieb entfielen im Durchschnitt 1,43 Hektar Land.« Vgl. ebd.,
     S. 179.

108  Verwaltungsbericht der Bürgermeisterei Uchtelfangen 1910, S. 16 ff.
     In einer Liste der Betriebe in der Gemeinde Wustweiler vom 1. Juli
     1914 wurden neben den drei Konsumvereinen drei Handlungen,
     zwei Mühlenbetriebe und zwei Bäckereien aufgeführt sowie elf
     Landwirtschaften, darunter Josefs Großvater Nikolaus Schäfer (LA
     Sbr. Depositum Illingen, Nr. 108).

109  Bergleute aus weiter entfernten Dörfern gingen einmal wöchentlich
     zu Fuß den Weg in die Kohlenreviere und übernachteten dort wäh-
     rend der Woche in Schlafhäusern. »Im Kreise Ottweiler besaßen
     1923 die Inspektionen Reden 3 Schlafhäuser mit 627 Betten, von
     denen 623 belegt waren, Heinitz 3 mit 926 Betten (alle belegt) und
     König 2 Häuser mit 249 Betten (247 belegt).« Scholl, A., a. a. O.,
     1932, S. 179.

110  Vom Bahnhof Wemmetsweiler auf die Grube Itzenplitz; vom Bahn-
     hof Schiffweiler auf die Grube Reden; vom Bahnhof Quierschied auf
     die Grube Maybach.

111  Vgl. die Broschüre »Wege zur Industriegeschichte«, Stadtverband
     Saarbrücken (Hrsg.). Saarbrücken 1988.

112  Sie hatte aber auch ihre lustigen Seiten. Über den hintergründigen
     Humor der Saarbergleute sind mehrere Bücher veröffentlicht wor-
     den: Bungert, G./Mallmann, K. M.: Bergmannsgeschichten von der
     Saar. Saarbrücken 1979.

Dies.: Kaffeekisch unn Kohleklau. Weitere Bergmannsgeschichten von der Saar. Saarbrücken 1980. Dies.: Mit Mussik unn Lyoner. Dritter Teil der Bergmannsgeschichten von der Saar. Saarbrücken 1981. Hier eine neue Geschichte vom Obersteiger Diversy: »Also von dem Diversy will ich euch eine Geschichte erzählen: Ich mußte bei einem Obersteiger etwas umschreiben lassen, da kommt einer rein, das war der O. aus Berschweiler. Und da sagt der Diversy, der hat zu jedem Du gesagt: ›Was hast du denn?‹ sagt er zu dem. ›Ei, ich soll die Abkehr kriegen, da müßt Ihr noch unterschreiben!‹ – ›Ei, für was hast du denn den Abkehr gekriegt?‹ – ›Ei, ich habe acht Tage gesoffen.‹ – ›Ei, warum hast du gesoffen?‹ – ›Ei, die Frau ist mir gestorben‹. Und da sagt der Diversy: ›Komm mal da her! Ganz nahe!‹ Da war ich dabei, da sagte er: ›So, jetzt gehst du heim, und dann säufst du dich rund herum, aber rund herum voll. Und morgen kommst du wieder! Glück-auf!‹« (Mo)

113 Informativ beschreibt Peter Bierbrauer das Bergarbeitermilieu in seinem Artikel, Der industrialisierte Bauer. Von den historischen Wurzeln saarländischen Selbstgefühls. In: Saarbrücker Hefte 63, 1990, S. 12-19.

114 Vgl. Dörr, J.: So schwätze mia en Ihlinge. Wemmetsweiler o. J., S. 55.

115 Groß, H.: Die saarländische Landwirtschaft. In: Kampf um die Saar. Unter Mitarbeit von Gauleiter Bürckel. Stuttgart, Berlin 1934, S. 227. Der Grundbesitz der Familie Schäfer lag im Übergang von der zweiten zur dritten Kategorie. Vgl. Kreutzberger, W.: Die Landschaft des Kreises Ottweiler. In: Landkreis Ottweiler – Monographie. Neunkirchen 1961, S. 7-10. Born, M.: Geographische Landeskunde des Saarlandes. Saarbrücken 1986. Müller, J., a. a. O., 1976.

116 Rekonstruiert über das Verzeichnis der Wohnungsinhaber in der Gemeinde Wustweiler, etwa aus dem Jahre 1920.

117 Die Fachbegriffe werden im Glossar erläutert, S. 314 f.

118 Name einer Grube und einer kleinen Bergarbeitersiedlung (Kolonie) in der Nähe von Quierschied und Sulzbach.

119 Nachbarort von Wustweiler.

120 Für die beiden Wahlperioden 1920/23 und 1923/26 war das System der freien Listen gesetzlich festgelegt. Danach konnte jeder Wähler Kandidaten auf dem Stimmzettel streichen und Kandidaten von anderen Wahlvorschlägen hinzusetzen. Vgl. LA Sbr. Depositum Illingen, Nr. 171. Verwaltungsbericht der Bürgermeisterei Uchtelfangen 1927, S. 18. Am 31. Mai 1926 wurde von der Regierungskommission das System der gebundenen Listen angeordnet, wonach jeder Wähler nur einen Wahlvorschlag wählen kann. 1920 bereits wurden drei Sozialdemokraten in den Gemeinderat von Wustweiler gewählt (Eisenbeis Peter, Maas Peter, Schäfer Jakob). Vgl. 75 Jahre Illinger Sozialdemokraten. Illingen 1976. In einer separaten

Publikation soll eine genaue Analyse der Wahlergebnisse in Wustweiler erfolgen.

121 Der Landesrat wurde erst 1922 gebildet und hatte lediglich eine beratende Funktion.

122 Vgl. Zenner, M.: Parteien, a. a. O., 1966, S. 199.

123 Ergebnisse laut Saarbrücker Zeitung vom 15. März 1932 und laut Tageblatt für das Sulzbach- und Fischbachtal vom 14. März 1932. Vgl. Bericht des Statistischen Amtes des Saargebietes, H. 10, 1932, S. 380 ff. Vgl. Gerhard, P: Die NSDAP des Saargebietes. Saarbrücken 1987, S. 198 ff.

Landesratswahlergebnisse 1928:

|  | Bürgermeisterei Uchtelfangen | Gemeinde Wustweiler | Kreis Ottweiler |
|---|---|---|---|
| Wahlberechtigte: | 10020 | 972 | 78735 |
| ausgeübt (gültig): | 6520 | 727 | 54400 |
| *Parteien:* |  |  |  |
| Zentrum | 4186 (64,2%) | 534 (73,5%) | 25368 (46,6%) |
| SPD | 694 (10,6%) | 36 ( 5,0%) | 7763 (14,3%) |
| KPD | 951 (14,6%) | 89 (12,2%) | 10617 (19,5%) |
| DSVP | 179 ( 2,7%) | 33 ( 4,5%) | 3351 ( 6,2%) |
| DWP | 115 ( 1,8%) | 3 ( 0,4%) | 2442 ( 4,5%) |
| DPS | 47 ( 0,7%) | 5 ( 0,7%) | 1810 ( 3,3%) |
| DNVP | 103 ( 1,6%) | 2 ( 0,3%) | 1696 ( 3,1%) |
| CSPS | 245 ( 3,8%) | 25 ( 3,4%) | 1353 ( 2,5%) |

Landesratswahlergebnisse 1932:

|  | Bürgermeisterei Uchtelfangen | Wustweiler I | Wustweiler II | Wustweiler (insges.) |
|---|---|---|---|---|
| Wahlberechtigte: | o.A. | o.A. | o.A. | o.A. |
| ausgeübt (gültig): | 8668 | 667 | 222 | 889 |
| *Parteien:* |  |  |  |  |
| Zentrum | 4558 (52,6%) | 503 (75,4%) | 92 (41,4%) | 595 (66,9%) |
| SPD | 648 ( 7,5%) | 25 ( 3,7%) | 1 ( 0,5%) | 26 ( 2,9%) |
| KPD | 2120 (24,5%) | 105 (15,7%) | 47 (21,1%) | 152 (17,1%) |
| KPD (Opp.) | 86 ( 1,0%) | 7 ( 1,5%) | 38 (17,1%) | 45 ( 5,1%) |
| DSVP | 164 ( 1,9%) | 10 ( 1,5%) | 18 ( 8,1%) | 28 ( 3,1%) |
| DWP | 85 ( 1,0%) | 1 ( 0,1%) | 5 ( 2,3%) | 6 ( 0,7%) |
| DNVP | 62 ( 0,7%) | 5 ( 0,7%) | 1 (0,51%) | 6 ( 0,7%) |
| NSDAP | 205 ( 2,4%) | 6 ( 0,9%) | 7 ( 3,2%) | 13 ( 1,5%) |
| Soz.Arb.Partei | 54 ( 0,6%) | 2 ( 0,3%) | 2 ( 0,9%) | 4 ( 0,4%) |
| Arbeiter und Bauernpartei | 601 ( 6,9%) | 1 ( 0,1%) | 9 ( 4,1%) | 10 ( 1,1%) |
| Liste Fried | 62 ( 0,7%) | 1 ( 0,1%) | – | 1 ( 0,1%) |
| Dt. Staatspartei | 22 ( 0,3%) | 1 ( 0,1%) | 2 ( 0,9%) | 3 ( 0,3%) |

Kreistagswahlen 13. 11. 1932:

|  | Bürgermeisterei Uchtelfangen | Wustweiler I | Hosterhof Wustweiler II | Wustweiler (insges.) |
|---|---|---|---|---|
| Wahlberechtigte: | 11412 | o.A. | o.A. | 1086 |
| abgegeben: | 8008 (70,2%) | 672 | 221 | 893 (82,2%) |
| gültig: | 7593 | 653 | 212 | 865 |
| ungültig: | 415 ( 5,2%) | 19 ( 2,8%) | 19 ( 4,1%) | 28 ( 3,1%) |

| Parteien: | | | |
|---|---|---|---|
| Dt. Staatspartei | 66 ( 0,9%) | 3 ( 0,5%) | 1 ( 0,5%) | 4 ( 0,5%) |
| Zentrum | 4007 (52,8%) 482 (73,8%) | 86 (40,6%) | 568 (65,7%) |
| Dt. Bürgerl. Mitte | 122 ( 1,6%) | 3 ( 0,5%) | 1 ( 0,5%) | 4 ( 0,5%) |
| KPD | 1663 (21,9%) 132 (20,1%) | 62 (29,2%) | 194 (22,4%) |
| Christl. Soz. Volksdienst | 84 ( 1,1%) | 2 ( 0,3%) | 5 ( 2,3%) | 7 ( 0,8%) |
| Arbeiter u. Bauernpartei | 315 ( 3,9%) | 2 ( 0,3%) | 3 ( 1,4%) | 5 ( 0,6%) |
| NSDAP | 331 ( 4,1%) | 10 ( 1,5%) | 19 ( 9,0%) | 29 ( 3,4%) |
| SPD | 765 (10,0%) | 15 ( 2,3%) | 29 (13,7%) | 44 ( 5,1%) |
| DSVP/DNVP | 240 ( 3,2%) | 4 ( 0,6%) | 6 ( 2,8%) | 10 ( 1,2%) |

124 Vgl. Bungert, G.: Einhundert Tage Streik – Der Bergarbeiterstreik 1923 – der größte Ausstand in der Geschichte der Saargegend. In: Bungert, G./Mallmann, K. M./Schuster, G.: Der Weg zur Einheit. Stationen der Bergarbeiterbewegung an der Saar. Saarbrücken 1981, S. 19 ff.

125 Ebd. S. 27. Vgl. Mallmann, K. M./Steffens, H.: Lohn der Mühen, a. a. O., 1989, S. 69-91. Vgl. Dülmen, R. van (Hrsg.), a. a. O., 1989. Vgl. Ders.: Arbeiterkultur im Saarrevier. Aspekte und Probleme. In: Geschichtswerkstatt Saarbrücken e. V. (Hrsg.): Eckstein. Journal für Geschichte Nr. 1, 1989, S. 4-12.

126 Herr, G./Jahn, H.: Die Kohlenlagerstätte und der Bergbau an der Saar. In: Kloevekorn, F. (Hrsg.): Das Saargebiet. Seine Struktur, seine Probleme. Saarbrücken 1929, S. 149-221.

127 Rainer Krause verweist in seinem Aufsatz »Das Saarland auf der Couch« (Saarbrücker Hefte Nr. 63 (1990), S. 8-11) insbesondere auf die negativen Seiten der saarländischen »Clan-« und »Familiensolidarität«. Es muß ausdrücklich betont werden, daß dieser Verhaltenstyp aus materieller Notwendigkeit entstand und erst dann »psychologische Muster« annahm. Dieser Gesichtspunkt wird bei Krause u. E. nicht berücksichtigt.

128 Vgl. Krewer, B./Momper, M./Eckensberger, L. H.: Das Saarland war zumeist Objekt der Geschichte – Zur Identität des Saarländers. In: Regionale politische Kultur. Stuttgart 1985, S. 90-115.

129 LA Sbr. Oberster Säuberungsrat, Epurationsakten. Sühnebescheid vom 15. Februar 1947. Vgl. Möhler, R.: Entnazifizierung und Ausweisungen im Saarland. Vergangenheitsbewältigung oder Zukunftssicherung? In: Von der »Stunde 0« zum »Tage X«. Das Saarland 1945-1959. Katalog zur Ausstellung des Regionalgeschichtlichen Museums im Saarbrücker Schloß. Saarbrücken 1990, S. 49-64.

130 Gemeint ist der Kommunist Eduard Maas (* 27. Februar 1893, + 4. Februar 1950), Mitglied des Gemeinderats von Wustweiler, Vorsitzender der KPD in Wustweiler und Antifaschistischer Widerstandskämpfer. 1933 wurde er von der Reichsbahn, wo er als Schlosser angestellt war, mit der Begründung: »Zugehörigkeit zu einer revolutionären gewerkschaftlichen Organisation« entlassen. Eduard Maas war seit 1918 im Einheitsverband der Eisenbahner Deutschlands und

seit 1921 Mitglied der KPD. Maas wurde bei der Gestapo von einem Lebacher Dentisten, der mit einer ehemaligen Bewohnerin von Wustweiler verheiratet war (Landesentschädigungsakten), denunziert, am 10. September 1941 in Illingen verhaftet und nach dreimonatiger Schutzhaft im Gefängnis Saarbrücken ohne Urteil ins Konzentrationslager Dachau überführt. In Dachau wurde Eduard Maas (Häftlingsnummer 28601) im Block II, Stube I bis zu seiner Befreiung im April 1945 gefangengehalten (Auskunft der Gedenkstätte Dachau).

Eduard Maas war vom 13. August 1945 bis zum Oktober 1946 Bürgermeister in Wustweiler. Im Dorf kursierte (auch nach 1945 fortgesetzt) das Gerücht, er sei im »Arbeitslager« gewesen, da »wo er endlich mal was arbeiten« mußte. 1945 ließ Eduard Maas – auf Betreiben der alliierten Verantwortlichen – durch den ehemaligen Zellenleiter Peter Klein genaue Listen der ehemaligen Mitglieder der NS-Organisationen anfertigen. Hermann Volk (a. a. O., 1990, S. 97) schreibt über Eduard Maas: »Eduard Maas aus Wustweiler, seit 1921 Mitglied der KPD und zuletzt im Gemeinderat, ging nicht in die Emigration. Seine stille Agitation im Kollegen- und Bekanntenkreis brachte ihm 1941 eine Verhaftung wegen staatsfeindlicher Äußerungen ein. Die Strapazen der KZ-Haft in Dachau (bis 1. April 1945) ruinierten seine Gesundheit derart, daß er schon 1950 an den Spätfolgen der Haft starb.« Sein früher Tod im Jahre 1950 wird von Dr. Hoffmann, Dirmingen, *ursächlich* mit dem KZ-Aufenthalt in Verbindung gebracht. Die Neue Zeit, die Zeitung der saarländischen Kommunisten, schreibt in einem Nachruf auf Eduard Maas am 9. Februar 1950: »Am 4. Februar 1950 verschied nach langem Leiden, welches er sich in Dachau zugezogen hatte, der Genosse Eduard Maas aus Wustweiler im Alter von 56 Jahren. Genosse Maas zählte zu den Aktivisten in der bittersten Nazizeit.« Aus: Neue Zeit. Das Sprachrohr der Opposition. Organ der Kommunistischen Partei. Jg. 5, Nr. 17. Donnerstag, 9. Februar 1950.

131 »Das damalige Ottweiler hat brav und gründlich bis zum letzten Mann seine Judenfrage gelöst, und der Himmel hat geschwiegen.« Juso AG Ottweiler (Hrsg.): Dokumentation zur jüdischen Geschichte in Ottweiler. Ottweiler 1988.

132 Vgl. Longerich, P.: Die braunen Bataillone – Geschichte der SA. München 1989.

133 Mühlen, P. von zur, a. a. O., 1979, S. 76.

134 Baltes, P.: Hitlers Alte Garde an der Saar. In: Kampf um die Saar. Stuttgart, Berlin 1934, S. 398.

135 LA Sbr. Depositum Illingen, Nr. 56, S. 123.

136 Laut Beschlußbuch des Gemeinderates der Gemeinde Wustweiler (11. 8. 1923-29. 9. 1949).

137 Ebd. Anwesend waren folgende Mitglieder des Gemeinderates: Gemeindevorsteher Weirich Nikolaus, Kuhn Edmund, Jene Wilhelm, Eckert Johann, Krämer Peter, Meiser Jakob, Spaniol Jakob, Welle Reinhard, Maas Eduard, Bertram Peter, Lahr Johann, Pink Heinrich, Maas Josef.

138 LA Sbr. Depositum Illingen, Nr. 121.

139 Schreiben der Gemeinde Hirzweiler an den Amtsbürgermeister. LA Sbr. Depositum Illingen, Nr. 127.

140 Schreiben der Gemeinde Hirzweiler an den Amtsbürgermeister. LA Sbr. Depositum Illingen, Nr. 127.

141 Gemeinde Hirzweiler (Hrsg.): Hirzweiler – ein Heimatbuch. Bearbeitet von Dieter Robert Bettinger unter Mitarbeit von Helmut Grob. Bexbach 1973, S. 99.

142 Max Braun, seit 1929 Vorsitzender der SPD des Saargebiets. Zur Biographie Max Brauns vgl. Paul, G.: Max Braun – Eine politische Biographie. St. Ingbert 1987.

143 Zeitungsmeldung in der Saar- und Blies-Zeitung vom 24. Jan. 1935.

144 Felten, F. J.: Die Herrschaft des Nationalsozialismus. In: Landeshauptstadt Saarbrücken, Stadtbezirk Dudweiler (Hrsg.): Dudweiler 977-1977. Saarbrücken 1977, S. 419.

145 Laut Beschlußbuch (11. 8. 1923-29. 9. 1949) des Gemeinderates der Gemeinde Wustweiler.

146 Im übrigen »tauchten« die überzeugten Nationalsozialisten nach 1945 in die weiter bestehenden örtlichen Vereine ab. So waren der langjährige (1953-1974) Vorsitzende des Obst- und Gartenbauvereins Wustweiler sowie sein Schriftführer aktive und dorfbekannte Nationalsozialisten.

147 Paul, G., a. a. O., 1984, S. 147.

148 Vgl. den Abschnitt »Der Sportler«.

149 Eine Einsichtnahme in das Protokollbuch des Männergesangvereins Wustweiler gestattete uns freundlicherweise der 1. Vorsitzende des MGV 1881 Wustweiler, Paul Biehler. Vgl. auch 100 Jahre Männergesangverein 1881 Wustweiler. Festtage 14.-16. August 1981.

150 Herrmann, H. W.: Riegelsberger Geschichte im Bürgerlichen Zeitalter (19. und 20. Jahrhundert). In: Ortschronik Riegelsberg. Entstehung und Entwicklung einer modernen Wohngemeinde. Riegelsberg 1980.

151 1945 wurde dieser Kindergarten geschlossen. Erst 1967 wurde in der Gemeinde Wustweiler erneut ein Kindergarten eröffnet.

152 Vgl. Bild Nr. 4.

153 Schleiden, K. A.: Aus provinzieller Enge zur Weltoffenheit. Kulturelle Entwicklung 1815-1957. In: Saarland – Der Chef der Staatskanzlei, Landeszentrale für politische Bildung (Hrsg.), a. a. O., 1989, S. 84.

154 Die genauen Zahlenangaben errechneten wir aus Protokollen und Unterlagen über die NS-Kulturgemeinde und die NSDAP, auf die wir während unserer Recherchen stießen.

155 Zenner, M.: Parteien, a. a. O., 1966, S. 255.

156 Die Gemeinde Uchtelfangen gehörte zur Synode St. Johann. In dieser Synode hatten die »Deutschen Christen« im Jahre 1935 die meisten Sitze. 14,58% Bekennende Kirche; 47,9% Deutsche Christen; 36,8% Neutral. Die genauen Zahlenangaben stammen aus: Herrmann, H. W.: Die beiden Saar-Synoden im Kirchenkampf. In: Norden, G. van (Hrsg.): Zwischen Bekenntnis und Anpassung. Köln 1985. S. 468. Vgl. Jacoby, F.: Die Evangelische Kirche an der Saar im Abstimmungskampf 1933 bis 1935. In: Kirchenkreise Ottweiler, Saarbrücken und Völklingen der Evangelischen Kirche im Rheinland (Hrsg.): Die Evangelische Kirche an der Saar – Gestern und heute. Saarbrücken 1975. S. 279-285. Krieger, H.: Erinnerungen an den Kirchenkampf 1932 bis 1945. In: Ebd., S. 286-314. Strum, W.: Evangelische Kirche zwischen Anpassung und Widerstand. Die Rezeption des Kirchenkampfes in der Religionspädagogik. In: Zenner, M. (Hrsg.): Der Widerstand gegen den Nationalsozialismus. Eine interdisziplinäre didaktische Konzeption zu seiner Erschließung. Bochum 1989, S. 159-184.

157 Herrmann, H. W.: Die beiden Saar-Synoden im Kirchenkampf. In: Norden, G. van (Hrsg.): Zwischen Bekenntnis und Anpassung. Köln 1985, S. 463.

158 Ebd., S. 464.

159 Eugen Roy war von 1935-1945 Pfarrer der evangelischen Kirchengemeinde Uchtelfangen. Er wurde 1945 in den Ruhestand versetzt. Vgl. Rosenkranz, A.: Das Evangelische Rheinland, Bd. 2: Die Pfarrer. Düsseldorf 1958, S. 426.

160 Eine Einsichtnahme in die Personalakten des Ende 1945 vorzeitig in den Ruhestand versetzten Pfarrers Eugen Roy wurde uns vom Archiv der Evangelischen Kirche im Rheinland, Düsseldorf, mit Schreiben vom 16. November 1989 verwehrt.

161 Das Evangelische Jugendwerk an der Saar (Hrsg.): Alternativer Stadtrundgang zum 50. Jahrestag der Reichspogromnacht im November 1988 in Neunkirchen. Dokumentation und Materialsammlung, S. 15. Im Kapitel VIII »Seines Glaubens leben« des Romans »Wehe dem, der aus der Reihe tanzt« (München 1990) charakterisiert Ludwig Harig das Auftreten des damaligen Sulzbacher Pfarrers, der sich zu den Deutschen Christen bekannte.

162 Zu den biographischen Daten von Eduard Maas vgl. Anmerkung 130.

163 Vgl. SPD-Ortsverein Illingen Mitte (Hrsg.): 75 Jahre Illinger Sozialdemokraten. Geschichten aus der Geschichte. Illingen 1976.

164 Schneider, D. M.: Saarpolitik und Exil 1933-1955. In: Vierteljahreshefte für Zeitgeschichte 25, 1977, S. 534.

165 Die Bürgermeisterei Uchtelfangen wurde am 1. Oktober 1937 in
»Amt Illingen« umbenannt. Zum Amt Illingen gehörten zu diesem
Zeitpunkt die Gemeinden Hirzweiler, Hüttigweiler, Illingen, Merch-
weiler, Uchtelfangen und Wustweiler.

166 Im selben Haus wurde in den frühen fünfziger Jahren auch über die
Gründung einer CDU-Ortsgruppe Wustweiler beraten. Nach der
Bundesrepublik Deutschland orientierte Parteien waren im autono-
men Saar-Staat erst drei Monate vor dem für den 23. Oktober 1955
anberaumten Referendum über das »Abkommen über das Europäische Statut für das Saarland« offiziell zugelassen worden.

167 Paul, G.: Die NSDAP des Saargebietes 1920-1935. Saarbrücken
1987, S. 54. Interviews mit Zeitzeugen, Quellen- und Archivstudien
ergaben eindeutig, daß sich eine solche Gruppe erst 1933/34 infor-
mell und 1935 formell konstituierte.

168 Verwaltungsbericht und Verwaltungsstatistik der Bürgermeisterei
Uchtelfangen 1.4.-30.9.1933. LA Sbr. Depositum Illingen, Nr. 217,
S. 23.

169 LA Sbr. Depositum Illingen, Nr. 1000.

170 Willi Christmann (* 26. April 1901; † 24. Juli 1955). Er trat am 9.
Mai 1927 in die NSDAP ein (Mitgliedsnummer 61201). Er war u. a.
Kreispropagandaleiter der NSDAP. 1932 trat er aus der NSDAP aus
und wurde erst 1937 erneut aufgenommen. Christmann war reger
Autor in der »Saardeutsche Volksstimme«, dem »Kampfblatt der
NSDAP/Gau Saar«. Hier veröffentlichte er in der Nr. 2 (3. Jg. 1930)
eine Bestandsaufnahme des »Kampfes im Kreis Ottweiler« und in der
Nr. 4 (3. Jg. 1930) einen Artikel »Steigende Arbeitslosigkeit im Kreis
Ottweiler«. Vgl. Paul, G.: Die NSDAP des Saargebietes, a. a. O.,
1987, Anm. 80, S. 82.

171 LA Sbr. Depositum Illingen, Nr. 1000, Protokoll vom 23. Januar
1928. Am 14. Juli 1930 wird von der Polizei festgehalten, daß die
Versammlung der NSDAP nicht stattfinden konnte, da ca. 100 anwe-
sende Kommunisten die Eröffnung einer ordnungsgemäßen Versammlung verhinderten. Anschließend kam es zu einer Schlägerei,
bei der ein Schaden von etwa 500 Franken entstand und die Landjä-
ger den Saal räumten. »Die Hitlerleute wurden unter polizeilichem
Schutz von uns Sicherheitsbeamten mittels selbstgestellten Autos an
die Ortsgrenze von Quierschied gebracht.«

172 Brief vom 22. 8. 1926 an Bürgermeister Doppler. LA Sbr. Depositum
Illingen, Nr. 1000.

173 Willi Christmann wurde wegen illegalen Tragens einer Uniform vor
dem Schöffengericht St. Wendel angeklagt, jedoch am 12. März 1932
freigesprochen. Er hatte im Oktober 1931 am Parteitag der NSDAP

in Idar-Oberstein in einem weißen Hemd und einer braunen Hose teilgenommen und war beim Grenzübertritt bei Namborn von Landjägern festgenommen worden. Aus: Saardeutsche Volksstimme 5 (1932) vom 12. März 1932.

174 Saardeutsche Volksstimme vom 12. März 1932.

175 LA Sbr. Depositum Illingen, Nr. 1000, Polizeiverwaltung Illingen Aktenzeichen IV 4730.

176 Ebd.

177 Peter Baltes war Mitglied des Landesrates und Landesleiter der Deutschen Kriegsopferversorgung.

178 Marokkaner gehörten nach dem Ersten Weltkrieg zu den französischen Besatzungstruppen im Saargebiet.

179 Baltes, P.: Hitlers Alte Garde an der Saar. In: Kampf um die Saar: Unter Mitarbeit von Gauleiter Bürckel, des Landesleiters der Deutschen Front, Pirro; Staatsrat Simon und der berufenen Führer und Sachkenner des Saargebietes im Kampf um seine Rückgliederung zum Reich. Stuttgart, Berlin 1934, S. 395.

180 Saar- und Blies-Zeitung vom Montag, 15. April 1935.

181 Aus den Beitragsabrechnungen der NSDAP Wustweiler (Nachlaß Peter Klein).

182 Diese Mitgliederliste liegt uns komplett vor (Nachlaß Peter Klein). Wir sind so in der Lage, die Block- und Zellenleiter für die Jahre 1935-1945 sowie die Mitgliederbewegung zu bestimmen. Die Liste wurde von Peter Klein höchstwahrscheinlich im Jahre 1945 für den Bürgermeister Eduard Maas (vgl. Anm. 130 Eduard Maas) angefertigt.

183 Bohr, K.: Ein besonderes Land. Politische Kultur im Saarland. In: Saarland – Der Chef der Staatskanzlei, Landeszentrale für politische Bildung (Hrsg.), a.a.O., 1989, S. 145.

184 Mallmann, K.M./Steffens, H, a.a.O., 1989, S. 216.

185 Über die Anzahl der CVP-Mitglieder gibt es keine genauen Angaben. Für 1946 gab der ehemalige Generalsekretär Emil Lehnen die Mitgliederzahl mit 16 500 an. 1947 waren rund 20 000 Mitglieder erfaßt. Die CVP litt, wie alle saarländischen Parteien, unter Überalterung. Nach Angaben des Generalsekretärs Emil Lehnen soll 1950 die Altersgruppe von 18 bis 40 Jahren nur 23,8% betragen haben. Vgl. Bauer, G.: Vom Zentrum zur CDU. Hundert Jahre Christliche Politik an der Saar. Saarbrücken 1981, S. 34. Vgl. Stöss, R. (Hrsg.): Parteien-Handbuch. Die Parteien der Bundesrepublik Deutschland 1945-1980. Bd. I. Opladen 1983.

186 Wir gehen davon aus, daß dieses Komitee von Eduard Maas benannt wurde. Zwei Mitglieder (Aloys Hoffmann und Nikolaus Schorr) waren Kommunisten, zwei andere (Josef Schirra und Alois Schmidt), wie Eduard Maas, Eisenbahner.

187 Die Pfarrei Uchtelfangen wurde um 1330 errichtet. Zur Pfarrei gehörten neben Uchtelfangen auch die Dörfer Kaisen und Wustweiler als Filialgemeinden. Vgl. Heimat und Kirche. Das katholische Saarland. Sammelwerk Band IV. Saarbrücken 1955, S. 13. Vgl. Festschrift der Pfarrei Uchtelfangen 1985.
Vgl. Zimmer, D.: Die Einwohner von Uchtelfangen mit den Filialen Kaisen und Wustweiler. 1675-1800. Klarenthal 1987.

188 Die Zugehörigkeit der Katholiken des Ortsteiles Hosterhof zur Pfarrei Illingen besteht heute noch.

189 Die Pfarrgemeinde Illingen ist eine der »ältesten Pfarreien der Saargegend«. Sie wird erstmals im Jahre 893 erwähnt. Vgl. Nauhauser, O., a. a. O., 1982. Vgl. Kiehn, H. D.: Baugeschichte der katholischen Pfarrkirche St. Stephan zu Illingen/Saar. In: Saarbrücker Hefte 37, 1973, S. 5-28. Gerber, H.: Familienbuch der katholischen Pfarrei Illingen von 1689-1880. 3 Bde. Illingen 1987.

190 Vgl. § 1 der Statuten des Kirchbauvereins Wustweiler-Wustweilerhof. Die Statuten liegen uns als Originalabschrift vor. Vgl auch LA Sbr. Depositum Illingen, Nr 1007. Vgl. Martin, M.: Die Herz-Jesu-Kirche in Wustweiler. Der Wille zum eigenen Gotteshaus geht auf das Jahr 1912 zurück. In: Saarbrücker Zeitung, Ausgabe B 1962, Nr. 110 vom 12. 5. 1962.

191 Der Altar der Notkirche aus der Mitte des 18. Jahrhunderts ist abgebildet. In: Zimmermann, W.: Die Kunstdenkmäler der Kreise Ottweiler und Saarlouis. Düsseldorf 1934 (unveränderter Nachdruck Saarbrücken 1976), S. 144.

192 Ebd.

193 Deuser, W.: Verschleppte Werke der Kirchenkunst. In: Trierische Chronik, NF XII. Trier 1916, S. 180-184.

194 Vgl. Festschrift 50 Jahre Pfarrgemeinde »Herz-Jesu« Wustweiler. 1928-1978. Katholisches Pfarramt Wustweiler (Hrsg.), Illingen 1978, S. 37 ff. Diese Festschrift wurde auf der Grundlage des Protokollbuches des Kirchenvorstandes Wustweiler von Paul Fischer erstellt. Vgl. Errichtungsurkunde der Pfarrei Wustweiler, Dekanat Illingen, Kreis Ottweiler. In: Kirchlicher Anzeiger für die Diözese Trier, 72. Jg., Ausgabe 15, Nr. 150 (15. August 1928).

195 Die Katholiken Wustweilers ehrten ihren neu ernannten Pastor mit einem Fackelzug. LA Sbr. Depositum Illingen, Nr. 1939.

196 Paulinus (Zeitschrift des Bistums Trier) 58. Jg., Nr. 47 vom 20. November 1932.

197 Beschlußbuch des Gemeinderates der Gemeinde Wustweiler (11. August 1923-29.September 1949), Sitzung vom 24. 3. 1924, S. 38.

198 Bürgermeisterei Uchtelfangen (Hrsg.): Verwaltungsbericht für das Rechnungsjahr 1927, S. 22.

199 Gesammelt wurden rund 500 000 Francs. Zur Realisierung des Baus

war die Aufnahme von weiteren 200 000 Francs notwendig. Ziel war es jedoch, zuerst das vorhandene Geld zu verbauen, bevor zusätzliches Geld aufgenommen werden sollte, um sich nicht in Schulden zu stürzen und um wirtschaftlich sichere Zeiten abzuwarten. Vgl. Festschrift 50 Jahre, a. a. O., S. 41.

200 Aus: Zeitung für das Ill-, Theel-, Prims- und Bohnental Nr. 89 vom 1. April 1934. Vgl. auch Paulinus 60. Jg., Nr. 15 vom 15. April 1934.

201 Festschrift 50 Jahre, a. a. O., S. 45. Der Text wurde uns von Herrn Hermann Mohr, Wustweiler, freundlicherweise zur Verfügung gestellt.

202 Visitationsbericht des Dechanten Knauf vom 17. März 1939. BA Trier 40, Nr. 417.

203 Die Orgel ertönte zum ersten Mal am 31. August 1952. Vgl. Festschrift. a. a. O., 1978, S. 46.

204 Einem Bombenangriff auf die Bonner Orgelfabrik Klais im Jahre 1940 fiel auch die für die Pfarrkirche Wustweiler bestimmte Orgel zum Opfer. Aus: Akten der Pfarrei Wustweiler, BA Trier.

205 Visitationsbericht vom 14. März 1934, BA Trier, Abt. 40, Nr. 402.

206 Visitationsbericht vom 17.3.1939, BA Trier, Abt. 40, Nr. 417.

207 Vgl. Pastor Didas. In: Berschweiler. Eine Chronik. Im Auftrag der Gemeinde Marpingen bearbeitet von Emil Wagner. Bexbach 1983. Sehr schön auch die Schilderungen des saarländischen Bergarbeitermilieus und des Einflusses des katholischen Klerus. In: Mallmann, K. M. /Steffens, J., a. a. O., 1989, S. 55 ff.

208 Näheres zu Paul Reuter siehe im Abschnitt »Der Sportler«.

209 Reuter, P.: Memoiren (unveröffentlicht). Band 1. S. 63.

210 Ebd, S. 39.

211 Wittenbrock, R.: »... Du heiliges Land am Saaresstrand«. Konfessionsschule und Identitätssuche. In: Von der »Stunde 0« zum »Tag X«, a. a. O., 1990, S. 264.

212 Eine Einsichtnahme in die Personalakte Schulz wurde uns vom Generalvikariat Trier verwehrt. Die Lebensdaten von Pastor Hermann Schulz:
   \* 03.11.1887 in Kappel
   07.08.1915 Kaplan in Bliesen
   26.02.1918 Kaplan in Illingen
   19.12.1922 Expositus in Wustweiler
   01.01.1925 Pfarrvikar in Wustweiler
   23.09.1928 Pfarrer in Wustweiler
   17.03.1968 Ruhestand
   † 14.04.1969 in Illingen
   Diözesanarchiv Trier (Hrsg.): Der Weltklerus der Diözese Trier seit 1800. Trier 1941, S. 320.

213 In einem Nachruf auf Pastor Schulz wird seine Einfachheit, Beschei-

denheit und sein tieffrommes Wesen hervorgehoben. Während seiner 40jährigen Wirkungszeit habe er sich kaum einmal aus seiner Pfarrei entfernt. Als er sich einmal zu Exerzitien außerhalb aufhalten mußte, empfand er Heimweh nach seiner Gemeinde. Ein heute 87jähriger Pfarrer, dessen Eltern aus Wustweiler stammen, schildert Pfarrer Schulz in einem Interview als »einfachen« Menschen.

214 Dörfliche Einstellungen zu Politik, Kultur, Vereinsleben und Sexualität.

215 Haupert, B., a. a. O., 1987, S. 126.

216 Saarland – Der Minister für Arbeit, Gesundheit und Sozialordnung. (Hrsg.): Projekt: Zeitzeugen der ersten Jahrhunderthälfte. St. Ingbert 1989, S. 35.

217 Alter Verband: sozialistisch/sozialdemokratisch orientierte Bergarbeitergewerkschaft (Freie Gewerkschaften). Vgl. Mallmann, K. M./ Steffens, H., a. a. O., 1989, S. 138 ff. Der Gewerkverein christlicher Bergleute, die Konkurrenzorganisation zum BAV, hatte 1919 in Wustweiler 110 und in Hosterhof 35 zahlende Mitglieder (LA Sbr. Landratsamt Ottweiler, Nr. 7). Der Alte Verband dürfte nach unseren Interviews wesentlich weniger Mitglieder gehabt haben.

218 Vgl. Mallmann, K. M./Steffens, H., a. a. O., 1989, S. 183.

219 Kraus, A. H.V.: Widerstandskämpfer – Sozialpolitiker – Europäer. Zum Tode des saarländischen Politikers Richard Kirn. Schlaglichter zur Sozialgeschichte des Saar-Reviers. Ausgewähltes aus den Erinnerungen von Richard Kirn. In: Saarheimat 32, Heft 4, 1988, S. 90 f.

220 Hehl, U. von: Priester unter Hitlers Terror. Eine biographische und statistische Erhebung. Mainz 1984, Spalte 1388.

221 Abbildung dieses Wegkreuzes in: Thinnes, M.: Bildstöcke und Wegekreuze im Saarland. Saarbrücken 1985, S. 20 f.

222 Friedrich Blatter erwähnt, daß ihm 1929 seine 85jährige Großmutter erzählte, das in jedem Haus befindliche »Hehlloch« oder »Verborg« sei meist nur dem Vater bekannt gewesen. In Kriegs- oder sonstigen Gefahrenzeiten habe er die Wertsachen der Familie dort versteckt. Blatter, F.: Wie unsere Vorfahren bauten und wohnten. In: Heimatbuch des Kreises Ottweiler. II. Folge (1950), S. 130.

223 Eine katholische Jugend (Verband) gründete sich erst nach 1968 in Wustweiler. Vorher gab es lediglich einen katholischen Jünglings- und einen Jungfrauenverein. Diese Vereine vertraten aber keine »übergeordneten« verbandlichen Interessen. Sie verstanden sich eher als »Geselligkeitsvereine«. Zur näheren Geschichte und Entwicklung der Sturmschar siehe den sehr informativen Band: Börger, B./ Schroer, H.: Sie hielten stand. Sturmschar im Katholischen Jungmännerverband Deutschlands. Düsseldorf 1989.

224 Alex Jene (* 1915, + 1971 USA) besuchte das Humanistische Gymnasium in St. Wendel. Er entschloß sich zur Priesterlaufbahn und

wurde wie sein Bruder Josef (* 1902) Herz-Jesu-Priester. Er wurde 1942 zum Priester geweiht.

225 HJler, welche die Christenlehre nicht besuchten, wurden auf der Straße öffentlich von Pastor Schulz gemaßregelt, die HJ-Führer allerdings nicht. »Bloß ich bin nicht hingegangen. Und das war ja auch mit ein Grund gewesen, weshalb der Pastor mit mir contra gestanden hat. Der Pastor hat es nicht unter seiner Würde gefunden, wenn einer, der die Christenlehre geschwänzt hat, den auf der Straße zu stellen und ihm eins hinter die Ohren zu flatschen. Nur bei mir hat er das nicht mehr gemacht.« (Bi)

226 Nicolay, P.M.: Die Illinger Bergkapelle. In: Die Heimat 4, 1953, S. 16 f.

227 Vgl. Film- und Fotogruppe des Motorsportclubs Humes e.V. (Hrsg.): Humes in Bildern. Schiffweiler 1981, S. 88. Bild: »Humeser Bürger ziehen in den Krieg«. Die Humeser ziehen den Berg in Richtung Wustweiler hinunter. Im Hintergrund ist der Beginn der damaligen Schulstraße (heute Humeser Str.) zu erkennen.

228 In der Regel montagnachmittags. Etwa alle sechs Wochen trafen sich die anderen Priester des Dekanats in Humes (Auskunft der Tochter des damaligen Gaststätteninhabers T. Glatz).

229 Vgl. BA Trier, Abt. 85, Nr. 2109, und Abt. 86, Nr. 69.

230 Der erste »Gestapobesuch« erfolgte nach unseren Unterlagen bereits im April 1937. Vgl. auch Hehl, U., a.a.O., 1984, Spalte 1366. Vgl. Weiler, E. (Hrsg.): Die Geistlichen von Dachau. Bd. I. Mödling/Wien 1972, S. 367 ff.

231 Münch, M.: Unter 2579 Priestern in Dachau. Zum Gedenken an den 25. Jahrestag der Befreiung in der Osterzeit 1945. Trier 1970, S. 125.

232 Auch Nikolaus Jonas, Gefangenenseelsorger in Trier in den Jahren 1940-1944, schreibt in seinen Erinnerungen: »Als ich hörte, wie andere bischöfliche Behörden sich ihrer Priester im KZ annahmen, habe ich wiederholt bei Generalvikar von Meurers vorgesprochen und unter Hinweis auf anderseitige Aktivitäten um Übersendung von Paketen, Briefen etc. gebeten. Ich stieß auf taube Ohren.« Jonas, N.: Erinnerungen eines Gefangenenseelsorgers an die Jahre 1940-1944. In: Jahrbuch für westdeutsche Landesgeschichte 15, 1989, S. 251.

233 BA Trier, Abt. 85, Nr. 2109.

234 BA Trier, Abt. 86, Nr. 69.

235 Meiser, G.: Die Eheschließung des Jacques Meyser mit Demoiselle Elisabethe Britz – Eine Hochzeit in Napoleonischer Zeit. In: Merchweiler Heimatblätter, 9, 1989, S. 58.

236 U. a. hatte die materielle Not Menschen im 19. Jahrhundert zu Auswanderungen in die Neue Welt veranlaßt. Auch zwei Söhne von Josefs Ur-Urgroßeltern versuchten ihr Glück in den USA. Die Wust-

weiler Verwandten haben jedoch nie mehr von ihnen eine Nachricht erhalten. Vgl. Mergen, J.: Die Auswanderung aus den ehemals preußischen Teilen des Saargebietes im 19. Jahrhundert. Bd. I. Saarbrücken 1973. Bd. II. Die Auswanderer. Saarbrücken 1987.

237 Schulchronik der Katholischen Volksschule Hosterhof. Bearbeitet von Berthold Meiser, Wustweiler 1951.

238 D. h., Wohnhaus, Stall und Scheune befinden sich unter einem Dach. Vgl. das Foto des Elternhauses. Vgl. Habicht, W.: Dorf und Bauernhaus im deutschsprachigen Lothringen und im Saarland. Saarbrücken 1980.

239 In der Festschrift zum 50jährigen Bestehen der freiwilligen Feuerwehr der Gemeinde Wustweiler (Wustweiler 1957) wird ein Schreiben betreffs »feuergefährlichen Bedachungen der Bürgermeisterei Uchtelfangen« des Bürgermeisters Fourman aus dem Jahre 1863 zitiert, in dem dieses Haus der Vorfahren von Josef Erwähnung findet. Die betreffenden Gebäude waren noch mit Stroh gedeckt. Die Eigentümer wurden angehalten, Ziegelbedachung vorzunehmen.

240 Vgl. Hoppstädter, K.: Die Entstehung der saarländischen Eisenbahnnen. Saarbrücken 1961. Förderkreis für Heimatkunde und Denkmalpflege e. V. Gemeinde Eppelborn (Hrsg.): Festschrift 90 Jahre Illtalbahn 1897-1987. Saarbrücken 1987. Morbe, E.: Der Bau der Illtalbahn vor 90 Jahren. In: Eppelborner Heimathefte 3, 1987, S. 9-39.

241 Literatur zum Genossenschaftswesen: Fabry, P. W.: Bewährung im Grenzland. Genossenschaftsarbeit an der Saar von 1860 bis zur Gegenwart. Saarbrücken 1986.

242 Aus den noch vorhandenen Grundstücksakten, die bis ins späte 19. Jahrhundert zurückreichen, geht hervor, daß die Familie Schäfer keine Grundstücke veräußerte.

243 Es war in den Anfangsjahren dieses Jahrhunderts durchaus nicht ungewöhnlich, daß auch kleinere Bauernfamilien eine Haushaltshilfe (Magd) hatten. In der Regel handelte es sich um jüngere und unverheiratete Mädchen, die gegen Kost, Logis und ein kleines Entgelt im Haus zur Hand gingen. Sie lernten so die notwendigen Tätigkeiten zur Gründung eines eigenen Hausstandes kennen. Das Entgelt wurde angespart und für den Kauf der Aussteuer benutzt.

244 Vgl. Plettenberg, I.: Ausländische Zwangsarbeiter im Saarland während des Zweiten Weltkrieges. In: Zehn statt Tausend Jahre. Katalog zur Ausstellung des regionalgeschichtlichen Museums im Saarbrücker Schloß. Saarbrücken 1988, S. 236-252.

245 Vgl. Luy, P./Gerber, T.: Zwangssterilisierung und klinische Vernichtung. In: Zehn statt Tausend Jahre. Die Zeit des Nationalsozialismus an der Saar (1935-1945). Katalog zur Ausstellung des regionalgeschichtlichen Museums im Saarbrücker Schloß. Saarbrücken 1988. Aus einem Schreiben der Mahn- und Gedenkstätte Bernburg vom 22.

Juli 1990 geht hervor, daß im Rahmen der Morde an Kranken mehrere Tarnsysteme gegenüber den Angehörigen zur Anwendung kamen. U. a. wurden die Todesurkunden von anderen Tötungsanstalten ausgestellt, wodurch Nachforschungen erschwert wurden. Besonders eng war diese Verbindung zwischen den Anstalten in Bernburg und Hadamar. In den Todesurkunden wurde der 7. Juli 1941 als Sterbedatum und als Todesort Bernburg/Saale festgehalten. Am 25. September 1990 wurde uns von der Mahn- und Gedenkstätte Bernburg mitgeteilt, daß Joseph Schäfer am 26. Juni 1941 von Eichberg (psychiatrische Einrichtung und Zwischenanstalt im Rahmen der »Euthanasie«) nach Hadamar verlegt und dort ermordet wurde. In Hadamar wurde auch Hans Schulz, der Bruder von Pfarrer Hermann Schulz, ermordet.

246 Hüttersdorf hatte 1935 3754 Einwohner (1909 männlich und 1845 weiblich). Hiervon waren 3709 katholischen, 21 evangelischen und 20 jüdischen Bekenntnisses.

247 Mitteilung des Mutterhauses der Borromäerinnen, Trier, vom 18. Dezember 1987.

248 P. Matthäus Vogel, SJ: Leben der Heiligen Gottes auf alle Tage des Jahres mit heilsamen Lehrstücken versehen. Steyl 1899.

249 Laut Mitteilung vom 18. Dezember 1987 der Schwestern der hl. Maria Magdalena Postel (Heiligenstädter Schulschwestern) aus dem Bergkloster Bestwig lebte Schwester Honoria in folgenden Klöstern:

    1900-1904 Heiligenstadt
    1904-1906 Bad Ems
    1906-1912 Dorsten
    1912-1918 Heiligenstadt
    1918-1939 Kassel
    1939-1964 Bad Ems

250 Regler, G.: Das Ohr des Malchus. Frankfurt 1975, S. 299.

251 Arbeitsbeginn der Schichten:

| | |
|---|---|
| Frühschicht: | 6.00 - 14.00 Uhr, |
| Mittagsschicht: | 14.00 - 22.00 Uhr, |
| Nachtschicht: | 22.00 - 6.00 Uhr. |

Hinzu kam eine etwa ein- bis zweistündige An- und Abreise.

252 Haus in unmittelbarer Nachbarschaft.

253 Die Otzenhausener Hefte zur Heimatgeschichte erzählen von den Spielen der Dorfkinder. »Beliebte Spiele waren Druules (Kreisel), Klicker, Ressi, Stelzengehen, Wandball und andere Ballspiele. Grundsätzlich wurde auf der Dorfstraße gespielt.« Meter, A.: Erinnerungen an die Kinder- und Schulzeit. In: Otzenhausener Hefte zur Heimatgeschichte, Erinnerungen an die Zeit zwischen den Weltkriegen. Herausgegeben vom Verein für Heimatkunde Nonnweiler, 11,

1984, S. 31. Vgl. Blatter, F.: Aus früheren Zeiten. Jugendspiele, Abzählreime und Kinderlieder. In: Heimatbuch des Kreises Ottweiler, III. Folge, 1952, S. 116-124.

254 »50 Jahre Ausbildungswerkstatt« Bundesbahn-Ausbesserungswerk Saarbrücken-Burbach. 1935-1985. Herausgegeben vom Bundesbahn-Ausbesserungswerk Saarbrücken-Burbach. Saarbrücken 1985, S. 14.

255 Heute Haus Heckmann, Bahnhofstraße 15.

256 Schwinn, T.: Vom Schulhausstübgen zum modernen Schulhaus. Aus der Schulgeschichte im Kreis Ottweiler. In: Heimatbuch des Kreises Ottweiler. Ein Buch vom Leben und Wesen des Kreises Ottweiler. IV. Folge, 1955, S. 75.

257 Festschrift aus Anlaß der Einweihung der neuen Volksschule in Wustweiler am 7. Oktober 1956. Herausgegeben von der Gemeinde Wustweiler. Wustweiler 1956, S. 26 ff.

258 Näheres zur Person von Paul Reuter wird im Abschnitt »Der Sportler« abgehandelt.

259 Reuter, P.: Memoiren (unveröffentlicht). Bd. 1., S. 22.

260 Bürgermeisterei Uchtelfangen (Hrsg.): Verwaltungsbericht für das Rechnungsjahr 1929/1930, S. 18.

261 Bürgermeisterei Uchtelfangen (Hrsg.): Verwaltungsbericht 1927, S. 49.

262 Paul, G.: Verweigerung und Protest in der Volksgemeinschaft. In: Zehn statt Tausend Jahre, a. a. O., 1988, S. 147.

263 Der ehemalige Schulrat und spätere Kultusminister des Saarlandes, Josef Jochem, hat uns liebenswürdigerweise Daten aus den Personalakten von Johann Michael Recktenwald und Gustav Schorr zur Verfügung gestellt. Wir danken ihm an dieser Stelle recht herzlich.

264 Mitteilung seiner Tochter Helene Reuter vom 4. April 1989 und von Josef Jochem vom 24. Juli 1990.

265 Schulchronik der Volksschule Wustweiler, Bd. II., S. 57.

266 Der Aufsatz von Thomes, P.: Die Kooperation zwischen der Bergwerksdirektion Saarbrücken und den öffentlichen bzw. genossenschaftlichen Spar- und Darlehenskassen im Arbeitereinzugsgebiet des Steinkohlenreviers an der Saar (1883-1914), geht auch auf Wustweiler ein. In: Zeitschrift für die Geschichte der Saargegend XXXII, 1984, S. 50-63.

267 Wir entnehmen die genauen Angaben einem handgeschriebenen Lebenslauf Gustav Schorrs, den uns liebenswürdigerweise seine Tochter Ludwica Mohr, Heiligenwald, zur Einsicht überließ.

268 Vgl. Klein, A.: Historischer Abriß der Lehrerbildung bis 1945. In: Kuhn, K. (Hrsg.): Die Geschichte der Volksschullehrerbildung im Saarland. Die Lehrerseminare von 1945-1964. Eine historisch-bildungspolitische Untersuchung. Lebach 1988, S. 17-35.

269 Für die folgenden Ausführungen danken wir Herrn Studiendirektor

a. D. Hans Gappenach, Münstermaifeld, der uns wertvolle Hinweise zur preußischen Lehrerausbildung lieferte.

270 Gappenach, H.: Die Entstehung des Lehrerseminars. Die verschiedenen Phasen des Aufbaus in Münstermaifeld. In: Heimat zwischen Hunsrück und Eifel. Heimatbeilage der Rhein-Zeitung Mayen. 29. Jg., Nr. 10, Dezember 1981.

271 Gappenach, H.: Heinrich Dietrich zum Gedenken. Langjähriger Leiter des preußischen Lehrerseminars in Münstermaifeld. In: Heimat zwischen Hunsrück und Eifel. 35. Jg., Nr. 2, Februar 1987.

272 Ebd.

273 Ebd.

274 Gappenach, H.: Leben und Werk Peter Eßers. Ein tüchtiger Lehrer und bedeutender Komponist von Kirchenmusik. In: Heimat zwischen Hunsrück und Eifel. 33. Jg., Nr. 11, 1985.

275 Gappenach, H.: Seminarlehrer Dr. Bernhard Krembs. Er lebte in Münstermaifeld von 1898 bis 1910. »Kathederblüten«. In: Heimat zwischen Hunsrück und Eifel. 37. Jg., Mai 1989.

276 Vgl. Gappenach, H.: Die Geschichte des Münstermaifelder Aufbaugymnasiums. In: Ders. (Hrsg.): Münstermaifelder Heimatbuch. Münstermaifeld 1960, S. 78-81.

277 Der Gesprächspartner bestand darauf, die Ereignisse protokollmäßig aufs Band zu diktieren.

278 Zitiert nach: Beilmann, C.: Eine katholische Jugend in Gottes und dem Dritten Reich: Briefe, Berichte, Gedrucktes 1930-1945; Kommentare 1988/89. Wuppertal 1989, S. 197. Die vierte Strophe findet sich in: Klaus, M.: Mädchen in der Hitler-Jugend – Die Erziehung zur »deutschen Frau«. Köln 1980, S. 223.

279 Kadissem = Katechismus. Damit ist der Glaubensunterricht, der vom Pastor erteilt wurde, gemeint. Der Religionsunterricht wurde ab Ostern 1937 (Einführung der Gemeinschaftsschule) nur noch vom Klassenlehrer abgehalten. Der Katechismusunterricht mußte fortab in kirchlichen Räumen stattfinden. In Wustweiler fand der Religionsunterricht sonntagsnachmittags in der Kirche statt.

280 BA Trier, Abt. 40, 417.

281 Die Wustweiler Lehrer unterrichteten auch ohne Unterbrechung nach 1945 weiter.

282 Kahnmeyer, L./Schulze, H.: Realienbuch für den Arbeitsunterricht. Ausgabe A. Realienbuch Nr. 147. Bielefeld, o. J., S. 222.

283 Die Hauptschule wurde 1938 eingeführt. Sie war eine Pflichtausleseschule.

284 Erlaß des Reichsministers für Wissenschaft, Erziehung und Volksbildung vom 10. April 1937 zur Einführung der Richtlinien für die unteren Jahrgänge der Volksschule. MB/WEV 1937, S. 199.

285 Ebd.

286 Erlaß des Reichsministers für Wissenschaft, Erziehung und Volksbildung zur Einführung der Richtlinien für die Volksschule vom 15. Dezember 1939. MB/WEV 1940, S. 75.

287 Frank, H. J.: Dichtung, Sprache, Menschenbildung. Geschichte des Deutschunterrichts von den Anfängen bis 1945. München 1976, S. 856 ff.

288 Vgl. zum Frankenholzer Schulstreik vom Frühjahr 1937: Paul, G.: Verweigerung und Protest in der Volksgemeinschaft. In: Zehn statt Tausend Jahre, a. a. O., 1988, S. 147 ff. Paul, G.: Christuskreuz oder Hakenkreuz. In: Richtig daheim waren wir nie, a. a. O., 1987, S. 183 ff. Vgl. auch Stier, E.: Das Missionshaus St. Wendel zur NS-Zeit. In: Heimatbuch des Landkreises St. Wendel. XIX, 1 1981/82, S. 181-186.

289 Pauly, F.: Zur Kirchenpolitik des Gauleiters J. Bürckel im Saargebiet (März-August 1935). In: Rheinische Vierteljahresblätter 35, 1971, S. 414-453. Faber, B. J.: Kirche und Staat im Saarland. Eine staatskirchenrechtliche Untersuchung. Dissertation, Freiburg 1981.

290 Paul, G., a. a. O., 1988, S. 149.

291 Ebd.

292 Schwinn, T.: Vom »Schulhausstübgen« zum modernen Schulhaus. Aus der Schulgeschichte im Kreis Ottweiler. In: Heimatbuch des Kreises Ottweiler. Ein Buch vom Leben und Wesen des Kreises Ottweiler, IV. Folge Ottweiler 1955, S. 75.

293 Paul, G., a. a. O., 1988, S. 149.

294 Vgl. Chronik der Katholischen Volksschule Hosterhof. Bearbeiter: Meiser, B. Wustweiler 1951.

295 Von den 26 Jungen aus Josefs Schuljahrgang (1924) überlebten nur 12 den Zweiten Weltkrieg.

296 Vgl. Reinert, W.: In diesem Land. St. Ingbert 1989. Reinert schildert die Geschichte einer Jugend an der Saar. Der Roman beschreibt die Zeit 1931-1939.

297 Chronik der Katholischen Volksschule Hosterhof. Bearbeiter: Meiser, B. Wustweiler 1951.

298 Ebd., Beiträge zur Schulgeschichte. S. 20 f.

299 Hiermit wird auf den Ortsteil Wustweilerhof Bezug genommen.

300 Dorfbach = Ill.

301 Wir müssen Josefs Ahnentafel korrigieren. Sein Urgroßvater, Jakob Schäfer, starb bereits am 26. Oktober 1871 und nicht, wie vermerkt, am 26. Oktober 1907 (Vgl. Dokument 8, S. 249). Wir haben Josef Schäfers Ahnen zurückverfolgt und ergänzen hiermit die von ihm angefertigte Ahnentafel. Josef hatte nur die männliche Linie zurückverfolgt. Seine Vorfahren stammen ursprünglich aus Eiweiler (heute: Gemeinde Heusweiler). Seit 1810 sind sie ununterbrochen in Wustweiler ansässig.

| | | |
|---|---|---|
| 1. Schäfer Nikolaus (Nr. 16 der Ahnen-<br>tafel) | * 22.06.1788<br>† 09.10.1865 | Eiweiler<br>Wustwei-<br>ler |
| 2. Schaeffer Johannes (verheiratet<br>23.1.1770) mit<br>3. Eyd Maria | * 12.05.1748<br>† 18.12.1810<br>* ca. 1754<br>† 12.03.1814 | Eiweiler<br>Eiweiler<br>Wiesbach<br>Eiweiler |
| 4. Schäffer Johannes (verheiratet 1738) mit<br>5. Boos/Bost Elisabeth | † 1754<br>* 22.03.1716<br>† 28.12.1776 | Eiweiler<br>Heusweiler<br>ler<br>Wiesbach |
| 6. Eyd Georg (um 1740 verheiratet) mit<br><br>7. Zimmer Anna Maria | * ca. 1717<br>† 24.04.1781<br>* ca. 1718<br>† 30.07.1778 | Wiesbach<br>Wiesbach<br>Wiesbach<br>Wiesbach |
| 8. Schäfer Philipp (verheiratet um<br>1710) mit<br>9. N. Catharina | † vor 1732<br><br>† 1742 | Eiweiler |

302 Zur Gliederung und zum Aufbau der Hitler-Jugend. Vgl. Kohrs,
P.: Kindheit und Jugend unter dem Hakenkreuz. Nationalsozialistische Erziehung in Familie, Schule und Hitlerjugend. Stuttgart
1983, S. 126 f. Das folgende Schaubild ist entnommen: Garz, P./
Hartmann, O.: Deutschkundliches Arbeitsbuch für die Volksschule. Ausgabe für das Saarland in drei Heften. Heft 2. Saarbrükken 1939, S. 53.

303 Namen, die in der Regel den Bewohnern eines Hauses verliehen
wurden. Diese Namen wurden dann über Generationen weitergegeben. Sie bezeichneten in der Regel Besonderheiten, die sich dann von
ihrem ursprünglichen Träger lösten und auf die ganze Familie, die in
eben diesem Haus wohnte, übertragen wurden.

304 Sozialen Rang erlangte man in einem *Arbeiterbauerndorf* einmal über
die Beteiligung am öffentlichen, am kirchlichen und am politischen
Leben. Sodann war der Land-, Haus- und Viehbesitz der Herkunftsfamilie entscheidend.

305 Alter Verband: Bergarbeiterverband. Gewerkschaftliche Vertretung
der Bergarbeiter. Im Saarland Nachfolgeorganisation des »Rechts-
schutzvereins«. Der Rechtsschutzverein trat 1890 dem »Verband
deutscher Bergleute« mit Sitz in Bochum bei. 1891 gab es 8031 Saar-
bergleute, die sowohl dem Rechtsschutzverein als auch dem Verband
angehörten. Vgl. Bungert, G./Mallmann, K. M./Schuster, G.: Der
Weg zur Einheit. Stationen der Bergarbeiterbewegung an der Saar.
Saarbrücken 1981, S. 19 ff.

306 Wust, P.: Gestalten und Gedanken. Rückblick auf mein Leben
(1940). München 1961, S. 18 f.

# Gliederung und Aufbau der Hitler-Jugend.

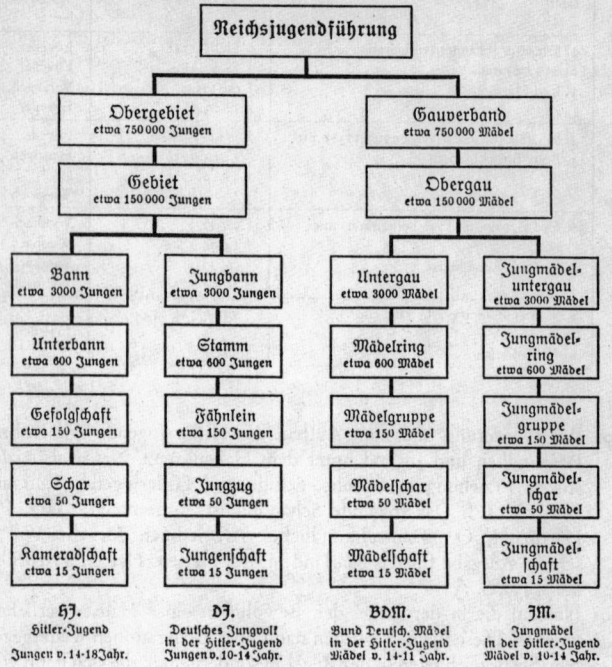

| HJ. | DJ. | BDM. | JM. |
|---|---|---|---|
| Hitler-Jugend | Deutsches Jungvolk in der Hitler-Jugend | Bund Deutsch. Mädel in der Hitler-Jugend | Jungmädel in der Hitler-Jugend |
| Jungen v. 14-18 Jahr. | Jungen v. 10-14 Jahr. | Mädel v. 14-11 Jahr. | Mädel v. 10-14 Jahr. |

307 Josef durfte auch einmal diese Texte vorlesen, was seiner Mutter besonders imponierte.

308 Er bezieht sich hier auf die Notkirche, die sich im Ortsteil Wustweilerhof befand.

309 Damit ist das Gymnasium in Ottweiler gemeint.

310 Vgl. Rhein, S.: Die Reichskristallnacht und das Schicksal der Juden in Illingen. In: Landkreis Neunkirchen (Hrsg.): Texte zum 50. Jahrestag der Reichspogromnacht. Neunkirchen 1988, S. 3-24. Vgl. Kirsch, R.: Die Juden in der Herrschaft Illingen. Die Illinger Judengemeinde im 18. Jahrhundert. Herausgegeben von der Gemeinde Illingen. Illingen 1990. Krämer, M.: Die Deportation der saarpfälzischen Juden ins Internierungslager nach Gurs 1940. Landkreis Neunkirchen (Hrsg.), 1990. Vgl. Nauhauser, O.: Die Jüdische Gemeinde in Illingen. Bexbach 1980. Vgl. Schülervertretung am Illtalgymnasium Illingen (Hrsg.): Juden in Illingen. Eine Dokumentation über Entstehung,

Entwicklung und Zerstörung der Illinger Judengemeinde. Ausstellung am Illinger Illtal-Gymnasium. Illingen 1989.

311 Vgl. Krehwinkel, F. J.: Sturmschar unter dem NS-Regime. In: Börger, B./Schroer, H. (Hrsg.): Sie hielten stand. Sturmschar im katholischen Jungmännerverband Deutschlands. Düsseldorf 1989, S. 95 ff.

312 Vgl. Bungert G./Lehnert C.: Vereine im Saarland. Saarbrücken 1988, S. 87 ff.

313 Ebd. und LA Sbr. Depositum Illingen, Nr. 1007.

314 Vgl. Festschrift 50 Jahre SV »Germania« Wustweiler 1979, S. 19.

315 Vgl. Festschrift 25 Jahre Sportverein »Sportfreunde« Wustweiler vom 19. und 20. Juni 1954, S. 2.

316 Er zählt Flurnamen auf.

317 1966 wurde ein neuer Sportplatz angelegt, der inzwischen erweitert wurde. 1973 wurde zusätzlich ein Umkleidegebäude erbaut.

318 Vorstand der DJK (Hrsg.): Festschrift anläßlich des 60jährigen Jubiläums der DJK St. Michael Marpingen. 16.-18. Juni 1989. Marpingen 1989, S. 35.

319 Bungert G./Lehnert C., a. a. O., 1988.

320 Reuter, P.: Memoiren. Bd. I, S. 79 f.

321 Laut Protokollbuch des SV »Germania« Wustweiler vom 21. Juli 1935. Nach 1945 wurde die DJK nicht wiedergegründet. Zunächst nannte man den Verein in »Sportfreunde« um. Nach dem Beitritt des Saarlandes zur Bundesrepublik Deutschland wurde der Verein in den fünfziger Jahren erneut auf den Namen SV »Germania« umgetauft.

322 Paul Reuter (1907-1982) studierte Anglistik, Romanistik, Philologie und Geographie in München, Paris (Sorbonne) und Marburg, wo er am 2. März 1943 zum Dr. phil. promovierte. Studienrat in Neunkirchen. 1947 wurde er im Rahmen der politischen Säuberungen aus dem Schuldienst entlassen und 1949 rehabilitiert und wieder eingestellt (Amtsblatt der Verwaltungskommission des Saarlandes. Nr. 11 vom 4. März 1947. Bekanntmachung über das Ergebnis der politischen Säuberung vom 15. Februar 1947). 1959 wurde Reuter mit der Leitung des Lehrerseminars Ottweiler und das sich im Aufbau befindlichen Aufbaugymnasiums Ottweiler betraut. Seit 1972 im Ruhestand. Vgl. Staatliches Aufbaugymnasium Ottweiler (Hrsg.): Staatliches Aufbaugymnasium Ottweiler 1874-1974. Festschrift zum hundertjährigen Jubiläum. Ottweiler 1974.

323 Protokollbuch des SV »Germania« Wustweiler vom 28. Juli 1935.

324 Protokollbuch des SV »Germania« Wustweiler vom 22. März 1940.

325 Protokollbuch des SV »Germania« Wustweiler vom 1. September 1935.

326 Ringführer = Sportfunktionär.

327 Protokollbuch des SV »Germania« Wustweiler vom 15. September 1940

328 Reuter, P.: Memoiren. Bd. I, S. 64.

329 Fläßchen = Düsterbach.

330 Wir konnten den Ort aufgrund der Angaben im Kalender rekonstruieren.

331 »Und er hat ja beim Göpelwerk die Kühe treiben müssen. Das waren schwere Gußrahmenräder mit einem Durchmesser von 1/2 bis zu 2 Metern. Da waren von der Mitte aus viereckige Balken, drei bis vier Meter, die Länge spielte keine Rolle. Also, daran wurde ein Pferd oder eine Kuh gespannt, die immer rund gegangen sind. Dieses Räderwerk wurde so in Gang gesetzt. Von diesem Ding aus ist dann durch den Boden eine Welle gegangen zum Giebel. Dort war wiederum ein Zahnrad mit einer starken Kette. Das ist dann hochgegangen bis hoch oben in der Scheune. Da war das Gerüst. Darauf stand die Dreschmaschine. Das war ja nur eine Trommel mit vielen Zähnen, die haben dann die Körner aus dem Getreide geschlagen. Die sind dann heruntergefallen. Außen ist es dann hochgegangen. Diese Energie ist dann übertragen worden, oben auf die Trommel. Der Josef, der war in dem Alter, der war der Älteste, der mußte die Kühe treiben, und da hat er sich – was sehr gefährlich war –, da hat er sich da draufgestellt und hat gemacht, daß die Kühe immer in Gang waren, also nicht laufen, immer im Schritt gehen. Nur ist er da mit dem Fuß hineingeraten.« (Rie) Zur Technisierung und Mechanisierung in der Landwirtschaft, die im Saarland insbesonders nach 1935 einsetzte. Groß, H.: Die saarländische Landwirtschaft. In: Kampf um die Saar, a.a.O., 1934, S. 217 ff.

332 Die Suche nach Philipp Haag gestaltete sich sehr mühsam. Die 1943 angegebene Wohnung existiert heute nicht mehr. Das Einwohnermeldeamt Saarbrücken informierte uns lediglich über das Sterbedatum Philipp Haags (1982). Über die Todesanzeige in der Saarbrücker Zeitung und die Eintragungen im amtlichen Fernsprechbuch gelang es uns, die damaligen Anschriften seiner nächsten Angehörigen in Erfahrung zu bringen. Zwischenzeitlich war jedoch auch seine einzige Tochter verstorben, so daß nur noch zwei Enkelkinder um Auskunft gebeten werden konnten. Beide konnten uns keine weiterführenden Angaben über ihren Großvater machen. Sie berichteten jedoch übereinstimmend, daß sie in den Kriegsjahren ausreichend Nahrungsmittel zur Verfügung hatten, die ihr Großvater von Bauern auf dem umliegenden Lande besorgte.

333 Der damalige Ausbildungsleiter des RAW Burbach, Herbert Gintzel, lebte ebenfalls in Saarbrücken. Er war Mitglied der NSDAP.

334 Vgl. Bettinger, D./Büren, M.: Der Westwall. Die Geschichte der Westbefestigungen. 2 Bde. Osnabrück 1989. Westwallarbeiter: Aus dem gesamten Deutschen Reich rekrutierte Arbeiter, deren Aufgabe

es war, Befestigungsanlagen (Bunker, Panzersperren etc.) an der deutsch-französischen Grenze zu bauen bzw. instandzusetzen.

335 Beide Eltern von Heinz Merkel waren Kommunisten. Ihre Biographie ist jetzt nachzulesen in: Mallmann, K. M./Gerhard, P.: Das zersplitterte Nein. Saarländer gegen Hitler. Bonn 1989, S. 182-186. Heinz Merkel war von 1947-1952 Erster Vorsitzender der FDJ (Freie Demokratische Jugend) im Saarland. Anschließend Chefredakteur (1953-1957) des Landessekretariats des Landesverbandes der KP. Vgl. DKP, Bezirksvorstand Saar (Hrsg.): Blätter zur Geschichte der Arbeiterbewegung im Saarland: Im Zeichen des Sonnenbanners. Aus der Tätigkeit der FDJ im Saargebiet 1945-1951. Heft 6 und 7 (Oktober 1984), S. 14. Dingel, F.: Die Kommunistische Partei Saar. In: Stöss, R. (Hrsg.): Parteien Handbuch. Die Parteien der Bundesrepublik Deutschland 1945-1980. Bd. II, Opladen 1984, S. 1852 ff.

336 Das Eisenbahn-Ausbesserungswerk Saarbrücken-Burbach wurde 1906 gegründet. Vgl. 50 Jahre Eisenbahn-Ausbesserungswerk Saarbrücken-Burbach. Herausgegeben vom Eisenbahn-Ausbesserungswerk Saarbrücken-Burbach. Saarbrücken 1956, S. 15. Vgl. Schmitt, A.: Denkmäler saarländischer Industriekultur. Staatliches Konservatoramt Saarbrücken (Hrsg.). Saarbrücken 1989, S. 71 ff.

337 Präambel des Lehrvertrages.

338 Vgl. »50 Jahre Ausbildungswerkstatt« Bundesbahn-AW Saarbrücken-Burbach 1935-1985. Herausgegeben vom Bundesbahn-AW Saarbrücken-Burbach 1985, S. 11 f.

339 Ebd.

340 Ebd., S. 13. Vgl. Kipp, M./Miller-Kipp G.: Erkundungen im Halbdunkel. Fünfzehn Studien zur Berufserziehung und Pädagogik im nationalsozialistischen Deutschland. Gesamthochschule Kassel. Berufs- und Wirtschaftspädagogik, Bd. 10 Kassel 1990.

341 Wir verfügen über den schriftlichen Nachlaß von Herbert Gintzel, den uns Frau Gisela Gintzel, Wustweiler, freundlicherweise zur Verfügung stellte. Der Brief liegt uns in einer Abschrift vor. Aktenzeichen III/82/1942 des Kreisgerichts Saarbrücken der NSDAP.

342 Uns liegen die Schulhefte eines Lehrlings des RAW vor, der mit Josef im selben Lehrjahrgang war, im folgenden abgekürzt mit He.

343 »50 Jahre Ausbildungswerkstatt« Bundesbahn-AW Saarbrücken-Burbach 1935-1985. Bundesbahn-AW Saarbrücken-Burbach (Hrsg.), a. a. O., 1985, S. 13 f.

344 Vgl. Herrmann, H. W.: Die Freimachung der Roten Zone 1939/1940. Ablauf und Quellenlage. In: Zeitschrift für die Geschichte der Saargegend XXXII (1984), S. 64-89. Jacoby, F.: Quellen zur ersten Evakuierung 1939/1940 im Stadtarchiv Saarbrücken. In: Zeitschrift für die Geschichte der Saargegend XXXII (1984), S. 107-110.

345 Herrmann, H. W.: Die Freiräumung der Roten Zone 1939/1940. Ab-

lauf und Quellenlage. In: Zeitschrift für die Geschichte der Saargegend. XXXII (1984), S. 64.

346 Nähere Angaben zur inneren Organisation und Ausbildung der Motor-HJ siehe: Huber, K. H.: Jugend unterm Hakenkreuz. Frankfurt/Main, Berlin 1986, S. 166 ff.

347 Vgl. »50 Jahre Ausbildungswerkstatt« AW Saarbrücken-Burbach. Bundesbahn-AW Saarbrücken-Burbach (Hrsg.), a. a. O., 1985, S. 14 f.

348 Nach Altersgruppen gestaffelt erhielten die Lehrlinge laut Lehrvertrag folgenden Urlaub:
14-15 Jahre    18 Arbeitstage
16 Jahre    15 Arbeitstage
17 Jahre    12 Arbeitstage
18 Jahre    9 Arbeitstage
19 Jahre und älter    7 Arbeitstage Urlaub.

349 Vgl. Festschrift »50 Jahre Ausbildungswerkstatt« AW Saarbrücken-Burbach. Bundesbahn-AW Saarbrücken-Burbach (Hrsg.), a. a. O., 1985, S. 12 f.

350 Wilhelm (Willi) Ruschel, geb. 27. April 1924.

351 Folgenden Brief erhielten wir freundlicherweise von Herrn H., Schwager von Willi Ruschel, zur Verfügung gestellt. Brief vom 8. Juli 1944 an Heinz Ruschel (Vater von Willi Ruschel) von Kriegsgerichtsrat a. D. Hülcker, Wiesbaden: »Ich habe vor einiger Zeit den früheren Kompaniechef unserer Jungen, Leutnant Jahrens, gesprochen, der mir erzählte, er habe am 7. Januar in der Mittagszeit durchs Glas beobachtet, wie zwei deutsche Soldaten im Nachbarabschnitt von den Russen abgeführt wurden. Lt. Jahrens meinte, nach Erkundigung bei der Nachbarkompanie habe es sich höchstwahrscheinlich um die Gefr. Ruschel und Hülcker gehandelt. Hiermit können wir wohl mit ziemlicher Sicherheit annehmen, daß unsere Jungen in russischer Gefangenschaft sind und nach siegreichem Abschluß des Krieges in die Heimat zurückkehren. (...)« Offen bleibt, ob Ruschel desertierte oder von russischen Soldaten gefangengesetzt wurde. Jedenfalls arbeitete er aktiv im Nationalkomitee Freies Deutschland (NFD). Vgl.: Bies, L.: »Jemand, der sich von einer Verbrecherbande losgesagt...« Zur Diskussion um Nationalkomitee Freies Deutschland und Bund Deutscher Offiziere. In: Antifaschistische Rundschau, Heft 9, September 1989, S. 21-22.

352 Siehe IML, ZPA (Institut für Marxismus-Leninismus beim ZK der SED. Zentrales Parteiarchiv) 238, 1, 1468. Vgl. Jahnke, K. H.: In einer Front. Junge Deutsche an der Seite der Sowjetunion im Großen Vaterländischen Krieg. Militärverlag der DDR. Berlin 1986, S. 33 f.

353 Siehe zum Nationalkomitee Freies Deutschland: Pech, K./Diesener, G.: Zur Entstehung und zum Wirken der Bewegung »Freies

Deutschland«. In: Zeitschrift für Geschichtswissenschaft, H. 36, 1988, S. 595-607. Scheurig, B.: »Freies Deutschland«. Das National-komitee und der Bund Deutscher Offiziere in der Sowjetunion 1943-1945. Köln 1984. Einsiedel, H. Graf von: Tagebuch der Versuchung 1942 bis 1950 (1950). Frankfurt/Main, Berlin, Wien 1985.

354 Volk, H.: Heimatgeschichtlicher Wegweiser zu Stätten des Widerstands und der Verfolgung 1933-1945. Band 4, Saarland. Herausgegeben vom Studienkreis zur Erforschung und Vermittlung der Geschichte des deutschen Widerstandes 1933-1945, VVN/Bund der Antifaschisten. Köln 1990, S. 96.

355 Vergleiche Anmerkung 335 über Heinz Merkel.

356 Marine-Jäb = Marine Jakob

357 Schulchronik der Katholischen Volksschule Hosterhof, Teil B, Beiträge zur Ortsgeschichte. Wustweiler 1951.

358 Bettinger, D.: Heimatbuch Mainzweiler. Ein Dorf und seine Menschen im Lauf der Geschichte. Mainzweiler 1988, S. 145. Vgl. Bettinger, D. Beiträge zur Geschichte des Zweiten Weltkrieges im Bereich des heutigen Saarlandes. Teil II. In: Zeitschrift für die Geschichte der Saargegend XXVII, 1979, S. 103 ff.

359 Zur Geschichte der 258. Infanterie-Divison vgl.: Pflanz, H. J.: Geschichte der 258. Infanterie-Division. I. Teil 1939 und 1940: Aufstellung und Frankreichfeldzug. Herausgegeben vom Kameradenkreis der 258. Infanterie-Division. Kemmenau 1975.

360 Bettinger, D., a. a. O., 1979, S. 123.

361 Ebd., S. 169.

362 Vgl. ebd., S. 179.

363 »Ja, wir waren da aus der Schule. Ich bin daheim geblieben und der Josef hatte dann in Saarbrücken angefangen, und dann kam 1939 das Militär vor dem Frankreichfeldzug, und dann haben wir junge Burschen uns gekümmert oder interessiert für die Soldaten. Wir sind auf den Geschützen herumgesprungen, haben sie untersucht, dann war Manöverball beim ›Bäcker‹.« (Rie)

364 Johann Mohr diente im Kaiserreich als Offizier bei den Garde-Ulanen in Potsdam. Gegen Ende des Zweiten Weltkrieges leitete er den Volkssturm in Wustweiler. Unmittelbar nach dem Krieg arbeitete er als Dolmetscher beim US-Ortskommandanten.

365 Nähere Informationen zu den Panzertypen, zur Ausrüstung etc. können entnommen werden: Culver, B.: Das Waffenarsenal, Bd. 35. »Pz. Kpfw. IV«. Friedberg (Podzun Pollar Verlag) 1977. Wertvolle Hinweise zur Panzerwaffe erhielten wir von Werner Regenberg, Nußloch. Ihm sei an dieser Stelle herzlich gedankt.

366 In diesem Kapitel werden die Teile, die Josef direkt betreffen, der Verständlichkeit wegen in der Präsensform geschrieben.

367 Der Kalender wurde den Rekruten während der Grundausbildung

ausgehändigt. Er enthielt im Anhang ein kleines Wörterbuch der französischen Sprache, Landkarten und eine Liste der gängigen Verkehrszeichen.

368 Mitteilung von Werner Regenberg, Nußloch.

369 Schriftliche Mitteilung von Werner Regenberg, Nußloch. Vgl. Tessin, G.: Verbände und Truppen der deutschen Wehrmacht und Waffen-SS im Zweiten Weltkrieg 1939-1945. Sechster Band: Die Landstreitkräfte 71-130. Osnabrück 1972, S. 164.

370 Zum Pz. Rgt. 100 (22) siehe: Lefèvre, E.: Panzers in the Normandy. Then and Now. After the Battle Publication. London 1970. Vgl. Tessin, G., a. a. O., 1972, S. 180.

371 Nähere Hinweise zu den Truppenzusammenstellungen finden sich bei: Tessin, G., a. a. O., 1972.

372 Ebd., S. 164.

373 Lefèvre, E.: Panzers in Normandy. Then and Now. London 1970, S. 104. Ähnliches notiert auch Irving, D.: Rommel. Eine Biographie. Hamburg 1979, S. 471 f.

374 Hermann von Oppeln-Bronikowski wurde am 2. Januar 1899 in Berlin geboren. Er starb am 18. September 1966 in Geißbach/Bayern. Er erhielt am 28. Juli 1944 als Oberst das Eiserne Kreuz mit Eichenlaub und am 18. April 1945 (!) als Generalmajor und Kommandeur der 20. Panzer-Division, das Eichenlaub mit Schwertern. Vgl. Lenfeld, E./Thomas, F.: Die Eichenlaubträger 1940-1945. Wiener Neustadt 1983, S. 561.

375 Das Pz. Rgt. 100 wurde in Frankreich zunächst mit französischen und britischen Beutepanzern (Renault, SOMUA, Hotchkiss) ausgerüstet. Erst im Verlaufe des Jahres 1943 erhalten die beiden Panzerabteilungen auch deutsche Panzer IV. Bis Mai 1943 werden die französischen R-35 Panzer verschrottet oder nur noch zur Ausbildung eingesetzt, da sie modernen Erfordernissen nicht mehr entsprachen. Mitteilung von Werner Regenberg, Nußloch, vom 5. Juni 1988.

376 Die genauen Informationen über die Zusammenstellung des Pz. Rgt. 100 (22) verdanken wir den Herren Werner Regenberg, Nußloch, und Werner Kortenhaus, Solingen. Von 1936 bis Kriegsende wurden 9000 Panzer IV produziert. Er hatte eine Reichweite von 200 km auf der Straße und von 130 km im Gelände. Das Gesamtgewicht betrug 23,6 t. Mit seinem 300 PS Maybach Motor konnte ein Panzer IV 38 km/h Höchstgeschwindigkeit erreichen. Er benötigte eine Besatzung von fünf Mann. Vgl. Katalog Auto & Technik Museum. Sinsheim 1990, S. 174.

377 Diese Beförderung notiert Josef nicht in seinem Kalender. Durch das Soldbuch eines Kameraden erfuhren wir von diesem Datum.

378 »Was ist das denn? B2? Flammpanzer? Hat er da immer wieder umgeschult?« »Ja, es gab Flammpanzer. Die Panzer-Abteilungen 100

und 101 waren ausgerüstet mit Flammpanzern. Wir haben keine gehabt. (...) Es gab Flammpanzer, die mit Flammenwerfern ausgerüstet waren. Die haben nicht geschossen, die haben Flammenwerfer gehabt. Da gab es zwei Abteilungen in der Wehrmacht, die mit Flammenwerfern ausgerüstet waren. Die haben beim Angriff mit Flammenwerfern gearbeitet. Ich habe nachher bei Brandenburg, bei Groß-Deutschland habe ich, ich war, bevor ich also hier zur, da ist eine von der Flammenabteilung aufgelöst worden, die haben sich nicht bewährt.« (Fro)

*Flammpanzer* waren mit einem großen »Flammenwerfer« ausgerüstet. Bedingt dadurch hatten sie stets einen großen Vorrat an brennbarem Material (ca. 900 Liter Benzin, Flüssiggas) mitzuführen. Die Füllung reichte für ca. 200 Flammstöße von zwei bis drei Sekunden. Als Flammpanzer wurden die Char B2 (f) eingesetzt. Das Geschütz im Bug war durch einen Flammenwerfer ersetzt worden. Vgl. Regenberg, W./Scheibert, H.: Beutepanzer unterm Hakenkreuz. Französische Kampfpanzer. Waffen-Arsenal, Bd. 121. Waffen und Fahrzeuge der Heere und Luftstreitkräfte. Friedberg 1990.

379 Auf der Vorderseite des Totengedenkblattes sehen wir eine Reihe Soldaten, die den Helm zum Gebet abgenommen haben und sich vor den Toten verneigen. Text: »Sie waren bereit, für Gesetz und Vaterland zu sterben« (II Math. 8, 21). Nur zwei Monate später fiel auch Josef Schorr (geb. 1922).

380 Vgl. Kriegstagebuch des Oberkommandos der Wehrmacht (Wehrmachtsführungsstab) 1940-1945. Geführt von Helmuth Greiner und Percy Ernst Schramm. Im Auftrag des Arbeitskreises für Wehrforschung herausgegeben von Percy Ernst Schramm. Bd.4. 1. Januar 1944-22. Mai 1945. Eingeleitet und erläutert von Percy Ernst Schramm. Halbband 1, 2, Frankfurt 1967. Auch Lefèvre, Kortenhaus und Regenberg berichten übereinstimmend, daß die Kompanien der II. Abteilung sehr schlecht ausgerüstet waren. In die Invasionskämpfe am 6. Juni 1944 griff auch die II. Abteilung ein, jedoch nur mit ihren wenigen Pz. IV.

381 Gemeint ist die 12. SS-Panzer-Division »Hitlerjugend«, die den der 21. Pz. Div. benachbarten Abschnitt besetzt hielt.

382 Informationen durch Herrn Werner Kortenhaus. Vgl. Irving, D.: Rommel – Eine Biographie. Hamburg 1979, S. 500 ff. Vgl. Mc Kee, A.: Der Untergang der Heeresgruppe Rommel. Caen 1944. Stuttgart 1985.

383 Vgl. Schramm, P. E. (Hrsg.): Kriegstagebuch des Oberkommandos der Wehrmacht. Bd. 4. 1. Januar 1944-22. Mai 1945. Koblenz 1961.

384 Oevermann, U.: Kontroversen über sinnverstehende Soziologie. Einige wiederkehrende Probleme und Mißverständnisse in der Rezeption der »Objektiven Hermeneutik«. In: Aufenanger, S./Lenssen,

M. (Hrsg.): Handlung und Sinnstruktur. Bedeutung und Anwendung der objektiven Hermeneutik. München 1986, S. 45.

385 Berger, J.: Das Leben der Bilder oder die Kunst des Sehens. Berlin 1982.

386 Oevermann U.: Versozialwissenschaftlichung der Identitätsformation und Verweigerung von Lebenspraxis: Eine aktuelle Variante der Dialektik der Aufklärung (Ms. April 1983, Frankfurt), S. 2.

387 Ebd.

388 Vgl. Haupert, B., a. a. O., 1991.

389 Jeder Text verfügt über eine ihm immanente Fallstruktur (Oevermann), die wir zunächst mit einer Fallhypothese zu fassen suchen. Wichtig dabei ist die Maxime, daß das Unscheinbare, das scheinbar Unwichtige schnell ins Zentrum des Falles führt. Falls wir interpretative Abkürzungswege wählen, müssen diese Wege fallspezifisch tolerierbar und explikabel sein.

390 Zu diesem Zweck wurde die Interpretation zunächst in einem Rahmen erprobt, der gewährleistete, daß die an dem Interpretationsvorgang Beteiligten keinerlei Informationen über Josef hatten, so daß ihre Interpretationsansätze des vorgelegten Fotos frei von fallspezifischen Vorannahmen waren und so eine »unabhängige« Evidenz beanspruchen konnten. Wir beabsichtigten mit diesem Vorgehen, unsere erste »Fallhypothese« zu überprüfen. Diese Arbeit wurde in einer Interpretengruppe, die sich im Sommer des Jahres 1987 mit Ulrich Oevermann in Frankfurt traf und eine Woche lang verschiedene Textmaterialien (Werbetexte, Interviewprotokolle, therapeutische Interventionsprotokolle) mit dem Verfahren der Objektiven Hermeneutik analysierte, geleistet. Es ist wichtig zu bemerken, daß wir die Fotoanalyse vor der expliziten Analyse unserer weiteren Materialien durchführten. Die getrennten Analysen kamen zu gleichen Ergebnissen. Zudem bestätigten Aussagen von Zeitzeugen, die unabhängig (und ohne dieses Wissen) von ihren Mitteilungen erzielten Ergebnisse der Interpretengruppe um Oevermann.

391 Das Porträt in allgemeinster Form gewinnt eine weitere Dimension, die hier als Vorbedingung zu erörtern ist. Was will ein Porträt? Warum werden Porträts produziert? Zunächst wurden Porträts produziert für die Ahnengalerien der europäischen Adelsdynastien, gedacht als Erinnerungsmöglichkeit für die Nachwelt: Jene, die nach mir kommen, sollen über eine Erinnerung an mich verfügen. Dem Jetztlebenden konnte der Urahn präsentiert werden; der Sohn konnte in Gedanken Zwiesprache mit seinem nicht mehr unter den Lebenden weilenden Vater über das Medium des Porträts halten. Ein Porträt, so können wir also sagen, ist Präsenzersatz, dient der Überbrückung von Anwesenheits- und Erinnerungslücken. Sei es vor dem Tode für den Abwesenden, sei es nach dem Tode »im Gedenken«.

Porträts waren die Erinnerungsmedien der oberen Klassen. Erst die Entwicklung der Fotografie schuf auch für das Kleinbürgertum und das Proletariat die Möglichkeit, sich »Ahnengalerien« einzurichten. So sind denn die ersten Fotos Familienfotos in eben diesem Sinn. Der Nachwelt wird die Hochzeit, der erste Schultag, ein Familienfest, der Opa, als er diente, hinterlassen. Porträts und Gruppenfotos stellen Idealisierungen dar. Der Sonntagsstaat wird angelegt, »harmonisch« lächeln die Dargestellten den Betrachter an. Man will sich von »der besten Seite« zeigen. Die anderen sollen einen in bester Erinnerung behalten, weniger so wie man war, als vielmehr so, wie man gewesen sein möchte.

392 Unsere erste Fallhypothese besagte, daß Josef sich mit Hilfe des Militärs aus dem Familien- und Dorfmilieu lösen und den familiär vordefinierten Berufsdispositionen entkommen wollte. Josef lebte zumindest gedanklich, so unsere weitere Annahme, nicht mehr im »traditionell geprägten« ländlichen Milieu.

393 Wir orientieren uns an einem Milieubegriff, wie er ursprünglich von Schütz eingebracht und dann von Grathoff und Hildenbrand u. a. spezifiziert worden ist. Vgl. Grathoff, R.: Über Typik und Normalität im alltäglichen Milieu. Alfred Schütz und die Idee des Alltags in den Sozialwissenschaften. Stuttgart 1979. Hildenbrand, B., et al.: Biographiestudien im Rahmen von Milieustudien. In: Kohli, M./ Robert, G., a. a. O., 1984.

394 Das Original des Porträtfotos ist handkoloriert. Die Uniform schwarz, das Hemd dunkelgrau, der Binder schwarz, die Schulterklappen in der Waffenfarbe der Panzertruppen rosa. Der Kragenspiegel ist mit einer roten Kordel eingefaßt. Totenkopf und Hoheitsadler sind in Silber gehalten. Vgl. Hormann, J. M.: Uniformen der Panzertruppe 1917 – heute. Deutsche Uniformen im 20. Jahrhundert. Bd. 1. Friedberg 1989, S. 65.

395 Vgl. Anmerkung 378, wo wir die Funktion der Flammpanzer näher beschrieben haben.

396 Irving, D., a. a. O., 1979, S. 94 ff.

397 Wir sind sicher, daß wir alle noch existenten Fotos, auf denen Josef abgebildet ist, im Verlaufe unserer Recherchen gefunden haben.

398 Klafki, W.: Arbeitspapier »Typische Faktorenkonstellationen für Identitätsbildungsprozesse von Kindern und Jugendlichen im Nationalsozialismus«. Papier, vorgelegt auf dem Bielefelder Kongreß der DGfE (Deutsche Gesellschaft für Erziehungswissenschaften), 19. bis 21. März 1990.

399 Vgl. Rosenthal, G.: »... Wenn alles in Scherben fällt ...« Von Leben und Sinnwelt der Kriegsgeneration. Typen biographischer Wandlungen. Opladen 1987. Döbert, R./ Nunner-Winkler, G.: Adoleszenzkrise und Identitätsentwicklung. Frankfurt/Main 1979.

400 So erhielt beispielsweise bei den Kreistagswahlen am 13. November 1932 die NSDAP in Wustweiler und Wustweilerhof von 653 abgegebenen gültigen Stimmen nur insgesamt 10 Stimmen. (LA Sbr. Depositum Illingen, Nr. 164.)

401 Vgl. Hehl, U. von, a. a. O., 1984.

402 Messerschmidt, M.: Bildung und Erziehung im »zivilen« und militärischen System des NS-Staates. In: Militärgeschichte: Probleme – Thesen – Wege, im Auftrag des Militärgeschichtlichen Forschungsamtes aus Anlaß seines 25jährigen Bestehens ausgewählt und zusammengestellt von Messerschmidt, M./Maier, K. A./Rahn,W./Thoß, B., Stuttgart 1982 (Beiträge zur Militär-und Kriegsgeschichte; Bd. 25), S. 195.

403 Messerschmidt, M., a. a. O., 1982, S. 209.

404 Ebd., S. 209.

405 Ebd., S. 190.

406 Ebd., S. 191.

407 Damit ist im Volksmund die Zivilgemeinde gemeint.

# 10 Anhang

## Abkürzungen

| | |
|---|---|
| ABPD | Arbeiter- und Bauernpartei Deutschlands |
| AG | Arbeitsgemeinschaft |
| AK | Armeekorps |
| AOK | Armeeoberkommando |
| Art. | Artikel |
| BA | Bistumsarchiv |
| BAV | Verband der Bergbauindustriearbeiter – Bergarbeiterverband (Alter Verband) |
| BDM | Bund Deutscher Mädel |
| Bez. | Bezirk |
| CSPS | Christlich Soziale Partei des Saargebietes |
| CVP | Christliche Volkspartei des Saarlandes |
| DAF | Deutsche Arbeitsfront |
| DF | Deutsche Front |
| DNVP | Deutschnationale Volkspartei |
| DJ | Deutsches Jungvolk in der HJ |
| DJK | Deutsche Jugendkraft |
| DPS | Deutsch Demokratische Partei des Saargebietes |
| DSVP | Deutsch Saarländische Volkspartei – Vereinigte liberale und demokratische Partei |
| DWP | Deutsche Wirtschaftspartei |
| EK II | Eisernes Kreuz 2. Klasse, militärischer Tapferkeitsorden |
| Flak | Flugabwehrkanone |
| Gefr. | Gefreiter, militärischer Mannschaftsdienstgrad |
| Gen. Kdo. | General-Kommando |
| HJ | Hitler-Jugend |
| ID | Infanteriedivision |
| JM | Deutsche Jungmädel in der HJ |
| KdF | Kraft durch Freude |
| Kp. | Kompanie |
| KPD | Kommunistische Partei Deutschlands |
| KPO | Kommunistische Partei Deutschlands (Opposition) |
| LA | Landesarchiv |
| Lt. | Leutnant |
| LWFD | Luftwaffen-Feld-Division |
| MG | Maschinengewehr |

| | |
|---|---|
| NFD | Nationalkomitee »Freies Deutschland« |
| NSDAP | Nationalsozialistische Deutsche Arbeiterpartei |
| NSF | Nationalsozialistische Frauenschaft |
| NSFK | Nationalsozialistisches Fliegerkorps |
| NSKK | Nationalsozialistisches Kraftfahrerkorps |
| NSLB | Nationalsozialistischer Lehrerbund |
| NSRL | Nationalsozialistischer Reichsbund für Leibesübungen |
| NSV | Nationalsozialistische Volkswohlfahrt |
| OKW | Oberkommando der Wehrmacht |
| Pak | Panzerabwehrkanone |
| Pz. Ers. Abt. | Panzer-Ersatz-Abteilung |
| Pz. Kpfw. | Panzer-Kampfwagen |
| Pz. Rgt. | Panzer-Regiment |
| Pz. Div. | Panzer-Division |
| RAD | Reichsarbeitsdienst |
| RAW | Reichsbahn-Ausbesserungswerk |
| RDB | Reichsbund der deutschen Beamten |
| RF | Reichsführung |
| RM | Reichsmark |
| OB | Oberbefehlshaber (W = west) |
| Sbr. | Saarbrücken |
| SA | Sturmabteilung der NSDAP |
| SS | Schutzstaffel der NSDAP |
| SS-Pz. Div. | SS-Panzerdivision |
| SV | Sportverein |
| Uffz. | Unteroffizier |
| VVN | Vereinigung der Verfolgten des Naziregimes |
| WHW | Winterhilfswerk |
| WK | Wehrkreis |
| Zentrum | Zentrumspartei des Saargebietes |
| ZK | Zentralkomitee |

## Glossar

| | |
|---|---|
| 8/10 Lohn | Das entspricht einem 80%-Lohn eines Bergmanns unter Tage zu Beginn dieses Jahrhunderts. |
| Busch, Bäcker, Glatz, Honacker | Namen von Gaststätten |
| Bärenbach | Flurbezeichnung |
| budsche | Milch mittels einer Zentrifuge vom Rahm trennen; Butterherstellung |
| Divisionär | Abteilungsleiter auf der Grube |

| | |
|---|---|
| flatsche | eine Ohrfeige verabreichen |
| Gaß | Ortsübliche Bezeichnung der Bahnhofstraße im Ortsteil Wustweiler |
| Gedimmel | Geschrei |
| gefaudelt | geschwindelt |
| gewandert | umziehen |
| Hauer | voll arbeitender Bergmann unter Tage |
| Hauerschule | Berufsschule für Bergleute |
| Kläpperbuben | Ministranten, die während der Karwoche vor den Gottesdiensten mit einer Holzrassel durch die Gassen ziehen, um das Geläut der Kirchenglocken zu ersetzen. |
| Maien | Baumschmuck zur Begrenzung der Straßen während der Fronleichnamsprozession |
| morgse | schwer arbeiten |
| Partiemann | Vorarbeiter einer Gruppe von Bergleuten (Partie), die eine gemeinsame Arbeit (Stoß, vor Ort) zu erledigen hatte. |
| Pütz | Ziehbrunnen |
| Querschlag | quer zu den Hauptstollen verlaufender Gang unter Tage in der Grube |
| Remonte | junges, für die Wehrmacht bestimmtes, noch nicht zugerittenes Pferd |
| rolzen | miteinander ringen |
| Salm | jüdischer Viehhändler aus der Kreisstadt Ottweiler |
| Schrämmaschinen | Maschinen, die unter Tage eingesetzt werden und wie ein Hobel die Kohle von den Stollenwänden abschaben. |
| Sherman | Typenbezeichnung für einen amerikanischen Kampfpanzer |
| Steiger, Fahrsteiger, Abteilungssteiger | Meister-, Techniker- bzw. Ingenieursrang unter Tage. Der Begriff Steiger bezeichnet im allgemeinen einen Vorgesetzten. |
| verpetzen | verraten |

# 11 Quellen- und Literaturverzeichnis

## Verzeichnis der Quellen

### Archivalien

1. Bistumsarchiv Trier
Abt. 40, Nr. 402
Abt. 40, Nr. 417
Abt. 85, Nr. 2109
Abt. 86, Nr. 69

2. Hessisches Staatsarchiv Wiesbaden
Abt. 130 II, Nr. 70,4

3. Institut für Marxismus-Leninismus beim ZK der SED, Zentrales Parteiarchiv, Berlin (heute Institut für Geschichte der Arbeiterbewegung).
Abt. 238, 1, Nr. 1468

4. Landesarchiv Saarbrücken
a) Bestand Depositum Illingen
Abt. I Fach 3, Nr.56
Abt. I Fach 5, Nr.74
Abt. I Fach 6, Nr.95
Abt. I Fach 7 und 8, Nr. 108
Abt. I Fach 7 und 8, Nr. 121
Abt. I Fach 7 und 8, Nr. 127
Abt.II Fach 1 und 2, Nr. 164
Abt.II Fach 1 und 2, Nr. 171
Abt.II Fach 1 und 2, Nr. 192
Abt.II Fach 3, Nr. 216
Abt.II Fach 3, Nr. 217
Abt. V Fach 9, Nr. 1000
Abt. V Fach 9, Nr. 1007
Abt.IX Fach 2, Nr. 1939
Abt.IX Fach 12-13, Nr.1469
Abt.XIV Nr. 1934
b) Bestand Landratsamt Ottweiler
Nr. 7
Nr. 8
c) Landesentschädigungsakten
d) Bestand Oberster Säuberungsrat (OSR)
Epurationsakten

5. Staatsarchiv Koblenz (heute Landeshauptarchiv Koblenz)
Abt. 702, Nr. 8752

## Sonstige unveröffentlichte Schriften

Anlage zu: Kriegstagebuch Panzergruppe West. Kopie eines Briefes vom
9. 7. 1944 an Gen. Kdo. LXXXVI. AK. von: 21. Panzer-Division zur
Taktischen Lage am 8. Juli 1944. Bundesarchiv – Militärarchiv Freiburg.

Beschlußbücher des Gemeinderates der Gemeinde Wustweiler:
    1882-1923
    1896-1920
    1923-1949
    1949 ff.

Chronik der Katholischen Volksschule Hosterhof. Bearbeiter: Berthold
Meiser. Wustweiler 1951.

Gerber, Hugo: Familienbuch der katholischen Pfarrei Illingen von 1689-
1880. 3 Bde., Merchweiler 1987.

Kortenhaus, Werner: Der Weg der 21. Panzer-Division, Solingen 1991
(Bundesarchiv – Militärarchiv Freiburg).

Nachlaß Herbert Gintzel, Wustweiler.

Nachlaß Peter Klein, Wustweiler.

Nachlaß Franz Marx, Merzig.

Nachlaß Gustav Schorr, Wustweiler.

Pfeil, Hugo: Das Leben, Leiden und Sterben der Priester in Dachau.
Humes 1946.

Protokollbuch des SV »Germania« Wustweiler.

Protokollbuch des Männergesangvereins Wustweiler.

Protokollbuch des Sterbe-Unterstützungs-Vereins Wustweiler.

Reuter, Paul: Memoiren. 4 Bde., Neunkirchen 1974.

Schulchronik der Katholischen Volksschule Wustweiler. Bearbeiter: Gustav Schorr/Josef Sander. Bd. II. 1950-1968.

Sechste Kompanie (Pz. Rgt. 100) (Hrsg.): Bierzeitung. Weihnacht 1943
bei der sechsten Kompanie (601). Yvetot 1943.

Woll, Christraud: Schulgeschichte Illingen. Illingen 1971.

## Zeitungen

Nachrichten für die Gemeinde Illingen (Universitätsbibliothek Saarbrükken)

Neue Zeit. Das Sprachrohr der Opposition. Organ der Kommunistischen
Partei (Stadtarchiv Saarbrücken)

Neunkirchener Zeitung (Stadtarchiv Neunkirchen)

NSZ-Rheinfront (Stadtarchiv Neunkirchen)

Paulinus (Stadtbibliothek Trier)
Saar- und Blies-Zeitung (Stadtarchiv Neunkirchen)
Saarbrücker Zeitung (Stadtarchiv Saarbrücken)
Saardeutsche Volksstimme. Kampfblatt der NSDAP/Gau Saar. (Pfälzische Landesbibliothek Speyer)
Tageblatt für das Sulzbach- und Fischbachtal (Stadtarchiv Saarbrücken)
Zeitung für das Ill-, Theel-, Prims- und Bohnental (Stadtarchiv Saarbrücken)

## Verzeichnis der Festschriften
## und regionaler Schriften

Bundesbahn-Ausbesserungswerk Saarbrücken-Burbach (Hrsg.): »50 Jahre Ausbildungswerkstatt« Bundesbahn-Ausbesserungswerk Saarbrücken-Burbach 1935-1985. Saarbrücken 1985.

Bürgermeisterei Uchtelfangen (Hrsg.): Bericht über die Verwaltung und den Stand der Gemeinde-Angelegenheiten der Bürgermeisterei Uchtelfangen für die Zeit vom 1. April 1908 bis 1. Januar 1910 nebst den Haushaltsplänen für das Rechnungsjahr 1910.

Bürgermeisterei Uchtelfangen (Hrsg.): Verwaltungsberichte der Bürgermeisterei Uchtelfangen für die Jahre 1927, 1929 und 1930.

Doppler, Johann: Volksabstimmung 1935 in Illingen–Saar. Illingen 1935.

Festschrift 50 Jahre Eisenbahn-Ausbesserungswerk Saarbrücken-Burbach. Herausgegeben vom Eisenbahn-Ausbesserungswerk Saarbrücken-Burbach 1956.

Festschrift anläßlich des 60jährigen Jubiläums der DJK St. Michael Marpingen. 16.-18. Juni 1989. Vorstand der DJK (Hrsg.): Marpingen 1989.

Festschrift 50 Jahre Pfarrgemeinde »Herz-Jesu« Wustweiler. 1928-1978. Herausgegeben vom Katholischen Pfarramt Wustweiler. Illingen 1978.

Festschrift der Pfarrei Uchtelfangen 1985.

Freiwillige Feuerwehr Wustweiler (Hrsg.): 50 Jahre Löschbezirk Wustweiler. Wustweiler 1957.

Freiwillige Feuerwehr Wustweiler (Hrsg.): 75 Jahre Löschbezirk Wustweiler. Festtage 20.-24. Mai 1982. Wustweiler 1982.

Förderkreis für Heimatkunde und Denkmalpflege e. V. Gemeinde Eppelborn (Hrsg.): Festschrift 90 Jahre Illtalbahn 1897-1987. Saarbrücken 1987.

Gemeinde Wustweiler (Hrsg.): Festschrift aus Anlaß der Einweihung der neuen Volksschule in Wustweiler am 7. Oktober 1956. Wustweiler 1956.

100 Jahre Männergesangverein 1881 Wustweiler. Festtage 14.-16. August 1981.

Pfarrgemeinde Wustweiler (Hrsg.): Festschrift zum Goldenen Jubiläum. Pfarrer Hermann Schulz gewidmet. Wustweiler o. J. (1965).

SPD-Ortsverein Illingen Mitte (Hrsg.): 75 Jahre Illinger Sozialdemokraten. Geschichten aus der Geschichte. Illingen 1976.

Sportverein »Sportfreunde« Wustweiler (Hrsg.): Fünfundzwanzig Jahre Sportverein »Sportfreunde« Wustweiler. Wustweiler 1954.

Sportverein »Germania« Wustweiler (Hrsg.): Festschrift zum 30jährigen Bestehen des Sportvereins »Germania« Wustweiler. Wustweiler 1959.

Sportverein »Germania« Wustweiler (Hrsg.): Vierzig Jahre Sportverein »Germania« Wustweiler. Wustweiler 1969.

Sportverein »Germania« Wustweiler (Hrsg.): 50 Jahre SV »Germania« Wustweiler. Wustweiler 1979.

Sportverein »Germania« Wustweiler (Hrsg.): 60 Jahre Sportverein »Germania« Wustweiler. Wustweiler 1989.

Staatliches Aufbaugymnasium Ottweiler (Hrsg.): Staatliches Aufbaugymnasium Ottweiler 1874-1974. Festschrift zum hundertjährigen Jubiläum. Ottweiler 1974.

## Literaturverzeichnis

Acht, Peter (Bearbeiter): Mainzer Urkundenbuch, 2 Bde. (2,1). Teil 1: 1137-1175. Darmstadt 1968.

Adorno, Theodor W.: Zur Logik der Sozialwissenschaften. In: Adorno, Theodor W./Dahrendorf, Ralf et al., a. a. O., 1972.

Adorno, Theodor W./Ralf Dahrendorf, et al.: Der Positivismusstreit in der deutschen Soziologie. Darmstadt, Neuwied 1972.

Arbeitsgruppe Bielefelder Soziologen (Hrsg.): Alltagswissen, Interaktion und gesellschaftliche Wirklichkeit. Reinbek 1973.

Aufenanger, Stefan/Lenssen, Margrit (Hrsg.): Handlung und Sinnstruktur. Bedeutung und Anwendung der objektiven Hermeneutik. München 1986.

Baacke, Dieter: Ausschnitt und Ganzes – Theoretische und methodologische Probleme bei der Erschließung von Geschichten. In: Baacke, Dieter/Schulze, Theodor (Hrsg.): Aus Geschichten lernen: Zur Einübung pädagogischen Verstehens. München 1979.

Bahrdt, Hans-Paul: Erzählte Lebensgeschichten von Arbeitern. In: Osterland, Martin (Hrsg.), a. a. O., 1975.

Baltes, Peter: Hitlers Alte Garde an der Saar. In: Kampf um die Saar: Unter Mitarbeit von Gauleiter Bürckel, Saarbevollmächtigter des Reichskanzlers; des Landesleiters der Deutschen Front, Pirro; Staatsrat Simon und der berufenen Führer und Sachkenner des Saargebietes im Kampf um seine Rückgliederung zum Reich. Stuttgart, Berlin 1934.

Bauer, Gerhard: Vom Zentrum zur CDU. Hundert Jahre Christliche Politik an der Saar. Saarbrücken 1981.

Beck, Johannes, et al. (Hrsg.): Terror und Hoffnung in Deutschland 1933-1945. Leben im Faschismus. Reinbek 1980.

Becker, Bernhard: Das Dorf und seine Bevölkerung. Saarbrücken 1982.

Beilmann, Christel: Eine katholische Jugend in Gottes und dem Dritten Reich: Briefe, Berichte, Gedrucktes 1930-1945. Kommentare 1988/89. Wuppertal 1989.

Berger, John: Das Leben der Bilder oder die Kunst des Sehens. Berlin 1982.

Berger, Peter L./Luckmann, Thomas: Die gesellschaftliche Konstruktion der Wirklichkeit. Eine Theorie der Wissenssoziologie. Frankfurt/Main 1970.

Bergmann, Jörg, R.: Klatsch: Zur Sozialform der diskreten Indiskretion. Berlin, New York 1987.

Bertaux, Daniel/Bertaux-Wiame, Isabelle: Autobiographische Erinnerung und kollektives Gedächtnis. In: Niethammer, Lutz, a. a. O., 1980.

Bettinger, Dieter R.: Beiträge zur Geschichte des Zweiten Weltkrieges im Bereich des heutigen Saarlandes. Teil I. In: Zeitschrift für die Geschichte der Saargegend XXVI, 1978.

Bettinger, Dieter R.: Beiträge zur Geschichte des Zweiten Weltkrieges im Bereich des heutigen Saarlandes. Teil II. In: Zeitschrift für die Geschichte der Saargegend XXVII, 1979.

Bettinger, Dieter R.: Beiträge zur Geschichte des Zweiten Weltkrieges im Bereich des heutigen Saarlandes. Teil III. In: Zeitschrift für die Geschichte der Saargegend XXVIII, 1980.

Bettinger, Dieter R.: Heimatbuch Mainzweiler. Ein Dorf und seine Menschen im Lauf der Geschichte. Mainzweiler 1988.

Bettinger, Dieter R./Büren, Martin: Der Westwall. Die Geschichte der Westbefestigungen. 2 Bde. Osnabrück 1989.

Bierbrauer, Peter: Der industrialisierte Bauer. Von den historischen Wurzeln saarländischen Selbstgefühls. In: Saarbrücker Hefte 63, 1990.

Bies, Luitwin: »Jemand, der sich von einer Verbrecherbande losgesagt ...« Zur Diskussion um Nationalkomitee Freies Deutschland und Bund Deutscher Offiziere. In: Antifaschistische Rundschau Heft 9, 1989.

Blatter, Friedrich: Wie unsere Vorfahren bauten und wohnten. In: Heimatbuch des Kreises Ottweiler, II. Folge. Ottweiler 1950.

Blatter, Friedrich: Aus früheren Zeiten. Jugendspiele, Abzählreime und Kinderlieder. In: Heimatbuch des Kreises Ottweiler, III. Folge. Ottweiler 1952.

Bohr, Kurt: Ein besonderes Land. Politische Kultur im Saarland. In: Saarland – Der Chef der Staatskanzlei. Landeszentrale für politische Bildung (Hrsg.): Das Saarland. Politische, wirtschaftliche und kulturelle Entwicklung. Saarbrücken 1989.

Börger, Bernd/Schroer, Hans: Sie hielten stand. Sturmschar im Katholischen Jungmännerverband Deutschlands. Düsseldorf 1989.

Bonner, Maria: Umgangssprache in Neunkirchen. Eine Studie zur Sprachschichtenmischung. Saarbrücken 1986.

Born, Martin: Geographische Landeskunde des Saarlandes. Saarbrücken 1986.

Broszat, Martin/Fröhlich, Elke: Alltag und Widerstand – Bayern im Nationalsozialismus. München 1987.

Brückner, Peter: Das Abseits als sicherer Ort. Kindheit und Jugend zwischen 1933 und 1945. Berlin 1980.

Bude, Heinz: Rekonstruktion von Lebenskonstruktionen – Eine Antwort auf die Frage, was die Biographieforschung bringt. In: Kohli, Martin/Robert, Günther, a. a. O., 1984.

Bude, Heinz: Deutsche Karrieren. Lebenskonstruktionen sozialer Aufsteiger aus der Flakhelfer-Generation. Frankfurt 1987.

Büttner, Heinrich: Das Privileg Lucius III. von 1182 für das Prämonstratenserstift Rodenkirchen bei Bolanden. In: Zeitschrift für die Geschichte des Oberrheins 107, 1960.

Bungert, Gerhard: Einhundert Tage Streik – Der Bergarbeiterstreik 1923 – der größte Ausstand in der Geschichte der Saargegend. In: Bungert, Gerhard/Mallmann, Klaus-Michael/Schuster, Gerd, a. a. O., 1981.

Bungert, Gerhard/Lehnert, Charly: Vereine im Saarland. Saarbrücken 1988.

Bungert, Gerhard/Mallmann, Klaus-Michael: Bergmannsgeschichten von der Saar. Saarbrücken 1979.

Bungert, Gerhard/Mallmann, Klaus-Michael: Kaffeekisch und Kohleklau. Weitere Bergmannsgeschichten von der Saar. Saarbrücken 1980.

Bungert, Gerhard/Mallmann, Klaus-Michael: Mit Mussik unn Lyoner. Dritter Teil der Bergmannsgeschichten von der Saar. Saarbrücken 1981.

Bungert, Gerhard/Mallmann, Klaus-Michael/Schuster, Gerd: Der Weg zur Einheit. Stationen der Bergarbeiterbewegung an der Saar. Saarbrücken 1981.

Burger, Martin: Mehr Obst – Besseres Obst! Werdegang des Obst- und Gartenbaues im Saarland. In: Heimatbuch des Kreises Ottweiler, IV. Folge. Ottweiler 1955.

Burkhardt, Bernd: Eine Stadt wird braun. Die nationalsozialistische Machtergreifung in der schwäbischen Provinz. Reinbek 1980.

Carell, Paul: Sie kommen! Der deutsche Bericht über die Invasion und die 80-tägige Schlacht um Frankreich (1960). Frankfurt/Main 1987.

Culver, Bruce: Das Waffenarsenal Bd. 35. »Pz. Kpfw. IV«. Friedberg 1977.

Das Evangelische Jugendwerk an der Saar (Hrsg.): Alternativer Stadtrundgang zum 50. Jahrestag der Reichspogromnacht im November 1988 in Neunkirchen. Dokumentation und Materialsammlung. Neunkirchen 1988.

Délamorre, Charles-Henri: Annuaire topographique et statistique du département de la Sarre pour l'an 1810. Trèves 1810.

Denzler, Georg: Widerstand oder Anpassung? Katholische Kirche und Drittes Reich. München 1984.

Der Verwaltungsbezirk Illingen: Wustweiler. In: Heimatbuch des Kreises Ottweiler, I. Folge. Ottweiler 1949.

Die Großgemeinde Illingen–Saar in alten Ansichten: Hirzweiler, Hüttigweiler, Illingen, Uchtelfangen, Welschbach und Wustweiler. Von Walter Lorenz. Zaltbommel/Niederlande. Bd. 1 1981; Bd. 2 1988.

DKP, Bezirksvorstand Saar (Hrsg.): Blätter zur Geschichte der Arbeiterbewegung im Saarland: Im Zeichen des Sonnenbanners. Aus der Tätigkeit der FDJ im Saargebiet 1945-1951. Heft 6, 7. Oktober 1984.

Deuser, Wilhelm: Verschleppte Werke der Kirchenkunst. In: Trierische Chronik, NF XII, Trier 1916.

Dingel, Frank: Die Christliche Volkspartei des Saarlandes. In: Stöss, Richard (Hrsg.): Parteien Handbuch. Die Parteien der Bundesrepublik Deutschland 1945-1980. Bd. I. Opladen 1983.

Dingel, Frank: Die Kommunistische Partei Saar. In: Stöss, Richard (Hrsg.): Parteien Handbuch. Die Parteien der Bundesrepublik Deutschland 1945-1980. Bd. II. Opladen 1984.

Diözesanarchiv Trier (Hrsg.): Der Weltklerus der Diözese Trier seit 1800. Trier 1941.

Döbert, Rainer/Nunner-Winkler, Gertrud: Adoleszenzkrise und Identitätsentwicklung. Frankfurt/Main 1979.

Dörr, Josef: So schwätze mia en Ihlinge. Wemmetsweiler o. J.

Dülmen, Richard van (Hrsg.): Industriekultur an der Saar 1840-1914. München 1989.

Dülmen, Richard van: Arbeiterkultur im Saarrevier. Aspekte und Probleme. In: Eckstein. Journal für Geschichte, Nr. 1. (Hrsg. von der Geschichtswerkstatt Saarbrücken 1989 e. V.) 1990.

Eckert, Hans: Die Visionen des Aaron von Illingen. Saarbrücken 1988.

Eggebrecht, Axel: Volk ans Gewehr. Chronik eines Berliner Hauses 1930-1934 (1959). Berlin, Bonn 1980.

Einsiedel, Heinrich Graf von: Tagebuch der Versuchung 1942 bis 1950 (1950). Frankfurt/Main, Berlin, Wien 1985.

Erler, Helga: Dirmingen – Ein geographischer Überblick. In: Dirmingen. Ein Versuch, die Entwicklung darzustellen. Bexbach 1980.

Espe, Werner: Das Buch der NSDAP. Werden, Kampf und Ziel der NSDAP. Berlin 1933.

Faber, Bernd-Joachim: Kirche und Staat im Saarland. Eine staatskirchenrechtliche Untersuchung. Dissertation. Freiburg 1981.

Fabry, Philipp W.: Bewährung im Grenzland. Genossenschaftsarbeit an der Saar von 1860 bis zur Gegenwart. Saarbrücken 1986.

Fehn, Klaus: Preußische Siedlungspolitik im saarländischen Bergbaurevier (1816-1919). Saarbrücken 1981.

Felten, Franz J.: Die Herrschaft des Nationalsozialismus. In: Landeshauptstadt Saarbrücken, Stadtbezirk Dudweiler (Hrsg.): Dudweiler 977-1977. Saarbrücken 1977.

Film- und Fotogruppe des Motorsportclubs Humes e. V. (Hrsg.): Humes in Bildern. Schiffweiler 1981.

Focke, Harald/Reimer, Uwe: Alltag unterm Hakenkreuz. Bd. 1. Wie die Nazis das Leben der Deutschen veränderten. Reinbek 1979.

Focke, Harald/Strocka, Monika: Alltag der Gleichgeschalteten. Wie die Nazis Kirche, Kultur, Justiz und Presse braun färbten. Alltag unterm Hakenkreuz. Bd. 3. Reinbek 1985.

Fox, Nikolaus: Saarländische Volkskunde. Saarbrücken 1979 (unveränderter Nachdruck der 1. Auflage von 1927).

Frank, Horst Joachim: Dichtung, Sprache, Menschenbildung. Geschichte des Deutschunterrichts von den Anfängen bis 1945. München 1976.

Franzke, Jürgen, et al.: Der Zusammenbruch der Weimarer Republik als biographisches Ereignis. In: Kohli, Martin/Robert, Günther, a. a. O., 1984.

Friedeburg, Ludwig von/Habermas, Jürgen (Hrsg.): Adorno-Konferenz 1983. Frankfurt/Main 1983.

Friedrich, Thomas (Hrsg.): 1933 – Ein Lesebuch. Berlin 1980.

Frisch, Peter: Studien zur Grenze des Mosel- und Rheinfränkischen im Süden des Regierungsbezirks Trier. Bonn 1911.

Frühauf, Helmut: Eisenindustrie und Steinkohlenbergbau im Raum Neunkirchen/Saar. Trier 1980.

Fuchs, Andreas: Streiflichter aus der Geschichte Illingens. In: Die Heimat. Mitteilungsblatt der Heimat- und Verkehrsvereine des Kreises Ottweiler. H. 5, 1953.

Gamm, Hans-Jochen: Führung und Verführung. Pädagogik des Nationalsozialismus (1964). München 1990.

Gappenach, Hans: Die Geschichte des Münstermaifelder Aufbaugymnasiums. In: Gappenach, Hans (Hrsg.): Münstermaifelder Heimatbuch. Münstermaifeld 1960.

Gappenach, Hans: Die Entstehung des Lehrerseminars. Die verschiedenen Phasen des Aufbaus in Münstermaifeld. In: Heimat zwischen Hunsrück und Eifel. Heimatbeilage der Rhein-Zeitung Mayen. 29. Jg., Nr. 10, 1981.

Gappenach, Hans: Leben und Werk Peter Eßers. Ein tüchtiger Lehrer und bedeutender Komponist von Kirchenmusik. In: Heimat zwischen Hunsrück und Eifel. 33. Jg., Nr. 11, 1985.

Gappenach, Hans: Heinrich Dietrich zum Gedenken. Langjähriger Leiter des preußischen Lehrerseminars in Münstermaifeld. In: Heimat zwischen Hunsrück und Eifel. 35. Jg., Nr. 2, 1987.

Gappenach, Hans: Seminarlehrer Dr. Bernhard Krembs. Er lebte in Münstermaifeld von 1898 bis 1910. »Katheterblüten«. In: Heimat zwischen Hunsrück und Eifel. 37. Jg., 1989.

Garz, Detlef/Kraimer, Klaus (Hrsg.): Die Welt als Text. Frankfurt/Main 1991.

Garz, Paul/Hartmann, Otto: Deutschkundliches Arbeitsbuch für die Volksschule. Ausgabe für das Saarland in drei Heften. Saarbrücken 1939.

Gemeinde Hirzweiler (Hrsg.): Hirzweiler – ein Heimatbuch: Bearbeitet von Bettinger, Dieter R., unter Mitarbeit von Grob, Helmut. Bexbach 1973.

Gestrich, Andreas: Sozialhistorische Biographieforschung. In: Gestrich, Andreas/Knoch, Peter/Merkel, Helga: Biographie – sozialgeschichtlich. Göttingen 1988.

Gigout, Franz-Joachim: Wortgeographische Untersuchungen im mittleren Saarland. In: Zeitschrift für die Geschichte der Saargegend XXXI, 1983.

Glaser, Barney/Strauss, Anselm: The Discovery of Grounded Theory. Chicago 1967.

Goffman, Erving: Frame Analysis: An Essay in the Organization of Experience. New York 1974; deutsch: Rahmen-Analyse. Frankfurt/Main 1977.

Granzow, Klaus: Tagebuch eines Hitlerjungen. Kriegsjugend in Pommern 1943-1945. Berlin 1986.

Grathoff, Richard: Über Typik und Normalität im alltäglichen Milieu. Alfred Schütz und die Idee des Alltags in den Sozialwissenschaften. In: Sprondel, Walter/Grathoff, Richard, a. a. O., Stuttgart 1979.

Grathoff, Richard: Milieu und Lebenswelt. Einführung in die phänomenologische Soziologie und die sozialphänomenologische Forschung. Frankfurt/Main 1989.

Groß, Hermann: Die saarländische Landwirtschaft. In: Kampf um die Saar: Unter Mitarbeit von Gauleiter Bürckel, Saarbevollmächtigter des Reichskanzlers; des Landesleiter der Deutschen Front, Pirro; Staatsrat Simon und der berufenen Führer und Sachkenner des Saargebietes im Kampf um seine Rückgliederung zum Reich. Stuttgart, Berlin 1934.

Grün, Max von der: Wie war das eigentlich? Kindheit und Jugend im Dritten Reich. Darmstadt, Neuwied 1979.

Habicht, Werner: Dorf und Bauernhaus im deutschsprachigen Lothringen und im Saarland. Saarbrücken 1980.

Harig, Ludwig: Die saarländische Freude. Ein Lesebuch über die gute Art zu leben und zu denken. München 1977.

Harig, Ludwig: Ordnung ist das ganze Leben. Roman meines Vaters. München 1987.

Harig, Ludwig: »Wehe dem, der aus der Reihe tanzt«. München 1990.

Hartwich, Dirk/Stegemann, Wolf: Dorsten unterm Hakenkreuz. Kirche zwischen Anpassung und Widerstand. Eine Dokumentation zur Zeitgeschichte. Bd. 2. Dorsten 1984.

Hau, Johannes: Neumünster. Saarbrücken 1934.

Haupert, Bernhard: Lebensgeschichten von arbeitslosen Jugendlichen auf dem Land. Paraphrase – Interpretation – Typenbildung. Darstellung eines interpretativen Ansatzes. Dissertation. Oldenburg 1987.

Haupert, Bernhard: Objektiv-Hermeneutische Fotoanalyse am Beispiel von Soldatenfotos aus dem Zweiten Weltkrieg. In: Garz, Detlef/Kraimer, Klaus (Hrsg.): Die Welt als Text. Frankfurt/Main 1991.

Hehl, Ulrich von: Priester unter Hitlers Terror. Eine biographische und statistische Erhebung. Mainz 1984.

Heimat und Kirche. Das katholische Saarland. Sammelwerk Band IV. Saarbrücken 1955.

Heinisch, Elisabeth: Der Hirseberg. Düsseldorf 1980.

Herr, Gustav/Jahn, Heinrich: Die Kohlenlagerstätte und der Bergbau an der Saar. In: Kloevekorn, Fritz (Hrsg.): Das Saargebiet. Seine Struktur, seine Probleme. Saarbrücken 1929.

Herrmann, Hans-Walter: Beiträge zu den nassau-saarbrückischen Austauschverhandlungen mit Frankreich 1737-1768. In: Zeitschrift für die Geschichte der Saargegend XVI, 1968.

Herrmann, Hans-Walter: Beiträge zur Geschichte der saarländischen Emigration 1935-1939. In: Jahrbuch für westdeutsche Landesgeschichte 4, 1978.

Herrmann, Hans-Walter: Riegelsberger Geschichte im Bürgerlichen Zeitalter (19. und 20. Jahrhundert). In: Ortschronik Riegelsberg. Entstehung und Entwicklung einer modernen Wohngemeinde. Riegelsberg 1980.

Herrmann, Hans-Walter: Die Freiräumung der Roten Zone 1939/1940. Ablauf und Quellenlage. In: Zeitschrift für die Geschichte der Saargegend XXXII, 1984.

Herrmann, Hans-Walter: Die beiden Saar-Synoden im Kirchenkampf. In: Norden, Günther van (Hrsg.): Zwischen Bekenntnis und Anpassung. Köln 1985.

Herrmann, Hans-Walter: Pfalz und Saarland in den Plänen zur Neugliederung des Reichsgebietes 1933-1941. In: Mitteilungen des Historischen Vereins der Pfalz 83, 1985.

Herrmann, Hans-Walter: Wirtschaftliche und soziale Entwicklung 1918-1959. In: Saarland – Der Chef der Staatskanzlei. Landeszentrale für politische Bildung (Hrsg.), a. a. O., 1989.

Herrmann, Hans-Walter: Der Oberpräsident der Rheinprovinz als Reichskommissar für die Übergabe des Saargebietes. In: Aus der Arbeit der Archive. Festschrift für Hans Booms. Boppard 1989.

Hildenbrand, Bruno, et al.: Wenn ich zu Hause bin, will ich weg ... und wenn ich weg bin, will ich nach Hause. Untersuchungen zur sozialen Organisation von Handlung, Leiblichkeit und Sprache im Familienzusammenhang. In: Soeffner, Hans Georg (Hrsg.): Interpretative Verfahren in den Sozial- und Textwissenschaften. Stuttgart 1979.

Hildenbrand, Bruno, et al.: Biographiestudien im Rahmen von Milieustudien. In: Kohli, Martin/Robert, Günther, a. a. O., 1984.

Hoffmann, Gerhard: Geologie und Oberflächenformationen der Gemarkung Hirzweiler. In: Gemeinde Hirzweiler (Hrsg.): Hirzweiler ein Heimatbuch: Bearbeitet von Bettinger, Dieter R., unter Mitarbeit von Grob, Helmut. Bexbach 1973.

Hoppstädter, Kurt: Wustweiler – Die Entwicklung eines Dorfes am Rande des Saarkohlengebiets. In: Saarbrücker Bergmannskalender 1951.

Hoppstädter, Kurt: Aus der Jugendzeit des Kreises Ottweiler. In: Heimatbuch des Kreises Ottweiler III. Folge. Ottweiler 1952.

Hoppstädter, Kurt: Die Entstehung der saarländischen Eisenbahnen. Saarbrücken 1961.

Hoppstädter, Kurt/Herrmann, Hans-Walter (Hrsg.): Geschichtliche Landeskunde des Saarlandes. Vom Faustkeil zum Förderturm. Bd. 1, Saarbrücken 1960.

Hoppstädter, Kurt/Herrmann, Hans-Walter (Hrsg.): Geschichtliche Landeskunde des Saarlandes. Von der fränkischen Landnahme bis zum Ausbruch der Französischen Revolution. Bd. 2, Saarbrücken 1977.

Horch, Hans: Der Wandel der Gesellschaftsstrukturen in der Saarregion während der Industrialisierung (1740-1914). St. Ingbert 1985.

Hormann, Jörg- M.: Uniformen der Panzertruppe 1917 - heute. Deutsche Uniformen im 20. Jahrhundert. Bd. 1. Friedberg 1989.

Huber, Karl-Heinz: Jugend unterm Hakenkreuz. Frankfurt/Main, Berlin 1986.

Ilien, Albert/Jeggle, Utz: Leben auf dem Dorf. Zur Sozialgeschichte des Dorfes und Sozialpsychologie seiner Bewohner. Opladen 1978.

Irving, David: Rommel – Eine Biographie. Hamburg 1979.

Itschert, Ernst A., et al.: »Feuer frei – Kinder!« Eine mißbrauchte Generation – Flakhelfer im Einsatz. Saarbrücken 1984.

Jacoby, Fritz: Die nationalsozialistische Herrschaftsübernahme an der Saar. Die innenpolitischen Probleme der Rückgliederung des Saargebietes bis 1935. Saarbrücken 1973.

Jacoby, Fritz: Die Evangelische Kirche an der Saar im Abstimmungskampf 1933 bis 1935. In: Kirchenkreise Ottweiler, Saarbrücken und Völklingen der Evangelischen Kirche im Rheinland (Hrsg.): Die Evangelische Kirche an der Saar – Gestern und heute. Saarbrücken 1975.

Jacoby, Fritz: Quellen zur ersten Evakuierung 1939/1940 im Stadtarchiv Saarbrücken. In: Zeitschrift für die Geschichte der Saargegend XXXII, 1984.

Jahnke, Karl Heinz: In einer Front. Junge Deutsche an der Seite der Sowjetunion im Großen Vaterländischen Krieg. Berlin/DDR 1986.

Jonas, Nikolaus: Erinnerungen eines Gefangenenseelsorgers an die Jahre 1940-1944. In: Jahrbuch für westdeutsche Landesgeschichte 15, 1989.

Jungk, August Hermann: Regesten zur Geschichte der ehemaligen Nassau-Saarbrückischen Lande (bis 1381). Mitteilungen des Historischen Vereins für die Saargegend. Heft 13/14. Saarbrücken 1914/1919.

Jungsozialisten in der SPD. Ortsverein Ottweiler (Hrsg.): »Das damalige Ottweiler hat brav und gründlich bis zum letzten Mann seine Judenfrage gelöst, und der Himmel hat geschwiegen.« Ottweiler 1988.

Kahnmeyer, Ludwig/Schulze, Hermann: Realienbuch für den Arbeitsunterricht. Neubearbeitet von Emil Borchers u. a. Ausgabe A. Nr. 147. Ausgabe für die Rheinprovinz. Bearbeitet von Franz Schättling. Bielefeld o. J.

Karbach, Jürgen: Die Bauernwirtschaften des Fürstentums Nassau-Saarbrücken im 18. Jahrhundert. Saarbrücken 1977.

Karbach, Jürgen: Bevölkerungszahlen des Saarlandes 1800-1910. In: Zeitschrift für die Geschichte der Saargegend XXXIV/XXXV, 1986/87.

Katalog Auto/Technik Museum Sinsheim. Sinsheim 1990.

Keller, Alfons: Vereinsporträt: Die »Sonntagskinder« von Wustweiler. Dreimal hintereinander aufgestiegen. In: Fußball. Offizielle Monatsschrift des saarländischen Fußballverbandes. Nr. 4, Jg. 15, 1972.

Kiehn, Horst Dieter: Baugeschichte der katholischen Pfarrkirche St. Stephan zu Illingen/Saar. In: Saarbrücker Hefte 37, 1973.

Kirsch, Robert: Die Saar kehrt heim. In: Wemmetsweiler Heimatblätter 5, 1984.

Kirsch, Robert: Die Juden in der Herrschaft Illingen. Die Kerpische Judengemeinde im 18. Jahrhundert. Herausgeber: Gemeinde Illingen. Illingen 1990.

Kipp, Martin/Miller-Kipp, Gisela: Erkundungen im Halbdunkel. Fünfzehn Studien zur Berufserziehung und Pädagogik im nationalsozialistischen Deutschland. Gesamthochschule Kassel. Berufs- und Wirtschaftspädagogik Bd. 10. Kassel 1990.

Klafki, Wolfgang (Hrsg.): Verführung, Distanzierung, Ernüchterung. Kindheit und Jugend im Nationalsozialismus. Autobiographisches aus erziehungswissenschaftlicher Sicht. Weinheim, Basel 1988.

Klafki, Wolfgang: Arbeitspapier »Typische Faktorenkonstellationen für Identitätsbildungsprozesse von Kindern und Jugendlichen im Nationalsozialismus«. Papier, vorgelegt auf dem Kongreß der DGfE (Deutsche Gesellschaft für Erziehungswissenschaften), 19. bis 21. März 1990 in Bielefeld.

Klaus, Martin: Mädchen in der Hitlerjugend – die Erziehung zur »deutschen Frau«. Köln 1980.

Klein, Andrea: Historischer Abriß der Lehrerbildung bis 1945. In: Kuhn, Karl (Hrsg.): Die Geschichte der Volksschullehrerbildung im Saarland. Die Lehrerseminare von 1945-1964. Eine historisch-bildungspolitische Untersuchung. Lebach 1988.

Klein, Hanns: Die Saarlande im Zeitalter der Industrialisierung. In: Zeitschrift für die Geschichte der Saargegend XXIX, 1981.

Klönne, Arno: Jugend im Dritten Reich. Die Hitler-Jugend und ihre Gegner. München 1990.

Kloevekorn, Fritz (Hrsg.): Das Saargebiet. Seine Struktur, seine Probleme. Saarbrücken 1929.

Knoch, Peter: Kriegserlebnis als biographische Krise. In: Gestrich, Andreas/Knoch, Peter/Merkel, Helga: Biographie – sozialgeschichtlich. Göttingen 1988.

Koch, Hansjoachim W.: Geschichte der Hitlerjugend: ihre Ursprünge und ihre Entwicklung 1922-1945. Percha am Starnberger See. (2. Auflage) 1979.

Kohli, Martin (Hrsg): Soziologie des Lebenslaufs. Darmstadt und Neuwied 1978.

Kohli, Martin: Die Institutionalisierung des Lebenslaufs. Historische Befunde und theoretische Argumente. In: Kölner Zeitschrift für Soziologie und Sozialpsychologie, Heft 4, 1985.

Kohli, Martin/Robert, Günther (Hrsg.): Biographie und soziale Wirklichkeit – Neue Beiträge und Forschungsperspektiven. Stuttgart 1984.

Kohrs, Peter: Kindheit und Jugend unter dem Hakenkreuz. Nationalsozialistische Erziehung in Familie, Schule und Hitlerjugend. Stuttgart 1983.

Köhler, Jochen: Klettern in der Großstadt. Volkstümliche Geschichten vom Überleben in Berlin 1933-1945. Berlin (2. Auflage) 1980.

Krämer, Markus: Die Deportation der saarpfälzischen Juden ins Internierungslager nach Gurs 1940. Landkreis Neunkirchen (Hrsg.), 1990.

Kraus, Albert H. V.: Widerstandskämpfer – Sozialpolitiker – Europäer. Zum Tode des saarländischen Politikers Richard Kirn. Schlaglichter zur Sozialgeschichte des Saar-Reviers. Ausgewähltes aus den Erinnerungen von Richard Kirn. In: Saarheimat 32, Heft 4, 1988, S. 90 f.

Krause, Rainer: »Das Saarland auf der Couch«. In: Saarbrücker Hefte, Nr. 63, 1990.

Krehwinkel, Franz-Josef: Sturmschar unter dem NS-Regime. In: Börger, Bernd/Schroer, Hans (Hrsg.), a. a. O., 1989.

Kreutzberger, Werner: Die Landschaft des Kreises Ottweiler. In: Landkreis Ottweiler – Monographie. Neunkirchen 1961.

Krewer, Bernd/Momper, Mechthild/Eckensberger, Lutz H.: Das Saarland war zumeist Objekt der Geschichte – Zur Identität des Saarländers. In: Regionale politische Kultur. Stuttgart 1985.

Krieger, Harald: Erinnerungen an den Kirchenkampf 1932 bis 1945. In: Kirchenkreise Ottweiler, Saarbrücken und Völklingen der Evangelischen Kirche im Rheinland (Hrsg.): Die Evangelische Kirche an der Saar – Gestern und heute. Saarbrücken 1975.

Kriegstagebuch des Oberkommandos der Wehrmacht (Wehrmachtsführungsstab) 1940-1945. Geführt von Greiner, Helmuth und Schramm, Percy Ernst. Im Auftrag des Arbeitskreises für Wehrforschung herausgegeben von Percy Ernst Schramm. Bd. 4. 1. Januar 1944-22. Mai 1945. Eingeleitet und erläutert von Percy Ernst Schramm. Halbband 1 und 2. Frankfurt/Main 1967.

Krohn, August: Beiträge zur Territorialgeschichte der Saargegend. Saarbrücken 1885.

Landschaft und Leute im Wandel der Zeit. Landkreis Neunkirchen (Hrsg.). Ottweiler 1984.

Latz, Rolf E.: Die saarländische Schwerindustrie und ihre Nachbarreviere (1878-1938). Technische Entwicklung, wirtschaftliche und soziale Bedeutung. Saarbrücken 1985.

Laufer, Wolfgang: Bevölkerungs- und siedlungsgeschichtliche Aspekte der Industrialisierung an der Saar. In: Zeitschrift für die Geschichte der Saargegend XXIX, 1981.

Lefèvre, Eric: Panzers in the Normandy. Then and Now. After the Battle Publication. London 1970.

Lehmann, Albert: Autobiographische Erhebungen in den sozialen Unterschichten. Gedanken zu einer Methode der empirischen Forschung. In: Zeitschrift für Volkskunde 73, 1977.

Lehmann, Albert: Leben in einem Arbeiterdorf. Stuttgart 1976.

Leiner, Wilhelm: Die Verwaltung des Arrondissements von Saarbrücken (1798-1814). Dissertation. Toulouse 1949.

Lenfeld, Erwin/Thomas, Franz: Die Eichenlaubträger 1940-1945. Wiener Neustadt 1983.

Lessing, Helmut: Jugendbund und Homosexualität. In: Siemsen, Hans, a. a. O., 1981.

Liebel, Manfred: Bündische Jugend und Hitler-Jugend. In: Siemsen, Hans, a. a. O., 1981.

Linsmayer, Ludwig: Geselligkeit und Selbstbestimmung. In: Dülmen, Richard van (Hrsg.), a. a. O., 1989.

Longerich, Peter: Die braunen Bataillone – Geschichte der SA. München 1989.

Lüdtke, Alf (Hrsg.): Alltagsgeschichte. Zur Rekonstruktion historischer Erfahrungen und Lebensweisen. Frankfurt/Main, New York 1989.

Luy, Peter/Gerber, Thomas: Zwangssterilisierung und klinische Vernichtung. In: Zehn statt Tausend Jahre. Die Zeit des Nationalsozialismus an der Saar (1935-1945). Katalog zur Ausstellung des regionalgeschichtlichen Museums im Saarbrücker Schloß. Saarbrücken 1988.

Mallmann, Klaus-Michael: Die Anfänge der Bergarbeiterbewegung an der Saar (1848-1904). Saarbrücken 1981.

Mallmann, Klaus-Michael: Volksfrömmigkeit, Proletarisierung und preußischer Obrigkeitsstaat. In: Soziale Frage und Kirche im Saarrevier. Beiträge zu Sozialpolitik und Katholizismus im späten 19. und 20. Jahrhundert. Saarbrücken 1984.

Mallmann, Klaus-Michael: »Aus des Tages Last machten sie ein Kreuz des Herrn«. Bergarbeiter, Religion und sozialer Protest im Saarrevier des 19. Jahrhunderts. In: Schieder, Wolfgang (Hrsg.): Volksreligiosität in der modernen Sozialgeschichte. Göttingen 1986.

Mallmann, Klaus-Michael/Paul, Gerhard/Schock, Ralph/Klimmt, Reinhard (Hrsg.): Richtig daheim waren wir nie. Entdeckungsreisen ins Saarrevier 1815-1955. Berlin, Bonn 1987; 2. korrigierte Auflage 1988.

Mallmann, Klaus-Michael/Paul, Gerhard: Das zersplitterte Nein. Saarländer gegen Hitler. Bonn 1989.

Mallmann, Klaus-Michael/Steffens, Horst: Lohn der Mühen. Geschichte der Bergarbeiter an der Saar. München 1989.

Mark, Martin: Die Herz-Jesu-Kirche in Wustweiler. Der Wille zum eigenen Gotteshaus geht auf das Jahr 1912 zurück. In: Saarbrücker Zeitung, Ausgabe B 1962, Nr. 110 vom 12. Mai 1962.

Mc Kee, Alexander: Der Untergang der Heeresgruppe Rommel. Caen 1944. Stuttgart 1985.

Meiser, Günter: Die Eheschließung des Jacques Meyser mit Demoiselle Elisabethe Britz – Eine Hochzeit in Napoleonischer Zeit. In: Merchweiler Heimatblätter 9, 1989.

Mergen, Josef: Die Auswanderung aus den ehemals preußischen Teilen des Saargebietes im 19. Jahrhundert. Bd. I. Saarbrücken 1973. Bd. II. Die Auswanderer. Saarbrücken 1987.

Messerschmidt, Manfred: Bildung und Erziehung im »zivilen« und militärischen System des NS-Staates. In: Militärgeschichte: Probleme – Thesen – Wege. Im Auftrag des Militärgeschichtlichen Forschungsamtes aus Anlaß seines 25jährigen Bestehens ausgewählt und zusammengestellt von Manfred Messerschmidt/Klaus A. Maier/Werner Rahn und Bruno Thoß. Stuttgart 1982.

Meter, August: Erinnerungen an die Kinder- und Schulzeit. In: Otzenhausener Hefte zur Heimatgeschichte. Erinnerungen an die Zeit zwischen den Weltkriegen. Herausgegeben vom Verein für Heimatkunde Nonnweiler, 11, 1984.

Meyer, Hubert: Kriegsgeschichte der 12. SS-Panzerdivision »Hitlerjugend«. 2 Bde. Osnabrück 1982.

Möhler, Rainer: Entnazifizierung und Ausweisungen im Saarland. Vergangenheitsbewältigung oder Zukunftssicherung? In: Von der »Stunde O« zum »Tag X«. Das Saarland 1945-1959. Katalog zur Ausstellung des regionalgeschichtlichen Museums im Saarbrücker Schloß. Saarbrücken 1990.

Morbe, Ernst: Der Bau der Illtalbahn vor 90 Jahren. In: Eppelborner Heimathefte 3, 1987.

Mühlen, Patrik von zur: »Schlagt Hitler an der Saar!« Abstimmungskampf, Emigration und Widerstand im Saargebiet 1933-1935. Bonn 1979.

Müller, Jutta: Die Landwirtschaft im Saarland. Entwicklungstendenzen der Landwirtschaft eines Industrielandes. Saarbrücken 1976.

Münch, Maurus: Unter 2579 Priestern in Dachau. Zum Gedenken an den 25. Jahrestag der Befreiung in der Osterzeit 1945. Trier 1970.

Nauhauser, Otto: Die Jüdische Gemeinde in Illingen. Bexbach 1980.

Nauhauser, Otto: Illinger Ortschronik. Bexbach 1982.

Nicolay, Peter M.: Die Illinger Bergkapelle. In: Die Heimat 5, Heft 4, 1953.

Nicolay, Peter M.: Der alte Ziehbrunnen. In: Landkreis Ottweiler (Hrsg.): Land der Gruben und der Wälder. Der Landkreis Ottweiler im Saarland. Ottweiler 1964.

Niethammer, Lutz (Hrsg.): Lebenserfahrung und kollektives Gedächtnis. Die Praxis der Oral History. Frankfurt/Main 1980.

Niethammer, Lutz (Hrsg.): »Die Jahre weiß man nicht, wo man die heute hinsetzen soll« – Faschismuserfahrungen im Ruhrgebiet. Lebensgeschichte und Sozialkultur im Ruhrgebiet 1930-1960. Bd. 1. Bonn 1983.

Oevermann, Ulrich: Programmatische Überlegungen zu einer Theorie der Bildungsprozesse und zur Strategie der Sozialisationsforschung. In: Hurrelmann, Klaus (Hrsg.): Sozialisation und Lebenslauf. Empirie und Methodik sozialwissenschaftlicher Persönlichkeitsforschung. Reinbek 1976.

Oevermann, Ulrich: Versozialwissenschaftlichung der Identitätsformation und Verweigerung von Lebenspraxis: Eine aktuelle Variante der Dialektik der Aufklärung (Ms. Frankfurt 1983).

Oevermann, Ulrich: Zur Sache. Die Bedeutung von Adornos methodologischem Selbstverständnis für die Begründung einer materialen soziologischen Strukturanalyse. In: Friedeburg, Ludwig von/ Habermas, Jürgen (Hrsg.), a. a. O., 1983.

Oevermann, Ulrich: Kontroversen über sinnverstehende Soziologie. Einige wiederkehrende Probleme und Mißverständnisse in der Rezeption der »objektiven Hermeneutik«. In: Aufenanger, Stefan/Lenssen, Margrit (Hrsg.), a. a. O., 1986.

Oevermann, Ulrich, et al.: Beobachtungen zur Struktur der sozialisatorischen Interaktion. Theoretische und methodologische Fragen der Sozialisationsforschung. In: Auwärter, Manfred, et al. (Hrsg.): Seminar: Kommunikation, Interaktion, Identität. Frankfurt/Main 1976.

Oevermann, Ulrich, et al.: Die sozialstrukturelle Einbettung von Sozialisationsprozessen. In: Zeitschrift für Soziologie, Heft 2, 1976.

Oevermann, Ulrich, et al.: Die Methodologie einer »objektiven Hermeneutik« und ihre allgemeine forschungslogische Bedeutung in den Sozialwissenschaften. In: Soeffner, Hans Georg (Hrsg.), a. a. O., 1979.

Oker, Eugen: ... und ich der Fahnenträger. München 1980.

Oldofredi, Ernst Anton: Die Landwirtschaft des Saarlandes. Hohenheim 1953.

Osterland, Martin (Hrsg.): Arbeitssituation, Lebenslage und Konfliktpotential. Frankfurt 1975.

Pastor Didas. In: Berschweiler. Eine Chronik. Im Auftrag der Gemeinde Marpingen bearbeitet von Emil Wagner. Bexbach 1983.

Paul, Gerhard: »Deutsche Mutter – heim zu Dir!« Der Saarkampf 1933 bis 1935. Köln 1984.

Paul, Gerhard: Christuskreuz oder Hakenkreuz. In: Mallmann, Klaus-Michael/Paul, Gerhard/Schock, Ralph/Klimmt, Reinhard (Hrsg.): a.a.O., 1988.

Paul, Gerhard: Die NSDAP des Saargebietes 1920-1935. Der verspätete Aufstieg der NSDAP in der katholisch-proletarischen Provinz. Saarbrücken 1987.

Paul, Gerhard: Max Braun – Eine politische Biographie. St. Ingbert 1987.

Paul, Gerhard: Verweigerung und Protest in der Volksgemeinschaft. In: Zehn statt Tausend Jahre. Die Zeit des Nationalsozialismus an der Saar (1935-1945). Katalog zur Ausstellung des regionalgeschichtlichen Museums im Saarbrücker Schloß. Saarbrücken 1988.

Paul, Sigrid: Begegnungen. Zur Geschichte persönlicher Dokumente in Ethnologie, Soziologie, Psychologie. 2 Bde. Hohenschäftlarn 1979.

Pauly, Ferdinand: Zur Kirchenpolitik des Gauleiters J. Bürckel im Saargebiet (März-August 1935). In: Rheinische Vierteljahresblätter 35, 1971.

Pech, Karlheinz/Diesener, Gerald: Zur Entstehung und zum Wirken der Bewegung »Freies Deutschland«. In: Zeitschrift für Geschichtswissenschaft 36, 1988.

Peukert, Detlev J. K.: Das »Dritte Reich« aus der »Alltags«-Perspektive. In: Archiv für Sozialgeschichte 26, 1986.

Pflanz, Hans-Jochen: Geschichte der 258. Infanterie-Division; I. Teil 1939 und 1940: Aufstellung und Frankreichfeldzug. Herausgegeben vom Kameradenkreis der 258. Infanterie-Division. Kemmenau 1975.

Piekalkiewicz, Janusz: Invasion - Frankreich 1944. Eltville 1989.

Plettenberg, Inge: Ausländische Zwangsarbeiter im Saarland während des Zweiten Weltkrieges. In: Zehn statt Tausend Jahre. Die Zeit des Nationalsozialismus an der Saar (1935-1945). Katalog zur Ausstellung des regionalgeschichtlichen Museums im Saarbrücker Schloß. Saarbrücken 1988.

Ramge, Hans: Dialektwandel im mittleren Saarland. Veröffentlichungen des Instituts für Landeskunde im Saarland. Saarbrücken 1982.

Regenberg, Werner/Scheibert, Horst: Beutepanzer unterm Hakenkreuz. Französische Kampfpanzer. Waffen-Arsenal Bd. 121. Waffen und Fahrzeuge der Heere und Luftstreitkräfte. Friedberg 1990.

Regler, Gustav: Das Ohr des Malchus. Eine Lebensgeschichte. (1958) Frankfurt/Main 1975.

Regler, Gustav: Im Kreuzfeuer – Ein Saar-Roman. (1934) Frankfurt 1986.

Reinert, Werner: In diesem Land. St. Ingbert 1989.

Rhein, Sibylle: Die Reichskristallnacht und das Schicksal der Juden in Illingen. In: Landkreis Neunkirchen (Hrsg.): Texte zum 50. Jahrestag der Reichspogromnacht, o. O. 1989.

Rosenkranz, Albert: Das Evangelische Rheinland. Bd. 2: Die Pfarrer. Düsseldorf 1958.

Rosenthal, Gabriele (Hrsg.): Die Hitlerjugend-Generation. Biographische Thematisierung als Vergangenheitsbewältigung. Essen 1986.

Rosenthal, Gabriele: ». . . Wenn alles in Scherben fällt«. Von Leben und Sinnwelt der Kriegsgeneration. Typen biographischer Wandlungen. Opladen 1987.

Saar-Atlas. Im Auftrag der Saar-Forschungsgemeinschaft bearbeitet und herausgegeben von Hermann Overbeck und Georg Wilhelm Sante. Gotha 1934.

Saarland – Der Chef der Staatskanzlei. Landeszentrale für politische Bildung (Hrsg.): Das Saarland. Politische, wirtschaftliche und kulturelle Entwicklung. Saarbrücken 1989.

Saarland. Der Minister für Arbeit, Gesundheit und Sozialordnung. (Hrsg.): Projekt: Zeitzeugen der ersten Jahrhunderthälfte. St. Ingbert 1989.

Schapp, Wilhelm: In Geschichten verstrickt. Zum Sein von Mensch und Ding. Wiesbaden 1976.

Scherer, Norbert Mathias: Die Landgemeindeverwaltung im Fürstentum Nassau-Saarbrücken 1735-1793. München 1971.

Scheurig, Bodo: »Freies Deutschland«. Das Nationalkomitee und der Bund Deutscher Offiziere in der Sowjetunion 1943-1945. Köln 1984.

Schieder, Wolfgang (Hrsg.): Volksreligiosität in der modernen Sozialgeschichte. Göttingen 1986.

Schlechtendal, Ernst von: Versuch einer statistischen Darstellung des Kreises Ottweiler. Amtlicher Verwaltungsbericht für die Jahre 1859-1861. Neunkirchen 1863.

Schleiden, Karl-August: Aus provinzieller Enge zur Weltoffenheit. Kulturelle Entwicklung 1815-1957. In: Saarland – Der Chef der Staatskanzlei, Landeszentrale für politische Bildung (Hrsg.), a. a. O., 1989.

Schmitt, Armin: Denkmäler saarländischer Industriekultur. Staatliches Konservatoramt Saarbrücken (Hrsg.). Saarbrücken 1989.

Schneider, Dieter Marc: Saarpolitik und Exil 1933-1955. In: Vierteljahreshefte für Zeitgeschichte 25, 1977.

Schock, Ralph (Hrsg.): Haltet die Saar, Genossen! Antifaschistische Schriftsteller im Abstimmungskampf 1935. Bonn 1984.

Scholl, Arnold: Die Entwicklung der wirtschaftlichen und sozialen Verhältnisse im Kreise Ottweiler. Saarbrücken 1932.

Scholl, Klaus: Die Mundarten des Kreises Ottweiler. Untersuchungen auf lautphysiologischer und sprachgeschichtlicher Grundlage. Straßburg 1913.

Schramm, Percy Ernst (Hrsg.): Die Invasion 1944. Aus dem Kriegstagebuch des Oberkommandos der Wehrmacht (Wehrmachtsführungsstab). München 1984.

Schülervertretung am Illtalgymnasium Illingen (Hrsg.): Juden in Illingen. Eine Dokumentation über Entstehung, Entwicklung und Zerstörung der Illinger Judengemeinde. Ausstellung am Illinger Illtalgymnasium. Illingen 1989.

Schütze, Fritz: Die Technik des narrativen Interviews in Interaktionsfeldstudien – dargestellt an einem Projekt zur Erforschung von kommunalen Machtstrukturen. Bielefeld 1977.

Schütze, Fritz: Prozeßstrukturen des Lebensablaufs. In: Matthes, Joachim/Pfeifenberger, Albert/Stosberg, Martin (Hrsg.): Biographie in handlungswissenschaftlicher Perspektive. Nürnberg 1981.

Schütze, Fritz: Biographieforschung und narratives Interview. In: Soziale Welt, Heft 3, 1983.

Schütze, Fritz: Kognitive Figuren autobiographischen Stegreiferzählens. In: Kohli, Martin/Robert, Günther (Hrsg.), a. a. O., 1984.

Schütze, Fritz: Kollektive Verlaufskurve oder kollektiver Wandlungsprozeß. Dimensionen des Vergleichs von Kriegserfahrungen amerikanischer und deutscher Soldaten im Zweiten Weltkrieg. In: BIOS, 2. Jg., Heft 1, 1989.

Schwingel, Karl: Das Revolutionsjahr 1789/90 im nassau-saarbrückischen Oberamt Ottweiler. Nach den Akten im Stadtarchiv zu Ottweiler bearbeitet. In: Südwestdeutsche Heimatblätter. Beiträge zur Heimatforschung in der südwestdeutschen Grenzmark. 3. Folge. Sonderdruck 1930-1931 (unveränderter Nachdruck der Beilage der »Saarbrücker Zeitung« aus den Jahren 1930-1931), Saarbrücken 1982.

Schwinn, Theo: Vom »Schulhausstübgen« zum modernen Schulhaus. Aus der Schulgeschichte im Kreis Ottweiler. In: Heimatbuch des Kreises Ottweiler. Ein Buch vom Leben und Wesen des Kreises Ottweiler IV. Folge. Ottweiler 1955.

Senger, Valentin: Kaiserhofstraße 12. Darmstadt, Neuwied, 1978.

Siemsen, Hans: Die Geschichte des Hitler-Jungen Adolf Goers (1940). Nachdruck Berlin 1981.

Sittel, Johann-Mathias: Sammlung der Provinzial- und Partikulargesetze, welche für einzelne ganz oder nur teilweise an die Krone Preußens gefallenen Territorien des linken Rheinufers, über Gegenstände der Landeshoheit, Verfassung, Verwaltung, Rechtspflege und des Rechtszustandes erlassen worden sind. Bd. 1. Trier 1843.

Slotta, Rainer: Förderturm und Bergmannshaus. Vom Bergbau an der Saar. Saarbrücken 1979.

Soeffner, Hans-Georg (Hrsg.): Interpretative Verfahren in den Sozial- und Textwissenschaften. Stuttgart 1979.

Sprondel, Walter/Grathoff, Richard (Hrsg.): Die Idee des Alltags in den Sozialwissenschaften. Stuttgart 1979.

Staerk, Dieter: Die Wüstungen des Saarlandes. Beiträge zur Siedlungsgeschichte des Saarraumes vom Frühmittelalter bis zur Französischen Revolution. Saarbrücken 1976.

Statistisches Amt des Saarlandes (Hrsg.): Statistik des Saarlandes, Heft 1, 1935/36. Saarbrücken 1936.

Statistisches Amt des Saarlandes (Hrsg.): Tabellenteil zum Gemeinde- und Ortslexikon. Saarbrücken 1955.

Stegemann, Wolf (Hrsg.): Dorsten unterm Hakenkreuz. Der gleichge- schaltete Alltag. Eine Dokumentation zur Zeitgeschichte. Bd. 3. Dor- sten 1985.

Steffens, Horst: Autorität und Revolte. Alltagsleben und Streikverhalten der Bergarbeiter an der Saar im 19. Jahrhundert. Weingarten 1987.

Steinbach, Lothar: Ein Volk, Ein Reich, Ein Führer? Ehemalige National- sozialisten und Zeitzeugen berichten über ihr Leben im Dritten Reich. Bonn 1984.

Stier, Elmar: Das Missionshaus St. Wendel zur NS-Zeit. In: Heimatbuch des Landkreises St. Wendel XIX, 1981/82.

Stöss, Richard (Hrsg.): Parteien-Handbuch. Die Parteien der Bundesre- publik Deutschland 1945-1980. 2 Bde. Opladen 1983 f.

Strum, Wilhelm: Evangelische Kirche zwischen Anpassung und Wider- stand. Die Rezeption des Kirchenkampfes in der Religionspädagogik. In: Zenner, Maria (Hrsg.): Der Widerstand gegen den Nationalsozia- lismus. Eine interdisziplinäre didaktische Konzeption zu seiner Er- schließung. Bochum 1989.

Tenfelde, Klaus/Trischler, Helmuth (Hrsg.): Bis vor die Stufen des Throns. Bittschriften und Beschwerden von Bergleuten im Zeitalter der Industrialisierung. München 1986.

Tessin, Georg: Verbände und Truppen der deutschen Wehrmacht und Waffen SS im Zweiten Weltkrieg 1939-1945. Vierter Band. Die Land- streitkräfte 15-30. Sechster Band. Die Landstreitkräfte 71-130. Osna- brück 1970 und 1972.

Tewes, Ludger: Jugend im Krieg. Von Luftwaffenhelfern und Soldaten 1939-1945. Essen 1989.

Thinnes, Margarethe: Bildstöcke und Wegekreuze im Saarland. Saarbrük- ken 1985.

Thomes, Paul: Die Kooperation zwischen der Bergwerksdirektion Saar- brücken und den öffentlichen bzw. genossenschaftlichen Spar- und Darlehenskassen im Arbeitereinzugsgebiet des Steinkohlenreviers an der Saar (1883-1914). In: Zeitschrift für die Geschichte der Saargegend XXXII, 1984.

Verzeichnis des Bestandes Depositum Amt Illingen des Landesarchivs Saarbrücken. Bearbeitet von Hans Bottler unter Mitarbeit von Irm- traud Eder, Susanne Neis und Hans-Walter Herrmann. Koblenz 1983.

Vogel, Matthäus P.; SJ: Leben der Heiligen Gottes, auf alle Tage des Jahres mit heilsamen Lehrstücken versehen. Steyl 1899.

Voigt, Paul/Linet, August: Die Fachkunde der Maschinenschlosser und der verwandten Berufe. Leipzig 1941.

Volk, Hermann: Heimatgeschichtlicher Wegweiser zu Stätten des Wider- stands und der Verfolgung 1933-1945. Bd. 4, Saarland. Herausgegeben vom Studienkreis zur Erforschung und Vermittlung der Geschichte des deutschen Widerstandes 1933-1945, VVN/Bund der Antifaschisten. Köln 1990.

Vorländer, Herward (Hrsg.): Oral History. Mündlich erfolgte Geschichte. Acht Beiträge. Göttingen 1990.

Weiler, Eugen (Hrsg.): Die Geistlichen von Dachau. Bd. I. Mödling/Wien 1972.

Will, Wilhelm: Saarländische Sprachgeschichte. Saarbrücken 1979 (Nachdruck der 1. Auflage von 1932).

Willscheid, Hilarius: Der Kreis Ottweiler von 1815 bis 1850. In: Heimatbuch des Kreises Ottweiler, IV. Folge. Ottweiler 1955.

Wittenbrock, Rolf: »... Du heiliges Land am Saaresstrand«. Konfessionsschule und Identitätssuche. In: Von der »Stunde O« zum »Tag X«. Das Saarland 1945-1959. Katalog zur Ausstellung des regionalgeschichtlichen Museums im Saarbrücker Schloß. Saarbrücken 1990.

Wolf, Christa: Kindheitsmuster. Darmstadt, Neuwied 1977.

Wolfanger, Dieter: Die nationalsozialistische Politik in Lothringen (1940-1945). (Dissertation) Saarbrücken 1977.

Wust, Peter: Gestalten und Gedanken. Rückblick auf mein Leben (1940). München 1961.

Zegowitz, Louis: Annuaire historique et statistique du Département de la Sarre. Trèves An XI (1802/1803).

Zenner, Maria: Parteien und Politik im Saargebiet unter dem Völkerbundsregime 1920-1935. Saarbrücken 1966.

Zenner, Maria (Hrsg.): Der Widerstand gegen den Nationalsozialismus. Eine interdisziplinäre didaktische Konzeption zu seiner Erschließung. Bochum 1989.

Ziem, Jochen: Der Junge. Frankfurt 1980.

Zimmer, Dirk: Die Einwohner von Uchtelfangen mit den Filialen Kaisen und Wustweiler. 1675-1800. Klarenthal 1987.

Zimmer, Engelbert: Die Saarbrücker Eisenbahnverwaltung im Wandel der Zeit 1847-1957. Saarbrücken 1959.

Zimmermann, Walther: Die Kunstdenkmäler der Kreise Ottweiler und Saarlouis. Saarbrücken 1976 (unveränderter Nachdruck der 1. Auflage Düsseldorf 1934).

# Verzeichnis der Bilder, Abbildungen
## und Dokumente

337

# Namenregister

# Ortsregister

# Sachregister